国家林业和草原局职业教育“十四五”规划教材

大学人文基础

李瑞华
主编

中国林業出版社
China Forestry Publishing House

图书在版编目(CIP)数据

大学人文基础 / 李瑞华主编. —北京：中国林业出版社，2022.8(2023.12 重印)
国家林业和草原局职业教育“十四五”规划教材
ISBN 978-7-5219-1812-0

Ⅰ.①大… Ⅱ.①李… Ⅲ.①人文科学-高等职业教育-教材 Ⅳ.①C43

中国版本图书馆 CIP 数据核字(2022)第 153357 号

中国林业出版社·教育分社

策划、责任编辑：田 苗 赵旖旎

电话：(010)83143557 **传真**：(010)83143516

出版发行 中国林业出版社(100009 北京市西城区刘海胡同 7 号)
E-mail：jiaocaipublic@163.com
http://www.forestry.gov.cn/lycb.html
印 刷 北京中科印刷有限公司
版 次 2022 年 9 月第 1 版
印 次 2023 年 12 月第 2 次印刷
开 本 787mm×1092mm 1/16
印 张 20.75
字 数 464 千字
定 价 64.00 元

《大学人文基础》编写人员

主　　编　李瑞华
副主编　张和明　赵　佳　罗　颖
　　　　王亚辉

前言

现代社会对人才的素质要求越来越高。大学生不仅要具备良好的道德修养、文化素养、心理素质和健康的体魄，还要有较强的沟通能力、协调能力、敬业精神、职业道德和团队协作能力，加之高超的专业技能等，构成大学生必备的社会竞争力。

大学人文基础是一门以人文素质教育为核心，融思、想、识、趣，听、说、读、写等综合知识为一体，培养大学生综合人文素养和职业能力的公共基础课程。本课程旨在落实国家职业教育改革“促进学生全面发展为中心”的教育宗旨，以培养大学生爱国情怀、社会责任感、创新精神与实践能力为重点，让学生在浓厚的人文氛围中感受中国博大精深的优秀传统文化和伟大的民族精神，提高学生审美情趣和口语表达、应用文写作、艺术欣赏等综合人文素养，引导学生筑牢理想信念的根基，树立正确价值标准，激发强烈爱国热情，培养学生高尚道德情操和综合人文素养，提升学生听、说、读、写等综合职业能力，在潜移默化中弘扬中华优秀传统文化、践行社会主义核心价值观、提高学生文化自信和民族自信心，培养学生成为具备专业知识与人文素养的高素质人才。编写过程中，力求使本教材更加切合高职院校的教学实际，包含普通话口语技能、古典诗歌、传统节日、书法、音乐欣赏、礼仪、国学经典、中国现当代文学、戏剧和常用应用文10个项目教学内容，具有广泛的适用性。

本教材编写人员为河南林业职业学院多年从事本专业教学和研究工作的教师，在工作中积累了丰富的教学和实践经验。本教材由李瑞华担任主编，张和明、赵佳、罗颖和王亚辉为副主编，具体分工如下：李瑞华编写项目一、项目六和附录；赵佳编写项目二、项目七；王亚辉编写项目三、项目九；罗颖编写项目四、项目八；张和明编写项目五、项目十。李瑞华负责全书统稿。

本教材在编写过程中借鉴了一些本领域专家、学者的研究成果，参考了大量文献资料，在此向各位专家、学者深表谢意！

限于编者水平有限，书中难免有错误和疏漏之处，恳请各位专家、老师和读者在使用过程中提出宝贵意见并给予批评指正。

编者

2022年2月

目 录

项目一 普通话口语表达

学习目标

通过学习，使学生成为能熟练掌握、运用普通话进行口语表达、交流、沟通、工作的新时代大学生，为他们的学习、生活和工作奠定坚实的基础。

人文素养

1. 普通话与爱国情怀

语言文字不仅仅是表达、使用的工具，还是文化的基础要素和鲜明标志，更是文化传承、发展、繁荣的重要载体，做为新时代的大学生，更应把中国的语言文字学好、传承好，增强大学生使用国家通用语言文字的意识，共同构建中华民族共有精神家园，弘扬中华优秀传统文化。

2. 普通话与国家经济社会发展

在实现中国梦的伟大历史进程中，国家通用语的推广普及，为全国统一市场的形成、地方经济的外向发展、人力资源的流动等奠定了基础，对社会主义经济、政治、文化建设具有重要意义，因此，推广普及普通话和使用规范字是各级各类学校素质教育的重要内容。

3. 普通话与学生职业技能

普通话口语表达能力是人们在交际活动中最主要、最方便、最有效的一种手段，也是直接影响一个人事业成功、人生目标实现的关键。随着社会对人才综合素质要求的不断提高，普通话口语表达技能成为职业院校学生最基本、必备的职业素养。

任务一 普通话

学习任务

1. 了解普通话的产生和发展。
2. 掌握普通话正确的发音及方法。

问题导入

秦朝建立后，采取了众多巩固统一的措施。其中在语言文字方面，秦始皇颁布了“书同文”，即以法律的形式规定字体形态等级及其书体的使用规范，下令以小篆作为全国通用的字体，用于公文法令，同时废除了其他字体。请问：秦始皇为什么要这么做呢？

我国地域辽阔，民族众多，方言也有很多。试想一下，如果我国没有统一的语言和文字，将会出现什么情况？

基础知识

一、普通话的产生和发展

普通话是现代汉民族的共同语，是现代汉语的标准语，是我国各民族通用的语言，是《中华人民共和国宪法》《中华人民共和国国家通用语言文字法》等法律法规规定的国家推广和使用的官方语言，是现代汉语的规范语言。

普通话是国家规定的通用语言，也是联合国工作语言之一，现已成为中外文化交流的重要桥梁和外国人学习中文的首选语言。

（一）普通话定义

普通话是以北京语音为标准音，以北方话为基础方言，以典范的现代白话文著作为语法规范的现代汉民族共同语。作为民族共同语，它的语音、词汇和语法都有明确的规范标准，以下是普通话定义中的三条标准。

1. 语音规范

“以北京语音为标准音”，指普通话采用了北京话的声、韵、调系统，词语的读音是北京语音，而非其他方言的语音系统。当然，普通话以北京语音为标准音，并不是将北京话任何一个语音成分都作为标准照搬，它摒弃了北京话口语中未加规范的东西，如一些异读成分、土话成分及“吃字”现象。此外，北京话中轻声和儿化现象特别多，普通话并没有全部吸收。

2. 词汇规范

“以北方话为基础方言”，指普通话是在北方方言的基础上形成的。也就是说，北方方言的词汇，是普通话词汇的基础，同时这也是普通话的词汇标准。普通话虽然以北方方言词汇作为自己的词汇，但是，并不是指北方方言区内的所有词汇，而是那些在北方方言区内能够通行的词汇。由于北方地区范围广，一些地方性色彩很浓的词，如北京话的土语词“老爷儿”（太阳）、“取灯”（火柴）等，没有进入普通话词汇，因此，北方方言词汇不等于普通话词汇。同时，为了丰富词汇，普通话还从方言、古语词和外来词中吸收了一些富有表现力的词，如“华诞”（古语词）、“尴尬、货色、把戏、瘪三”（吴方言）、“搞”（南方地区方言词）、“雪糕、冰激凌”（粤方言）、“巧克力、沙发、逻辑、浪漫主义”（英语）等。同时，普通话词汇本身也在发展，随着社会的发展和需求，还会产生一些新词汇，如“老外”等。

3. 语法规范

“以典范的现代白话文著作为语法规范”，指普通话的语法是以现代著名作家的经典优秀白话文著作中的一般用例的语法规则作为语法标准。如《毛泽东选集》，茅盾、老舍等作家的作品以及国家的法律法规文件等。当然，普通话也不是采用这些著作中的所有语法模式，而是采用一般的、通行的语法规则。

（二）普通话的由来

一个民族要有自己民族的共同语，这是由人类的部族生存需要和语言的交际功能决定的。普通话以北京语音、北方话中的词汇、典范的现代白话文著作中的语法作为它的三个基本要素，是由它的历史必然性所决定的。

民族共同语在选择语言基本要素时，往往与本时代的政治、经济、文化中心密切相关。我国历史上，自 1153 年金迁都北京以来，元、明、清三个朝代的首都均建在北京。北京成为全国的政治、经济、文化中心。各地官民商贾要与政治、经济、文化中心进行交往，熟悉和使用官府、京城之内通用的语言是必然要求。北京话自然也就获得了“官话”的地位，并进一步影响全国。与此同时，文化影响也对北京语言的传播起到了积极的作用。例如，元代的杂剧，明、清时代的《水浒传》《西游记》《红楼梦》等著名小说，都是以北方白话写成的。北方白话作品的流传，扩大了北方语言的使用范围，提高了北方话作为汉民族共同语使用语言的地位。由于语言直接影响人们思想交流的速度与效果，因而受到政府的重视。清政府曾经颁布命令，在福建、广东两省设立“正音书院”，专门教授官话。辛亥革命后，尤其是 1919 年的“五四运动”以后，出现了“废文言，兴白话”的响亮口号，掀起了“白话文运动”和“国语运动”，使作为书面语的文言文逐渐被白话文取代，进而使以北京语音为标准音的“国语”获得了更广阔的使用空间。“白话文运动”以后，作家们自觉地用普通话写作，涌现出一大批作为普通话书面语规范的典范作品。“国语运动”又在口语方面增强了北京话的代表性，促使北京语音成为汉民族共同语的标准音，北方方言区自身特殊的政治、经济、文化地位和人口优势等客观条件奠定了普通话作为汉民族共同语的地位。

“普通话”这一术语的确定是在中华人民共和国成立后。1955 年，中国科学院召开了现代汉语规范问题学术会议，确定把现代汉民族共同语称为普通话。1956 年 2 月 6 日，国务院颁布了《关于推广普通话的指示》，正式确定了“普通话”这一名称，并且明确规定了它的三大要素特色：以北京语音为标准；词汇以北方方言为基础；语法以典范的现代白话文著作为规范。这种规定既是对我国 800 年来汉民族共同语的历史继承，又是对汉民族共同语的科学规范和发展。

（三）国家推广普通话的方针政策

1956 年 2 月 6 日，国务院颁布了《关于推广普通话的指示》，分析指出：“由于历史的原因，汉语的发展现在还没有达到完全统一的地步。许多严重分歧的方言妨碍了不同地区的人民的交谈，造成社会主义建设事业中的许多不便。语言中的某些不统一和不合乎语法的现象不但存在口头上，也存在书面上。在书面语言中，甚至在出版物中，词汇上和语法上的混乱还相当严重。为了我国政治、经济、文化和国防的进一步发展的利益，必须有效地消除这些现象。”

20 世纪 50 年代，国家推广普通话的工作方针是“大力提倡，重点推行，逐步普及”。这个方针符合当时的社会实际，对于普通话的推广起到重要的促进作用。

1992 年，国家语言文字工作委员会把推广普通话的工作方针调整为“大力推行，积极普及，逐步提高”。1997 年，全国语言文字工作会议要求继续贯彻这个方针，在普及的基础上，在提高的指导下普及，并且提出中心城市和经济发达地区率先普及普通话的要求。

2000 年 10 月 31 日，第九届全国人民代表大会常务委员会第 18 次会议审议通过了《中华人民共和国国家通用语言文字法》，并于 2001 年 1 月 1 日开始实施，这是我国历史上关于语言文字的第一部专门法律。它的诞生标志着我国语言文字规范化、标准化工作开始走上法治轨道，进入一个新的发展时期。

《中华人民共和国国家通用语言文字法》第三条规定：“国家推广普通话，推行规范汉字。”这就将国家语言文字的基本政策上升为法律。为了保证这一目标的实现，第四条又规定：“公民有学习和使用国家通用语言文字的权利。国家为公民学习和使用国家通用语言文字提供条件。”

（四）普通话与方言

现代汉民族语言即现代汉语，是指现代汉民族使用的语言。现代汉语既是一种语言，又是一门学科，有狭义和广义之分。狭义的现代汉语指现代汉民族共同语言——普通话。广义的现代汉语指现代汉民族使用的语言，它不仅包括现代汉民族的共同语，而且包括现代汉民族区域语，即不同地区的汉族人所使用的语言（方言），这些语言都是汉语，只是在语音、词汇、语法等方面存在着一定差异。

方言即不同地区的汉族人所使用的语言，是中华民族传统文化的重要组成部分。方言本身就是地域文化的重要载体，人类珍贵的非物质文化遗产。而普通话是在方言的基础上逐渐形成和发展起来的，是我国推广的各地区、各民族之间的通用语言，也是中华民族独有的语言标志和宝贵财富。方言与普通话既有所区别，又相互联系。

从表面上看，方言确实在语音、词汇、语法上存在差异，尤其在语音上面，存在着巨大的差异，但是仔细研究，仍然可以找到普通话与这众多方言区的语音对应规律。比如，在词汇的构成中，普通话词汇与汉语方言词汇的关系比较亲密，甚至现代汉语普通话的相当一部分词汇来源于方言。例如，上海方言中的“电灯泡、黄包车、三轮车、雪花膏、橡皮筋、博物馆、幼稚园”以及“敲竹杠、出洋相、小儿科、煞有介事”等均渐渐融入近代汉语普通话中。

教育部副部长、国家语言文字工作委员会主任袁贵仁在 2005 年度语言文字工作会议指出：“重视方言在人类发展史上的重要地位，对其进行挖掘、记录、整理、研究，属于文化事业，与推普并不矛盾，更不应影响推普的进程。”所以说，普通话和方言之间是可以共存并一起发展的，在使用过程中应明确：普通话是国家标准语言，多用在公共场合，是公务、交际语言；而方言则是乡土、家庭语言，用于非正式的场合。二者互补使用，缺一不可。

二、普通话声母辨正

(一)舌尖前音 z、c、s 和舌尖后音 zh、ch、sh

普通话声母中有舌尖前音和舌尖后音之分，这两套声母的字，有些方言区的人往往分不清。例如，在西南方言和吴方言中，人们对 z、c、s 的发音和普通话的 z、c、s 完全相同，而把 zh、ch、sh 也读成 z、c、s。如把“诗人”读成“私人”，把“主力”读成“阻力”。在有些北方方言中，尽管有 zh、ch、sh 声母，但两组声母的分合情况和普通话有所不同。如把“初步”读成“粗布”。

要纠正以上方音，就要弄清 zh、ch、sh 和 z、c、s 两组声母的区别。这两组声母的不同，主要在于发音部位。发 z、c、s 组时舌尖平伸，对准上齿背；发 zh、ch、sh 组时舌尖翘起，对准硬腭前部。

1. 舌尖前音词语练习

在座、猜测、粗俗、粗糙、色彩、走私、操作、层次、子孙、紫菜、自私、自尊、沧桑、存在、总则、赞颂、此次、璀璨、曹操、自责、三餐、蚕丝、催促、错综、藏族、遭罪、素材、姿色、总裁、栽赃、宗族、参差、阻塞、遵从、从此、杂草。

2. 舌尖后音词语练习

时尚、书桌、住宅、称职、城池、惩处、冲撞、助手、驻扎、种植、重视、至少、证书、实施、症状、正常、侦察、正式、出差、正直、展示、始终、厂长、收支、伸手、首长、尝试、战争、少数、山水、知识、智商、生产、指示、章程、招手。

3. 舌尖前音与舌尖后音混合词语练习

出错、资产、松树、住宿、早春、住所、氏族、出租、丝绸、致词、缩水、政策、创造、赞赏、村镇、职责、赞成、杂质、宿舍、增设、著作、组织、壮族、场所、组长、钻石、场次、数字、哨所、尊重、神速、作者、操场、生词、参照、草率。

(二)n 和 l

湖南、湖北、四川、福建、江苏的有些区域 n、l 不分，或混用，或只有其中一个。如“恼人”与“老人”，“南方”与“蓝方”分不清。

要纠正以上方音，就要弄清 n 和 l 的区别。n 和 l 发音部位相同，都是舌尖顶住上齿龈，但它们的发音方法不同。n 除舌尖上举外，舌的两边也上举，和上齿龈形成阻碍，气流从鼻腔流出，形成鼻音；l 则只有舌尖上举，和上齿龈形成阻碍，舌的两边上举程度很小，气流可从舌的两边流出，形成边音。例如：

无赖—无奈　水牛—水流　老牛—老刘　男裤—蓝裤

旅客—女客　脑子—老子　连夜—年夜　留念—留恋

南部—蓝布　牛黄—硫黄　大娘—大梁　烂泥—烂梨

(三)f 和 h

湘、粤、闽方言区的大部分地区及江苏、安徽、四川、湖北等省的一些地区，分不清 f 和 h。例如：“湖南”读成“福兰”，“开花”读成“开发”。

要纠正以上方音，就要弄清 f 和 h 的区别。f 和 h 都是清擦音，二者的区别只是在于发音时阻碍的部位。f 是上齿、下唇形成阻碍；h 是舌根、软腭形成阻碍。例如：

发红—花红　放荡—晃荡　防风—黄蜂　芬芳—昏黄

翻腾—欢腾　公费—工会　辅助—互助　老房—老黄

（四）尖音和团音

舌尖前音 z、c、s 与 i、u 或 i、ü 开头的韵母拼合的音节称作尖音；舌面音 j、q、x 与 i、u 或 i、ü 开头的韵母拼合的音节称作团音。

我国有些地区，“际”和“计”“齐”和“其”“洗”和“喜”等声母有区别，“际、齐、洗”的声母念 z、c、s，“计、其、喜”的声母念 j、q、x。因为这些地区是分尖音和团音的。普通话不分尖团音，i、u 或 i、ü 开头的韵母，只拼 j、q、x，不拼 z、c、s。因此，分尖音和团音的地区要注意把尖音改为团音。区分以下划线字之间的发音：

立即　及时　句子　团聚　七天　兴趣　喜欢　洗手　谦虚

汉语方言十分复杂，方言声母与普通话声母的异同远不止以上四点，学习普通话声母时，要根据自己的方言找出难点加以校正。

三、普通话韵母辨正

（一）n 和 ng

普通话鼻音韵尾 n 和 ng 的韵母各有 8 个，区别很清楚，如 en 和 eng、in 和 ing、uan 和 uang、ian 和 iang 等。但有些方言两种鼻音韵母不分。例如：in 和 ing 不分，因而“信服”和“幸福”不分；en 和 eng 不分，因而“申明”和“声明”不分。

要发准 n 和 ng 这两个鼻音，必须注意：发韵尾 n 时，舌尖轻轻抵住上齿龈；发韵尾 ng 时，舌根轻轻抵住软腭。

（二）i 和 ü

普通话的 i 和 ü 区别很明显，而有些方言，如闽方言、客家方言，没有单韵母 ü 和以 ü 为韵头的复韵母、鼻韵母。这些方言中往往把 ü 念成 i。例如：把“荣誉”(róng yù)读成“容易”(róng yì)，“缘分”(yuán fèn)读成“盐分”(yán fèn)。要分辨它们，就要注意 ü 和 i 的发音区别：i 不圆唇，ü 圆唇。练习发 ü 的音时，可以先发 i，然后把嘴唇拢圆，就成了 ü。

（三）o 和 e

有些方言中，韵母 o 和 e 不分。如东北一些地方的方言把普通话 o 韵母的一些字读成了 e，如“破坏”(pò huài)的“破”读成“pè”，“波浪”(bō làng)的“波”读成“bē”。西南不少区域的方言把普通话 e 韵母的一些字读成 o，如“哥哥”(gē ge)的“哥”读成“gō”，“和平”(hé píng)的“和”读成“hó”。要分辨 o 和 e，首先要知道 o 和 e 的区别，前者圆唇，后者不圆唇；其次要注意，普通话里 o 韵母能和唇音声母 b、p、m、f 拼合，e 韵母不和唇音声母拼合。

（四）o 和 uo、an 和 un

有些方言，如西南、江淮地区读带有韵母 uo、uan 的字时，常常丢失韵头 u。如把

“朵、妥、裸、坐、挫”中的复韵母 uo 念成单韵母 o，把“断”(duàn)读成 dàn，把“乱”(luàn)读成 làn，把“团”(tuán)读成 tán。

要区分 o 和 uo，首先要记住“o”是单元音韵母，发音时舌位和唇形始终保持不变，而“uo”是复元音韵母，发音时是要由“u”向“o”滑动，口型渐大；其次要记住普通话的单韵母 o 只拼读 b、p、m、f，不拼读其他的声母。

要区别 an 和 uan，可以采取依照声旁类推和记词的办法，因为 uan 韵母字不多，可以用此方法把字记熟。

四、普通话语流音变

音变是指语音的变化。我们在进行言语活动时，不是孤立地一个音节一个音节来念的，而是把音节组成一连串自然的“语流”，在一连串的语流中，音素与音素之间、音节与音节之间、声调与声调之间会互相影响，以致产生语音的变化，这种变化就是语流音变。

普通话的音变现象主要有轻声、儿化、变调等。

(一)轻声

在词或句子里，有的音节失去了原有的声调，变成一种又轻又短的调子，这就是轻声。普通话里读轻声的字大都有它原来的声调，在特定的场合中，由于音节弱化，致使失去原调，甚至声母或韵母也随之发生变化。

轻声的音高不太固定，它随着前一个音节的声调而改变。通常，上声之后的轻声调值最高，阴平、阳平之后的轻声调值稍低，去声之后的轻声调值最低。

由此看来，不必把轻声看作一种独立的调类，实际上它是连读时产生的一种音变现象，是一种特殊的变调，并不是四声之外另一种独立的调类，拼写时不标调号。

1. 变读轻声的规律

普通话中，有一些成分习惯上要读轻声，具体情况如下：

(1)助词“的、地、得、着、了、过”和语气词“啊、吗、呢、吧”等。例如：

唱着　哭了　卖菜的　飞快地　跑得快

看过　好啊　对吗　他呢　放心吧

(2)构词用的虚语素“子、头、巴、么”等和表示复数的“们”等。例如：

老子　笛子　馒头　石头　你们　结巴　下巴　什么

但有些“子、头”是实语素，如孢子、粒子、女子、窝窝头等，不读轻声。

(3)名词、代词后面表示方位的语素或词。例如：

树上　床底下　锅里　外面　左边　那边

(4)表示趋向的动词“来、去、上来、下去”等。例如：

起来　出去　跑上来　热起来　传出去　走下去

(5)量词“个”常读轻声。例如：

十个　这个

(6)叠音词。例如：

哥哥　姑姑　听听　讨论讨论

此外，还有一批双音节词，第二个音节要读轻声，如云彩、丈夫、扫帚、包袱等，这批词数量不少，没有什么规律可循，在普通话学习中需要加以识别记忆。

2. 轻声的作用

(1)区别词义。例如：

“兄弟”，读本音表示哥哥和弟弟，读轻声则表示弟弟。

“孙子”，读本音表示人名，读轻声则表示人的辈分。

(2)区别词性。例如：

“买卖”，读本音表示动作，是动词；读轻声表示事件，是名词。

“生气”，读本音表示行为，是动词；读轻音表示状态，是形容词。

此外，轻声还能增强节奏感。轻声(又轻又短)和重音(又重又长)互相配合，长短轻重错落有致，富于节奏感。

(二)儿化

普通话的卷舌韵母 er 不与声母拼合，自成音节时常用的只有“儿、而、尔、耳、二”等几个字，此外，er 还可以附加在别的音节后面，同前面的韵母结合起来成为卷舌韵母，这种现象称作“儿化”，产生儿化作用的韵母就称作“儿化韵”。

儿化韵的音节，用汉语拼音拼写时，只在原音节末尾加 r 表示，例如：huāpénr(花盆儿)，r 并不是独立的音素，只表示卷舌动作。

1. 儿化韵发音练习

打杂儿　掉价儿　小说儿　粉末儿　山歌儿　名牌儿　墨水儿　毛驴儿
花瓣儿　抽空儿　八成儿　花裙儿　小摊儿　瓜子儿　记事儿　没词儿
一对儿　跑腿儿　针鼻儿　小鸡儿　米粒儿　眼镜儿　脚印儿　赶明儿
没谱儿　抓阄儿　小偷儿　一会儿　桥墩儿　老翁儿　小曲儿　有趣儿

2. 儿化的作用

儿化并不是单纯的声音现象，它还有语汇意义和语法意义，具有多种作用。

(1)区别词义。例如：

信(信件)—信儿(消息)　眼(眼睛)—眼儿(小孔)

(2)区别词性。例如：

盖(动词)—盖儿(名词)　错(形容词)— 错儿(名词)

(3)表示细小、亲切或喜爱的感情。例如：

小嘴儿　棍儿　头发丝儿　小孩儿

(三)变调

在语流中，有些音节的声调发生变化，与单读时调值不同，这种变化称作变调。例如：“友”与“好”连读，听起来像“油好”。变调多数是受后一个音节的影响而产生的。在普通话中常见的变调情况有以下几种。

1. 上声的变调

上声在阴平、阳平、上声、去声前都会产生变调，只有在单读或处在词语、句子的末尾才有可能读原调。

(1)上声在阴平、阳平、去声、轻声前，即在非上声前，丢掉后半段“14”上升的尾巴，调值由上声214变为半上声211。例如：

①上声十阴平

百般(bǎi bān) 摆脱(bǎi tuō) 保温(bǎo wēn) 省心(shěng xīn)

②上声十阳平

祖国(zǔ guó) 旅行(lǚ xíng) 导游(dǎo yóu) 改革(gǎi gé)

③上声十去声

广大(guǎng dà) 讨论(tǎo lùn) 挑战(tiǎo zhàn) 土地(tǔ dì)

④上声在轻声前调值也变成半上声211。例如：

奶奶 姐姐 耳朵 马虎 口袋 伙计

(2)两个上声相连，前一个上声的调值变为阳平35。例如：

党委(dǎng wěi) 粉笔(fěn bǐ) 首长(shǒu zhǎng) 洗手(xǐ shǒu)

(3)三个上声音节相连，如果后面没有其他音节，也不带什么语气，末尾音节一般不变调。开头、当中的上声音节有两种变调。

①当词语的结构是双音节十单音节(双单格)时，开头、当中的上声音节调值变为阳平35。例如：

展览馆(zhǎn lǎn guǎn) 管理组(guǎn lǐ zǔ) 水彩笔(shuǐ cǎi bǐ)

②当词语的结构是单音节十双音节(单双格)，开头音节处在被强调的逻辑重音时，读作“半上”，调值变为半上声211，当中音节则按两字组变调规律变为阳平35。例如：

党小组(dǎng xiǎo zǔ) 冷处理(lěng chǔ lǐ) 耍笔杆(shuǎ bǐ gǎn)

(4)四个、五个上声音节相连，可根据词的搭配关系，适当分成两个音节或三个音节一组，按以上规律变调。例如：

五把/铁锁 我找/小组长/武伟礼

2.“一”“不”的变调

“一”“不”本调不同，但音变规律基本相同。

“一”“不”单念或用在词句末尾，以及“一”在序数中，声调不变，即读本调。例如：

一 第一 统一 表里如一 不 就不 我偏不

(1)在去声前一律读阳平，调值变为35。例如：

一次 一部 一个 一万 一律 一遍 不去 不干 不对

(2)在非去声(阴平、阳平、上声)前一律读去声，调值为51。例如：

【阴平前】一双 一边 一只 一般 不多 不慌 不听 不吃

【阳平前】一毛 一瓶 一年 一轮 不急 不妨 不来 不甜

【上声前】一笔 一朵 一把 一尺 不小 不好 不理 不懂

夹在词语中间读轻声。例如：

坐一坐 看一看 走一走 逛一逛 来不来 好不好 走不走 管不着

3. 重叠形容词的变调

(1)AA 儿式：一般后边一个音节读成阴平。例如：

慢慢儿　好好儿　快快儿　远远儿　稳稳儿　满满儿

(2)ABB 式：一般 BB 读阴平。例如：

黑沉沉　亮堂堂　水汪汪　眼巴巴　绿油油　沉甸甸　明晃晃　软绵绵　火辣辣　空落落　闹嚷嚷　笑眯眯　热腾腾　孤零零　光溜溜　黑洞洞

(3)AABB 式：一般第二个 A 读轻声，BB 读阴平。例如：

整整齐齐　老老实实　羞羞答答　明明白白　慢慢腾腾　马马虎虎　清清楚楚　吞吞吐吐　别别扭扭　热热闹闹　大大方方　高高兴兴

4. 语气词"啊"的音变

用在词句末尾的"啊"，常受前面一个音节末尾音素的影响而发生变化。发生音变后，字形亦可根据实际读音写作"呀""哇""哪""啊"。

(1)前一个音节末尾音素是 a、o、e、i、ü 时，"啊"念成 ya，可写作"呀"。例如：

原来是他啊(ta ya)！　我们上街啊(jie ya)！　事情真多啊(duo ya)！

大家注意啊(yi ya)！　天好热啊(re ya)！　去不去啊(qü ya)！

(2)前一音节末尾音素是 u(包括 ao、iao 中的 o)时，"啊"念成 wa，可写作"哇"。例如：

好大一棵树啊(shu wa)！　快去报到啊(dao wa)！　都来瞧啊(qiao wa)！

(3)前一音节末尾音素是 n 时，"啊"念成 na，可写作"哪"。例如：

他好能干啊(gan na)！　好漂亮的门啊(men na)！

(4)前一音节末尾音素是 ng 时，"啊"念成 nga，仍写作"啊"。例如：

天空好干净啊(jing nga)！　好棒啊(bang nga)！

(5)前一音节末尾音素是-i[1]时，"啊"念成 ra，仍写作"啊"。例如：

我们是好同事啊(shi ra!)　你快点吃啊(ra)！

(6)前一音节末尾音素是-i[1]时，"啊"念成[za](z 是与 s 相对的浊音)，仍写作"啊"。例如：

谁写的字啊(za)！　去一次啊(za)！

任务实施

一、分组讨论并完成以下任务

1. 国家为什么要在全国推广和使用普通话？

2. 为什么"北京话"会成为我们今天推广和使用的通用语言？

二、分组完成以下任务

1. 展示自己的家乡话。

2. 讨论：河南话与普通话的区别在哪里？

三、分组练习，用普通话自我介绍

题目：我是谁？

时间：每人 1 分钟

任务二 口语表达

学习任务

1. 了解口语与书面语的区别。
2. 学习口语表达的基本要求。
3. 掌握普通话口语表达技巧和训练方法。

问题导入

在日常生活中，我们发现：有的人能说会道，口才一流，善于辞令，表达准确，说话总是很有说服力；而有的人却不擅长沟通和表达，不是词不达意，就是语气生硬；还有人说话啰嗦，条理混乱，不但影响人际关系，甚至会影响到工作和生活。

那么，我们应该怎么做才能够培养和提高自己的沟通和口语表达能力，从而处理好我们的人际关系呢？

基础知识

一、关于口语表达

（一）口语的定义

口语也称口头语，是口头交际使用的语言，通常是通过声音传播的。

“言为心声”“以声传意”。优雅的谈吐能反映出一个人接受的良好的教育，它由多方面因素综合体现出来，如词语的选择、语气的运用，声音的音色、音量、语速、语调等。

（二）口语和书面语的区别

语言包括口语和书面语。口语简短、灵活多变，多因场合与发言者不同而被自由使用。具有简洁明快、朴素自然的特点。

书面语是用于书面表达的语言，它是在口语的基础上发展而来的。口语成为书面语言后则比较固定，语法更严谨，有利于准确地流传。

与书面语相比，口语具有以下特点：

1. 有声性

口语主要靠声音、每个字的字音、整句话的高低快慢变化和各种特殊的语调来体现。因此，口语是由语音表现的音节、词、句构成的达意传情系统。

2. 即时性

口语突发性强，现想现说，缺少仔细斟酌。因而句子短，结构简单，甚至不完整。说出的话收不回来。听别人讲话，后面的词还没讲完，前面的词的声音已经消失。

3. 情景性

口语是面对面地交流，有特定的情景。有很多意思彼此可以意会，有时说话者说出个别词就能代替全句的意思，甚至没有语言表达，只是一个面部表情或沉默不语，也能让对方明白自己的思想和感情。

4. 复合性

口语是运用语言和非语言组合的复合行为，经常借助手势、表情等非语言因素。听人讲话，不光听语音，辨词义，还要察颜观色，看对方的动作和表情。因此，听人说话是眼耳并用地接收信息的复合行为。

（三）口语化的三个途径

在口语交际中，过多地使用书面语会给人“文绉绉”的感觉，缺乏亲切感。如讲话稿、发言稿等，要尽可能口语化。口语化有三个途径：

1. 单音节词变双音节词

例如：书面语“此时”，口语表述往往说“这个时候”。

2. 文言词变白话词

例如：“教育历来被视为一片未加污染的绿洲”，口语化有两处可以调整：“教育历来被人们认为是一片没有受到污染的绿洲。”显然，调整以后更自然和亲切，具有口语的特点。

再如：“良久”，口语可说“很久”“很长时间”等。

3. 书面语停顿靠标点，口语靠情感的处理、语气的变化，靠词与词（组）之间、句子与句子之间间歇的时间来表现，而且停顿时间远远多于书面语停顿的时间。

二、口语表达技巧

（一）表意恰切

运用口头语言表达思想内容时要做到准确、清楚、得体。这样，在交际中会收到预期的甚至是超出预期的效果，从而促进工作的开展。

1. 表意要准确

这是运用口头语言进行交际的基本要求。首先，用词贴切。其次，表意要概念明确。有时为了委婉、巧妙地表达某种意思，要使用多义词或比喻、双关、借代等修辞手法。

2. 表意要清楚

语言有条理，内容层次清晰，意思表达符合逻辑，便于听者了解和把握事情的实际情况和本来面目。

3. 表意要得体

语言要根据对象、场合等来表达，准确把握、体现交际目的，符合交际需要和说话人的身份。

说什么话，要根据说话的目的而定。在复杂的人际交往中，人们各自的出身、经历、角色不同，人与人之间的关系各不相同。同时，说话要看对象，不要“对牛弹琴”。

（二）表现力强

1. 发音正确、清晰、优美

发音时，既要准确地表达出丰富多彩的思想感情，又要悦耳爽心、清新优美，努力使自己的声音达到最佳状态。具体如下：

(1)准确清晰。即吐字正确清楚，语气得当，节奏自然。

(2)清亮圆润。即声音洪亮清越，铿锵有力，悦耳动听。

(3)富于变化。即区分轻重缓急，随感情变化而变化。

(4)传达力和穿透力强。即声音有一定的响度和力度，让人能够听清楚，听明白。

2. 语句流畅、准确、易懂

(1)语速恰当，亲切自然，不拖泥带水，避免使用口头禅。

(2)句式短小，不宜使用过长的句子。

(3)通俗易懂。可使用常用词语和当下流行的口头词语，使语言富有生气和活力。

(4)列举数字多用约数，特别是过大的数字，不做精确的列举。

(5)多用表明个人倾向的词语，诸如“显而易见”“依我看来”等，并常用“但是”“除了”等关联词，使语言活泼、生动、有气势。

3. 语调贴切、自然、生动形象

(1)用形象化的语言。多用比喻、比拟、夸张等手法增强语言的形象色彩，把抽象、深奥、枯燥的理论变得具体、浅显、有趣和易懂。

(2)运用幽默、风趣的语言，增强语言的表现力。

(3)发挥语言音乐性的特点，注意声调的和谐和节奏的变化。

三、口语表达技巧训练方法

(一)口语表达表现力训练

1. 重音

生活中经常运用重音，重音具有区别词意的作用，读重读轻表达的意思不一样。重音可分为三种：

(1)语法重音。是按句子的语法规律重读的音。例如：

在苍茫的大海上，狂风卷集着乌云，在乌云和大海之间，海燕像黑色的闪电，在高傲地飞翔。

(2)逻辑重音。是根据说话的内容和重点确定。

(3)感情重音。是表达强烈的感情或细微的心理。重音不一定重，有时放轻也起强调的作用。重音有两种，一种是重重音，另一种是轻重音。体现重音，一是加大音量，二是拖长音节，三是一字一顿。例如：

我没有说他拿了你的东西。(回答：谁说的?)

我**没有**说他拿了你的东西。(回答：你说没说?)

我没有**说**他拿了你的东西。(回答：你好像说他拿了我的东西?)

我没有说**他**拿了你的东西。(回答：谁拿了我的东西?)

我没有说他**拿**了你的东西。(回答：他把我的东西怎么样了?)

我没有说他拿了**你**的东西。(回答：谁的东西?)

我没有说他拿了你的**东西**。(回答：拿了什么?)

2. 停连(即停顿与连接)

(1)语法停顿。又称自然停顿，由句子的语法结构造成停顿。某些介词前后、方位词后、动词后、连词前后(因为、如果、和等)进行停顿。

(2)文法停顿。一种是按照行文的标点符号进行停顿；另一种由文章结构决定，这种停顿是为了表示文章的层次、段落、部分等所做的停顿。

(3)逻辑停顿。一般较短，只相当于顿号的作用。有强调性停顿、并列式停顿、呼应性停顿等。

(4)感情停顿。又称心理停顿。逻辑停顿为理智服务，感情停顿为感情服务，表示一种微妙和复杂的心理感受而做的停顿。例如：

美丽的梦/和美丽的诗一样，
都是可遇/而不可求的，
常常/在/最没能料到的时刻里/出现

——席慕蓉《初相遇》

(5)特殊停顿。为加强某种特殊效果或应付某种需要所做的停顿。停顿的表现力在于：

①可以变含糊为清晰。例如："最贵的一张/值一千元"，表示最贵的只有一张，其他的不足一千元。

②变平淡为突出。

③变平直为起伏。例如："大堤上的人/谁/都明白"。

④变松散为整齐。有些排比句通过停顿变得很美，节奏很好。例如："每天的太阳是您的，晚霞是您的，健康是您的，安全也是您的"，读时要声断气不断、情不断。

3. 连接

连接就是在书面上标有停顿的地方赶快连起来，不换气、不偷气，一气呵成。连接的作用：一是渲染气氛，二是增强气势，能表达激情推进内容。思想情感一直处于积极的运动状态，在意思延续或激情澎湃的地方，必须一气呵成，这就需要用语流连贯的表达技巧。例如：

你的伤痕累累的乳房
喂养了
迷惘的我、深思的我、沸腾的我

——舒婷《祖国啊，我亲爱的祖国》

4. 节奏

说话要有节奏，快慢适中，起伏跌宕，这样，有起伏、有快慢、有轻重，才形成了口语的乐感。口语中带有规律性的变化，称为节奏，有了这个变化，语言才生动。

(1)慢节奏。叙述一件事情，描写一处景物，表现一次行动的迟缓节奏宜慢；表现平稳，沉郁、失望、悲哀情绪节奏宜慢。

(2)快节奏。表现情绪紧张、热烈、欢快、兴奋、慌乱、惊惧、愤怒、反抗、驳斥、申辩时宜快节奏。

5. 语气

语气的控制技巧，在于恰到好处地表达感情。

表达“爱”——气徐声柔形成温和感，气息深长。例如：

多可爱的小生灵啊！

表达“憎恨”——气足生硬形成挤压感。例如：

这家伙专干坏事。

表达“急”——气短声促形成紧迫感。例如：

他忽然一起身，面对着全室人，眼里不可抑制地涌出滚烫的泪水：“听！炮声，解放军的炮声！”

表达“喜”——气满声高，有跳跃感。例如：

盼望着，盼望着，东风来了，春天的脚步近了。

表达“怒”——气粗声重，有震动感。例如：

好个国民党政府的“友邦人士”，是些什么东西！

表达“悲”——气沉声缓，有迟滞感。例如：

她死了，在旧年的大年夜冻死了。

表达“惧”——气提声滞，有紧缩感。例如：

啊！

表达“疑”——气细声黏，有踟蹰感。例如：

奇怪啊，怎么楼前凭空涌起那么多黑黝黝的小山，一重一重的，起伏不断？

6. 语调

语调一般分四类：平直、下降、上扬、曲折。不同的语调所表达的意思就完全不一样。

(1)平直调：多用于陈述、说明语句。表述庄重、严肃、回忆、思索的情形，表现平静、闲适、忍耐、犹豫等思想感情。例如：

夕阳落山不久，西方的天空，还燃烧着一片橘红色的晚霞。

(2)下降调：多用于感叹和某些陈述句，常表示祈求、命令、祝愿、感叹等方面内容，表现坚决、自信、肯定、夸奖、悲痛、沉重等思想感情。例如：

如果将来我有什么要交给我的孩子，我会告诉他：假若你一直和时间比赛，你就可以成功！

(3)上扬调：多用于疑问句、反问句，或某些感叹句、陈述句。适用于提问、称呼、鼓动、号召、训令等场合，表达激昂、亢奋、惊异、愤怒等情绪。例如：

小姐，您是哪国人？喜欢渥太华吗？

(4)曲折调：多用于语意双关、言外之意、幽默含蓄、意外惊奇、有意夸张等处，表示惊讶、怀疑、嘲讽、轻蔑等。

在实际应用中四个语调不是孤立的，语调变化不以句子为单位，而是表现在语流中千差万别的变化中。例如：

可怜的虫子！这样盲目地爬行，什么时候才能爬到墙头呢？

(二)表达能力及口才训练方法

1. 速读法

速读就是快速的朗读，目的是锻炼口齿伶俐，语音准确，吐字清晰。

方法：开始朗读时速度较慢，逐次加快。读的过程中不要有停顿，发音要准确，吐字要清晰，尽量达到发声完整。要快而不乱，没有含混不清的地方。亦可用录音机把速读练习录下来，然后自己听一听，从中找出不足，从而进行改进。

2. 背诵法

训练目的：一是培养记忆能力，二是培养口头表达能力，锻炼口才。

背诵法不同于速读法。速读法着眼在快，而背诵法则着眼在准。要求背诵的文章一定要准确，不能有遗漏或错误的地方，而且在吐字、发音上也一定要准确无误。要分析、理解所选材料，体会作者的思想感情；找出重音、划分停顿等；用准确的语言、语调进行背诵，准确无误地记忆文章。

3. 练声法

生活中，我们都喜欢饱满圆润、悦耳动听的声音。练声的方法如下：

(1)练气。气息是发声的基础。气不足，声音无力；用力过猛，又有损声带。

(2)练声。在练发声以前先放松声带，用一些轻缓的气流振动它，发出一些轻慢的声音，千万不要张口就大喊大叫，那样会破坏声带。

(3)吐字清晰。只有发音准确无误，清晰、圆润，吐字才能字正腔圆。

4. 复述法

训练目的：锻炼人的记忆力、反应能力和语言的连贯性。

方法：选一段长短合适、有一定情节的文章。请普通话标准的同学进行朗读，甚至把它录下来，然后进行复述，反复多次地进行。如果能面对众人进行练习，效果更好，既可以锻炼胆量，又可以克服紧张心理。刚开始练习只需复述基本情节，第二次复述时应基本准确地复述人物语言和基本描写语言，再逐次提高要求。

5. 模仿法

(1)模仿专人。模仿喜欢的播音员、演员的声音和精彩语句、片断。

(2)专题模仿。几个好朋友聚在一起，请一人先讲一段小故事或笑话，然后大家轮流模仿练习。

(3)随时模仿。我们每天听广播，看电视、电影，可以随时边听边看边模仿，学习他们的声音、语调、神态、动作，不仅提高口语表达技巧，还会增加词汇量，增长文学知识。

6. 描述法

把我们看到的景、事、物、人，用描述性的语言表达出来。描述法在于训练语言组织能力和语言的条理性。无论是演讲、说话、论辩等，都需要有较强的语言组织能力。

第一步，观察。仔细观察所要描述的景、事、物、人。例如：描述“秋天的湖”，我们要观察湖的周围都有什么，有树？有凉亭？还有游人？树是什么样子、什么颜色？凉亭在这湖光山色、树影的衬托下又是什么样子？秋天里的游人此时又是一种什么心情呢？有了这种观察，我们的描述才有基础。

第二步，描述。描述时一定要抓住景物的特点，语言要清楚、明白，有一定的文采。

7. 角色扮演法

在朗读文章时，我们要像演员一样，在语言上进行角色扮演。

训练目的：培养语言的适应性、个性以及适当的表情、动作。

要求：不仅要声音洪亮，充满感情，停顿得当；还要能绘声绘色、惟妙惟肖地把人物的性格表现出来。

(1)选一篇有情节、人物的小说、戏剧作为材料。

(2)对选定的材料进行分析，特别要分析人物的语言特点。

(3)扮演角色，以此培养自己的语言适应力。

8. 讲故事法

学习讲故事是口语技能训练的一种好方法。讲故事可以锻炼人的多种口语表达能力。方法如下：

(1)分析故事中的人物形象。故事的情节性、主题都是通过人物的语言、行动表现出来的。

(2)掌握故事的语言特点。

(3)反复练讲。训练时，还要注意自己的表情和动作。

要求如下：

(1)发音要准确。

(2)不照本宣读。讲故事要用自己的语言，才能生动形象。

任务实施

分组说话训练(使用普通话)

题目：最难忘的事

要求：通过你的语言描述，吸引大家的注意，最大限度地感染其他人，让他们和你产生相同的感觉。

时间：三分钟以内

讨论：你对谁的叙述印象最深刻？为什么？他有哪些方面值得你学习？

任务三　演讲

学习任务

1. 了解演讲的基本要求和特征。

2. 掌握演讲的口语表达技巧和训练方法。

问题导入

在三人以上场合的讲话即为演讲。如此，演讲无时无刻、无所不在地充斥着我们的生活，上课发言、毕业答辩、招聘面试、汇报工作、竞聘职位、开会讲话等，都离不开演讲。但很多人害怕讲话，特别是人多的时候，更是紧张，不知道说什么，这就会影响我们的生活、学习和工作。那么，怎么样才能成为一名优秀的演讲家呢？

基础知识

一、关于演讲

（一）演讲的定义

演讲又称讲演或演说，是指在公众场合，以有声语言为主，以态势语为辅，针对某个具体问题，鲜明、完整地发表自己的见解和主张，阐明事理或抒发情感，进行宣传鼓动的一种语言交际活动。

在演讲中，“演”是作用于听众的视觉器官，“讲”是作用于听众的听觉器官，二者缺一不可，相辅相成。

（二）演讲的分类

1. 按演讲的方式可分为即兴演讲、脱稿演讲、背稿演讲和照稿演讲。

（1）即兴演讲

所谓即兴演讲，就是在预先没有准备的情况下，临场发挥的演讲。这种演讲要求高，难度大。演讲者如果没有广博的知识和丰富的临场演讲经验，就很难在广大听众面前发表出色的即兴演讲。

要做好即兴演讲，一般应从以下三方面着手：

第一，演讲者要保持思想警觉。在参加集会或会议时，要集中注意力，注意倾听别人在会上的讲话或发言。

第二，演讲者要思维敏捷，善于当场捕捉话题，抓住某种事物或现象进行联想，加以阐述和发挥。

第三，篇幅要短小精悍。要紧紧围绕一个中心，不能漫无边际，信口开河。

关于即兴演讲，美国的理查德曾提出了一个腹稿结构模式，对学习即兴演讲很有参考价值。这一模式将即兴演讲分为四个步骤：

第一，演讲者面对广大听众，要直接用生动典型的事例画龙点睛，道出主题，激起听众对演讲内容的兴趣。

第二，演讲者要向听众讲明演讲目的，沟通与听众之间的联系，使听众对所讲问题产生紧迫感，吸引听众。

第三，举例。演讲者想要把自己的观点深深地印在听众的脑海里，就必须举例。具体生动的实例不仅可以深化主题，而且可以激发听众的兴趣，加深人们的记忆。在即兴演讲前，需要把想好的事例排列有序，举例时既要紧紧围绕中心，简捷明快、不拖泥带水；又要做到有起有伏，有徐有疾，注意演讲效果。

第四，告诉听众演讲的目的，要具体清晰。

(2)脱稿演讲

脱稿演讲是指事先有准备、有讲稿而不照搬讲稿的一种演讲。这种演讲由于事先有准备，可以获得较好的演讲效果。有经验的演讲家就经常采用这种演讲方式。

(3)背稿演讲

背稿演讲是指演讲时照背事先准备好的讲稿。初学演讲者常采用这种演讲方式。运用这种形式，只要精心准备，语言尽量口语化，也可以取得较好的效果。

(4)照稿演讲

照稿演讲是政治家、理论家经常采用的一种演讲方式。

2. 按演讲的内容可以分为政治演讲、学术演讲、凭吊演讲和庆贺演讲(后二者可合称为吊贺演讲)。这是最基本的分类。

3. 按演讲的形式可以分为报告型、论辩型。

(1)报告型：即西方的传统演讲——公众演讲。它是一种口头交流思想的形式，是一个人对一大群人的讲话。这类演讲历史悠久，至今仍是最受人们重视的一种演讲形式。

(2)论辩型：是指不同观点的双方展开争辩的一种演讲。如诉讼演讲、辩护演讲、学术论文答辩等。在我国春秋战国时期和古印度、古希腊，这类演讲就相当发达，在当今世界各国仍颇为盛行。

4. 按演讲场合分类

演讲可分为：集会演讲、法庭演讲、课堂演讲、广播演讲和电视演讲。

按演讲的目的可以分为说服性演讲、鼓动性演讲、传授性演讲和娱乐性演讲。

(1)说服性演讲：目的在于说服一些持有反对意见的听众赞同某种观点。在辩论中，人们经常听到这类演讲。

(2)鼓动性演讲：目的是激发人们的激情，使他们行动起来为某一事业奋斗。例如：战争动员、工作动员就属于这类演讲。演讲者要以充沛的感情和激动人心的语言，激励人们去工作、去战斗。

(3)传授性演讲：也称讲解性演讲。这种演讲的目的在于传递信息、传授知识。学术讲座就属于这类演讲。

(4)娱乐性演讲：这种演讲是为了表示喜庆和欢乐。人们在宴会、舞会、联欢会上的讲话大多属于这种演讲。

(三)演讲的特征

1. 现实性

演讲属于现实活动范畴，是演讲家通过对社会现实的判断和评价，直接向广大听众公开陈述自己的主张和看法的现实活动。

2. 艺术性

这里的艺术性是现实活动的艺术。它的艺术性在于具有统一的整体感和协调感，即演讲中的各种因素(语言、声音、表演、形象、时间、环境)形成一种相互依存、相互协调的美感。同时，它还具备戏剧、曲艺、舞蹈、雕塑等艺术门类的某些特点，并将这些特点与演讲融为一体，形成具有独立特征的演讲活动。

3. 鼓动性

没有鼓动性，就不能称为演讲。无论是政治演讲，还是学术演讲，都必须具备强烈的鼓动性。这是因为：人们都有追求真善美的渴望，演讲者传播真善美，自然会引起共鸣，激励和鼓舞听众；演讲者以自己炽烈的感情去感染听众，容易达到影响听众的目的；演讲者的形象、语言、情感、态势以及演讲内容的结构、节奏、情节等均能抓住听众；演讲者与听众直接交流，极易感染和打动听众。可以说，鼓动性是演讲成功与否的重要标志。

4. 工具性

演讲是一门科学，更是一种工具，是人们交流思想的工具。任何思想、学识、发明和创造，都可以借助演讲这个工具来传播。演讲可以说是最经济、最实用、最方便的传播工具。

(四)演讲的风格

按照演讲的基本情调，演讲大体可以分为：激昂、深沉、严谨和活泼四种类型。

1. 激昂型：指演讲的特点是节奏快，音量对比强烈，语句铿锵有力。它易于激发听众的情感，具有感染力，富于鼓动性，适合于号召性和鼓动性的政治演讲。例如：战争动员等演讲，多采用这种类型。

2. 深沉型：这种演讲的特点是节奏较慢、音量对比较弱，音调也较柔和，语句深沉而又发人深思。它适合于抒发深沉细腻的思想情感。凭吊演讲多属于这种类型。

3. 严谨型：这种演讲表现为情绪稳定，没有过大的起伏，语言严谨，逻辑性强，适合于说理。学术演讲大多属于这种类型。

4. 活泼型：这种演讲节奏明快，语音变化幅度较大，语言清新生动，给人以亲切欢快的感觉。庆贺演讲大多属于这种类型。

以上四种演讲，情调各不相同。演讲者采用哪种风格类型，应当根据演讲内容的需要、演讲者的自身条件和听众的具体情况而定。

(五)成功演讲的特征

(1)成功的演讲，其内容目的性非常明确，具备一定的真理性。真理性，就是演讲者想要实现的目的是奋发向上的，具有积极意义。简而言之，成功的演讲一定是在弘扬真、善、美。

(2)成功的演讲，会体现演讲者的人格魅力。一个成功的演讲者，其本身就为演讲增添了自己的人格魅力。人格魅力还包括演讲者的外在形象，虽然外在的衣着相貌不及人的品质道德重要，但也很重要，甚至给听众带来的冲击更加直接。

(3)成功的演讲，往往与听众产生共鸣。能否使所要表达的思想与听众产生共鸣是评价演讲成功与否的标准。如果演说家“对牛弹琴”，那么势必无法产生共鸣，这次演讲活动必定是失败的。

(4)成功的演讲具备思维的哲理性，这是对真理性的进一步升华。真理性，说明演讲的方向是正确的，而思维的哲理性，是指能在演讲内容目的的正确性上，给人以积极的冲击，引起人们的思考，这种思考甚至可以上升到使听众的行为发生积极变化的效果。

(5)成功的演讲，演讲技巧应具备丰富性。演讲技巧有很多，但并不是说越多越好，而成功的演讲往往能做出正确的选择。具备了前三点，说明演讲有优质的内容，具备第四点，说明演讲有产生积极效果的可能，但只有实现了第五点，才能最终将优秀的演讲内容传达给现场听众，所以演讲技巧的丰富性意味着演讲渠道的畅通，而围绕听众选择正确的演讲技巧才是重点。

二、演讲口语表达技巧

演讲是一门语言艺术，它旨在调动起听众情绪，并引起听众的共鸣，从而传达出所要表达的思想、观点、感悟，标准的普通话是必需的条件。

(一)演讲的语言

(1)发音正确、清晰、优美。既能准确地表达出丰富多彩的思想感情，又要悦耳动听，清晰优美。因此，演讲者必须认真对语音进行研究，努力使自己的声音达到最佳状态。

此外，恰当地运用象声词和叠音词进行渲染烘托，也能达到声情并茂的效果。

(2)词句流利、准确、易懂。演讲者借助口语发出的信息，听众能马上理解。

(3)声音要饱满、充满活力。音质宽厚、语调抑扬顿挫的动听声音，可以散发独特的性格魅力，能够充分调动他人的感情，吸引人们的注意力，从而提高交流的效果。

(4)高度重视对语言的锤炼。通常演讲语言应具有准确、通俗、鲜明、生动等特点。

①准确。演讲语言要概念明确，判断恰当，逻辑严密，层次分明。同时，注意对语言的推敲，力求准确地刻画事物。

②通俗。即通俗易懂。演讲的声音转瞬即逝，听众来不及去琢磨每一句话的含义。因此，演讲的语言，提倡“大众化”，要直白、简洁、易懂、易记。

③鲜明。演讲的语言要立场鲜明，让听众准确理解想要表达的实质。

④生动。即语言生动，要能感染人。

(二)演讲的语调

语调即讲话时声音的高低、轻重、快慢、停顿，是口语表达的重要手段，它能很好地辅助语言表情达意。语调的选择和运用，必须切合思想内容，符合语言环境，考虑现场效果。所以，演讲者要想恰当地运用语调，必须事先准确地把握演讲的内容和感情。应注意以下几点：

(1)在重要的词句前后略停顿。它能引人注意，使听众特别留心，期待后面的内容。

(2)演讲速度要有变化。这样能造成一种声势，使意见中的某一点显得特别突出。

(3)声调要有高低起伏变化。这样可吸引别人的注意。

(4)语气要有轻重之分。例如：“我们的生活都不容易，但是那有什么关系？我们必须有恒心，尤其要有自信心！我们必须相信我们的天赋是用来做某种事情的，无论代价多大，这种事情必须做到。”

演讲时，重音落于何处，并无一定，完全依个人体会。

演讲时也应利用这种方法，在一个重要字句的前后稍停顿，甚至一句话的中间也可停顿，但要十分自然而不做作，这将大大提高演说效果。

在演讲中，富有节奏感的语调不但能让演讲内容朗朗上口，也更容易打动听众。做到抑扬顿挫，不仅需要演讲者吐字准确清晰，还需要语调随着演讲内容的更迭而变化。可以说，抑扬顿挫的语调是演讲者情感色彩的直观表现，它犹如一首昂扬的乐曲，可以让听众耳目一新，提高演讲的成功率。

（三）说话能力训练技巧

要想让自己在面对众人时，从容处世，淡定说话，最好的技巧就是让说话成为一种习惯，抓住每一个开口说话的机会，主动与人交谈，锻炼说话的能力。

1. 多与家人交流沟通

家庭是练习口才的最佳场所。家长里短、夫妻关系、教育子女、邻里关系等问题都需要沟通、处理、协调，我们要开动脑筋，组织语言。锻炼口才，可以从自己最熟悉的人开始，不要难为情，因为他们都是我们最亲近的人。

我们可以为家庭和谐建设提出好的建议，为妈妈做的可口饭菜说一些恰到好处的赞美言辞，沙发应该摆在什么位置更合适，姐姐穿什么衣服更漂亮……大胆地说出我们的每一个想法，在促进家庭和谐的同时，我们的口语和表达能力也不断提高。

2. 多和朋友交流切磋

在学校会遇到同学矛盾、学习问题、师生关系等问题，我们应该怎么做？古人云：福兮祸兮！遇到事情勇于沟通和处理，这些事情都能成为我们主动与同学说话、沟通的动力。如果我们想拥有好的口才，想要锻炼自己说话的勇气，就要多和同学聊天，在生活上、学习上给出好的建议。渐渐地，我们的朋友会越来越多，同学关系也会越来越和谐，我们的沟通和协调能力也会不断增强。

3. 积极参与集体活动

当今社会处于一个交流的时代，每个人都或多或少会参加一些社交活动，我们也许并不认识聚会上的每一个人，但是，这却是一个锻炼我们说话能力的绝佳机会。多参加聚会、沙龙、社团、志愿活动等，主动介绍自己，主动与人沟通，在任何场合都要把握住说话的机会，从每一次的谈话中总结经验，学习说话的技巧，不断地锻炼提高自己的勇气和胆量，慢慢地建立自信。要相信，努力付出才有回报，持之以恒才能成功。

三、演讲中的态势语

态势语，即体态语言，是通过身姿、手势、表情、眼神等非语言因素传达信息的一种言语辅助形式，也是口语交际活动的辅助手段。态势语的作用主要表现在：补充、强化口语信息；沟通、交流情感；调控交际过程。

（一）态势语的基本要求

演讲时态势语的设计旨在协助有声语言更好地表达自己的思想感情，因而必须做到以下几点：

1. 自然

动作要自然，自然是对体态语的第一要求。说话时，切忌动作生硬、刻板或刻意表演，以免让人觉得别扭、不真实、缺乏诚意。

2. 简洁明了

动作要大众化，举手投足要符合一般生活习惯，简洁明了，易于被人们看懂和接受。注意克服不良动作习惯，无意义的手势务必去掉。

3. 适度适宜

适度，即要求动作要适量，以不影响听者对你说话的注意力为度，不要用得过多；适宜，即要求动作必须与说话的内容、情绪、气氛协调一致，不要故作姿态、故弄玄虚，甚至手口不一。

4. 富有变化

说话时，适当的重复动作是必要的，它往往能重现或强调原来的情绪。但不要反复使用一种姿势，要善于随着内容、情绪的变化适当地变换动作和姿态，以期生动活泼、富有朝气和魅力。

5. 有目的性

即对手势、动作进行加工，使之更加准确、优美地变成具有目的性的态势，以加强号召力和鼓动性。

6. 准确精炼

能准确、优美、恰当地传情达意，具有补充或强化语言、帮助听众理解、促使听众接受的作用。所谓精炼，就是要以少胜多。

7. 体现个性化

态势的表现同演讲者的性格、气质紧密相连，因此，我们在运用态势进行表达、交流时，须保持自己的个性特征，显示自己的风格，切勿一味模仿别人。

（二）态势语的具体运用

1. 手势语

（1）手指语言：“大拇指向上”动作一般表夸奖、很好，但有时表达高傲的情绪；“十指交叉”一般表达自信、敌对情绪、感兴趣；“抓指式”一般表达控制全场之势；“背手”可提升自己勇气，使自己镇静，也表自信，但对有的人来说是狂妄的表现；“手啄式”是不礼貌的动作，本身是一种挑衅，具有针对性和强制性。以上手势都要视具体环境和面部表情而定。

（2）手掌语言：手掌向上表示诚恳、谦虚；手掌向下表示提醒、命令；搓掌表示期待，快搓表示增加可信度，慢搓表示有疑虑；手掌向前表示拒绝、回避；劈掌表示果断、决心。

（3）手臂语言：双手交叉环抱手臂于胸前，表示消极、防御、否定；握拳式双手交叉手臂，表现出强烈的防御意识，还有十分明显的敌意；抓握式双臂交叉姿势，表示消极、不安、紧张的心理；一只手握住另一只手的上臂，另外一只手下垂，表示缺乏自信。

2. 目光语

眼睛是心灵的窗口，眼睛的奥妙之处在于它能表达人的真实想法。注视一般有三种：

(1)凝视。集中目光看对方，让人感觉到你的真诚。

(2)环视。眼睛向前有目的地扫视，可根据环视随时调整说话的节奏、内容、语调，把握说话的主动权、控制权，能较全面地了解听众的心理反映。

(3)虚视。就是似视非视，演讲就需要这种虚与实的目光交替。“实”看某一部分人；“非”看大家。演讲要作到“目中无人，心中有人”。

3. 表情语

面部表情是最准确、最微妙的“晴雨表”。人的面部表情贵在四个字：自然，真挚。面部表情是思想的“荧光屏”，演讲时一般要微笑。

(三)态势语动作四忌

1. 忌指指划划

即不要使用随意的没有逻辑基础的手势动作。

2. 忌机械重复

机械重复是演讲中更为常见的一种表现，它单调、呆板、讨嫌，容易引起听众的误会。

3. 忌着意表演

着意表演，即专心着意地运用姿态、手势、动作去“表演”自己话语的内涵。这样做，往往弄巧成拙，吃力不讨好，易引起听众的反感。

4. 忌无心运用态势

指演讲者在台上动作呆板、形象拘谨，几乎没有态势语，大大减小了信息传播量，让人感到十分疲倦。

态势语是语言表达的补充和辅助手段，同时，不能脱离特定的环境。要不断提高口语交际能力，除了正确运用态势语，还应该在提高语言能力、培养良好的语言习惯等方面下工夫。

四、演讲的方法与技巧

(一)演讲开头技巧

好的开头是演讲成功的一半，任何形式的演讲，开头是关键。那么，该如何开始一场演讲呢？就是要设计好开头，让你讲的第一句话便吸引听众，“邀请”听众进入你的主题。开头的种类非常多，妥善运用能产生很好的效果。

1.“赞美”式开头

人性决定人们喜欢被赞美，如果在演讲一开始，对台下的观众做一番赞美，也不失为引发他们共鸣的方式。

赞美的技巧有以下几点：

(1)做好事前准备工作

在上台之前，做一些功课，或是根据现场环境，立刻做出反应，让每次说出来的赞美都不一样且恰当，以吸引和感染听众。

(2)发掘他人的价值

例如：面对一群保险业务员演讲时，可以说："很高兴今天能有机会跟一群很特别的人演讲，这群人能够为很多家庭提供保障，让很多人没有后顾之忧，而你们就是这群特别的人……"

(3)引用别人的赞美

赞美他人，也可以"借花献佛"。

2. 悬疑式开头

就是抛出问题，制造悬疑，吸引听众的注意力。例如：

你在听一场演讲，甚至在进行会议、简报时，主讲人第一句话就问大家："请问各位，二加二等于多少？"底下的人一片沉默，觉得这个问题太简单了，一定暗藏陷阱，自然会集中注意力。

"很多人认为答案是四，对不对？其实，二加二等于多少呢？答案有无限可能。打个比方，如果业务部门和生产部门合作无间，他们所创造出来的效益，就超过这两个部门加起来的总和，所以，二加二可以等于四，也可以等于五、等于六，而这就是我今天要来演讲的目的——我想跟各位谈谈团队合作。"

3. 以故事开头

用小故事开场，打动人心。故事，可以来自平时看的报纸杂志、电影、电视节目，也可以来自我们的亲身体验。

开场白所需要的小故事，不要太长，也不要太复杂，最好在两分钟内说完，而且能衔接你所要讲的主题。

无论是赞美、制造悬疑，还是讲故事，目的都是吸引听众，带动现场气氛，接下来的主要内容，我们就能说得更从容、有自信。

4. 用名人名言开头

名人名言，永远具有引人注意的力量。先让听众紧张怀疑，然后往下解释。

例如，有人这样开始他的谈话："你知道吗？现在世界上还有十七个国家尚未取消奴隶制度！……"

这样一说：不但立刻引起了听众的好奇心，而且还能使听众大吃一惊："什么？奴隶制度？目前？有十七个国家之多？是哪几个国家？在哪个洲？这倒是一件稀奇的事，非听个明白不可！……"

5. 开头引起实际效应

在一个古钱展览会上，一位先生用两个手指执着一枚钱币，高举过肩，这样，观众便都看向他手中的钱币。然后，他才开始演说："在场的诸位，有没有人在街上捡到过这样的钱币？"接着，他就开始讲述这枚钱币的稀奇之处和他收藏的经过。

从反面开始说起，先放下伏线，到最后再把话题翻过来，这将令人有一种惊讶之感。

6. 开头故意耸人听闻

先说几句带有刺激性的话，使听众大吃一惊，这样可达到吸引听众注意力的效果，然后就可乘势发表言论了。

“到今年年底为止，诸位之中可能有一人被杀，有三人变成残废。”这是一位宣传交通安全演讲人所用的开场白。

(1)宣布型

“到今年年底为止，诸位之中可能有一人被杀，有三人变成残废。”这是一位宣传交通安全演讲人使用的开场白。

(2)质问型

“当我被点名来演讲的那一刻，我正在思考一件奇妙的事，请大家猜一猜，我在思考什么?”

(二)演讲主题技巧

演讲应有正确鲜明的主题。演讲的主题最能体现演讲的思想价值和审美品位，使演讲具有深刻感人的艺术魅力。正确的做法是在运用典型充分的材料表达演讲主题时，及时对材料的本质内涵加以分析、概括、提炼、延伸，并通过富于理性色彩的语言点拨、渲染，激起听众的心理共鸣，将听众的思维引向一个更深邃、更崇高的境界，使演讲的主题得以升华。在演讲中，一般可用以下技巧来升华演讲主题：

1. 由点及面的扩展

演讲中的事实材料是灵活多样的，如一次亲身经历、一个小故事、一段人物描写，甚至人物的片言只语等，这些虽是个别的却是很典型的材料，往往就能成为升华演讲主题的“点”。由对“这一个”事实的叙述推及包含“这一类”的全部或部分事实内涵的概括，就是由点及面的扩展演讲主题的技巧。

例如，傅缨的演讲《铭记国耻，把握今天》中的一段话：

吉鸿昌高挂写有“我是中国人”标语的木牌，走在一片蓝眼睛、黄头发的洋人群中。

正是这千百万个赤子，才撑起了我们民族的脊梁，祖国的希望；正是他们，在自己的‘今天’，用满腔的热血，冒着敌人的炮火，谱写了无愧于时代的《义勇军进行曲》，才使得我们今天的共和国国歌响彻神州，那么气势磅礴，那么雄壮嘹亮；正是他们，才使得我们今天的炎黄子孙一次又一次地登上世界最高领奖台，并使那音量越来越大，那旋律越来越强!

演讲者以吉鸿昌的爱国行为为基点，然后高屋建瓴，联想到千千万万个爱国者的精神，用“正是这千百万个赤子”“正是他们”的提示语，通过三层铺排推进，概括出一代代爱国者的崇高情怀，使单一的事例所体现的思想意义得到扩展、升华。演讲时就能燃起听众爱国的情感之火，产生一定的感召力。

2. 由表及里的深化

有些蕴含着深层意义的事实材料，不经点破，听众也许理解不透演讲者所要表达的主旨，而一旦经过演讲者的揭示与深化提炼，就如同在沙砾中发掘出闪亮的金子，在贝壳里发现晶莹的珍珠，催人感悟，发人深思。这种由外表行动或客观存在事实进行叙述，升华为内在思想或深层含义的表达方法，就是由表及里深化升华主题的技巧。

例如，孙中山先生在一次演讲中讲道：

"南洋爪哇有一个财产超过千万的华侨富翁。一次他外出访友，因未带夜间通行证怕被荷兰巡捕查获，只得花钱请一个日本妓女送自己回家。

日本妓女虽然很穷，但是她的祖国很强盛，所以她的地位高，行动也自由。这个中国人虽然很富，但他的祖国却不强盛，所以他的地位还不如日本的一个妓女。'如果国家灭亡了，我们到处都要受气，不但自己受气，子子孙孙都要受气啊！'"

孙中山先生在这里对一个典型材料进行了由表及里的剖析，揭示出国家贫弱，人民必受欺凌，"落后就要挨打"的道理，升华了演讲的主题，唤起了听众强烈的爱国之心。

3. 由此及彼的引申

在演讲中，也可以就某一典型事件或自然现象作为触发点和媒介来加以引申，联系到另一类相关事物和事理，以此来升华演讲的主题。这种由此及彼引申升华主题的技巧，通过形象化的渲染，不仅可以启迪听众的智慧和洞察力，还可以创设充满哲理美的境界和氛围。

例如，一位教师对学生演讲时，他先讲了一则小故事：

在暴风雨后的一个早晨，一个男人在海边散步，沙滩上有许多被昨夜暴风雨卷上岸的小鱼被困在浅水洼里。忽然，他看到一个小男孩正在捡起水洼里的小鱼，并且用力把它们扔回大海。这个男人问道："孩子，这水洼里有几百几千条小鱼，你救不过来的。""我知道。"小孩头也不抬地回答。"哦？那你为什么还在扔？谁在乎呢？"小男孩边扔小鱼边回答："这条小鱼在乎！这条，还有这条……"

教师讲完了这则小故事，满怀深情地说道：

"今天，你们在这里开始大学生活。你们每一个人都将在这里学会如何去拯救生命。虽然你们救不了全世界的人，救不了全中国的人，甚至救不了一个省一个市的人，但是，你还是可以救一些人，你们可以减轻他们的痛苦。因为你们的存在，他们的生活从此有所不同——你们可以使他们的生活变得更加美好。这是你们能够并且一定会做得到的。"

这位教师在演讲中对一个富有哲理意味的小故事进行了由此及彼的引申，形象地阐发了医学院学生应树立高尚的职业道德，升华了演讲主题，使演讲具有一种隽永的感召力。

4. 由陈及新的点化

在演讲中，套用一些过去的材料，并且进行由陈及新的点化，挖掘出具有现实意义的深刻内涵，也是一种较好的升华主题的技巧。

例如，在弘扬爱国主义的主题演讲比赛上，一位演讲者讲述了盼望台湾回归、祖国统一的内容，最后他是这样升华主题的：

"……有一位老知识分子病重期间叮嘱自己的子女：'祖国完成统一日，家祭毋忘告乃翁。'这句话比陆游的名句又有了新的内涵。它代表着多少老知识分子的心愿，代表着多少中国人的心愿啊！同志们，朋友们，我们盼望着这一天的到来！这一天一定能到来！"

在这里，演讲者对这则典型材料中改过的陆游名句进行了由陈及新的点化，赋予其更深刻的现实意义，把演讲所体现的爱国主义思想感情推向了高潮。

5. 由抑及扬的反衬

演讲中的高潮常常是升华主题的关键之处，而恰当地运用由抑及扬的反衬技巧，能使集中于高潮的情与理的表现更有效果，从而使演讲的主题得到升华。

例如，卢国华的演讲《愿君敢为天下先》的高潮部分：

“也许有人说，年轻气盛，不知天高地厚，改革的潮是那么好弄的吗？弄得好，该你走运，福星高照；弄得不好，该你倒霉，身败名裂……我们如果徘徊观望，如果急流勇退，如果不求有功但求无过，如果事不关己高高挂起，如果害怕枪打出头鸟，信奉‘人言可畏’的法则，那么，就会被历史所淘汰，被时代所抛弃，被生活所嘲弄。我们只有去无畏拼搏，去大胆开拓，去承担风险，去顽强竞争！”

在这里，演讲者逆水推舟，以退为进，先设立一个与结论相反的前提，极力地“抑”，再用否定性结论，为结论的“扬”蓄势，最后水到渠成地“扬”起来，这样由抑及扬的反衬，把演讲推向了高潮，使主题得到了升华。

总之，如何升华主题是演讲艺术的一种重要技巧。用好这种技巧，不仅可以使演讲掀起一次次波澜跌宕的高潮，而且使演讲者与听众之间形成时起时伏的和谐呼应、感情共振，增强演讲的感召力、鼓动性和艺术魅力。

（三）演讲结尾技巧

俗话说“编筐编篓，重在收口；描龙画凤，难在点睛。”演讲的结尾，就是演讲的“收口”“点睛”。演讲达到高潮时果断“刹车”，以此来强化给听众的最佳印象。

一般演讲结尾包括两个部分：总结和感谢。这种结尾方式，适用于大部分场合，也是应用最广泛的一种结尾。

如果我们想让自己的结尾与众不同、别有风味、回味无穷，就要用到一些结尾的方法和技巧。这样的结尾就由三个部分组成：总结、结尾技巧、感谢。

1. 总结

每个人都是健忘的，听完我们的演讲后，很多内容会被人们忘记。为了能让更多人记住演讲的内容，在演讲结束之前，我们一定要学会给听众做一个要点总结。例如：

“好，我今天的分享到这就快要结束了，在我的演讲结束之前呢，我们来回顾一下我们今天所讲的内容。我们提升演讲口才有三个方法，第一个方法是什么？（学习），第二个方法是什么？（练习），第三个方法是什么？（坚持）。好的，那么我相信，只要我们能做到以上三点，我们的演讲口才水平就一定会越来越好！”

2. 结尾技巧

（1）以故事结尾

讲一个发人深省的故事，往往能起到很好的效果。例如：

“亲爱的朋友们，跟大家分享完这么多演讲与口才的技巧方法后，我的演讲就要结束了，在结束之前呢，我想再跟大家分享一个小小的故事。曾经在一个村庄里，有一位老者，非常地有智慧，村里人有什么不懂，都会去请教他，他都能给出正确的答案。有一个小男孩非常地淘气，有一天他爬上树，在鸟窝里抓了一只小鸟握在手里，跑去问村里的老者。见到老者后，小男孩把握着小鸟的手放在背后，说：老爷爷，听说你是我们村最有智慧的人，什么事都知道，所以，今天我想问你一件事，你觉得现在在我手里的这只小鸟是死的还是活的？老者听完后，马上就知道小男孩的把戏了，如果老者回答到小鸟是死的，小男孩就把手放开，小鸟是活的；如果老者说小鸟是活的，小男孩用力一捏，小鸟就死掉了，于是老者对小男孩说：'孩子，其实，答案并不在我手里，而在你自己手里。'

那么，我今天讲了那么多演讲与口才的方法和技巧，在最后的时间里，我也想对大家说，提升演讲口才的方法其实并不在我手里，而在大家自己手里！我的演讲结束了，谢谢大家！"

(2)以名人名言结尾

引用名言、警句、谚语、格言等作为结尾，不仅使语言表达精炼、生动、富有节奏和韵律，而且可以使演讲的内容丰富充实，具有启发性和感染力，同时也可给人一种生动活泼、别开生面之感。例如演讲稿《谈毅力》的结尾：

"毅力是攀登智慧高峰的手杖，毅力是漂越苦海的舟楫，毅力是理想的春雨催出的鲜花。朋友，或许你正在向成功努力，那么，运用你的毅力吧。这法宝可以推动你不断地前进，可以扶持你度过一切苦难。记住："顽强的毅力可以征服世界上任何一座高峰！(狄更斯语)"

用名言式结尾，能给演讲者的思想提供有力的证明，增加演讲的可信度，显得更加优美、含蓄、睿智、大气，具有较强的说服力和鼓舞作用。

(3)以诗词结尾

一位演讲者在演讲结尾，用了一首诗来结束，背诵这短短四句诗词时非常铿锵有力：

"在演讲的最后，我送大家一首诗：白日依山尽，黄河入海流。欲穷千里目，更上一层楼！"

当时整个现场掌声跌宕起伏，将整个演讲氛围带进了高潮。所以有时候适当地用些诗词来作为自己演讲的结尾，也是种很好的方法。

(4)以幽默结尾

除了某些较为庄重的演讲场合外，利用幽默结束演讲可为演讲添加欢声笑语，使演讲更富有趣味，令人在笑声中深思，并给听众留下一个愉快的印象。

案例一：

我国著名作家老舍先生在一次演讲的开头说道："我今天给大家谈六个问题。"接着，他第一、第二、第三、第四、第五井井有条地谈下去，谈完第五个问题，他发现时间不多了，于是就提高嗓门，一本正经地说："第六，散会。"听众起初不懂，不久就欢快地鼓起掌来。

老舍在这里运用的是"平地起波澜"的造势艺术，打破了正常的演讲内容，从而出乎听众的意料，达到了幽默的效果。

案例二：

1985年年底，全国写作协会在深圳罗湖区举行年会。开幕式上，各级有关领导论资排辈，逐一发言祝贺。轮到罗湖区党委书记发言时，开幕式已进行了很长时间。于是他这样说："首先，我代表罗湖区委和区政府，对各位专家学者表示热烈的欢迎。"掌声过后，稍事停顿，他又响亮地说："最后，我预祝大会圆满成功。我的话完了。"他以迅雷不及掩耳之势结束了演讲。

听众开始也是没有反应过来，随后，即爆发出欢快的掌声。因为，从"首先"一下子跳到"最后"，中间省去了其次、第三、第四……这样的讲话，如天外来石，出人预料，达到了石破天惊的幽默效果，确实是风格独具，别出心裁。

案例三：

某大学中文系一次毕业生茶话会上，首先是系党总支书记讲话，三分钟的即兴讲话主要是向毕业生表示祝贺。然后是彭教授讲话，主题是希望同学们继续努力学习，还引用了列宁的名言。第三个讲话的潘教授朗诵了高尔基的《海燕》片断，以此勉励毕业生们学习海燕的精神。第四个讲话的系副主任希望同学们永远记住母校和老师们。紧接着，毕业生们欢迎王教授讲话。在毫无准备而又难以推辞的情况下，王教授站起来，先简单地回顾了数年来与同学们交往的几个难忘片断，最后一字一句地说："前面几位给大家提出了殷切的希望，可我还是喜欢说他们说过的话。（笑声）第一，我要祝同学们顺利毕业！（笑声）第二，我希望同学们学习、学习、再学习。（笑声）第三，我希望同学们像海燕一样勇敢地搏击生活的风浪；（笑声、掌声）第四，我希望同学们不要忘记母校，不要忘记辛勤培育你们的老师们！"

在这里，王教授通过对前面四个人的演讲主题的简练概括，旧瓶装新酒，不落窠臼，结束了一次机智、风趣且具有个性特点的演讲。

演讲幽默式结尾的方法不胜枚举，关键是演讲者具有幽默感，并能在演讲中恰如其分地把握演讲的气氛和听众的心态，才能使演讲结束语收到"余音绕梁，三日不绝"的轰动效应。

同时，演讲者利用幽默结束演讲时，要做到自然、真实，使幽默的动作或语言符合演讲的内容和自己的个性，不要矫揉造作、装腔作势，否则会引起听者的反感。

（5）以呼吁结尾

用希望或呼吁的方式结尾。这种结尾是演讲者以慷慨激昂、扣人心弦的语言，对听众的理智和情感进行呼唤，或提出希望，或发出呼吁，或展示未来，以激起听众感情的波涛，使听众产生一种蓬勃向上的力量。如演讲稿《一位纪委书记的"小家"和"大家"》的结尾说道：

"同志们，朋友们，我们正处在一个伟大变革的黄金时代，经济的发展，国家的富强，民族的振兴，需要全体人民的艰苦奋斗，特别是共产党人的模范带头作用。如果每一个共产党员都能正确处理好'小家'和'大家'的关系，严格地按党性原则要求自己，用党的纪律约束自己，用党旗下那神圣的誓言激励自己，那么，我们党的形象将会更加光彩照人，我们党将会更加坚强伟大！"

这种结尾的方式是演讲者用深刻的认识和独到的见解向听众提出希望，发出呼吁，能使听众精神为之一振，具有动人情、促人行的作用。

(6)以祝贺结尾

诚挚的祝贺和赞颂本身就充满了情感的力量，最容易拨响听众的感情之弦，产生和谐的共鸣。所以，用祝贺或赞颂的言词结尾，能造成欢乐愉快、热情洋溢的气氛，使人在愉快中增加自豪感和荣誉感，激励人们满怀信心去创造未来。例如《在迎新茶话会上的演讲》的结尾：

“最后，在春节即将到来之际，我借此机会向全市的父老兄弟、姐妹们拜个早年。祝老年人春节愉快、身体健康、寿比南山！祝中年人春节快乐、家庭幸福、事业成功！祝年轻人春节欢乐、爱情甜蜜、前程无量！祝大家年年幸福年年富，岁岁平安岁岁欢！谢谢大家！”

人们通常都喜欢听赞颂的话，因此，相互之间的赞颂成了人际交往的最佳手段。通过这些赞颂的话，会场活跃的气氛可达到一个新高潮，讲者和听者的关系变得更融洽了。

(7)以对联结尾

对联，一般都是对仗的句子，读起来琅琅上口，可以体现出个人魅力和文化修养。以对联结尾，不一定都要写一幅新对联，可以套用、改编以前的老对联。例如：为强调同事关系、上下级关系的重要性，演讲者可用以下对联结束：上联“心态好，事业成，不成也成”，下联“心态坏，事业败，不败也败”，横批“心态决定成败”；在关于口才重要性的演讲上，演讲结尾对联为：上联“口才好，事业成，不成也成”，下联“口才坏，事业败，不败也败”，横批“口才决定成败”。这个对联在很多演讲场合都可以套用，许多类似的主题都适用，这样的结尾会使演讲锦上添花，令人回味无穷。

2. 演讲结尾禁忌

(1)忌虎头蛇尾

演讲的结尾要有一定的高度，要尽量将全文的内容升华到新的层次，既能照应开头，总结全篇，又能突出重点，深化主旨，给听众留下完整而深刻的印象。

(2)忌画蛇添足

演讲结尾要出人意料，耐人寻味；绝不应平庸无奇、画蛇添足，要讲究内容的含蓄、深沉，让人觉得余音绕梁，不绝于耳。演讲该结束时必须结束，切忌节外生枝，更忌东拉西扯、喋喋不休。

(3)忌冗长拖沓

演讲的结尾要像豹尾一样，干净有力，短小精悍，简洁明快，新颖别致。要以巨大的感染力，使听众的情绪激动起来，振奋起来。忌拖拉罗嗦、漫无边际。演讲者有话则短，无话则免。忌说大话，说长话，说空话，说假话。

(4)忌千篇一律

有的演讲者开始讲得不错，但是结尾时会说些令人生厌的客套话，其结果就像听众吃了一粒发霉的花生，把满口的香味全破坏了。例如：

“今天我讲到这里，本来是不准备发言的，但主持人一定要我说，我就恭敬不如从命，由于时间关系，本人水平有限，加上没有准备，对情况也不了解，所以就泛泛而谈，随便说说，以上几点不成熟的意见仅供参考，谈得不对的请批评，说的不好的请指正。”

这种结尾就是典型的无用的套话，是演讲结尾之大忌。

(5)忌讽刺挖苦

有的演讲者发现个别听众在演讲中不注意听，对自己的演讲不感兴趣，在演讲结尾时，故意说几句旁敲侧击的讽刺挖苦的话，以此发泄心中的不满情绪。这种做法不可取。

3. 感谢

演讲结束后，我们一定要学会去感谢，感谢的人有很多，可以是活动主办方、工作人员、活动组织者等，当然最重要的还是现场听众。感谢有长有短，在一般情况下，感谢的长短跟场合的正式程度成正比，越是正式的场合感谢就越长，越是非正式的场合感谢就越短，最短的感谢就两个字："谢谢!"

任务实施

以"爱国、爱家"内容为主题，举办班级演讲比赛：

要求：

1. 轮流上台演讲，时间2~3分钟。
2. 演讲时注意仪态、表情。
3. 使用普通话，音量适中，口齿清楚，语速合适。

项目二

古典诗歌

学习目标

通过经典诗歌学习，提高学生诗歌朗诵、鉴赏能力和延伸阅读兴趣，陶冶审美情趣，提升传统经典文化水平和人文素养，强化思想道德教育，培养学生团队协作精神、合作探究和创新思维能力。

人文素养

1. 古典诗歌与家国情怀

许多中国古典诗歌作品都表达了作者对乡土的眷恋，对国家的热爱，对祖国山河之美的赞颂。唐代杜甫诗中“露从今夜白，月是故乡明”对故乡的深深思念；南宋诗人陆游《示儿》写道“死去元知万事空，但悲不见九州同。王师北定中原日，家祭无忘告乃翁”，表达诗人临终时忧国忧民的爱国情怀。古诗词中这种家国情怀，是民族自尊、自信、自爱、自强的凝聚力和心理基础，是学生需要学习、继承和弘扬的一种宝贵的民族精神。

2. 古典诗歌与人文精神

诗人在诗歌中把对人生的思考上升到哲学高度，反映出诗人的精神风貌、人格操守、志趣追求。王安石《梅花》诗中“凌寒独自开”，歌颂梅花百折不挠的精神，诗中的梅花其实是诗人思想品格的真实写照。在诗歌鉴赏学习中，让学生从中汲取丰富的人文精神，如智慧谋略、精神趣味、民俗风情等，开拓阅读视野，把握诗意、体会意境、陶冶情操、净化心灵，让诗文所蕴涵的人文精神在潜移默化中逐渐浸润学生心田。

3. 古典诗歌与审美能力

诗词歌赋是一种充满音乐感的文字，其诵读吟唱一直延续至今。学生反复吟诵、体验和回味诗歌，才能充分体味诗词的整齐之美、抑扬之美、回环之美和抒情之美，才能充分领略诗词中的情致和韵味，才能更好地体会蕴含在诗文中的人生哲理和生活意蕴。

任务一　诗歌朗诵

学习任务

1. 了解朗诵的概念，掌握诗歌诵读技巧。

2. 学会区分作品的风格特征，体会人物的性格特征，把握作品的感情基调，运用诗歌朗诵技巧抒发情感。

3. 通过项目实训，寻找、体味诗歌朗诵语感，熟练掌握诗歌朗诵技巧。

问题导入

中国是诗歌的国度。诗歌是我国最早产生的文学样式，历史悠久。在中国古代，诗是朗诵出来的，歌是唱出来的。文字的产生让我们有幸可以看到流传千年的古典诗歌的内容。古人对于诗歌的吟诵调已不可考，那么，我们应该怎样用现代语言来朗诵诗歌呢？

基础知识

一、诗歌的概念

诗是一种分行排列的抒情文体。中国诗歌历史悠久，从《诗经》算起，已经有三千多年的历史了，在古代，不合乐的称为诗，合乐的称为歌。在漫长的岁月中，诗歌一直与中国人的日常生活、情感世界紧密相关，中国诗坛涌现出众多杰出的诗人和优美、感人的作品，诗歌创作的优良传统一直延续不断，成为我们今天引以自豪的精神财富。

诗歌与戏剧、散文、小说并列为四大文学体裁。它按照一定的音节、声调和韵律的要求，用凝练的语言、充沛的情感以及丰富的形象来高度集中地表现社会生活和人的精神世界。

诗具有音乐美。没有节奏与韵律，就不能称其为诗。诗的节奏是适应舞蹈和吟唱的需要而形成的。人的感情的起伏、波动和生活节奏的张弛决定了诗的节奏。因此，诗中的轻松、欢快、沉滞、昂扬、舒缓的节奏，就是诗人感情变化的间接反映，我们可以通过诵读去体味诗人的喜怒哀乐、悲欢离合。

二、诗歌朗诵技巧

朗诵是以声音传达出内心真挚的情感来感动听众的。朗诵时要以真挚的感情为基础，以充满情感的声音传达出朗诵者所体悟到的诗意。朗诵应从以下几方面入手：

（一）掌握诵读时的停顿、重音、语调及节奏

停顿，解决词、词组、句子、段落、层次之间的疏密关系，使语意完整清晰，感情隐现得体。但是，只有语气准确、贴切，停顿的位置和时间才会有生命活力；而停顿错误也会造成语气不当。朗诵诗歌，节奏的停顿尤其重要，节奏停顿要注意连而不断，更要注意为加强语气、阐明观点、表达感情所作的逻辑停顿。

重音，解决句子、段落中的主次问题，使语言目的明确，重点突出。但是，只有在语气的带动下，重音才会更凝聚地、更深层地表意传神；而重音不准确，表达方法不恰当，也会造成语气的模糊。重音的处理，要结合句子找出规律。

语调指朗读语句时声音高低、升降的变化。诗歌朗诵既有内在的思想感情的色彩和分量，又有外在的高低、强弱、快慢、虚实的声音形式，我们的声音展现这两种形式的变化，需要我们通过“语气”变化来实现，语气的不同，也会使语言产生不同的意义。透过语气的色彩可以显露出爱、憎、悲、喜、惧、欲、急、冷、怒、疑等的情感，也就表达出了诗中的情感。只要理解作品中祈使、陈述、疑问和感叹句的作用，灵活处理语气语调变化，一定会为诵读添彩。但是，需要注意的是，情感饱满的朗诵并不是故意地夸张吼叫或矫揉造作，更不是声情太过泛滥，不要盲目地模仿腔调，造成感情失真，矫揉造作，因此，在朗诵时一定要摒弃做作、夸张的声音表现。

朗诵诗歌时，要注意节奏鲜明，并根据作品的基本节奏采取相应的速度。该轻快的要朗诵得轻快些，该沉重的要朗诵得沉稳、稍慢些。语速的快慢安排要依情节发展与感情的表达灵活处理。一般情节紧张、情绪欢快昂扬时快，情节舒缓、情绪忧郁悲伤时慢。就一首诗来说，朗诵速度也不是固定不变的，而是要根据表现作品内容的需要来决定，并具有一定的变化。对朗诵而言，节奏也是整首诗的骨干，利用不断地回环往复，支配着所有的声音元素，掌握气氛的转换或营造，展现诗中的基调。其中，重音是节奏变化的最主要的因素。节奏与速度之间的关系也十分密切。速度是字距与句距的长短运用。以一小音节为例，若小节中朗诵较少的字，速度就慢；若朗诵较多的字，速度就快。在诗歌诵读中，速度也是相对的关系。同样字数的句子，甚或是同一个句子，因为语言目的、语言环境、具体思想感情的不同，语气和节奏所要求的速度也就不同。因此，朗诵时，速度要有变化，要注意节奏鲜明，并根据作品的基本节奏采取相应的速度。该轻快的要朗诵得轻快些，该沉重的要朗诵得沉稳、稍慢些。一定要把握住“欲快先慢、欲慢先快”的原则。

（二）把握作品的感情基调

要使诵读具有感染力，传达出自己的感受和作品的精神，关键的一点是要把握好作品的感情基调。就像如果不了解白居易《琵琶行》中感伤的情感基调，就无法把离别之愁，琵琶声之悲，身世之悲，同病相怜之悲，触动自身坎坷之痛之悲，一层一层传达出来。如果不了解李白《将进酒》中那正值“抱用世之才而不遇合”，于是满腔不合事宜借酒兴诗情来一次淋漓尽致的抒发，就不能表现出那既豪放又感伤的复杂情怀。

（三）体会人物的性格特征

了解古诗文中人物的性格特征，揣摩人物的语言口吻，可以细致入微并且传神地再现作品，达到更为动人的效果。如把握《诗经·卫风·氓》中女子的痴情、专一、勤劳、善良，被弃后的坚强、果断，把握《孔雀东南飞》里刘兰芝的忠贞、专一、善良、倔强，焦仲卿的专一、善良而懦弱，可凭借富有个性的形象突出作品的警示力量。

（四）注意作品的风格特征

古诗因时代不同、主题不同、人物不同，或同一人物、同一主题所处时代不同，都会呈现出不同的风格特征。或豪放、或婉约，或浪漫、或现实，或轻快明丽、或沉郁悲壮……诵读时注意对作品的风格加以仔细体会，可更好地演绎作品，传达出作品的神韵。

（五）呈现适当的语气语调

诗歌朗诵既有内在的思想感情的色彩和分量，又有外在的高低、强弱、快慢、虚实的声音形式，展现这两种形式的变化，需要我们通过“语气”变化来实现，语气不同，也会使语言产生不同的意义。透过语气的色彩可以显露出爱、憎、悲、喜、惧、欲、急、冷、怒、疑等情感，也表达出了诗中的情感。只要理解作品中祈使、陈述、疑问和感叹句的作用，灵活处理语气语调的变化，一定会为诵读添彩。

但是，需要注意，情感饱满的朗诵并不是故意地夸张吼叫或矫揉造作，更不是声情太过泛滥，不要盲目地模仿腔调，这样容易造成感情失真。因此，在朗诵时一定要摒弃做作、夸张的声音表现。

任务实施

一、经典诗歌片段朗诵训练

1. 当蜘蛛网无情地查封了我的炉台，当灰烬的余烟叹息着贫困的悲哀，我依然固执地铺平失望的灰烬，用美丽的雪花写下：相信未来！

——食指《相信未来》节选

2. 我如果爱你，绝不像攀援的凌霄花，借你的高枝炫耀自己；我如果爱你，绝不学痴情的鸟儿，为绿荫重复单调的歌曲。

——舒婷《致橡树》节选

3. 世界上最遥远的距离，不是生与死的距离，而是，我就站在你的面前，你却不知道我爱你。

世界上最遥远的距离，不是我就站在你面前你却不知道我爱你，而是，明明知道彼此相爱，却不能在一起。

世界上最遥远的距离，不是明明知道彼此相爱却不能在一起，而是，明明无法抵挡这种思念，却还得故意装作丝毫没有把你放在心里。

——泰戈尔《世界上最遥远的距离》节选

4. 我是你河边上破旧的老水车，数百年来纺着疲惫的歌，我是你额上熏黑的矿灯，照你在历史的隧洞里蜗行摸索；我是干瘪的稻穗；是失修的路基；是淤滩上的驳船，把纤绳深深勒进你的肩膊，祖国啊！

——舒婷《祖国啊！我亲爱的祖国》节选

二、《我爱这土地》朗诵训练

我爱这土地

艾青

假如我是一只鸟，
我也应该用嘶哑的喉咙歌唱：

这被暴风雨所打击着的土地，
这永远汹涌着我们的悲愤的河流，
这无止息地吹刮着的激怒的风，
和那来自林间的无比温柔的黎明……
——然后我死了，
连羽毛也腐烂在土地里面。
为什么我的眼里常含泪水？
因为我对这土地爱得深沉……

【简析】艾青(1910 年 3 月 27 日—1996 年 5 月 5 日)，真名蒋海澄(原名蒋正涵，字养源，号海澄)。曾用笔名莪加、克阿、林壁等。现当代文学家、诗人、画家。出生于浙江金华，1932 年在上海加入中国左翼美术家联盟，从事革命文艺活动。1935 年，出版了第一本诗集《大堰河》。艾青被认为是中国现代诗的代表诗人之一。

《我爱这土地》写于 1938 年 11 月 17 日，发表于同年 12 月桂林出版的《十日文萃》。1938 年 10 月，武汉失守，日本侵略者的铁蹄践踏中国大地，艾青和文艺界许多人士一同撤出武汉，汇集于桂林。满怀对祖国的挚爱和对侵略者的仇恨，便写下这首诗。

诗中的“鸟”是一个饱受磨难，但是不屈不挠，奋力抗争，勇敢追求光明和希望的形象，它誓与生养它的土地休戚与共，毫无保留的为为这片土地奉献一切。诗人以鸟自比，充分表达了在国土沦丧、民族危亡的关头，诗人对祖国深深的眷恋和为国献身的愿望，抒发他至死不渝的爱国主义情感。

任务二　《诗经》《楚辞》

学习任务

1. 了解《诗经》《楚辞》诗歌的韵律特点并进行朗诵训练。
2. 引导学生通过朗诵，品味、理解诗歌内容及情感表达。

问题导入

我们学习过两千年前华夏先民对浪漫爱情的描述：“蒹葭苍苍……所谓伊人，在水一方”“窈窕淑女，君子好逑”……这些脍炙人口的诗句都来源于中国第一部诗歌总集《诗经》。我们的民族是浪漫的，我们的文明是辉煌的，我们先民的情感是丰富的，那么，在《诗经》中，除了表达浪漫爱情的诗歌外，还有哪些优秀、经典的诗歌作品呢？

基础知识

一、中国诗歌的起源

诗歌的源头是歌谣。上古时代，在文字发明以前就有了歌谣——只有在口头上传唱的歌谣，由于没有文字的记录，我们今天难以窥见其历史原貌。

大量的史料及考古证明，诗歌产生的方式，源于人类的生产劳动。《尚书·虞书》讲道：“诗言志，歌咏言。”《史记·滑稽列传》引孔子语：“书以道事，诗以达意。”可见在现实生活中，诗歌是慰藉心灵、调剂精神、提高情绪的最佳工具。先民在长期枯燥的劳动下，必须借助诗歌来唱出他们的心声。

《弹歌》讲道：“断竹，续竹。飞土，逐肉。”这首短歌相传为黄帝时期的作品，描写了先民砍竹、接竹，来制造狩猎工具以及用弹丸追捕猎物的经过情形，从古朴的内容和简单的二言句式来看，这应该是一首上古猎谣，且时间比《诗经》还早。

我国诗歌原始形态是歌舞乐三位一体。《中国古代文学史》中讲道：“歌谣在最初的形态只是口头流传，并常与原始的音乐、舞蹈结合为一体，其内容大都是生产行为的重演模拟，或是劳动过程的回忆。”

诗歌是最早的文学形式，上古时代，《周易》卦爻辞中的韵语，是有文字记载的古代诗歌的萌芽。

二、《诗经》

《诗经》是我国最早的一部诗歌总集，也是我国最早的、最为重要的现实主义诗歌的源头。先秦时期，周王朝为了制礼作乐，派采诗官在春秋两季到各地搜集歌谣，贵族为了祭祖、宴客、出兵、打猎、讽谕等目的作诗、献诗，这些诗在公元前 6 世纪左右，被编辑成了《诗》。《诗》共收入自西周初年(公元前 11 世纪)至春秋中期(公元前 7 世纪)大约五百年间的诗歌 305 篇，所以又称“诗三百”，汉代以后被尊为经典，遂有《诗经》之称。

《诗经》中的作品按照音乐分为“风”“雅”“颂”三部分。“风”是带有地方色彩的民歌，共有周南、召南、邶、鄘、卫、郑、齐、魏、唐、王、秦、陈、桧、曹、豳 15 个诸侯国的民间歌曲 160 首，又称十五“国风”。“雅”是周王朝直接统治地区的音乐，共有 105 篇。又因产生的时代和乐调的不同，分为“大雅”和“小雅”。“大雅”多是西周时代的作品；“小雅”则多为周王室衰微以后的作品。“颂”是用于宗庙祭祀的歌舞曲，其中又分为“周颂”“鲁颂”和“商颂”，共 40 篇。

三、《楚辞》

中国诗歌的另一源头是《楚辞》。《楚辞》所代表的是完全不同于《诗经》的诗歌美学风格，它以波涛汹涌的感情、奇幻瑰丽的想象、铺陈华美的语言，表现出极强的浪漫色彩和艺术感染力，成为中国浪漫主义诗歌的源头。

《楚辞》是战国后期在南方的楚国民歌的基础上发展起来的一种带有浓厚地方色彩的新诗体。它的奠基人和代表作家是屈原。屈原，是楚国的一个没落贵族，曾任三闾大夫和左徒，一度受到楚怀王的信任和重用。他对内主张“举贤授能”，变法图强；对外主张联齐抗秦。后因遭到贵族保守派的谗害排挤，被楚怀王放逐。在放逐途中，他爱国之心矢志不渝，把满腔的愤懑写成了一首首感情浓烈、文辞华美的诗篇。他是中国诗歌史上最早的、影响最为深远的爱国诗人。现在能够确定的屈原的作品，主要有《离骚》《天问》《九歌》等。其中《离骚》集中反映了屈原的人格魅力和艺术成就。《九歌》是屈原根据楚地民间祭祀乐歌改编和加工而成的一组诗歌，或写人对神的礼赞倾慕，或写神灵间的眷念、爱恋，语言优美，情思忧伤。

任务实施

一、《诗经·王风·黍离》朗诵训练

诗经·王风·黍离

彼黍离离[1]，彼稷[2]之苗。行迈靡靡[3]，中心摇摇[4]。
知我者，谓我心忧，不知我者，谓我何求。
悠悠[5]苍天！此何人哉？

彼黍离离，彼稷之穗。行迈靡靡，中心如醉。
知我者，谓我心忧，不知我者，谓我何求。
悠悠苍天！此何人哉？

彼黍离离，彼稷之实。行迈靡靡，中心如噎[6]。
知我者，谓我心忧，不知我者，谓我何求。
悠悠苍天！此何人哉？

【注释】

[1]黍(shǔ)：北方的一种农作物，形似小米，有黏性。离离：行列貌。

[2]稷(jì)：古代一种粮食作物，指粟或黍属。

[3]行迈：行走。靡(mǐ)靡：行步迟缓貌。

[4]中心：心中。摇摇：心神不定的样子。

[5]悠悠：遥远的样子。

[6]噎(yē)：堵塞。此处以食物卡在食管比喻忧深气逆难以呼吸。

【简析】平王东迁不久，朝中一位大夫行役至西周都城镐京，满目所见，已没有了昔日的城阙宫殿，也没有了都市的繁盛荣华，只有一片郁茂的黍苗尽情地生长，也许偶尔还传来一两声野雉的哀鸣，此情此景，令诗作者不禁悲从中来，涕泪满衫。全诗共三章，每章十句。三章结构相同，取同一物象不同时间的表现形式完成时间流逝、情景转换、心绪压抑三个方面的发展，在迂回往复之间表现出主人公不胜忧郁之状，“三章只换六字，而一往情深，低回无限”(方玉润《诗经原始》)。

二、《诗经·周颂·天作》朗诵训练

诗经·周颂·天作

天作高山[1]，大王荒之[2]。
彼作矣[3]，文王康[4]之。
彼徂矣[5]，岐有夷之行[6]。子孙保之。

【注释】

[1]高山：指岐山，在今陕西岐山东北。

[2]大王：即太王古公亶父，周文王的祖父。荒：扩大，治理。

[3]彼：指大王。作：治理。

[4]康：安。

[5]彼：指文王。徂：往。

[6]夷：平坦易通。行(háng)：道路。

【简析】这是一首歌颂周太王古公亶父开创岐山基业以及周文王业绩的短乐章，是周武王在岐山祭祀从周古公亶父至周文王等历代君主的诗。

三、《九歌·国殇》朗诵训练

九歌·国殇

屈原

操吴戈兮被犀甲[1]，车错毂兮短兵接[2]。
旌蔽日兮敌若云[3]，矢交坠兮士争先[4]。
凌余阵兮躐余行[5]，左骖殪兮右刃伤[6]。
霾两轮兮絷四马[7]，援玉枹兮击鸣鼓[8]。
天时坠兮威灵怒[9]，严杀尽兮弃原野[10]。
出不入兮往不反[11]，平原忽兮路超远[12]。
带长剑兮挟秦弓[13]，首身离兮心不惩[14]。
诚既勇兮又以武[15]，终[16]刚强兮不可凌。
身既死兮神以灵[17]，子魂魄兮为鬼雄[18]！

【注释】

[1]操：拿着。吴戈：战国吴地所制的戈(因制作精良锋利而著名)。被：通“披”。犀甲：犀牛皮制作的铠甲。

[2]毂(gǔ)：车的轮轴。错毂：指两国双方激烈交战，兵士来往交错。短兵：指刀剑一类的短兵器。

[3]旌蔽日兮敌若云：旌旗遮蔽了太阳，敌兵好像云一样聚集在一起。旌(jīng)：用羽毛装饰的旗子。

[4]矢交坠兮士争先：是说双方激战，流箭交错，纷纷坠落，战士却奋勇争先杀敌。矢：箭。

[5]凌：侵犯。躐(liè)：践踏。行(háng)：行列。

[6]左骖(cān)：古代战车用四匹马拉，中间的两匹马叫“服”，左右两边的叫“骖”。殪(yì义)：缢地而死。右：指右骖。刃伤：为兵刃所伤。

[7]霾两轮兮絷四马：意思是把(战车)两轮埋在土中，马头上的缰绳也不解开，要同敌人血战到底。霾(mái)：通“埋”。絷(zhí)：绊住。

[8]援玉枹兮击鸣鼓：主帅鸣击战鼓以振作士气。援：拿着。枹(fú)：用玉装饰的鼓槌。

[9]天时：天意。坠(duì)：通“怼”，恨。威灵怒：神明震怒。
[10]严杀：酣战痛杀。弃原野：指骸骨弃在战场上。
[11]出不入兮往不反：是说战士抱着义无反顾的必死决心。
[12]忽：指原野宽广无际。超：通“迢”。
[13]挟(xié)：携，拿。秦弓：战国秦地所造的弓(因射程较远而著名)。
[14]首身离：头和身体分离，指战死。惩：恐惧，悔恨。
[15]诚：果然是，诚然。武：力量强大。
[16]终：始终。
[17]神以灵：指精神永存。神，指精神。
[18]魂魄毅兮为鬼雄：又作“子魂魄兮为鬼雄”。子：指战死者。鬼雄：鬼中雄杰。

【简析】

此诗为屈原《九歌》中的一首。《九歌》是一组祭歌，共11篇，是屈原据民间祭神乐歌的再创作。《九歌·国殇》取民间“九歌”之祭奠之意，以哀悼死难的爱国将士，追悼和礼赞为国捐躯的楚国将士的亡灵。此诗是屈原在民族危亡年代所作，爱国主义精神在诗中得到充分体现。全诗抒写卫国壮士在战斗中勇武不屈、视死如归的英雄气概，讴歌他们为维护祖国尊严、解除人民灾难而献身的精神。慷慨悲壮的歌唱，不仅寄托了对阵亡士卒的哀思，而且表达了诗人与祖国同休戚、共命运的深挚的爱国主义情感。

任务三　汉魏晋南北朝诗歌

学习任务

1. 了解汉魏晋南北朝诗歌的韵律特点并进行朗诵训练。
2. 引导学生通过朗诵，体会汉乐府诗歌的抒情方式，培养鉴赏汉乐府诗的能力。

问题导入

歌曲《当》的歌词：当山峰没有棱角的时候，当河水不再流，当时间停住日夜不分，当天地万物化为虚有……你知道这些歌词出自何处吗？现代人表达爱情誓言的词语“海枯石烂、天长地久”又出自哪里呢？

基础知识

一、汉乐府诗

继《诗经》之后，汉乐府诗是我国古代民歌的又一次汇集，那些“感于哀乐，缘事而发”的乐府民歌开创了中国古典诗歌现实主义新风。通过这些民歌，我们可以看到当时的人民生活和社会现实。这些诗歌曲辞质朴、感情真挚。

汉代诗歌的新成就集中体现在汉乐府和汉末文人诗《古诗十九首》中。汉乐府的产生与汉代音乐机构——乐府关系密切。史载秦汉设立乐府，但乐府的真正繁荣自汉武帝始。它的职责是采集民歌加以整理，配乐演唱。后来，人们便把乐府所采集和演唱的民歌叫作“乐府诗”或“乐府歌辞”。汉乐府继承《诗经》反映现实的优秀传统，多为“感于哀乐，缘事而发”。它们反映的社会生活相当广阔，有很多抒写下层劳动人民生活和情感的作品。例如：《东门行》《妇病行》等描写人民的困苦；《战城南》《十五从军征》等描写战争和兵役给人民带来的苦难；《有所思》《上邪》等歌诵了男女间诚挚坚贞的爱情；《陌上桑》赞美了平民女秦罗敷的美丽和智慧，讽刺了贵族官僚的荒淫无耻；《焦仲卿妻》写的是家长干涉青年婚姻酿成的悲剧。汉乐府民歌语言朴素自然，活泼生动，且时有真率稚气。句式多样，以五言为主，是中国诗歌在语言形式上的一次创新。五言诗的标志是“二三”节拍，较之《诗经》四言的“二二”节拍，韵律上抑扬顿挫，更为优美，表情达意也更丰富自由。

二、古诗十九首

随着汉乐府的流行，文人开始仿作五言诗，到汉朝末年便呈现出五言诗大兴的局面。这是中国诗歌史上民歌影响文人创作的一件值得彰显的大事。汉末的许多五言诗，因为作者姓名不可考，自晋代以后就被称为“古诗”，其中有十九首被南朝梁萧统编入《文选》，代表了当时五言诗创作的最高成就。《古诗十九首》主要表现了夫妇、朋友间的离情别思，士人宦游失意之感，有的作品还流露出感叹人生短促、及时行乐的消极情绪，在很大程度上反映了东汉后期政治混乱、社会动荡环境下知识分子的心态。这些诗语言浅近自然，诗境清远平和。后人把它们奉为五言抒情诗的典范，给予了相当高的评价，如刘勰誉之为“五言之冠冕”(《文心雕龙·明诗》)，钟嵘称其“惊心动魄，一字千金”(《诗品》)。

三、魏晋南北朝诗歌

东汉末年，社会动荡不安，汉献帝建安年间，围绕曹操、曹丕、曹植父子的建安文人用自己的笔直抒胸襟，抒发渴望建功立业的雄心壮志，掀起了我国诗歌史上文人创作的第一个高潮。代表作家主要有曹氏父子(曹操、曹丕、曹植)，建安七子(孔融、陈琳、王粲、徐干、阮瑀、应玚、刘桢)和蔡琰等。他们学习乐府民歌，通过亲身体验，来反映社会丧乱和人民苦难，具有强烈的现实性。语言上深受乐府民歌的影响，疏朗明白，不尚雕琢，具有清新刚健的风格。他们的不少诗篇，还表现了期盼建功立业、有所作为、名垂青史的奋发精神，大多情怀慷慨，意气风发，才调纵横，一扫汉末文人的颓唐。后人把建安诗歌这种建筑在慷慨情怀基础上的爽朗刚健的风貌，称为“建安风骨”或“汉魏风骨”。建安时期是文学的自觉时代，也是文人五言诗创作的繁荣时期。

西晋时期，诗歌和现实的关系渐渐疏远，文人诗创作走入低谷。只有左思能自出机杼，独立不群。他的《咏史》诗八首，名为“咏史”，实为“咏怀”，把历史现象和个人遭际融为一体，批判当时的门阀制度，倾吐寒士的不平，辞情慷慨，风格遒劲，对后世咏史诗影响很大。

此后诗坛的复兴，要到东晋、刘宋两代，代表作家是陶渊明、谢灵运。陶渊明的诗歌按内容可以分为田园诗和咏怀诗。田园诗是他的独创，代表作有《归园田居》《桃花源诗》等，或表现农村的恬美静穆和自己怡然自得的心境，或歌颂劳动以及在劳动中与农民建立的友谊，为诗歌创作开辟了一个新天地。后人称为“隐逸诗人”或“田园诗人”。他的咏怀诗围绕着出仕与归隐的矛盾，表现理想不能实现的苦闷以及不与统治者同流合污的崇高品格，代表作有《饮酒》《杂诗》《读山海经》等。他的诗歌出语平淡，不事雕琢，风格清新，是情、景、理的统一。他是中国文学史上最有影响的诗人之一，后代诗人王维、孟浩然、李白、杜甫、柳宗元、韦应物、苏轼、陆游等，都受到他精神品格的影响，从他的诗中汲取了艺术养料。

另一位大诗人谢灵运则热衷于山水。他的山水诗观察细致，感受敏锐，往往能真切地描绘出山水之美，叙事、写景、说理兼长，是中国诗歌史上大力描写山水的第一人，开创了山水诗派，直接引领了谢朓、王维、孟浩然等人的山水诗创作。

南北朝时期，诗歌创作的成就是民歌的新发展。东晋、宋、齐是南方民歌产生最多的时期。南方民歌大多属于南朝“清商曲”中的“吴歌”和“西曲”，内容几乎全是关于男女爱情的，代表作有《西洲曲》《子夜歌》《读曲歌》等。这些作品多为五言四句，情调哀怨缠绵，艳丽柔婉，且喜用双关谐音，语言活泼，当时文人仿作甚多。形成鲜明对比的是，北朝民歌题材广泛，感情直率，语言朴实，风格刚健。其中《木兰辞》将叙事与抒情相渗透，细腻与粗犷相融合，代表了北朝民歌的最高成就。

南朝后期，社会风气奢靡，朝纲日益堕落，士人气质纤弱，所作诗歌大多内容空虚，充满脂粉气。庾信是在“宫体诗”创作氛围中成长起来的诗人，为“徐庾（徐陵、庾信）体”代表作家之一，由于他出使北朝被羁，生活境遇大变，故而其诗歌能突破齐梁体的藩篱，融合南北诗风之长，由冶艳而刚健，成为南北朝诗歌艺术的集大成者。庾信后期的诗歌以《拟咏怀》二十七首为代表，深切地表现了故国怀乡之思、羁身异域之痛，以及屈身从侍异国的愧疚、羞耻的不安心境。他的诗用事贴切，造语新颖，在体制声律上更加接近律、绝等近体诗的格调。

任务实施

一、《上邪》朗诵训练

上邪

上[1]邪[2]，
我欲与君相知[3]，长命[4]无绝衰[5]。
山无陵[6]，江水为竭，
冬雷震震[7]，夏雨雪[8]，
天地合[9]，乃敢[10]与君绝。

【注释】

[1]上：指天。
[2]邪（yé）：语气助词，表示感叹。
[3]相知：相爱。
[4]命：古与“令”字通，使。

[5]衰：衰减、断绝。

[6]陵：山峰、山头。

[7]震震：形容雷声。

[8]雨雪：降雪。雨：名词活用作动词。

[9]天地合：天与地合二为一。

[10]乃敢：才敢，“敢”字是委婉的用语。

【简析】

《上邪》为汉代乐府民歌，是《铙歌十八曲》之一，属乐府《鼓吹曲辞》。诗中通过五种不可能出现的自然现象，来表达对情人忠贞不渝的感情。音节短促、缓急，字句跌宕起伏，抒情气势雄放，感人肺腑，是一首感情强烈、气势奔放的爱情诗。

二、《饮马长城窟行》朗诵训练

饮马长城窟行[1]

青青河畔草，绵绵思远道[2]。

远道不可思[3]，夙昔梦见之[4]。

梦见在我傍，忽觉在他乡[5]。

他乡各异县，展转不相见[6]。

枯桑知天风[7]，海水知天寒。

入门各自媚[8]，谁肯相为言？[9]

客从远方来，遗我双鲤鱼[10]。

呼儿烹鲤鱼，中有尺素书[11]。

长跪[12]读素书，书中竟何如？

上言加餐食，下言长相忆。

【注释】

[1]饮马长城窟行：乐府旧题，属乐府《相和歌辞·瑟调曲》，又称“饮马行”。原辞已不传，此诗与旧题没有关系。

[2]绵绵：连绵不断之貌。这里义含双关，由看到连绵不断的青青春草引起对征人缠绵不断的情思。远道：远方或远行，犹指远在他乡的丈夫。

[3]不可思：是无可奈何的反语。这句是说征人辗转远方，想也是白想。

[4]夙昔：一作“宿昔”，昨夜。《广雅》云：“昔，夜也。”

[5]梦见在我傍，忽觉在他乡：刚刚还见他在我身边，一觉醒来，原是南柯一梦。觉(jué)：睡醒。

[6]展转：同“辗转”，这里是说在他乡作客的人行踪无定。

[7]枯桑知天风，海水知天寒：闻一多《乐府诗笺》云：“喻夫妇久别，口虽不言而心自知苦。”枯桑：落了叶的桑树。

[8]入门：指各回自己家里。媚：爱。言：问讯。

[9]谁肯相为言：言：问询。这二句是说别人回到家里，只顾自己一家人亲亲热热，

可又有谁肯来安慰我一声。

[10]遗我双鲤鱼：遗(wèi)：赠与；送给。双鲤鱼：指信函。古人寄信是藏于木函中，函用刻为鱼形的两块木板制成，一为盖一为底，所以称为“双鲤鱼”。以鱼象征书信，是中国古代习用的比喻。

[11]尺素：指书信。古人写信是用帛或木板，其长皆不过尺，故称“尺素”或“尺牍”。素：生绢。书：信。这句是说打开信函取出信。

[12]长跪：伸直了腰跪着，古代的一种跪姿。古人席地而坐，坐时两膝着地，臀部压在脚后根上。长跪是跪时将腰伸直，以示恭敬。

【简析】《饮马长城窟行》这首诗是思妇怀念在远方行役的丈夫。诗以思妇第一人称自叙的口吻写出，从开始的魂牵梦萦、忧心缠绵，到收信的欣喜，再到看信后重逢的希望落空，通过多方描写，将思妇复杂而微妙的内心世界，进行了完整而深入的刻画。全诗语言简短质朴，通俗易懂，但感情浓郁，流宕曲折，具有强烈的艺术感染力。

知识拓展

中国古典诗歌主题之——行旅诗和闺怨诗

古人或久为官在外，或长期流离漂泊，或久戍边关，总会引起浓浓的思乡怀人之情，所以这类诗文就特别多，它们或写羁旅之思，或写思念亲友，或写征人思乡，或写闺中怀人。写作上，或触景伤情，或感时生情，比如：中秋望月、重阳登高、伤春悲秋、日暮思归；或托物传情，把个人感情托于以“月”“雁”“笛”“柳”等意象；或因梦寄情，或妙喻传情。

行旅诗：主要表现行旅之人旅途的艰辛、寂寞以及对家乡、亲人的思念。

闺怨诗：一是表现妇女对出征在外的丈夫的思念，表达对战争的厌恶或鼓励丈夫建功立业的情怀；二是表达对出门在外的丈夫的思念，表达女子的柔情别绪，忧愁伤感；三是表现宫中女子对自由被禁锢、遭人冷落的处境的怨恨，表达对自由和幸福生活的向往。例如，元稹的《行宫》：“寥落古行宫，宫花寂寞红。白头宫女在，闲坐说玄宗。”

三、《观沧海》朗诵训练

观沧海

曹操

东临[1]碣石，以观沧海[2]。
水何澹澹[3]，山岛竦峙[4]。
树木丛生，百草丰茂。
秋风萧瑟[5]，洪波[6]涌起。
日月之行，若[7]出其中。
星汉[8]灿烂，若出其里。
幸甚至哉，歌以咏志[9]。

【注释】

[1]临：登上，有游览的意思。

[2]沧：通“苍”，青绿色。海：渤海。

[3]何：多么。澹澹(dàn)：水波摇动的样子。

[4]竦峙(sǒng zhì)：高高地挺立。竦：高起。峙：挺立。

[5]萧瑟：树叶被秋风吹的声音。

[6]洪波：汹涌澎湃的波浪。

[7]若：如同，好像是。

[8]星汉：银河，天河。

[9]幸甚至哉，歌以咏志：乐府歌结束用语，不影响全诗内容与感情。意为太值得庆幸了！就用诗歌来表达心志吧。幸：庆幸。甚：非常。至：极点。

【简析】《观沧海》选自《乐府诗集》，《观沧海》是后人加的，原文是《步出夏门行》中的第一章。建安十二年(207 年)曹操北征乌桓得胜回师途中，行军到海边，途经碣石山(今河北昌黎县的碣石山)，登山观海，一时兴起所作。

这首诗是诗人曹操在碣石山登山望海时，用饱蘸浪漫主义激情的大笔，所勾勒出的大海吞吐日月、包蕴万千的壮丽景象；描绘了祖国河山的雄伟壮丽，不仅刻画了高山大海的壮阔，更表达了诗人以景托志、胸怀天下的进取精神。

任务四　唐诗

学习任务

1. 了解唐诗歌的韵律特点并进行朗诵训练。

2. 引导学生通过朗诵，把握诗歌中的重点词语，分析景物意象，感受品味诗歌意境，体味作者的思想感情和作品的深层意蕴，培养鉴赏唐诗的能力。

问题导入

618 年，唐朝建立，中国封建王朝最强盛、最辉煌的时代来临了，中国古典诗歌的发展也迎来了它的黄金时代，近体诗与古体诗争奇斗艳，百花齐放，我们喜欢高呼“天生我材必有用，千金散尽还复来”的李白，我们感受到杜甫笔下“朱门酒肉臭，路有冻死骨”的社会现实，我们也会为《长恨歌》中李隆基与杨玉环的爱情而悲叹“此恨绵绵无绝期”。盛唐气象，璀璨星光，除了这些耳熟能详的诗歌，我们还在唐诗中读到了古人对人生的哲思和将士们沙场征战的残酷壮烈。关于这些方面的诗歌，你知道有哪些吗?

基础知识

唐诗的繁荣，首先体现在数量上。据清代康熙年间《全唐诗》所录，诗人有两千二百余人，作品四万零九百多首，共九百卷。不过，更主要的标志是涌现出了李白、杜甫、白居易这样的伟大诗人以及陈子昂、王维、孟浩然、王昌龄、高适、岑参、韩愈、柳宗元、刘禹锡、李贺、李商隐、杜牧等一大批的优秀诗人。唐诗的艺术水平超过了历史上任何一个朝代。再加上题材、形式和流派的多样性，使唐诗达到了中国诗歌的高峰。唐朝可分为初唐、盛唐、中唐、晚唐四个时期。

一、初唐诗歌

初唐诗歌继承梁陈宫体而来，上官仪、沈佺期、宋之问等人都是文学侍从之臣，但是他们精研声律，探索出五七言新体诗各联间黏缀合律的规律，促成了近体律诗的形式，在中国诗歌史上具有划时代的意义。唐代诗人开始冲破绮靡诗风牢笼的是初唐四杰——王勃、杨炯、卢照邻、骆宾王，他们在继承南朝诗歌形式美的基础上，改造了宫体诗，题材和主题由宫廷的淫靡改变为都市的繁华和正常的男女之爱，由台阁应制扩大到写江山之美和边塞之情；风格也由纤柔卑弱变为明快清新。稍后，陈子昂力倡汉魏风骨，诗歌开始关注广阔的社会生活和重大的政治问题，经过他们的努力，初唐诗歌逐渐建立起高峻雄浑、刚健有力的新诗风。

二、盛唐诗歌

如果说唐诗是中国古典诗歌的高峰，盛唐诗乃是这座高峰的顶峰。盛唐时期，诗坛名家辈出，风格多样，流派纷呈，其中李白和杜甫是盛唐诗歌最为璀璨的双子星。

李白主要生活在大唐帝国最为辉煌的年代。贺知章称李白为“天上谪仙人”，后人又将他尊为“诗仙”。但是，李白并不完全是一个超现实的浪漫主义者。开元、天宝时期的其他诗人往往在归隐与出仕之间徘徊，而李白却毫不掩饰他对功名事业的向往，同时又因为自己不能为富贵利禄而自卑其格，故多苦闷愤激之词。他热爱生活中一切美好的事物，而对其中不合理的现象毫无顾忌地投之以轻蔑。这种已被现实锁入牢笼，却不愿意接受，反过来又想征服现实的态度，成为后人反抗黑暗现实与庸俗风习的一股强大的精神力量。他诗中的形象往往是个性化的，带有强烈的主观感情色彩。想象奇特，手法夸张。他的乐府诗很多，取材广泛。七言古诗往往掺入杂言，雄壮、缥缈而奇丽。他的五、七言绝句，纯任自然，优悠从容，闲雅超远。明代胡应麟认为唐代五、七言绝句，以李白为最。

杜甫的生活经历跨越了安史之乱，他以积极入世的精神，用诗歌反映了唐王朝由盛转衰的过程。他把个人的遭际和时代的不幸、民众的疾苦紧密联系在一起，描绘出时代的面貌和自己内心的悲哀，是变乱时代的伟大“诗史”。他的五、七言古诗，沉郁顿挫。七言律诗在他手中成熟，沉着而痛快。后人认为杜甫律诗为唐律之最，其中五律极尽声律、句法变化之能，七律亦精练而多创造。他的诗歌博大精深，既有清新刻画的句子，又有议论和用典，有严肃也有诙谐，有柔情也有刚烈。所以，自中唐开始，杜甫就被称为“诗圣”，是中国诗歌史上成就最高、影响最为深远的诗人之一。

盛唐诗坛还有两大诗歌群体特别引人注目。一是以孟浩然、王维、常建、储光羲等人为代表的山水田园诗人，一是以高适、岑参、李颀、王昌龄等为代表的边塞诗人。王、孟等人继承了陶渊明吟咏田园、谢灵运刻画山水的传统，又加以发展变化，以田园的情趣领略山水，以山水的眼光观赏田园，表达隐逸的思想和情怀，描摹自然幽静和生气之美。他们的诗多采用五言和五律的形式，色泽清淡，意境深幽。其中王维山水田园诗更是将诗情、画意、音乐美，与道家、禅宗的意趣结合起来，达到了很高的艺术境界。高适、岑参等人的边塞诗，源自鲍照、刘琨，以边塞战争题材为主，表现了边塞风情、军中苦乐，以及诗人建功立业的壮志豪情和慷慨不平之气。这些诗大多采用七言歌行体或七言绝句的形式，景象开阔、气势宏大、情调悲壮、声韵激越。

三、中唐诗歌

中唐诗人力求新变，诗风走向多元。韩愈、孟郊诗歌多“不平之鸣”，喜押险韵、窄韵，意象壮伟诡谲，诗境奇崛雄豪。元稹、白居易诗风走向平易，用语质朴明白，音调琅琅上口。刘禹锡的怀古诗和政治讽刺诗，语言平易，寓意深远。李贺诗歌重在诉说怀才不遇的悲愤，想象奇特，构思不拘常法，语言峭奇艳丽，诗境诡谲。

四、晚唐诗歌

晚唐时期，宦官专权、藩镇割剧、朝臣党争，唐王朝政治危机不断加深，面对这种情况，诗人们感慨盛世之不再，诗歌偏于寓古讽今，诗风带点颓然的色彩。晚唐诗坛以李商隐、杜牧、温庭筠为代表。李商隐诗学杜甫、韩愈，擅长律绝。他的《无题》等爱情诗，内蕴深刻的世情和人生感慨，典雅华丽，堪称诗苑奇葩。杜牧的诗尤以七绝最为有名，他的咏史诗议论政治得失，讽刺帝王荒淫，豪健跌宕，意气风发。温庭筠精通音律，诗词兼工。其诗辞藻华丽，多写个人遭际，反映时政；多写女子闺情，风格秾艳精巧，语言工练，大都收入《花间集》，是花间词派的代表作家，被称为花间鼻祖。

任务实施

一、《春江花月夜》朗诵训练

春江花月夜

张若虚

春江潮水连海平，海上明月共潮生。
滟滟[1]随波千万里，何处春江无月明。
江流宛转绕芳甸[2]，月照花林皆似霰[3]。
空里流霜[4]不觉飞，汀[5]上白沙看不见。
江天一色无纤尘[6]，皎皎空中孤月轮[7]。
江畔何人初见月？江月何年初照人？
人生代代无穷已[8]，江月年年望相似[9]。
不知江月待何人，但见[10]长江送流水。
白云一片去悠悠[11]，青枫浦上不胜愁[12]。
谁家今夜扁舟子[13]，何处相思明月楼[14]？
可怜楼上月徘徊[15]，应照离人[16]妆镜台[17]。
玉户[18]帘中卷不去，捣衣砧[19]上拂还来。
此时相望不相闻[20]，愿逐[21]月华[22]流照君。
鸿雁长飞光不度，鱼龙潜跃水成文[23]。

昨夜闲潭[24]梦落花，可怜春半不还家。
江水流春去欲尽，江潭落月复西斜[25]。
斜月沉沉藏海雾，碣石潇湘无限路。
不知乘月几人归，落月摇情满江树。

【注释】

[1]滟(yàn)滟：波光荡漾的样子。

[2]芳甸(diàn)：芳草丰茂的原野。甸：郊外之地。

[3]霰(xiàn)：天空中降落的白色不透明的小冰粒，形容月光下春花晶莹洁白。

[4]流霜：飞霜，古人以为霜和雪一样，是从空中落下来的，所以叫流霜。在这里比喻月光皎洁，月色朦胧、流荡，所以不觉得有霜霰飞扬。

[5]汀(tīng)：沙滩。

[6]纤尘：微细的灰尘。

[7]月轮：指月亮，因为月圆时像车轮，所以称为月轮。

[8]穷已：穷尽。

[9]江月年年望相似：另一种版本为“江月年年望相似”。

[10]但见：只见、仅见。

[11]悠悠：渺茫、深远。

[12]青枫浦上：青枫浦，地名，今湖南浏阳县境内有青枫浦，这里泛指游子所在的地方。暗用《楚辞　招魂》：“湛湛江水兮上有枫，目极千里兮伤春心。”浦上：水边。《九歌　河伯》：“送美人兮南浦。”因而此句隐含离别之意。

[13]扁舟子：飘荡江湖的游子。扁(piān)舟：小舟。

[14]明月楼：月夜下的闺楼，这里指闺中思妇。曹植《七哀》：“明月照高楼，流光正徘徊。上有愁思妇，悲叹有余哀。”

[15]月徘徊：指月光偏照闺楼，徘徊不去，令人不胜其相思之苦。

[16]离人：此处指思妇。

[17]妆镜台：梳妆台。

[18]玉户：形容楼阁华丽，以玉石镶嵌。

[19]捣衣砧(zhēn)：捣衣石、捶布石。

[20]相闻：互通音信。

[21]逐：追随。

[22]月华：月光。

[23]文：通“纹”。

[24]闲潭：幽静的水潭。

[25]复西斜：此中“斜”为押韵读作“xiá”。

【简析】《全唐诗》仅存张若虚诗作二首，一首是五言排律《代答闺梦还》，写少妇思春之情。另一首便是这首被誉为“孤篇横绝，竟为大家”(王闿运语)、“诗中之诗，顶峰上的顶峰，孤篇压全唐”(闻一多语)而传诵千载的抒情杰作《春江花月夜》。

诗歌沿用乐府旧题，运用富有生活气息的清丽之笔，紧扣春、江、花、月、夜五个诗歌意象，勾勒出了一幅令人心驰神往，朦胧空灵的春江月夜图。抒写了游子思妇真挚动人的离情别绪以及富有哲理意味的人生感慨。表现了一种迥绝的宇宙意识，创造了一个深沉、寥廓、宁静的境界。全诗在“月”的统摄之下，将情、景、理融为一体，强烈地吸引读者去探索这个奇妙的艺术境界。

二、《将进酒》朗诵训练

将进酒[1]

李白

君不见，黄河之水天上来[2]，奔流到海不复回。
君不见，高堂明镜悲白发，朝如青丝暮成雪[3]。
人生得意[4]须尽欢，莫使金樽空对月。
天生我材必有用，千金散尽还复来。
烹羊宰牛且为乐，会须[5]一饮三百杯。
岑夫子，丹丘生[6]，将进酒，杯莫停[7]。
与君歌[8]一曲，请君为我倾耳听[9]。
钟鼓馔玉不足贵[10]，但愿长醉不愿醒[11]。
古来圣贤皆寂寞，惟有饮者留其名。
陈王昔时宴平乐，斗酒十千恣欢谑[12]。
主人何为言少钱[13]？径须沽取对君酌[14]。
五花马[15]，千金裘，
呼儿将出换美酒，与尔同销万古愁[16]。

【注释】

[1]将进酒：属乐府旧题。将(qiāng)：请。原是汉乐府短箫铙歌的曲调，属汉乐府《鼓吹曲·铙歌》旧题。内容多是咏唱喝酒放歌之事。诗歌题目的意思即“劝酒歌”，将(qiāng)：请。

[2]君不见：乐府中常用的一种夸语。天上来：黄河发源于青海，因那里地势极高，故称将进酒。

[3]高堂：高大的厅堂。青丝：黑发。此句意为在高堂上的明镜中看到了自己的白发而悲伤。

[4]得意：适意高兴的时候。

[5]会须：正应当。

[6]岑夫子：岑勋。丹丘生：元丹丘。二人均为李白的好友。

[7]杯莫停：一作“君莫停”。

[8]与君：给你们，为你们。君：指岑、元二人。

[9]倾耳听：一作“侧耳听”。

[10]钟鼓：富贵人家宴会中奏乐使用的乐器。馔(zhuàn)玉：形容食物如玉一样精美。

[11]不愿醒：也有版本为“不复醒”。

[12]陈王：指陈思王曹植。平乐：观名，在洛阳西门外，为汉代富豪显贵的娱乐场所。恣：纵情任意。谑(xuè)：戏。

[13]言少钱：一作“言钱少”。

[14]径须：干脆，只管。沽：买。

[15]五花马：指名贵的马。一说毛色作五花纹，一说颈上长毛修剪成五瓣。

[16]尔：你。销：通“消”。

【简析】《将进酒》为乐府旧题。《宋书》：“汉鼓吹铙歌十八曲，有《将进酒》曲。”《乐府诗集》：“《将进酒》古词云：将进酒，乘大白，内容多写宴饮游乐，咏唱饮酒放歌的事”。宋代的何承天《将进酒》篇曰：“将进酒，庆三朝。备繁体，荐佳肴。则言朝会进酒，且以濡首荒志为戒。若梁昭明太子云，洛阳轻薄子，但叙游乐饮酒而已。”唐代李白沿用乐府古体诗写的《将进酒》影响最大。

这首诗是李白在长安放还以后所作，当时李白和友人岑勋在嵩山另一老友元丹丘的颍阳山居作客。作者正值仕途遇挫之际，所以借酒兴诗，来了一次酣畅淋漓的抒发。李白咏酒的诗篇极能表现他的个性，在这首诗里，李白“借题发挥”“借酒消愁”，感叹人生易老，抒发了自己怀才不遇的心情，思想内容更为深沉，艺术表现更为成熟。

三、《燕歌行》朗诵训练

燕歌行[1]

高适

汉家[2]烟尘[3]在东北，汉将[4]辞家破残贼[5]。
男儿本自重横行[6]，天子非常赐颜色[7]。
摐金伐鼓[8]下榆关[9]，旌旗[10]逶迤[11]碣石间。
校尉羽书飞瀚海，单于[12]猎火[13]照狼山[14]。
山川萧条极边土[15]，胡骑凭陵[16]杂风雨。
战士军前[17]半死生[18]，美人帐下[19]犹歌舞。
大漠穷秋[20]塞草腓[21]，孤城落日斗兵稀[22]。
身当[23]恩遇[24]恒[25]轻敌，力尽关山未解围。
铁衣[26]远戍辛勤久，玉箸[27]应啼别离后。
少妇城南欲断肠，征人蓟北[28]空回首。
边庭[29]飘飖[30]那可度[31]，绝域[32]苍茫更何有？
杀气三时作阵云，寒声一夜传刁斗[33]。
相看白刃血纷纷，死节[34]从来岂顾勋[35]。
君不见沙场征战苦，至今犹忆李将军[36]。

【注释】

[1]燕歌行：乐府旧题。诗前有作者原序：“开元二十六年，客有从御史大夫张公出塞而还者，作《燕歌行》以示适。感征戍之事，因而和焉。”张公，指幽州节度使张守珪，曾拜辅国大将军、右羽林大将军，兼御史大夫。

[2]汉家：代指唐朝。

[3]烟尘：指战事发生。

[4]汉将：代指唐将张守珪。

[5]残贼：凶暴的敌人。

[6]横行：指纵横驰骋，奋勇杀敌的行为。

[7]非常赐颜色：给以非同寻常的恩赐。据《新唐书·张守珪传》载，张守珪破契丹有功，“赐金彩，授二子官，诏立碑记功”。

[8]摐金伐鼓：撞击铃钲一类铜制响器，敲打战鼓，以壮行色。

[9]榆关：即山海关，通往东北边塞的险关要隘。

[10]旌旗：一作“旌旆”，原指以羽毛为饰的大旗，这里泛指形形色色的旗帜。

[11]逶迤：蜿蜒曲折，连绵不断。

[12]单于：古代匈奴对其君主的称号，这里借指契丹等族的首领。

[13]猎火：狩猎时燃起的火把或火堆，借指战火。

[14]狼山：即狼居胥山，公元前 119 年(汉武帝元狩四年)霍去病远征匈奴，歼敌七万余，胜利后，封狼居胥山以祭天，禅姑衍山以祭地。

[15]极边土：到边塞的尽头。极：穷尽。

[16]凭陵：仗势侵凌。

[17]军前：指战场上。

[18]半死生：指大半战死。

[19]帐下：指主帅营帐中。

[20]穷秋：晚秋。

[21]腓：一作“衰”，病萎枯黄。

[22]斗兵稀：战士大半伤亡，所剩寥寥无几。

[23]当：承受。

[24]恩遇：承受皇帝的恩惠和知遇。

[25]恒：常常。

[26]铁衣：铁甲，这里代指身披铠甲的士兵。

[27]玉箸：玉制的筷子，比喻思妇眼泪。

[28]蓟北：唐蓟州以北地区，泛指东北边地。

[29]边庭：边地。

[30]飘飖：飘摇不定，动荡不安。

[31]度：逾越，到达。

[32]绝域：荒无人烟的极远边疆。

[33]刁斗：古代军用铜器，形似锅，白日用作炊具，晚上用来打更。

[34]死节：以死报国。

[35]岂顾勋：难道还顾及自己的功勋。本句意为坚守节操，为国捐躯，岂是为了个人的名利功勋。

[36]李将军：指汉代名将李广。据《史记·李将军列传》载，李广，武帝时人，曾率兵抵御匈奴，英勇善战，足智多谋。且能身先士卒，与其同甘共苦，屡立战功。

【简析】《燕歌行》是一个乐府题目，属于《相和歌》中的《平调曲》，前人多用此曲调写闺怨诗。高适的《燕歌行》是写边塞将士生活，是第一位用燕歌行曲调写此题材的诗人。这首诗选取了出征的典型事件，从几条线索展开描述，赞扬了士卒英勇奋战、杀敌报国的无畏气概，又揭露了将帅沉于歌舞、不恤士卒、骄纵轻敌。诗中穿插描述了征人和思妇久别相思之苦，最后进一步写战争的艰苦和征人的愿望。

任务五　宋词

学习任务

1. 了解宋词的韵律特点并进行朗诵训练。

2. 引导学生通过朗诵，把握婉约词和豪放词的不同风格，感受豪放词和婉约词的不同意境、特点；体味词人心境，准确理解诗歌内容及情感表达。

问题导入

宋词是中国诗歌史上能与唐诗争奇斗艳的又一新体诗歌，它可以婉约，亦可以豪放。在这里，我们可以伤春悲秋，感叹“冷冷清清，凄凄惨惨戚戚”；也可以壮怀激烈，长啸“壮志饥餐胡虏肉，笑谈渴饮匈奴血”。就连抒发离愁别绪，既可以是缠绵感伤的“执手相看泪眼，竟无语凝噎”，也可以是慷慨悲凉的“人生如逆旅，我亦是行人”。那么，在或清新绮丽，或悲壮慷慨的宋词中，苏轼为何会放歌长啸“一蓑烟雨任平生”？柳永又为谁“消得人憔悴”呢？

基础知识

一、宋词概况

词，原名“曲子词”，就是“歌词”的意思。词起源于隋，所配音乐是燕乐，即一种供宴会演奏的音乐。它在体制上和诗有很大的区别。首先，词有词调，同一词调又有不同的格律，形成数体。其次，由于乐调繁简不同，所形成长短不同的诗篇，一般分为小令、中调和长调三种。

中、晚唐以后，尤其是宋代诗坛最值得注意的新现象是词的发展和兴盛。词作为一种新兴的诗歌形式，不久便引起文人的注意和仿效。

词其实在唐代就已经开始发展，敦煌曲子词中有一些是盛唐时期的作品，具有清新的民歌风格。中唐文人学习民间词，为词体的建立作出了突出贡献。张志和、韦应物、王建、白居易、刘禹锡等人都写了一些成功的词作。

晚唐及五代时期，文人词得到了长足的发展，大批的文人进行填词。其一是以温庭筠、韦庄等人为代表的花间词人，在填词时往往取当前情事，表现艳遇怨慕与离愁别绪，藻丽浓艳，细美婉约。另一批代表作家有冯延巳、李璟、李煜等。其中冯延巳所表现的士大夫的忧生隐忧，李煜在亡国后所抒写的强烈沉痛的故国之思与深远的人生感慨，均改变了五代词狭小的题材空间，词至此，眼界始大，感慨遂深。

北宋前期，以晏殊、欧阳修为代表的词人，所用词调仍以唐五代文人惯用的小令为主，主要表现士大夫流连光景、感伤节序的闲愁淡怨。

到柳永、苏轼登上词坛，宋词始能自辟门径。柳永在乐调形式上开风气之先，他采用北宋流行的新曲，大力发展慢词来表现市井生活与羁旅情怀，并把赋的铺陈手法引入慢词，扩大了词的容量。苏轼的词，打破了前人“词为艳科”的旧传统，题材广泛，将怀古、感旧、记游、悼亡、说理等诗中常见的题材引入词中，气象阔大，豪放飘逸。他还“以诗为词”，冲破了词的音律束缚，达到了“无言不可入，无事不可言”的境地，对词体发展产生了广泛深远的影响。

苏轼之后，周邦彦妙解声律，善于创调。词法上推陈出新，讲究谋篇，也赢得了很高的声誉。女词人李清照善于把自己的思想感情与客观景物融会在一起，含蓄委婉，意境深远，达到了情景交融的艺术境界。

宋室南渡之后，民族矛盾尖锐，产生了张元干、张孝祥、陆游、陈亮、辛弃疾等一大批爱国词人，其中辛弃疾成就最高。辛词不但数量居两宋词人之首，而且以文为词，善于用典，将政治、军事、山水、田园以及个人的喜怒哀乐，大胆而自如地表现在词作中。他的词气盛言宜，无往而不利，感染力极强，尤其是抒写爱国激情的篇章，千古以来一直激励着后人。姜夔精研乐理，能自度曲，词风清空幽冷，于辛弃疾之外另立一宗，在南宋词坛的影响也很深远。

二、宋代诗歌

在宋代，除了词这种文体得到很好的发展之外，在唐诗高峰之后，宋人另辟蹊径，开启了好议论、重理趣、以文为诗、追求平淡的诗歌发展方向。苏轼是北宋诗坛最有成就的诗人，他创作的诗有四千多首，才情豪迈，挥洒自如。诗中充满谐趣，饶有禅理，比喻之丰富、新颖，使人叹服不已。在苏轼周围的作家群中，黄庭坚的诗歌成就最为突出，二人并称“苏黄”。黄庭坚的诗歌中人文意象密集，诗歌充满人文色彩。他的诗歌创作都贯彻了求新求变的创新精神，而且总结出一些谋篇、造句、炼字等方面的规律，得到了陈师道等人的响应，开创了江西诗派，对中国诗歌史产生了长久的影响。南宋诗人的优秀代表有杨万里、陆游等人。他们大多由江西诗派入手，而能自出机杼。杨万里诗工于写景，有机趣，重“活法”，被称为“诚斋体”。陆游继承陶渊明、李白、杜甫等大家的传统，植根于自己的生活实践，在平易晓畅中呈现出一股恢弘踔厉之气，诗歌创作数量极多，是南宋诗坛当之无愧的盟主。

任务实施

一、豪放词朗诵训练

满江红

岳飞

怒发冲冠[1]，凭栏处，潇潇[2]雨歇。抬望眼，仰天长啸[3]，壮怀激烈。三十功名尘与土，八千里路云和月。莫等闲，白了少年头，空悲切。

靖康耻[4]，犹未雪；臣子恨，何时灭！驾长车，踏破贺兰山[5]缺。壮志饥餐胡虏肉[6]，笑谈渴饮匈奴血。待从头，收拾旧山河，朝天阙[7]。

【注释】

[1]怒发冲冠：气得头发竖起，以至于将帽子顶起，形容愤怒至极。冠：指帽子。

[2]潇潇：形容雨势急骤。

[3]长啸：感情激动时撮口发出清而长的声音，为古人的一种抒情举动。

[4]靖康耻：靖康之耻因为发生于北宋宋钦宗靖康年间（1126—1127年）因而得名。宋钦宗靖康二年（1127年），金兵攻陷汴京，虏走了宋徽宗、宋钦宗父子及大量赵氏皇族、后宫妃嫔与贵卿、朝臣等三千余人，史上也称“靖康之难”。

[5]贺兰山：贺兰山脉位于宁夏回族自治区与内蒙古自治区交界处。

[6]胡虏：对女真族入侵者的蔑称。

[7]朝天阙：朝见皇帝。天阙：本指宫殿前的楼观，此指皇帝生活的地方。

【简析】全词声情激越，气势磅礴。词中抒发了岳飞对祖国的热爱，表达了不收复失地决不罢休的冲天壮志，道出了他不辜负中原父老期望的决心，反映了深受分裂、隔绝之苦的南北人民的共同心愿。

关于这首词的写作背景，历来说法纷纭，主要有以下几种：第一种说法是，岳飞第一次北伐，即岳飞30岁出头时所作。第二种说法是，绍兴六年（1136年），岳飞第二次出师北伐，攻占了伊阳、洛阳、商州和虢州，继而围攻陈、蔡地区。但岳飞很快发现自己是孤军深入，既无援兵，又无粮草，不得不撤回鄂州（今湖北武昌）。此次北伐，岳飞壮志未酬，镇守鄂州时写下了千古绝唱的名词《满江红》。第三种说法是，创作《满江红》的具体时间应该是在岳飞入狱前不久。无论当时岳飞于何种情形写下此词，在后世，这首词都激励着中华儿女的爱国之心。

定风波[1]·莫听穿林打叶声

苏轼

三月七日，沙湖[2]道中遇雨。雨具先去，同行皆狼狈[3]，余独不觉，已而[4]遂晴，故作此词。

莫听穿林打叶声[5]，何妨吟啸[6]且徐行。竹杖芒鞋[7]轻胜马，谁怕？一蓑烟雨任平生[8]。

料峭[9]春风吹酒醒，微冷，山头斜照[10]却相迎。回首向来萧瑟处[11]，归去，也无风雨也无晴。

【注释】

[1]定风波：词牌名。

[2]沙湖：在今湖北黄冈东南三十里，又名螺丝店。

[3]狼狈：进退皆难的困顿窘迫之状。

[4]已而：过了一会儿。

[5]穿林打叶声：指大雨点透过树林打在树叶上的声音。

[6]吟啸：放声吟咏。

[7]芒鞋：草鞋。

[8]一蓑烟雨任平生：披着蓑衣在风雨里过一辈子也处之泰然。一蓑(suō)：蓑衣，用棕制成的雨披。

[9]料峭：微寒的样子。

[10]斜照：偏西的阳光。

[11]向来：方才。萧瑟：风雨吹打树叶声。

【简析】此词为苏轼醉归遇雨抒怀之作。词人借雨中潇洒徐行之举动，表现了虽处逆境屡遭挫折而不畏惧、不颓丧的倔强性格和旷达胸怀。

词中描写词人在途中遇雨的情形，面对突如其来的风雨，苏轼选择踏雨吟啸，可谓一个笑对人生风雨的达者。看似着眼前之景，实则情景交融，隐喻寄托心中块垒，表达了作者随缘自适的心态和洒脱旷达的性格。

二、婉约词朗诵训练

蝶恋花

柳永

伫倚危楼[1]风细细，望极[2]春愁，黯黯生天际[3]。草色烟光[4]残照里，无言谁会凭阑意[5]。

拟把疏狂图一醉[6]，对酒当歌，强乐还无味[7]。衣带渐宽[8]终不悔，为伊消得[9]人憔悴。

【注释】

[1]伫(zhù)倚危楼：长时间倚靠在高楼的栏杆上。伫：长时间站立。危楼：高楼。

[2]望极：极目远望。

[3]黯(àn)黯：神情沮丧，情绪低落。生天际：从遥远无边的天际升起。

[4]烟光：飘忽缭绕的云霭雾气。

[5]会：理解。阑：通“栏”。

[6]拟把：打算。疏狂：狂放不羁。

[7]强(qiǎng)乐：勉强欢笑。强：勉强。

[8]衣带渐宽：指人逐渐消瘦。《古诗十九首》：“相去日已远，衣带日已缓”。

[9]消得：值得。

【简析】这是一首怀人之作，作于宋真宗咸平五年(1002年)之后，而具体创作时间不详。当时柳永漂泊异乡，因怀念意中人而作此词。

一剪梅[1]

李清照

红藕香残玉簟秋[2]，轻解罗裳[3]，独上兰舟[4]。云中谁寄锦书[5]来？雁字[6]回时，月满西楼。花自飘零水自流[7]，一种相思[8]，两处闲愁[9]。此情无计可消除[10]，才下眉头[11]，却上心头[12]。

【注释】

[1]一剪梅：词牌名。宋周邦彦词中有"一剪梅花万样娇"句，故名。又名《腊梅香》《玉簟秋》等。双调六十字，平韵。

[2]红藕：红藕花的简称，即荷花。香残：指荷花凋谢。玉簟：光泽如玉的竹席。秋：指身感凉意。

[3]罗裳：丝绸制的裙子。

[4]兰舟：船的美称。一说木兰舟。因木兰舟坚固且有天然香气，故以木兰舟为船的美称。

[5]锦书：书信的美称，此指情书。

[6]雁字：雁群飞行时排列整齐，有时像"一"字，有时像"人"字，故称雁字。传说雁儿会捎带书信，故作者看见雁就想起丈夫的书信。

[7]自：只是的意思。飘零：凋谢坠落。

[8]一种相思：彼此牵挂的感情一样。

[9]两处闲愁：彼此都是为相思而愁苦。闲愁：此指离别相思之愁。

[10]此情无计可消除：意谓这种相思之情是没法排遣的。无计：没有办法。

[11]才下眉头：皱着的眉毛刚展开来。

[12]却上心头：心里头却又惦记起来。以上两句，从范仲淹《御街行》"都来此事，眉间心上，无计相回避"脱胎而来。

【简析】词作上阕隐然相思之意，下阕则直宣情愫。"花自飘零水自流"，乃借景抒怀，暗中又扣合流水落花的伤感与无奈。可以说字字紧扣"相思"这一词中意脉。"一种相思，两处闲愁"，作者述及与丈夫身处两地，共处一种思绪之间，表明了作者与丈夫的心灵感应同为一律。可见此处是为双向而动。这与前人所作大部为对月独抒怀的感情有着显著区别。然而"此情无计可消除"，作者如何为之？结尾处"才下眉头，却上心头"两句绝妙好词，除让人哑然称绝之外，唯有叹然。作者一路写来，或寄情于景，或景中含情，意象时露时显，于结尾处猛然一收，如群山之玉、塔顶明珠，给读者以强烈的审美刺激，使之心灵为之震动，深思、遐想。

任务六　元明清诗歌

学习任务

1. 了解元明清诗歌的韵律特点并进行朗诵训练。

2. 引导学生通过朗诵，把握元明清诗歌中作者的思想感情和作品意蕴，培养审美、鉴赏能力。

问题导入

人们在提到元明清文学时，多为元杂剧和明清古典小说，而对于元明清诗词却少有提及，其实，这一时期的诗词也在不断发展和创新，涌现出了一大批的优秀诗人和经典诗歌作品，你知道哪些诗人和哪些作品呢？

基础知识

一、元明清诗

元代诗坛，古体诗宗汉魏两晋，近体诗宗唐，只有杨维桢尚能开宗立派。他的诗以乐府诗和竹枝词著名，一些诗既有藻词丽句，又奇特险怪，人称“铁崖体”。明代诗坛稍有起色，规模有所扩大。明初高启诗才最高，风格豪迈。以李梦阳为首的“前七子”和以李攀龙为首的“后七子”，虽然都有自己的诗歌理论主张，但在创作上成就不大。明末清初，江山易主对诗人心灵的冲击很大，诗歌创作亦起波澜。钱谦益、吴伟业、龚鼎孳号为“江左三大家”。吴伟业长于七言歌行，他把李商隐色泽浓丽的笔法与元稹、白居易叙事诗善于铺张的特点结合起来，以工丽的语言、多变的章法、贴切的典故，来叙写新的题材，表现新主题，即声律妍丽的“梅村体”。康熙年间，有王士祯、朱彝尊、赵执信等“国朝六家”。雍正、乾隆年间，名家迭起，沈德潜秉持“格调说”，袁枚主张“性灵说”，翁方纲倡导“肌理说”。但是，清代诗人中，数龚自珍最具忧患意识和哲理色彩、他的诗风格瑰丽奇肆。戊戌变法前后，黄遵宪、丘逢甲、康有为、梁启超等人，则提出了“诗界革命”的响亮口号，对中国近现代诗歌尤其是白话诗的出现产生了重要影响。

二、元明清词

元时宋词渐渐凋零，伶人多向民间小调寻求突破，出现了一种新的诗歌样式——小令，这种小令与作为词调体式之一的小令不同，这种小令也叫“叶儿”，是元散曲中的一种，即单支的曲子。由于它诞生于民间，较之以往唐、宋诗词，形式更为灵活，文字更为通俗。在内容上，嬉笑怒骂，皆成文章，有很强的现实性。在风格上，尖锐泼辣，清新幽默，毫无酸腐之气。同时，因有大量的北方方言融入其中，又呈现出浓厚的北方地域色彩。就其发展而言，可分为前后两个时期。前期作家主要有关汉卿、马致远、张养浩等，他们的作品大多质朴自然，比较接近民歌，如关汉卿的《南吕一枝花·不伏老》、马致远的《天净沙·秋思》、张养浩的《山坡羊·潼关怀古》等。后期代表作家主要有张可久、乔吉、睢景臣等。他们作品的风格趋于典雅工丽，讲究格律词藻，内容也开始远离现实，有些作品竟与唐宋词的形式韵味相差无几，如张养浩的《双调水仙子·寻梅》、张可久的《越调凭栏人·江夜》等。

词尽管在金元时期出现了元好问、萨都剌等颇有成就的作家，但渐趋衰微。清词素有“中兴”之誉，百余年间，各派并出。陈维崧、朱彝尊、纳兰性德为清初三大家。陈维崧词效仿苏、辛，才力卓著，开创了“阳羡词派”。朱彝尊推崇南宋词人姜夔、张炎，标榜醇雅清空，为“浙西派”的宗师。纳兰性德崇尚李煜，尤以清新自然的小令著称。嘉庆年间，张惠言又开创“常州词派”，主张词应有比兴寄托。清末虽然也产生了一些著名词人和优秀作品，但在社会现实和人们生活中的影响越来越小了。

任务实施

一、《登金陵雨花台望大江》朗诵赏析

登金陵雨花台望大江

高启

大江来从万山中，山势尽与江流东。
钟山如龙独西上，欲破巨浪乘长风[1]。
江山相雄不相让，形胜争夸天下壮。
秦皇空此瘗黄金[2]，佳气[3]葱葱至今王[4]。
我怀郁塞[5]何由开，酒酣走上城南台[6]；
坐觉[7]苍茫万古意，远自荒烟落日之中来！
石头城[8]下涛声怒，武骑千群谁敢渡？
黄旗入洛[9]竟何祥，铁锁横江[10]未为固。
前三国[11]，后六朝，草生宫阙何萧萧[12]。
英雄乘时务割据[13]，几度战血流寒潮。
我生幸逢圣人[14]起南国，祸乱初平事休息[15]。
从今四海永为家[16]，不用长江限南北。

【注释】

[1]钟山：即紫金山。欲破巨浪乘长风：此句化用《南史·宗悫(què)传》“愿乘长风破万里”。这里形容只有钟山的走向是由东向西，好像欲与江流抗衡。

[2]秦皇空此瘗黄金：《丹阳记》：“秦始皇埋金玉杂宝以压天子气，故名金陵。”

[3]佳气：山川灵秀的美好气象。

[4]王：通“旺”。

[5]郁塞：忧郁窒塞。

[6]城南台：即雨花台。

[7]坐觉：自然而觉。坐：自，自然。

[8]石头城：古城名，故址在今南京清凉山，以形势险要著称。

[9]黄旗入洛：三国时吴王孙皓听术士说自己有天子的气象，于是就率家人宫女西上入洛阳以顺天命。途中遇大雪，士兵怨怒，才不得不返回。此处说“黄旗入洛”其实是吴被晋灭的先兆，所以说“竟何祥”。

[10]铁锁横江：三国时吴军为阻止晋兵进攻，曾在长江上设置铁锥铁锁，均被晋兵所破。

[11]三国：魏、蜀、吴，这里仅指吴。

[12]六朝：吴、东晋、宋、齐、梁、陈均建都金陵，史称六朝，这里指南朝。萧萧：冷落，凄清。

[13]务割据：致力于割据称雄。务：致力，从事。

[14]圣人：指明太祖朱元璋。

[15]事休息：指明初实行减轻赋税，恢复生产，使人民得到休养生息。事：从事。

[16]四海永为家：用刘禹锡《西塞山怀古》“从今四海为家日”句，指全国统一。

【简析】高启(1336—1373 年)，字季迪，号槎轩，平江路(明改苏州府)长洲县(今江苏苏州)人，元末明初著名诗人，与杨基、张羽、徐贲被誉为“吴中四杰”，当时论者把他们比作“明初四杰”。洪武初，以荐参修《元史》，授翰林院国史编修官，受命教授诸王。擢户部右侍郎。苏州知府魏观在张士诚宫址改修府治，获罪被诛。高启曾为之作《上梁文》，有“龙蟠虎踞”四字，被疑为歌颂张士诚，连坐腰斩。有《高太史大全集》《凫藻集》等。

二、《临江仙》朗诵赏析

临江仙[1]

杨慎

滚滚长江东逝水[2]，浪花淘尽[3]英雄。是非成败[4]转头空。青山依旧在，几度[5]夕阳红。

白发渔樵[6]江渚[7]上，惯看秋月春风[8]。一壶浊酒[9]喜相逢。古今多少事，都付笑谈中。

【注释】

[1]临江仙：原唐教坊曲名，后用作词牌名，字数有五十二字、五十四字等六种。常见者全词分两片，上、下片各五句，三平韵。

[2]东逝水：江水向东流逝而去，这里将时光比喻为江水。

[3]淘尽：荡涤一空。

[4]成败：成功与失败。

[5]几度：虚指，几次、好几次之意。

[6]渔樵：此处并非指渔翁、樵夫，联系前后文的语境而为动词，即隐居的意思。此处作名词，指隐居不问世事的人。

[7]渚(zhǔ)：原意为水中的小块陆地，此处意为江岸边。

[8]秋月春风：指良辰美景，也指美好的岁月。

[9]浊酒：用糯米、黄米等酿制的酒，较混浊。浊(zhuó)：不清澈，不干净，与“清”相对。

[10]都付笑谈中：在一些古典文学及音乐作品中，也有作“尽付笑谈中”。

【简析】杨慎(1488—1559 年)明代文学家，明代三大才子之首，字用修，初号月溪、升庵，又号逸史氏、博南山人、滇南戍史、金马碧鸡老兵等。明代东阁大学士杨廷和之子，汉族，四川新都(今成都市新都区)人，祖籍庐陵。杨慎于明武宗正德六年(1511 年)状元及第，授官翰林院修撰，参与编修《武宗实录》。嘉靖三年(1524 年)因得罪世宗朱厚熜、被杖责罢官，发配到云南，谪戍云南永昌卫。

明朝正德六年(1511 年)，杨慎获殿试第一。1524 年因得罪世宗朱厚熜、杨升庵被发他经常四处游历，观察民风民情。每到一地都要与当地的读书人谈诗论道，留下了大量描写云南的诗篇。此词即其中一篇。

延伸阅读

采桑子·重阳[1]

毛泽东

人生易老天难老[2]，岁岁重阳。今又重阳，战地黄花[3]分外香。

一年一度秋风劲，不似[4]春光。胜似春光，寥廓[5]江天万里霜。

【注释】

[1]重阳：阴历九月初九，传统上文人登高赋诗之日。1929 年的重阳节是 10 月 11 日。

[2]天难老：李贺《金铜仙人辞汉歌》："衰兰送客咸阳道，天若有情天亦老。"

[3]黄花：指菊花。

[4]不似：不类似，不象。

[5]寥廓：空阔远大。

【题解】1929 年 6 月 22 日在闽西龙岩召开了红四军第七次代表大会，会上毛泽东未被选为前敌委员会书记。随即离开部队，到上杭指导地方工作，身染疟疾。直到 11 月 26 日，大病初愈的毛泽东才在上海中央(当时由周恩来主持)"九月来信"的支持下恢复职务。这首诗反映了病中的心情。

忆秦娥·娄山关[1]

毛泽东

西风烈[2]，长空[3]雁叫霜晨月。霜晨月，马蹄声碎[4]，喇叭声咽[5]。

雄关漫道[6]真如铁，而今迈步从头越。从头越，苍山如海，残阳如血。

【注释】

[1]娄山关：遵义市之北，从四川入贵州的要道。

[2]烈：猛烈，强劲。

[3]长空：辽阔的天空。

[4]碎：细碎。

[5]咽：声音阻塞低沉。

[6]漫道：莫道。

【简析】1935 年 1 月 16 日至 18 日，遵义会议开了三天，随后红军就经娄山关北上四川，想和张国焘的红四方面军会合。2 月 5 日，博古把军事指挥权正式移交给毛泽东。上任伊始的毛泽东猛功四川土城，没料到对方十分顽强，红军折兵数千，败下阵来。毛泽东当机力断，决定放弃和张国焘会合这一长征初始目标，回贵州攻打战斗力薄弱的黔军。这是长征途中的最重大的战略转折。黔军企图凭娄山关天险力阻红军，会合川军、滇军和中央军聚歼红军于云贵川交界处。彭德怀亲自带兵，在 2 月 26 日下午抢占娄山关，随后几天，又在娄山关周围歼敌两个师，取得了自从惨败湘江，损失一半人马以来长征途中的第一个大胜利。这首词，应该是作于 2 月 26 日左右。

七律·人民解放军占领南京

毛泽东

钟山[1]风雨起苍黄[2]，
百万雄师过大江。
虎踞龙盘[3]今胜昔，
天翻地覆慨而慷[4]。
宜将剩勇追穷寇[5]，
不可沽名学霸王[6]。
天若有情天亦老[7]，
人间正道是沧桑[8]。

【注释】

[1]钟山：即紫金山，南京市东。

[2]苍黄：比喻大变化。

[3]虎踞龙盘：《三国志》诸葛亮与孙权论金陵说："钟阜龙蟠，石城虎踞。"

[4]慨而慷：即慷慨。曹操《短歌行》："慨当以慷，忧思难忘。"

[5]追穷寇：指国民党残余的军事力量。《孙子兵法·军争篇》有"围师必阙(网开一面之意)，穷寇勿迫"。

[6]霸王：指西楚霸王项羽。

[7]天若有情天亦老：这是李贺的诗句，见《采桑子·重阳》注释。

[8]沧桑：沧海桑田的略语，比喻巨大变化。葛洪《神仙传·麻姑》里，麻姑对王方平说："接待以来，已见东海三为桑田。"

【简析】1949年4月20日，国民党拒绝在和平协定上签字。当夜，解放军在东起江苏江阴，西迄江西湖口的千里长江上，分三路强行渡江。23日晚，东路陈毅的第三野战军占领南京。

项目三

传统节日

学习目标

通过学习，使学生了解我国传统节日——春节、元宵节、清明节、端午节、七夕节、中秋节的起源、发展、主要习俗、内涵和文化变迁，感知中华优秀传统文化的博大精深，树立正确的价值观，坚定文化自信。

人文素养

1. 传统节日与民族文化

中国传统节日凝结着中华文明的思想精华。在节日里，人们与大自然亲密接触：清明踏青、端午临水、中秋赏月，这种对自然的审美逐渐转化为对社会和人伦的思考，成为一种以和气、团圆为价值取向的社会观。因此，传统节日不仅是展现一个民族文化生活图景的窗口，而且是一种有着象征意义的文化体系，更是一种用行动和符号书写的文化文本。

2. 传统节日与民族精神

凝聚着传统智慧与文化精神的传统节日，无异于一个国家的文化命脉，往往被赋予“根”的意义。清明历来就有祭祖的习俗，用感恩之心缅怀先人，体现了对先祖的尊重；端午节缅怀爱国诗人屈原，鼓励人们热爱祖国，勇担重任；七夕节流传着凄美的传说、动人的爱情故事，已成为传世佳话；中秋节抒发了人们对团圆的期盼，对家庭幸福美满的渴望。在这些具有人文精神的节日中，可以让人们深刻感受到传承传统节日文化的重要性。特别是在现今多元文化的时代，我们更加应该重视和保护民族节日文化。

3. 传统节日与中国梦

中国梦的核心是国家富强、民族复兴、人民幸福。传统节日中寄寓了人们对美好生活的向往。传统节日的学习，可以铸造学生的伟大梦想，赋予传统节日新的内涵。此外，通过课程内容让学生认识到梦想对自己发展的作用，把个人梦想与民族梦想相结合，使学生更具有时代责任感。

任务一 春节

学习任务

1. 了解春节的起源与发展。
2. 了解春节的习俗和文化变迁。

问题导入

春节作为百节之首，是一年中最隆重、最富有民族特色的节日。每到春节，大家都要全家团圆，吃饺子。可以说，这是一个民族几千年来所形成的心理共识，是一个民族共同的文化取向。

那么，春节究竟起源于何时，在不同的历史时期又经历了怎样的发展变化呢？

基础知识

农历正月初一，是中国传统的大年节，百节年为首。在中华民族绚丽多彩的节日中，起源最早，历史最悠久，也是最隆重、最富有民族特色的节日。“一元复始，万象更新”，它标志着旧一年的结束，新一年的开始。它的节期之长(腊月二十三到正月十五)，也是其他任何节日不可比拟的。

一、春节的起源

古时称春节为上日、元日、朔日、元正、正日、正旦、正朝、三元、三朔、三朝和元旦。称为春节，是在采用公历纪年后。1911 年 10 月武昌起义爆发，12 月 31 日革命党人建立的临时政府在发布的《内务部关于中华民国改用阳历的通谕》中，明确将农历的年节称为“春节”。1949 年 9 月 27 日，在中国人民政治协商会议第一届全体会议上，通过了使用世界通用的公历纪元，把公历的 1 月 1 日定为元旦，俗称阳历年；因农历正月初一通常在立春前后，把农历正月初一定为“春节”，俗称阴历年，进一步明确了农历正月初一为“春节”。“春节”这个名称正式列入中国节日法典，流传至今。

“春节”一方面是庆贺过去的一年，另一方面是祈求新的一年五谷丰登、人畜兴旺。为了方便记忆，人们把春节的习俗编成了顺口溜。后来，这些童谣在孩子当中流行起来。“小孩儿小孩儿你别馋，过了腊八就是年；腊八粥，喝几天，哩哩啦啦二十三；二十三，糖瓜粘；二十四，扫房子；二十五，冻豆腐；二十六，去买肉；二十七，宰公鸡；二十八，把面发；二十九，蒸馒头；三十晚上熬一宿；初一、初二满街走。”从歌谣中我们可以发现，春节与人们的日常生活息息相关。

二、春节的习俗

春节的习俗有很多，从腊月二十三开始，每天的习俗都不一样。

（一）祭祀灶神

腊月二十三，俗称“小年”，传说这一天是“灶王爷上天”之日，因此要祭灶神。人们普遍认为，祭祀灶神不仅可以给自己带来好运，也能给家庭带来福祉。腊月二十三晚上，家里长辈烧一炷香，盛一盘糖果，一盘芝麻糖，置于灶王台前，把“灶王”从神龛中请出，合着“元宝”一起烧掉，并在嘴里念念有词：“上天言好事，下界保平安”，然后行跪拜之礼，之后全家共享糖果和芝麻糖。

灶神是不能得罪的，因为它“晦日归天，白人罪”，一些与灶神有关的说法也顺理成章地进入人们的日常生活。“灶之土，不思故乡。取灶前三寸，方半寸，取中土，持之远出，令人不思故乡”“理发灶前，妇安夫家”“广四尺，长五尺，欲安两釜，长七尺，子孙富贵”。与之相反，灶神若出现问题，则是不祥的征兆。灶神是一家之主，主管家人的生命健康。

（二）扫除尘土

一年365天总是忙忙碌碌，不知不觉到了年底，大家要告别过去陈旧的一年，要除旧布新。首先，要全面打扫卫生，除尘。扫除尘土，还有另外一种含义——宗教的需要。古代春节人们要祭神祭祖，尘土的“尘”和陈旧的“陈”发音相同，“除”尘与“除”旧布新中的“除”是一样的，所以人们就用除尘象征性地表达除旧布新的含义，也使我们的日常生活获得了艺术象征的含义，更加富有文学性、艺术性。

古代的《岁时记》也记录了除尘的习俗。例如，清朝顾禄在《清嘉录》里这样记录除尘习俗：“腊将残，择宪书（指历本）宜扫舍宇日，去庭户尘秽，或有在二十三日、二十四日及二十七日者，俗呼打埃尘。”显然，这只是对除尘的客观描述，即在腊月快要结束的时候要选一个黄道吉日，把房间打扫干净。而在诗歌中，描述的除尘就优美多了。例如，南宋著名诗人戴复古的《除夜》：

扫除茅舍涤尘嚣，一炷清香拜九霄。
万物迎春送残腊，一年结局在今宵。
生盆火烈轰鸣竹，守岁筵开听颂椒。
野客预知农事好，三冬瑞雪未全消。

在这首诗歌中，诗人形象地描述了过年时人们的各项民俗活动，特别突出的就是打扫茅舍。

（三）贴春联

贴春联是春节当中一项很重要的活动。春联起源于桃符，据《后汉书·礼仪志》所载，桃符长六寸，宽三寸，桃木板上书降鬼大神神荼、郁垒的名字。“正月一日，造桃符着户，名仙木，百鬼所畏。”清代《燕京时岁记》上记载：“春联者，即桃符也。”

据《山海经》记载，东海度朔山上有一棵大桃树，树干弯曲伸展三千里，枝叉一直伸向东北方的鬼门，鬼门下山洞里住的鬼怪每天都由此门进出。树下有两位神将神荼、郁垒把守。这两位神将只要发现害人的恶鬼，就用芒苇编成的网捆住他们，并丢去喂老虎。周朝起，每逢年节，百姓就用两块长六寸、宽三寸的桃木板，画上两位神将的图像或题上他们的名字，悬挂在大门或卧房门的两侧，以镇邪驱鬼、祈福纳祥，这就是桃符。后来，桃符便流传下来。从唐朝开始，楹联(写在纸、布上或刻在竹子、木头、柱子上的对偶语句)开始出现，这就是春联的起源。传说最早的春联是后蜀君主孟昶写的“新年纳余庆，佳节号长春。”

关于贴春联的习俗，古代有很多记载，例如，北宋文学家王安石的作品《元日》：

爆竹声中一岁除，春风送暖入屠苏。
千门万户曈曈日，总把新桃换旧符。

人们在噼里啪啦的爆竹声中送走了旧年迎来了新年。人们迎着和煦的春风，开怀畅饮着美味的屠苏酒。家家户户都被太阳的光辉照耀着，每家每户都在新年的时候换上了新的春联。这四句诗简明扼要，把春节的景象描述得格外生动。

(四)除夕守岁

除夕是春节最重要的时刻。古人认为，新旧交替是比较危险的时刻，会出现妖魔鬼怪，即山魈恶鬼。山魈在神话传说中是山里的独脚鬼怪，现代人将其称为鬼狒狒其通常吃植物、水果，有时也会吃肉。因此，为了能安心地过年，古人发明了贴门神等一些文化活动来消除这种担忧。此外，全家人还要守岁。守岁俗称“熬年”，民间在除夕时有守岁的习惯。守岁，就是在旧年的最后一天夜里熬夜迎接新一年的到来。古时守岁有两种含义：年长者守岁为“辞旧岁”，有珍爱光阴的意思；年轻人守岁是为延长父母寿命。自汉代以来，新旧年交替的时刻一般为夜半时分。在除夕的晚上，不论男女老少，都会灯火通明，聚在一起守岁。

古代描写守岁的诗歌也非常多，有的是客观描述，也有的侧重于抒发诗人主观感情。例如，白居易的《除夜》：

岁暮纷多思，天涯渺未归。
老添新甲子，病减旧容辉。
乡国仍留念，功名已息机。
明朝四十九，应转悟前非。

这首诗描写了诗人身在异乡为异客，在本是合家团圆的除夕却无法归家的情景，表达了诗人思乡思亲的伤感之情以及对过去为功名利禄所累的懊悔之情。

(五)饮岁酒

总的来讲，除夕夜还是时间很长的。现在，人们可以边看春节联欢晚会边等新年的到来，可是古代没有电视，于是人们想出了各种娱乐活动来消磨时间。其中很重要的一项娱乐活动就是饮岁酒。岁酒有三种，一种是屠苏酒；一种是椒酒，也叫椒花酒；还有一种是柏叶酒。这三种酒有一些共同的作用，如避邪、为长辈祈求长寿。因为这几种酒是春节期间的专用酒，所以称其为岁酒，意为年年岁岁。

按照传统，无论吃饭、喝酒或者做其他什么事情，都应是长辈优先。但古人饮岁酒却有一个特别的习惯，即古人饮岁酒的顺序是由幼及长，先从年少者开始，然后按年龄顺序，由小到大逐人饮少许，年长者最后。宋朝文学家苏辙在《除日》中写道：“年年最后饮屠苏，不觉年来七十余。”苏轼在《除夜野宿常州城外》中写道：“但把穷愁博长健，不辞最后饮屠苏。”宋代诗人范成大在《分岁词》中写道：“老翁饮罢笑捻须，明朝重来醉屠苏。”由此可以看出，饮岁酒这种风俗在宋朝非常盛行。

古人除夕饮岁酒成为一种习惯，所以诗人们以酒入诗的佳作比比皆是。例如，南梁庚肩吾在《岁尽应令诗》中写道：“聊开柏叶酒，试奠五辛盘。”北朝庾信在《正旦蒙赵王赉酒》中写道：“正旦辟恶酒，新年长命杯。柏叶随铭至，椒花逐颂来。”杜甫在《人日诗二首（之二）》中写道：“樽前柏叶休随酒，胜里金花巧耐寒。”宋人戴复古在《壬寅除夜》中写道：“横笛梅花老，传杯柏叶香。”明代张居正在《元日感怀》中写道：“闲愁何事演芳序，且尽樽前柏叶卮。”这些诗记录了人们饮岁酒的春节习俗，抒发了诗人们热爱生活的情怀，更给后人留下了宝贵的文化遗产和审美感受。

给最年长者敬酒，是为了给长辈祈福，希望他们能够长寿。在春节这个特别的节日里，百姓齐聚一堂，畅饮屠苏酒，皇宫里也是如此。每年除夕，唐太宗李世民都要在皇宫里举行宴会，招待皇亲国戚以及一些重要的大臣。大家边写诗、边饮酒，一起守岁。唐太宗也有几首守岁诗被保存下来，如《除夜》：

岁阴穷暮纪，献节启新芳。
冬尽今宵促，年开明日长。
冰消出镜水，梅散入风香。
对此欢终宴，倾壶待曙光。

整首诗流露出非常积极、昂扬向上的心态。

（六）放爆竹

放爆竹是中国传统民俗，已有两千多年历史，相传是为了驱赶一种叫“年”的怪兽。如今，人们称爆竹为“鞭炮”。当午夜相交子时，新年钟声敲响，整个中华大地上空，爆竹声震响天宇。在这“岁之元、月之元、时之元”的“三元”时刻，有的地方还在庭院里垒“旺火”，以示旺气通天、兴隆繁盛。在熊熊燃烧的旺火周围，孩子们放鞭炮，欢乐地蹦跳！这时，屋内是通明的灯火，庭前是灿烂的火花，屋外是震天的响声，把除夕的热闹气氛推向了最高潮。爆竹声寄托了中国劳动人民祛邪、避灾、祈福的美好愿望。

《荆楚岁时记》记载：“正月一日，鸡鸣而起，先于庭前爆竹，以避山臊恶鬼。”说明爆竹在古代是一种驱瘟逐邪的工具，这就使得燃放爆竹的习俗从一开始就带有一定的迷信色彩。其实，这完全是古人的误解。据《神异经》说，古时候人们途经深山露宿，晚上要点篝火，一为煮食取暖，二为防止野兽侵袭。然而山中有一种年兽，既不怕人又不怕火，经常趁人不备袭击人畜。放爆竹就是为了用响声驱逐年兽。

到了宋代，民间开始普遍用纸筒和麻茎裹火药编成串做成“编炮”（即鞭炮），用来取代爆竹。但是，南方很多人还是在烧爆竹。如宋代诗人范成大的《爆竹行》中就详细描述了苏杭地区一户人家春节燃放爆竹的过程，表达了诗人新年愉悦欢畅的心情，寄托了诗人对居家平安的美好愿望：

岁朝爆竹传自昔，吴侬政用前五日。
食残豆粥扫罢尘，截筒五尺煨以薪；
节间汗流火力透，健仆取将仍疾走；
儿童却立避其锋，当阶击地雷霆吼。
一声两声百鬼惊，三声四声鬼巢倾；
十声百声神道宁，八方上下皆和平。
却拾焦头叠床底，犹有余威可驱疠；
屏除药裹添酒杯，昼日嬉游夜浓睡。

（七）拜年

拜年，古时指年幼者向年长者跪拜，以及同辈之间互拜，有恭贺新年、祝福添寿之意。清代诗人、《桃花扇》作者孔尚任在《甲午元旦》中写道：

萧疏白发不盈颠，守岁围炉竟废眠。
剪烛催干消夜酒，倾囊分遍买春钱。
听烧爆竹童心在，看换桃符老兴偏。
鼓角梅花添一部，五更欢笑拜新年。

这首诗写于康熙五十三年（1714 年），诗人描写了当时的过年习俗，如围炉守岁、饮酒宵夜、放爆竹、换桃符、听乐曲、拜新年等。当年作者虽已 66 岁，但赤诚童心在字里行间清晰可见。该诗所表达的正是诗人脱离官场之后恬静和愉悦的心情。

（八）看特定的节令戏、时令戏

过去人们喜欢看戏，就像我们现在喜欢看电影一样。古代看戏是有规矩的，不同的节日会唱不同的戏。春节时，大家都喜欢讲吉利话、看喜庆剧。清朝的《喜朝五位岁发四时》（总本）是月令承应戏中《元旦承应》剧目之一，是新年伊始为帝后演出的第一出戏。剧中男女喜神环向皇都，同祝圣寿无疆、海宇承平、人民富庶。值年太岁簇新上任，一路传春、夏、秋、冬四天官，同往神京朝贺，齐颂“天行有度，圣祚无疆”。显然，这些特定的节令戏、时令戏，也是了解古代春节习俗的一个重要方法。

任务实施

一、以小组为单位讨论过年时自己家的传统习俗。

二、讲述我的春节记忆

题目：印象中最深刻的一个春节

时间：每人 3 分钟

任务二　元宵节

学习任务

1. 了解元宵节的起源和发展。

2. 了解元宵节的习俗和文化变迁。

问题导入

元日之后，在爆竹声中，随着熙熙攘攘的贺年步伐，又迎来了元宵节。元宵节是新年第一个月圆夜，是我国春节的重要组成部分。元宵节究竟起源于何时，在不同的历史时期又经历了怎样的发展变化呢？

基础知识

《说文解字》把“宵”解释为“深夜”。可见这个节日与除夕、中秋一样，也是一个以夜间活动为特色的节日。张灯结彩是元宵节最典型、最常见的习俗，因此元宵节也叫灯节、灯夕、元夕、元夜，又称上元节。

一、元宵节的起源

关于元宵节的起源有很多，但多与宗教信仰有关。

（一）太乙神的祭祀活动

传说，元宵节是拜太乙神的日子，太乙是主宰宇宙一切之神。古人认为天神掌管着人类世界的命运，太乙手下有九条龙听他使唤，他决定人间什么时候遭遇饥荒瘟疫之祸，什么时候受旱灾水涝之苦。从秦始皇开始，每年都举行盛大的仪式，皇帝祈求太乙神赐予他和臣民们风调雨顺、健康长寿。汉武帝对元宵灯会特别重视，元封七年(公元前1年)，他把元宵钦定为最重要的佳庆之一，庆祝仪式通宵进行。落下闳等人编订的“太初历”，就将元宵节确定为重大节日。

（二）道教的“三元说”

正月十五日为上元节，七月十五日为中元节，十月十五日为下元节。主管上、中、下三元的分别为天、地、人三官，“天官”是道教的神，专管人间祥运，他出生于农历正月十五。相传“天官”喜乐，所以他的信徒们就准备了各种各样的活动，祈求好运。

（三）佛教中的点灯敬佛

元宵节与佛教有关。东汉明帝时期，佛教进入中国，这也是佛教首次传入中国，然而，当时佛教传入中国后并没有对中国产生多大影响。一日，明帝做了个梦，梦见皇宫里有一个金人，正当他准备问清这个神秘人物的身世时，金人突然升入天空，消失在前面。次日，明帝派一位学士去印度开始了他的取经之旅，经过几千里的长途跋涉，学士终于带回了经卷。汉明帝下令建造一所寺庙供佛安身、收藏经书。佛徒们相信佛能驱走黑暗，所以明帝宣诏他的臣民们张灯结彩，这样元宵节张灯的习俗得以延续传承，后来，灯盏由简朴到华贵，样式繁多，庆贺的规模也越来越大。

二、元宵节的习俗

元宵节的习俗也有很多，主要以吃汤圆、猜灯谜、赏花灯等为主。

（一）吃汤圆

吃汤圆是元宵节的一项重要习俗。汤圆，又名汤团、元宵。吃汤圆的风俗始于宋代，当时的汤圆称浮圆子，又称汤圆子、乳糖圆子、汤丸、汤团，因它漂在碗里，像是一轮明月挂在天际，以象征团圆吉利之意，生意人则美其名曰“元宝”。宋末元初，汤圆已成为元宵节的节令食品，所以人们又称它为元宵。元宵节吃元宵，是全国各地的共同习俗。吃元宵象征家庭像月圆一样团圆，寄托了人们对未来生活的美好愿望。元宵的制作方法也南北各异。北方的元宵多用箩滚手摇的方法，南方的汤圆则多用手心揉团。

（二）猜灯谜

猜灯谜又叫打灯谜，是元宵节的一项活动。灯谜最早由谜语发展而来，起源于春秋战国时期。它是一种富有讥谏、规戒、诙谐、笑谑的文艺游戏。将谜面贴在花灯上供人猜，谜底多着眼于文字意义，并有谜格 24 种，常用的有卷帘、秋千、求凤等，已形成了一种独特的民俗文化。因为猜谜既能启迪智慧又饶有兴趣，所以深受社会各阶层的欢迎。中国最大的一次灯谜盛会是 1979 年在南京举行的“九城市灯谜会猜”，设有灯谜上万条，三天内参加的人次达两万多。

（三）赏花灯

元宵张灯的习俗起自汉朝，汉明帝永平年间（58—75 年），因明帝提倡佛法，适逢蔡学士从印度求得佛法归来，称印度摩揭陀国每逢正月十五，僧众云集瞻仰佛舍利，是参佛的吉日良辰。汉明帝为了弘扬佛法，下令正月十五夜在宫中和寺院中“燃灯表佛”。此后，元宵放灯的习俗就由原来只在宫廷中举行而流传到民间。即每到正月十五，无论士族还是庶民都要挂灯，城中通宵灯火辉煌。到了唐代，赏灯活动更加兴盛，当时的京城长安已是拥有百万人口的世界大都市，社会富庶，元宵灯节办得越来越豪华。中唐以后，已发展成为全民性的节日。唐玄宗（685—762 年）时的开元盛世，长安的灯市规模很大，燃灯五万盏，花灯花样繁多，皇帝命人做巨型的灯楼，广达 20 间，高 150 尺，金光璀璨，极为壮观。宋代，元宵灯会在规模和灯饰的奇幻精美方面都胜过唐代，而且活动更为民间化。之后历代的元宵灯会不断发展，灯节的时间也越来越长。唐代的灯会是“上元前后各一日”，宋代又在正月十六之后加了两日，明代则延长到由正月初八到十八整整十一天。到了清代，满族入主中原，宫廷不再办灯会，民间的灯会却仍然壮观，时间缩短为五天，一直延续至今。

元宵节不能没有灯，然而灯并不是单纯的点缀和娱人的装饰，灯是子嗣的象征，人们通过张灯结彩求子嗣繁衍。广西乡村群众在元宵节给求子之家送花灯，预示子嗣在望。得子者还灯神，要张灯志喜。客家话“灯”“丁”同音，挂灯意即挂丁。在客家人聚居地区，凡上一年添有男丁的人家，必于元宵节当日或前几日挂灯。灯有大小两种，均用花纸糊裱而成。大花灯高约四五尺，平顶平底，呈六边棱柱形，内装风轮，点上灯烛后可转动。此灯挂在堂屋内，因此称为“堂屋灯”。小花灯高约二尺，呈多面球状，挂于社工和伯公神坛处，称“社工灯”或“伯公灯”。两种灯下均缀有灯坠，坠上系着蒜苗和柏树叶（客家人称柏树为百子树），以示多子。在中国台湾民间，灯具有光明与添丁的含义，点燃灯火有照亮前程之意，且台语中灯与丁谐音，代表生男孩，因此元宵节妇女都会刻意在灯下游走，希望“钻灯脚生卵葩”，意思是钻到灯下游走，容易生男孩。元宵节张灯求子习俗古今皆有。

闽南方言以灯为丁，每添设一灯，俗谓之添丁。广州元宵节有妇女偷菜求子的习俗：偷摘人家蔬菜，谓可宜男。以菜象征子女，生为孕育之意；广东吴川地区则拜桥梁求子，正月十五将桥装饰一新，挂许多纸花，白花为男、红花为女，人们拜桥求花，祈求生子。

（四）踩高跷

踩高跷是民间盛行的一种群众性技艺表演。高跷本属我国古代百戏之一，早在春秋时已经出现。我国最早介绍高跷的是《列子·说符》篇："宋有兰子者，以技干宋元。宋元召而使见其技以双枝长倍其身，属其胫，并趋并驰，弄七剑迭而跃之，五剑常在空中，元君大惊，立赐金帛。"从文中可知，早在公元前五百多年，高跷就已流行。表演者不但以长木缚于足行走，还能跳跃和舞剑，高跷分高跷、中跷和跑跷三种，最高者一丈多。据古籍中记载，古代的高跷皆属木制，在木棒中部做一支撑点，以便放脚，然后再用绳索缚于腿部。

表演者脚踩高跷，可以作舞剑、劈叉、跳凳过桌子、扭秧歌等动作。北方的高跷秧歌中，扮演的人物有渔翁、媒婆、傻公子、小二哥、道姑、和尚等。表演者扮相滑稽，能唤起观众的极大兴趣。南方的高跷，扮演的多是戏曲中的角色，关公、张飞、吕洞宾、何仙姑、张生、红娘、济公、神仙、小丑皆有。他们边演边唱，生动活泼，逗笑取乐，如履平地。据说踩高跷这种形式是古代人为了采树上的野果为食，给自己的腿上绑两根长棍而发展起来的一种活动。

（五）迎紫姑

紫姑是民间传说中一位善良、贫穷的姑娘。正月十五，紫姑因穷困而死。百姓们同情她、怀念她，有些地方便出现了"正月十五迎紫姑"的风俗。每到这一天夜晚，人们用稻草、布头等扎成真人大小的紫姑肖像。妇女们纷纷站到紫姑常做活的厕所、猪圈和厨房旁边迎接她，像对待亲姐妹一样，拉着她的手，跟她说着贴心话，流着眼泪安慰她，情景十分生动，真实地反映了劳苦民众善良、忠厚、同情弱者的思想感情。

（六）中国的情人节

元宵节也是一个浪漫的节日，元宵灯会在传统的封建社会中，也给未婚男女相识提供了一个机会。封建社会的年轻女孩不允许出外自由活动，但是过节却可以结伴出来游玩，元宵节赏花灯正好是一个交谊的机会，未婚男女借着赏花灯为自己物色对象。元宵灯节期间，又是男女青年与情人相会的时机。在我国台湾，还有未婚女性在元宵夜偷摘葱或菜将会嫁给好丈夫的习俗，俗称"偷挽葱，嫁好婿""偷挽菜，嫁好婿"。唐代的灯市还出现乐舞百戏表演，成千上万的宫女、民间少女在灯火下载歌载舞，叫作行歌、踏歌。欧阳修写道："去年元夜时，花市灯如书，月上柳梢头，人约黄昏后。"辛弃疾写道："众里寻它千百度，蓦然回首，那人却在灯火阑珊处。"就是描述元宵夜的情境，而如《张生彩鸾灯传》（《喻世明言》第23卷作《张舜美灯宵得丽女》）的入话和正话分别讲述了一个发生在元宵节的浪漫爱情故事。入话中的张生在元宵节捡到一个陌生女子丢下的手帕，手帕上约定来年的元宵节两人再次相会，张生准时赴约，果然成就了一番姻缘。正话中的书生张舜美在元宵节赏灯时遇到了多情的刘素香，两人一见钟情，决定一起私奔，后来经过种种磨难，两人终于团圆。这篇作品将元宵节的热闹场景与青年男女的热烈爱情故事交织在一起，充满了浪漫色彩。

任务实施

一、选取与元宵节有关的诗词并分析其中所涉及的元宵节习俗。

二、阅读《红楼梦》第二十二回：听曲文宝玉悟禅机，制灯谜贾政悲谶语，分析谜面及反映的人物性格及命运。

任务三 清明节

学习任务

1. 了解清明节的起源和发展。
2. 了解清明节的习俗和文化变迁，该节日在今天的文化内涵和现实意义。

问题导入

清明节既是指导农业生产的一个节气，也是中华民族敦亲祭祖的重要节日。那么，清明节的节日习俗在今天又增加了哪些新的内容呢？

基础知识

清明，是二十四节气中的第五个节气，一般在公历4月4日、5日或6日。《太平御览》引《孝经纬》曰："春分后十五日，斗指乙为清明。"《渊鉴类函》引《孝经纬》曰："立春后十五日，斗指寅为雨水。后十五日，斗指甲为惊蛰。后十五日，斗指卯为春分。后十五日，斗指乙为清明。"上述文字是说，清明是一年中气候变化的一个节点，用于指导农业生产，例如：南方采茶采明前茶，中原地区有"清明蜀黍谷雨花"（清明种蜀黍谷雨种棉花）之农谚。

清明节是中国最重要的传统节日之一。它不仅是人们祭奠祖先、缅怀先人的宗亲节日，也是中华民族认祖归宗的思想纽带，更是一个远足踏青、亲近自然、催护新生的春季仪式。

一、清明节的起源

清明一词，最早在周代出现，但作为冬至日后第107日，公历4月5日前后的清明节气真正形成于汉代。因节气而定的清明节，正好在寒食节后的第三天，这就导致了两者时间上的密切关系。唐宋之后，清明节逐渐代替寒食节成为生活祭祖的大日子。所以，清明节时祭祀、踏青等习俗主要来源于寒食节和上巳节。

寒食节，与古人对于自然的认识相关。他们认为，世界万物都和我们人一样是有生命的，也有生老病死，需要新陈代谢。所以，火燃久了要熄掉，重取新火；水盛久了要倒掉，重贮新水；国王老了要换掉，重立新王。在中国，寒食之后重生新火就是一种辞旧迎新的仪式，重生的新火一定要聚日光点燃，称为天火或明火(钻木或击石等其他方法所生的火，称为地火)。熄火与重生新火所透露的是季节交替的信息，旧火的熄灭象征寒冷季节的结束，重生新火则意味着春耕生产的开始，象征着新季节、新希望、新生命、新循环的开始。

传说晋文公流亡期间，介子推曾经割股为他充饥。《左传·僖公二十四年》讲道：晋文公重掌国器之后，“赏从亡者，介之推不言禄，禄亦弗及……遂隐而死。晋侯求之不获，以绵上为之田”。晋文公想报答介子推，可介子推已隐居离世。到了汉代蔡邕的《琴操》，故事进一步得到补充：“(文公)即遣使求得于绵山之下。使者奉节迎之，终不肯出。文公令燔山求之，火荧自出。子绥遂抱木而死。文公哀之，流涕归。令民五月五日不得举发火。”晋文公感念忠臣之志，将介子推葬于绵山，修祠立庙，并下令在介子推死难之日禁火寒食，以寄哀思，这就是寒食节的由来。

寒食节在清明节前两日或一日，这一天，人们往往要禁火冷食(寒食)、墓祭、举行一些巫术性游戏。寒食、禁火、冷食、祭墓，清明节取新火踏青出游。唐代之前，寒食节与清明节是两个前后相继但主题完全不同的节日，一为怀旧悼亡，一为求新护生；一阴一阳，一息一生，二者有着密切的配合关系。禁火是为了出火，祭亡是为了佑生，这就是寒食节与清明节的内在文化关联。

唐玄宗时，朝廷还曾以政令的形式将民间扫墓的风俗固定在清明节前的寒食节。由于寒食节与清明节在时间上紧密相连，寒食节的节俗很早就与清明节发生关联，寒食禁火，清明取火，扫墓也由寒食顺延到了清明，至唐德宗贞元六年(790年)，寒食与清明的节假日已经增加到七天之多。王冷然的《寒食篇》中说：“秋贵重阳冬贵腊，不如寒食在春前。”宋之后，清明节和寒食节逐渐合二为一，清明节将寒食节中的祭祀习俗收归到了自己名下，而且兼并了与寒食节相关的其他一些节庆活动，寒食节只剩一个禁火冷食的习俗。

也有学者认为上巳节的节俗也被合并到了清明节。古时以夏历三月上旬巳日为“上巳”，《后汉书·礼仪志上》称这一天“官民皆洁于东流水上，曰洗濯祓除去宿垢疢为大洁”。上巳春嬉，青年男女可以在野外踏青嬉戏，互相表达爱慕之情，实为古代中国之“情人节”。魏晋之后，将上巳改在三月初三，吴自牧《梦粱录》卷二“三月”云：“三月三日上巳之辰，曲水流觞故事，起于晋时。唐朝赐宴曲江，倾都禊饮踏青，亦是此意。”可见，洗濯踏青、除垢迎新几乎是所有春天节日的共同特征。到了明清以后，不仅上巳节退出了节日系统，寒食节也已基本消亡。春节之后，大好春季只剩了一个清明节。所以说，清明节是几乎所有春季节日的综合与升华，清明节俗也就具有了更加丰富的文化内涵。

二、清明节的习俗

从古代到现代，清明节的习俗主要有祭祀、踏青、插柳、放风筝等。

(一)祭祀

扫墓祭祖这个习俗在周代已有。《周礼春官家人》云：“凡祭墓为尸。”郑玄注：“祭墓为尸，或祈祷焉。”意思是说祭墓是为了祈求先人的护佑。《孟子离娄下》曾提及一个齐国人，常到墓地向人乞食祭墓的祭品。上述文献都说明周代扫墓的风气是十分盛行的。

到了唐朝，朝廷几次下诏定扫墓为“五礼”之一。《新唐书》载：“开元敕、寒食上墓，《礼经》无文，近代相传，以成俗。宜许上墓同拜扫礼。”拜扫，就是扫墓、上坟。唐代还将其编入《开元礼》中，由于朝廷将上坟扫墓列入吉礼，扫墓遂成为清明节重要的习俗。唐柳宗元《寄许京兆孟容书》云：“近世礼重拜扫……田野道路，士女遍满，皂隶佣丐，皆得上父母丘墓马医夏畦之鬼，无不受子孙追养者。”马医，专治马病的人。夏畦，夏天在田里劳作之人。这一段话的意思是说每逢清明节来到，平民百姓都要给先人扫墓，社会最底层的人死后也会享受子孙的祭祀。

每逢清明节来到，平民百姓都要给先人扫墓，一家或一族人同到祖先墓地，致祭、添土、挂纸钱。下面几首诗都是关于祭祀扫墓的描写。

君不见

（唐）薛逢

君不见，马侍中，气吞河朔称英雄；
君不见，韦太尉，二十年前镇蜀地。
一朝冥漠归下泉，功业声名两憔悴。
奉诚园里蒿棘生，长兴街南沙路平。
当时带砺在何处，今日子孙无地耕。
或闻羁旅甘常调，簿尉文参各天表。
清明纵便天使来，一把纸钱风树杪。
碑文半缺碑堂摧，祁连冢象狐兔开。
野花似雪落何处，棠梨树下香风来。
马侍中，韦太尉，盛去衰来片时事。
人生倏忽一梦中，何必深深固权位！

寒食野望吟

（唐）白居易

乌啼鹊噪昏乔木，清明寒食谁家哭。
风吹旷野纸钱飞，古墓垒垒春草绿。
棠梨花映白杨树，尽是死生别离处。
冥冥重泉哭不闻，萧萧暮雨人归去。

对祖先与先烈的追悼与祭祀是传统社会民众生活的重要内容。时至今日，祭祀先人仍为中华民族民俗生活中的一件大事。每年清明时节，不仅故地亲人要上坟祭扫，大批旅居海外的华人，港、澳、台同胞同样纷纷赶回故土，祭奠祖灵。“清明祭祖与道德意识和强烈的责任感通常是联系在一起的。做事情要对得起良心，对得起天地祖宗，这是中国百姓的道德底线，是民族责任感的源泉之一。”黄帝陵、轩辕庙、炎帝陵等作为中华民族的共同祭祀点，每当清明时节，民族情感都在这里汇集，海内外华人总是能从祭祀的仪式中体会到血浓于水的同胞亲情。

人们把祭祀先人与中华民族重视孝道、慎终追远的民族性格直接联系起来，认为清明节体现了中国人感恩、不忘本的道德意识。其文化意义与西方感恩节有异曲同工之处。

（二）踏青

清明从节气上排在春分之后，此时天气回暖、万物复苏、阳光明媚、春风和煦、草长莺飞，到处生机勃勃，正是大自然显露新生的上好时节，也是人们远足踏青、亲近自然的好日子。人类户外活动的原始意义在于顺应天时，以主动的姿态去顺应和促进时气的运行，有助于吸纳大自然的纯阳之气，驱散积郁的寒气和抑郁的心情，催动生命的流转。

宋代是生活日趋都市化的时代，也是民俗向娱乐方向发展的时代。为了让人们能够在清明扫墓、踏青，特地规定太学放假三日，武学放假一日。《清明上河图》反映的就是前所未有的盛世清明："寒食第三节，即清明日矣。凡新坟皆用此日拜扫。都城人出郊……四野如市，往往就芳树之下，或园囿之间，罗列杯盘，互相劝酬。都城之歌儿舞女，遍满园亭，抵暮而归。"

清　明

（宋）高翥

南北山头多墓田，清明祭扫各纷然。
纸灰飞作白蝴蝶，泪血染成红杜鹃。
日落狐狸眠冢上，夜归儿女笑灯前。
人生有酒须当醉，一滴何曾到九泉。

（三）插柳

插柳与戴柳也是清明特有的传统习俗。柳树为春季应时佳木，得春气之先，相传民间薪火的传递也是以柳条传送。插柳日还一度成为"植树节"。此时，人们都会放松一下身心，去欣赏和领略大自然的勃勃生机。

插柳是一种风俗，也是为了纪念"教民稼穑"的农事祖师神农氏。有的地方，人们把柳枝插在屋檐下，以预报天气，古谚有"柳条青，雨蒙蒙；柳条干，晴了天"的说法。黄巢起义时，以"清明为期，戴柳为号"。起义失败后，戴柳的习俗渐被淘汰，只有插柳盛行不衰。柳树有强大的生命力，俗话说："有心栽花花不发，无心插柳柳成荫。"

"插柳户上，百鬼不入"。柳在中国人民心中是具有驱邪功能的吉祥物，为了防止鬼魂邪气侵扰而戴柳插柳，因此清明节也叫插柳节。

（四）荡秋千

这是中国古代清明节习俗。五代王仁裕《开元天宝遗事》载"天宝宫中至寒食节竟竖秋千，令宫嫔辈戏笑以为宴乐。帝呼为半仙之戏，都中士民因而呼之"，秋千原来是古代宫廷女子的娱乐游戏，她们荡秋千时衣袂飘飘，像仙子一样。宋代宰相文彦博在《寒食日过龙门》诗中描写："桥边杨柳垂青线，林立秋千挂彩绳。"

（五）放风筝

放风筝也是清明时节人们所喜爱的活动。每逢清明时节，人们不仅白天放风筝，夜间也放风筝。夜里在风筝下或拉线上挂上一串串彩色的小灯笼，像闪烁的星星，被称为"神灯”。过去，有的人把风筝放上天后，便剪断牵线，任凭清风把它们送往天涯海角，据说这样能除病消灾，给自己带来好运。

（六）蚕花会

清明至谷雨期间，春光旖旎，在具有一千三百年建镇史的江南名镇乌镇，蚕桑历史赋予了其文化生活的巧妙安排——香市。乌镇地处两省三府七县交界之地，集水陆交通之利，为江浙集商重地。历年清明至谷雨时分，四里八乡的农民趁着农闲，齐聚镇上，去往乌镇寺庙烧香祈求蚕桑丰收。节日当天，乌镇水陆齐欢，商贾广为参与，各路戏班、杂耍齐来助兴，观者如蚁，蔚为壮观。此景自明代五百年来沿袭成市，相沿成俗，俗称香市。

蚕花会是香市中的主要项目。乌镇有句民谣：三月三、庙门开，乡下蚕娘出门槛，东亦逛、西亦颠，轧朵蚕花回家来。乌镇地处杭嘉湖平原腹地，栽桑养蚕已有千年历史，古代养蚕靠天时，蚕农们为祈求神灵庇护，形成诸多的蚕乡习俗。当地居民在每年清明夜开始设祭、襄白虎、斋蚕神等活动，期间要烧香祈蚕，抬着蚕花轿出巡，妇女、孩童沿途拜香唱曲，汇集普静寺，俗称蚕花会。蚕花会在香市期间，在赶香市的时候，农妇们烧香、祭拜神灵，或添置一些蚕具、农具和日用品，除此之外还有一项很特别民俗活动，那就是在庙里烧过香之后，还要到土地庙前面的水潭里洗洗手，俗称洗蚕花手。据说，在那里洗过手以后，养起蚕来就特别顺手，蚕也会无病无灾。

（七）清明节的食物

1. 青团

部分地区清明节时有吃青团的风俗。青团又称清明饼、清明粑、艾叶粑粑、艾糍、清明果、菠菠粿、清明粿、艾叶糍粑、艾粄、艾草糕、清明团子、暖菇包等。将艾草的汁、雀麦草汁和糯米一起舂合，使青汁和米粉相互融合，然后包上豆沙、枣泥、莲蓉等馅料，用芦叶垫底，放到蒸笼内。蒸熟出笼的青团色泽鲜绿、香气扑鼻，是清明节最有特色的节令食品。

2. 鸡蛋

民间有一种说法，叫“吃鸡蛋，免雹灾”“不吃鸡蛋下雹子”。表面看来，这种俗信是民间类比思维的结果：凉鸡蛋像冰冷的雹子，吃了凉鸡蛋，就是消灭了雹灾。实际上，它所隐含的意义是深远而广阔的。

3. 子福

子福是山西、陕西等地的汉族食品。面粉包上枣、豆、核桃等，外层放一鸡蛋，周围盘上面蛇，用蒸笼蒸熟即可。原用于清明节上坟祭祖，祈求子孙有福。

清明节时，人们要蒸一个很大的总子福，象征全家团圆幸福。上坟时，将总子福献给祖灵，扫墓完毕后全家分食。娘家每年都要给出嫁的女儿送一个子福。女儿初嫁的第一个清明节，娘家要特制一对子福送给女儿女婿，女儿便抱着子福到婆家祭祖，现已成节日食品。

4. 醴酪

醴酪是一种以麦芽糖调制的杏仁麦粥。一直到隋唐，都还是寒食节的主要食品。《荆楚岁时记》记载：“去冬节一百五日，即有疾风甚雨，谓之寒食。禁火三日，造饧大麦粥”。《邺中记》也讲道：“寒食三日作醴酪”。

5. 馓子

春秋战国时期，寒食节禁火时食用的“寒具”即为馓子。那时候，为纪念春秋时期晋国名臣义士介子推，寒食节(清明节前一两日)要禁火三天，于是人们便提前炸好一些环状面食，作为寒食节期间的快餐，因是为寒食节所用，就被叫作“寒具”。

任务实施

一、有人说：清明节是“中国感恩节”。针对这种说法，你怎么理解？

二、结合新冠肺炎疫情，说说自己对于生命和生活的思考。

任务四 端午节

学习任务

1. 了解端午节的起源和发展。
2. 了解端午节的习俗和文化变迁，该节日在今天的文化内涵和现实意义。

问题导入

端午节又称重午节、端阳节、浴兰节、女儿节等，起源于先秦时代，从汉、魏以来盛行于大江南北，后来远播至亚洲的多个国家。目前，端午节不仅是国家法定节假日，也列入了世界非物质文化遗产名录。在今天，我们过端午节有着怎样的意义呢？

基础知识

端午节为每年农历五月初五。据《荆楚岁时记》记载，因仲夏登高，顺阳在上，五月是仲夏，它的第一个午日正是登高顺阳好天气之日，故五月初五又称为端阳节。此外端午节还称午日节、五月节、龙舟节、浴兰节等。端午节是流行于中国以及汉文化诸国的传统节日。更有吃粽子，赛龙舟，挂菖蒲、蒿草、艾叶，薰苍术、白芷，喝雄黄酒的习俗。

端午节为我国法定节假日，已列入世界非物质文化遗产名录。端午节的文化精神是中华文明多种要素的荟萃，对于我们今天的中华民族文化建设具有重要价值。端午节的深厚文化精神展现出强烈的爱国主义精神和坚贞高洁的人格典范，蕴含着尊祖孝亲的伦理道德观念，体现了顺应自然、天人和谐的卫生健康理念，充满了竞技娱乐的融洽欢悦气氛。

一、端午节的起源

关于端午节的起源，学术界众说纷纭。概言之，有以下几种：

(一)纪念屈原说

此说流传最广。早在南梁时期，吴均《续齐谐记》载：“屈原五月五日投汨罗水，楚人哀之，至此日，以竹筒贮米投水以祭之。”后宗懔著《荆楚岁时记》中又有竞渡祭祀屈原之说。此说法起源于魏晋南北朝，隋唐以后渐被普遍接受，影响至今。由于屈原精神代表了中华民族的政治理性、道德精神和诗性智慧，融会了其心理素质、审美意识、伦理观念乃至社会政治理想，在历史演变中，最终淘汰了其他传说与习俗，与纪念屈原融为一体。屈原以其卓尔不群的行为和杰出的文学作品表现出了高度的爱国主义精神和正直高洁的人格风范。屈原在汨罗江自沉以后，历代人民群众被这位因忧国忧民而得罪奸佞小人、因国破家亡而投水自尽的伟大爱国主义诗人深深感动，于是每年都在屈原沉江的日子里划龙舟、品粽子，来纪念这一伟大的人物。

（二）恶日说

古人认为五月五日是“阴阳争，死生分”最严重的时刻，病毒以及瘟鬼都集中在这一天出现，人们用招魂、镇鬼、食粽、虎威与雄黄、药浴等手段攘灾避祸，避瘟驱毒。粽子、插艾草等开始都不是端午节习俗，它们都与因夏季炎热而导致的疾病有关，这是人们对恶月、恶日的应对。仲夏时节，天气燥热难耐，南方气候尤其湿热，蚊蝇、虫蛇等大量繁殖，瘟疫很容易流行，人们容易生病，于是人们在生活中小心翼翼，祈求平安，禳灾解难。《礼记·月令》道：“（仲夏之月）是月也，日长至，阴阳争，死生分，君子齐（斋）戒，处必掩身。毋躁，止声色，毋或进，薄滋味，毋致和，节嗜欲，定心气，百官静，事毋刑，以定晏阴之所成。”人们在端午时节，既有斋戒禁火、禁止陶炼、闭门掩身等消极的、静态的习俗，又有采药、沐浴、赛龙舟、佩香囊等积极的、动态的活动。

（三）龙图腾祭祀说

二十世纪四十年代，著名学者闻一多曾著《端午的历史教育》和《端午考》两文，对端午节的起源做了详细考察。他认为，端午风俗中和龙有关的活动很多，像龙舟竞渡、吃粽子等，都与龙有关，而龙是吴越民族的图腾，因此，端午节是“古代吴越地区龙的部落举行图腾祭祀的节日，简言之，一个龙的节日”。此说对现代学者影响颇大。爱国诗人屈原选择五月初五这一祭龙的日子投江自沉，这本是一种安顿自己灵魂的行为，或许有乘龙升天之意。也有人认为，端午节源于上古华夏族在夏至时节的祭天祈年仪式，在其由北向南的传播过程中融入了南方古老的龙舟祭文化。

二、端午节的习俗

端午节习俗很多，概括地说：一是广泛采用菖蒲、艾蒿；二是缠挂各种端午索；三是用符图驱邪；四是饮用药酒（主要是蒲酒和雄黄酒）；五是吃粽子；六是划龙舟或赛龙舟；七是姻亲交往。节俗的中心是祛毒禳灾，保健康，求吉祥。

（一）采艾蒿、菖蒲

艾蒿、菖蒲长期被相信具有巫术和药用的双重价值，因而生成一系列的习俗。艾蒿历来被制成艾人、天师艾、艾虎等魇胜之物。作为魇胜之物，艾制品通常是与蒲制品并用的，尤以艾虎配蒲剑最为常见。南宋《梦粱录·五月》记载：“重午以菖蒲或通草雕刻天师驭虎像于中，四围以五色染菖蒲悬围于左右。”

（二）缠挂各种端午索

端午期间，历代沿袭用彩色或曰五色的线、缕、索作为驱邪辟凶的节物，可以概称为端午索。这种习俗形成甚早。《太平御览》卷三十一引东汉《风俗通》讲道：“五月五日以五彩丝系臂者，辟兵及鬼，令人不病瘟。”南朝《荆楚岁时记》也有类似的记载。明刘侗、于奕正《帝京景物略》记载：“(五月)五日之午前……项各彩系，垂金锡，若钱者，若锁者，曰端午索。”此习俗直到近世仍然广为流行。

(三)用符图驱邪

《后汉书·礼仪志中》讲道：“五月五日，朱索五色印为门户饰，以难止恶气。”宋代及以后大行“天师符”。旧时，道教宫观端五节用朱砂笔在黄表纸上画符馈送或出售的习俗，供民间端五贴在门楣上辟邪。

(四)饮用药酒

作为端午节俗的药酒，主要是蒲酒和雄黄酒。蒲酒也叫菖蒲酒、菖华酒等，古代民间常在端五制作、饮用，俗云可避瘟气。宗懔《荆楚岁时记》记载：“端午，以菖蒲生山涧中一寸九节者，或镂或屑，泛酒以辟瘟气。”唐代殷尧藩的七律《端午日》有“不效艾符趋习俗，但祈蒲酒话升平”的诗句。虽然蒲酒之名史不绝书，但是，近世民间以雄黄酒最普及，饮雄黄酒既是家喻户晓的《白蛇传》情节，也是大家都遵行的习俗。民间有用雄黄酒涂抹小儿面颊耳鼻的“画额”习俗，通常是用雄黄酒在小儿额头画“王”字，一借雄黄以驱毒，二借猛虎(“王”字似虎的额纹)以镇邪。

(五)吃粽子

此习俗可谓源远流长。《太平御览》卷三十一引晋周处《风土记》载：“仲夏端午。端，初也。俗重五日与夏至同。先节一日又以菰叶裹黏米，以栗枣灰汁煮，令熟，节日啖。煮肥龟，令极熟，去骨加盐豉秋蓼，名曰俎龟黏米，一名粽，一名角黍。盖取阴阳包裹未(分)之象也。龟表肉里，阳内阴外之形，所以赞时也。”据陈元靓《岁时广记》引《岁时杂记》道，当时的粽子已达数种之多：“端五粽子，名品甚多，形制不一。有角粽、锥粽、茭粽、筒粽、秤锤粽，又有九子粽。”关于粽子的起源及其形制有几种说法，其中最流行的是屈原的传说。南朝吴均《续齐谐记》的记录较早：“屈原五月五日自投汨罗而死，楚人哀之，每至此日，以竹筒贮米投水祭之”“汉建武年，长沙欧回见人自称三闾大夫，谓回曰，见祭甚善，常苦蛟龙所窃，可以菰叶塞上，以彩丝约缚之。二物蛟龙所畏。”后世粽子的传说大多与此有关。

(六)划龙舟或赛龙舟

划龙舟或赛龙舟是民间端午节的高潮。竞渡之俗早见于南方(吴越、荆楚)。东汉末年应劭《风俗通》有言：“屈原以是日(五月五日)死于汨罗，人伤其死，所以并将舟楫以拯之，今之竞渡，是其遗迹。”《荆楚岁时记》提到“是日，竞渡，采杂药”。隋朝杜公瞻注曰：“五月五日竞渡，俗为屈原投汨罗日，伤其死，故并命舟楫以拯之。”此时的舟楫竞渡颇具规模，只是尚无“龙舟”之说。唐代的竞渡使用龙舟，并有夺标的制度，与近世无异。唐人张建封《竞渡歌》咏道：“鼓声三下红旗开，两龙跃出浮水来。棹影斡波飞万剑，鼓声劈浪鸣千雷”“鼓声渐急标将近，两龙望标目如瞬。坡上人呼霹雳惊，竿头彩挂虹霓晕”“前船抢水已得标，后船失执空挥桡”。所谓“夺标”“夺锦标”，是在前方终点处，先泊一船，叫

"标船"，赛船到达时，标船上有人把锦标(如活鸭或活鹅等)投入水中，赛船上选一水性极好的人届时跳水夺标。传统龙舟之制，皆以杉木，取其质轻，船长有达十一丈的，由八十桡划行，次者九丈，坐六十余桡，短的也有七丈多，坐桡手四十余人。这算得上是一项盛唐风俗，直到今天，仍在南方各地流行。

赛龙舟也和吃粽子一样在古代被认为是纪念屈原的活动。南朝吴均《续齐谐记》载："楚大夫屈原遭谗不用，是日投汨罗而死，楚人哀之，乃以舟楫拯救。端阳竞渡，乃遗俗也。"闻一多的研究结论是这两大节俗都由龙图腾崇拜转化而来："古代吴越民族是以龙为图腾的，为表示他们'龙子'的身份，藉以巩固本身的被保护权，所以有那断发文身的风俗。一年一度，在今天，他们要举行一次盛大的图腾祭，将各种食物，装在竹筒，或裹在树叶里，一面往水里扔，献给图腾神吃，一面也自己吃。完了，还在急鼓声中(那时或许没有锣)划着那刻画成龙形的独木舟，在水上作竞渡的游戏，给图腾神，也给自己取乐。……这便是最古端午节的意义。"端午节的节俗吸收了古文化因素，但基本形态完全是汉唐的文化创造。

(七)姻亲交往

所有节庆除了本身的意义之外，都具有一定的社交功能，而端午节突出的社交功能是姻亲的交往，乃至许多地方呼此节为"女儿节"。在近世，端午的民间姻亲交往中，一是订婚的男方绝对要给未来的岳家送节礼，如果准备在下一个端午前结婚，还要正式送大礼，主要是给长辈的酒和肉以及给未婚妻的衣物；一是妇女回娘家，带去酒和肉，同时娘家也给女儿女婿一些礼物。

(八)斗百草

端午斗百草活动由来已久。《荆楚岁时记》中已有所记载。唐宋元明清文献尤其是一些文人笔记和诗词小说中也有所反映。明清以后的地方志中也有相关资料。夏历五月，古称恶月，疾病极易流行。所以，早在夏代，就有到郊野山间采草药以驱疾治病的习俗。在采草蓄药之际，郊游踏青，人们拈花捻草，嬉戏竞斗，斗百草习俗便自然产生了。隋唐以后逐渐流行。直到南朝时期，端午节期间踏青斗百草同采艾、采草药是一致的，不过后世踏青、斗百草各成为单独活动。踏青演变为城市达官贵人和文人的交游；斗百草则主要成儿童的娱乐活动了。

斗草分为文斗和武斗。文斗又分两种方法：一种方法是把各自的盆景放在一起，争妍斗艳，看谁的花草最为珍奇、优美；另一种方法则是把花草集中在一起，一人报出自己的草名，他人各以手中之草对答，答不上算输，答对算赢。武斗主要是斗草的韧性：捡来树叶和草茎，两两对拉叶柄和草茎，互相拉扯，赛其韧性，凡被拉断者算输。

任务实施

一、2005年，韩国的"端午祭"申报世界非物质文化遗产引发热议，请查找相关资料分析：韩国的"端午祭"与中国的端午节有哪些区别和联系？

二、分组讨论：我们今天过端午有着怎样的意义？

任务五　七夕节

学习任务

1. 了解七夕节的起源和发展。
2. 了解七夕节的习俗和文化变迁，今天七夕节的习俗与古代的区别和联系。

问题导入

每年农历七月初七这一天是中国的传统节日七夕节。七夕节始于中国汉朝，是农业社会发展的产物，在古代，七夕节有哪些习俗？与我们今天被定义的“情人节”有哪些区别？

基础知识

七夕节，又名乞巧节、七巧节或七姐诞，发源于中国，是传统民间重要的节日之一。也是东亚各国的传统节日，在农历七月初七庆祝（日本在明治维新后改为公历7月7日），来自于牛郎与织女的传说。

一、七夕节的起源

七夕节的起源与牛郎织女的传说有关，而牛郎织女的传说又是从更早的星宿传说而来。在夏天的夜空，可以看到一条繁星组成的光带，这就是所谓的“银河”，我们习惯称之为“天河”。在天河之西的星座中，有一颗散发着青光的明星就是织女星，隔“河”相望的是一颗散发着橙色光芒的明星，就是牵牛星。织女星旁四颗小星组成平行四边形，象征织女的织布梭子。牵牛星和它旁边的两颗小星构成牛郎的担子，象征牛郎担着的两个孩子。这些夜空的星象，正是构成牛郎织女传说的基础。

牛郎织女的神话传说由来已久。民间传说织女下凡到了人间，与牛郎相爱成亲，过着“男耕女织”的幸福生活。后被王母棒打鸳鸯，带走了织女，牛郎乘牛追赶，却被无情的王母拔簪划河，永与织女相隔。追求爱情婚姻自由的织女进行顽强抗争，王母无奈，只好答应织女每年农历七月初七“使鹊为桥”与牛郎相会。七月初七的夜晚是牛郎织女每年会面的时间，所以又名“牛郎织女节”。由于牛郎、织女都是星辰，故又名“双星节”。

二、七夕节的习俗

七夕节作为一个历史悠久的传统节日，在长期的流传和广泛的传播过程中，由于不同地域的自然条件、文化背景、生活风俗等而形成不同的节庆方式，不同阶层、不同类型的人也从不同方面发挥、延展，形成了一些相关的风俗，这些都大大地丰富了七夕节的内容，也使更多的人加入欢庆七夕节的队伍中来。

（一）穿针乞巧

这是最早的乞巧方式，始于汉代，流于后世。《西京杂记》载：“汉彩女常以七月七日穿七孔针于开襟楼，人具习之。”南朝梁宗谋《荆楚岁时记》载：“七月七日，是夕人家妇女结彩楼穿七孔外，或以金银愉石为针。”《舆地志》载：“齐武帝起层城观，七月七日，宫人多登之穿针。世谓之穿针楼。”

五代王仁裕《开元天宝遗事》载：“七夕，宫中以锦结成楼殿，高百尺，上可以胜数十人，陈以瓜果酒炙，设坐具，以祀牛女二星，妃嫔各以九孔针五色线向月穿之，过者为得巧之侯。动清商之曲，宴乐达旦。土民之家皆效之。”元陶宗仪《元氏掖庭录》载：“九引台，七夕乞巧之所。至夕，宫女登台以五彩丝穿九尾针，先完者为得巧，迟完者谓之输巧，各出资以赠得巧者焉。”

（二）喜蛛应巧

这也是较早的一种乞巧方式，其风俗稍晚于穿针乞巧，大致起源于南北朝之时。南朝梁宗懔《荆楚岁时记》载：“是夕，陈瓜果于庭中以乞巧。有喜子网于瓜上则以为符应。”五代王仁裕《开元天宝遗事》载：“七月七日，各捉蜘蛛于小盒中，至晓开；视蛛网稀密以为得巧之侯。密者言巧多，稀者言巧少，中国民间亦效之。”宋朝孟元老《东京梦华录》记载，七月七夕“以小蜘蛛安合子内，次日看之，若网圆正谓之得巧”。宋周密《乾淳岁时记》载：“以小蜘蛛贮合内，以候结网之疏密为得巧之多久。”明田汝成《熙朝乐事》记载，七夕“以小盒盛蜘蛛，次早观其结网疏密以为得巧多寡”。由此可见，历代验巧之法不同，南北朝视网之有无，唐视网之稀密，宋视网之圆正，后世多遵唐俗。

（三）投针验巧

这是七夕穿针乞巧风俗的变体，源于穿针，又不同于穿针，是明清两代盛行的七夕节俗。明刘侗、于奕正的《帝京景物略》载：“七月七日之午丢巧针。妇女曝盎水日中，顷之，水膜生面，绣针投之则浮，看水底针影。有成云物花头鸟兽影者，有成鞋及剪刀水茄影者，谓乞得巧；其影粗如锤、细如丝、直如轴蜡，此拙征矣。”《直隶志书》记载，良乡县（今北京西南）“七月七日，妇女乞巧，投针于水，借日影以验工拙，至夜仍乞巧于织女”。

（四）种生求子

旧时习俗，在七夕前几天，先在小木板上覆一层土，播下粟米的种子，让它生出绿油油的嫩苗，再摆一些小茅屋、花木在上面，做成田舍人家小村落的模样，称为“壳板”，或将绿豆、小豆、小麦等浸于瓷碗中，等它长出嫩芽，再以红、蓝丝绳扎成一束，称为“种生”，又叫“五生盆”或“生花盆”。南方各地也称为“泡巧”，将长出的豆芽称为巧芽，甚至以巧芽取代针，抛在水面乞巧。还用蜡塑各种形象，如牛郎、织女故事中的人物，或秃鹰、鸳鸯等动物之形，放在水上浮游，称为“水上浮”。又有蜡制的婴儿玩偶，让妇女买回家浮于水上，认为是宜子的祥瑞，称为“化生”。

（五）为牛庆生

儿童在七夕之日采摘野花挂在牛角上，又叫“贺牛生日”。因为传说西王母用天河把牛郎织女分开后，老牛为了让牛郎能够跨越天河见到织女，让牛郎把它的皮剥下来，驾着它的牛皮去见织女。人们为了纪念老牛的牺牲精神，便有了“为牛庆生”的习俗。

（六）染指甲

清康熙、雍正年间编成的《古今图书集成·岁功典》引江南志书，武进县“七月七日妇女采凤仙花染指甲，祀织女星乞巧”，乞巧需要心灵手巧，染指甲不仅突出了一双手，突出了它在劳动和社会交往中的作用，也从染指甲的水平、审美观念上显出“巧”来。染指甲有颜色的鲜亮程度、点染位置和大小等学问，很多人在指甲靠前的中间位置染一片，周围稍淡，并不全部染红，因此，在布局、相互配合等方面便显示出不同的审美和点染水平(刚染上要将指甲包起来)。在七天八夜的祭巧、娱巧活动中，很多青少年女性以点染好看的指甲来相互炫耀。

(七)做各种精巧的祭品、美味面点

从六月三十日开始，一些女孩会在家做一些油炸干果之类，做成佛手、菊花等花样，乞巧的几天中摆到坐巧处供桌上，这不仅扩大了七夕节女孩表现技能的范围，也将乞巧的内容从单纯的针线手艺延伸到饮食方面，古代妇女的“巧”主要体现在纺织、缝纫、刺绣等所谓“女红”和饮食、烹饪等所谓“茶饭”方面，所以，做各种精巧、美味的面点本来就是显示妇女手艺和乞巧的重要方面。做这些精致面点的目的虽说是祭祀织女，但学习和比赛手艺的成分更大一些。最初，小女孩都是看家中大人操作，自己在旁边协助，慢慢达到独立操作的程度。七夕时，妇女重在面食制作，而不在菜肴的制作水平，反映出这种“赛巧”同农业生活关系密切，而与庆典待客以及商业范围的烹饪手艺关系不大。“七夕乞巧”活动中的食品，特别突出地表现了妇女的“巧”，因为很多面果及菱藕、凉盘之类都讲究刀功、造型之美。在陇南、天水一带，七月初的乞巧活动中做的各种供品还十分精巧。在南方，有的地方称吃这种面点为“吃巧”，称一起欢聚品尝为“乞巧会”；有的地方将精致面点视为节令的标志，或成为增进亲友、邻居友谊的互相馈赠之物，意为“结缘”。

任务实施

请以小组为单位，开展“穿越到七夕”习俗活动，每组同学选择一项古代的七夕活动进行表演，并说明其背后蕴含的文化含义。

任务六 中秋节

学习任务

1. 了解中秋节的起源和发展。
2. 了解中秋节的习俗和文化变迁，该节日在今天的文化内涵和现实意义。

问题导入

每年农历八月十五是我国的中秋节，这个节日不仅是一个吃月饼的节日，更是寄托了人们“但愿人长久，千里共婵娟”的美好愿望。这个节日也是我国古老的传统节日，被我们一代一代传承至今，那么中秋是什么意思呢？为什么说中秋节这天的月亮是最圆的呢？

◈ 基础知识

中秋节，又称月夕、秋节、仲秋节、八月节、八月会、追月节、玩月节、拜月节、女儿节或团圆节，是我国重要的节日之一，也是流行于中国众多民族与汉文诸国的传统节日。它源于唐朝，盛行于北宋，到了明清时期，中秋节已与春节齐名，是中国第二大传统节日。

一、中秋节的起源

有关中秋节的起源说法比较多，有说中秋节起源于古代帝王的祭祀活动，在《礼记》中记载："天子春朝日，秋夕月。"夕月就是祭祀月亮，后来经过文人官吏的效仿传到民间。也有说中秋节的起源与农业有关，因为秋天是收获的季节，而"中秋"就是秋天中间的意思，所以，农民为了庆祝农作物丰收，就以"中秋"这一天作为节日。宋太宗赵光义在都城开封，将每年的农历八月十五正式定为中秋节，寓意每年三秋的正中，此后，中秋节作为一个与春节、端午节同等重要的节日被正式载入史册。

中秋节作为一个正式的节日，与北宋时期每一次在都城开封举办的科举考试也有重大关系。当时，北宋对每一次的开科取士都非常重视，而每三年才举行一次的秋闱大比被安排在当年的八月举行。于是，人们将佳节和桂冠结合，把每次科举状元称为月中折桂之人。因此，自北宋开国之后，中秋节渐渐地成为与春节、端午节齐名的节日之一。《宋史·太宗纪》记载："以八月十五日为中秋节。"自此以后，中秋节便成为举国上下同庆的节日，自北宋盛行之后风行全国。

二、中秋节的习俗

有关中秋节的神话传说有很多，如嫦娥奔月、吴刚伐桂、玉兔捣药、月饼起义等，这些充满神秘色彩的传说也给节日增加了气氛。中秋节的风俗习惯有赏月、拜月、观潮、燃灯、猜谜、吃月饼、玩花灯等。中秋节历来都是文人墨客喜欢的节日，可吟诵的文化意象很多，且寄托了很多的感情。

（一）拜月

早期的祭拜始于周朝，之后，历朝历代皇帝在春分、夏至、秋分、冬至都有祭日、祭地、祭月、祭天等祭拜仪式。北宋的皇室也继承了这一传统，每年中秋节在开封都要举行盛大的祭拜仪式。随着皇家祭拜仪式的沿袭和发展，在民间也逐渐兴起了中秋节祭拜，即拜月的民间风俗。民间拜月的活动甚为丰富，通常主人会在家中庭院内放置一个大香案，在上面摆放着月饼及各种时令水果。月亮升起之后，人们便纷纷爬山或登楼，此举是为了先睹明月为快。之后，各家各户就开始祭月，主要的供品是月饼、瓜果以及鸡冠花等。因为月亮属阴性，所以祭月活动基本由家中年长女主人主祭，妇女和儿童必须先祭拜。月亮中的嫦娥素以美貌著称，所以少女拜月的寓意是"貌似嫦娥，面如皓月"。在祭月之后，人们就可以吃月饼及赏月。大人们一边赏月一边饮宴，儿童则嬉戏游玩，街巷中的人群一直聚集到第二天天明才会散去。如果中秋节有媳妇回了娘家，当日必须返回夫家，以此来寓意圆满和吉庆之意。到了北宋末期，开封城内中秋节的活动甚为丰富，百姓在赏月的同时还增加了赏灯的风俗。人们将中秋节庆的各式荷花形花灯，放置于开封城外河里的水面上或是悬挂于城内的街市和店铺里，为月色助兴而挂，为百姓赏灯观灯而燃。民间如此，作为北宋的皇室宫中就更是点灯多若繁星。那时，每年的中秋节一到，北宋的皇帝仍然按照祖宗的礼制，进行盛大的赏月节日晚宴，场面甚是宏大。晚宴之中君臣同乐，一起赏月赋诗，而后诚心地祭祀月亮神。

（二）吃月饼

赏月之余，品尝月饼也是中秋节一项不可或缺的民俗活动。据史料记载，最早的月饼起源于唐朝，主要是庆祝军队获胜的食品。传说在唐高祖年间，大将军李靖讨伐匈奴获胜，在当年的中秋胜利归来。此时，经商的吐鲁番人向皇帝献饼祝贺，唐高祖李渊便将饼分给众大臣品尝，从此以后，就有了在中秋节吃饼食的风俗。和端午节吃粽子、元宵节吃元宵一样，吃月饼寄托了人们的美好情感。月饼一词源自南宋吴自牧《梦粱录》，月饼最初是用来祭祀月神的祭品，后来人们逐渐把中秋赏月和品尝月饼结合在一起。因为月饼是圆的，所以也寓意着家人团圆和睦，对亲朋好友深深的思念。月饼寓意团圆始于明朝，《西湖游览志会》中记载："八月十五谓之中秋，民间以月饼相遗，取团圆之义。"中国传统意义上的月饼，按照产地来分有四大派别：广式月饼、苏式月饼、京式月饼和潮式月饼。随着口感的不断创新，外表新颖的非传统月饼的种类也越来越多。相传在元朝时，中原百姓不甘忍受残酷统治起义抗元。朱元璋想联合百姓一起反抗，但官兵搜查严密，刘伯温想出对策，在月饼里塞入写有"八月十五夜起义"的纸条，传到各地的起义军中，从而推翻元朝，这就是中秋节"月饼起义"的传说。

（三）吃螃蟹

中秋时节也是螃蟹上市的时候，螃蟹作为餐桌上的美食最早追溯到西周时期。《红楼梦》中，中秋节这一天，薛宝钗托他哥哥弄来了螃蟹，举办螃蟹宴，众人就赏花吃螃蟹。对于传统节日的重视，得益于作者不仅是一位文学家，又是一位美食家。曹雪芹吃蟹非常讲究，"持螯更喜桂荫凉，泼醋擂姜兴欲狂"。这种品蟹的风俗也一直延续至今，现在人们吃螃蟹会搭配生姜和醋，因为螃蟹性寒，这样可以中和一下。

（四）吃田螺

早在清咸丰年间，《顺德县志》记载："八月望日，尚芋食螺。"中秋节食田螺的原因，是八月田螺空怀，肉质鲜美营养，是食用田螺的最佳时期，所以在中秋节，不少家庭都有炒田螺的习惯。

（五）饮桂花酒

中秋时节也是赏桂花、饮桂花酒的最佳时期。桂花最初是因其实用性而被人们认知，桂是作为食物满足人们的需要。中秋时节，也是桂花开得最旺盛的时候，这时人们仰望星空，闻着阵阵的桂花香，酌上一杯桂花酒，全家团圆，尽享天伦之乐。

（六）亲人团圆

中国的传统节日以崇尚团圆为基本内涵，在很多节日中，团圆意识成为一个重要的节日理念而被世代传承。人伦亲情从古至今就在国人心中占有很高的位置，亲人团聚、人丁兴旺一直是广大民众祈求幸福的愿望，这种愿望在节日中显得更加明显。中秋节便是这样一个承载着团圆意识的重大节日，从唐朝中秋节产生开始，人们就将天上圆月与人间团圆联系起来。随着时代的变迁发展，团圆成为中秋节的标志性节日内涵，相关节日民俗也以团圆为中心而展开。

中秋节这一天，在我国许多地方有吃“团圆饭”、喝“团圆酒”的习俗。经常在外做工或出行的家庭成员在这一天都如期归家，阖家团圆。他们也以这种最直接的方式来表达自己与亲人团聚的喜悦心情。

任务实施

一、猜谜语

1. 又圆又扁，有咸有甜；你若不相信，面上着个印。(打一食物)
2. 金灿灿，银闪闪，一到中秋香气散，用它酿酒请宾客，用它浸渍供美餐。(打一植物)
3. 春风吹来白花开，中秋过后葫芦来。外穿黄衫藏黑豆，润肺凉心好药材。(打一水果)

二、飞花令

击鼓传花，每人说一句有关“月”的诗词。

项目四 音乐欣赏

学习目标

通过学习，使学生了解关于音乐的基础知识，懂得如何鉴赏音乐作品，树立文化多样性的理念。并通过团队协作的方式，接受红色精神的洗礼，礼赞新时代和新生活。

人文素养

1. 音乐与审美鉴赏

音乐鉴赏是一项音乐审美实践活动，集情感体验、想象与联想、创造性思维于一体，学生通过聆听音乐作品，可以陶冶心灵、疏缓紧张情绪和来自学习、生活及社会等方面的诸多压力，感受音乐的思想、情感形象及反映的社会生活，获得丰富的情感体验，引起情感上的共鸣，对音乐产生浓厚的兴趣和爱好，从而培养学生对音乐美的感受能力、表现能力、创造能力和音乐鉴赏能力。

2. 音乐与价值观

音乐是人类智慧的结晶，具有强大的感染力和丰富的创造力。例如，红色歌曲记录着中国共产党领导下的中国革命、建设、改革的恢弘历史，承载着中华民族百折不挠、奋发图强的精神，具有强大的凝聚力和推动力，既是历史和时代的缩影，也是民族精神的传承。红色歌曲让学生在艺术中铭记红色历史与文化，对传承红色精神、激发内心情感、培养高尚情操有着积极的作用，对促进学生健全人格和健康个体的全面发展有着重要的意义，促进学生思想上的变化，教会学生如何认识生活、感受生活并在一定意义上创造生活，帮助学生树立正确的世界观和人生观。

3. 音乐与文化多样性理念

各民族、国家、地区都有自己独特的文化，它是一种社会现象，是人类长期创造形成的产物，它反映了一个国家或民族的历史、地理、风土人情、传统习俗、生活方式、文学艺术、行为规范、思维方式、价值观念等。文化多样性是人类社会的基本特征，也是人类文明进步的重要动力。通过学习世界上其他国家和民族的音乐文化，能够拓宽学生审美视野，认识世界各民族音乐文化的丰富性和多样性，增进对不同文化的理解、尊重和热爱。聆听、欣赏在不同民族、不同背景下产生的音乐，能够让学生深切感受到世界文化的多姿多彩。认同本民族文化，又要尊重其他民族文化。尊重差异，理解个性，相互学习，相互借鉴，求同存异，尊重世界文化多样性，共同促进人类文明的繁荣进步。

任务一　乐谱的基础知识

学习任务

1. 了解五线谱的三个主要组成部分：谱表、谱号、音符。
2. 能够按照拍号打出相应的节奏。

问题导入

一首音乐就像一篇优美的文章，而每一个个音符就像是一个个文字。音符是构成一首音乐作品最基本的单位。如果我们想要了解一首音乐，就要从组成它的每一个要素入手，那么组成一篇乐谱的基本要素有哪些呢？

基础知识

一、五线谱

五线谱主要由三部分组成：谱表、谱号、音符。

（一）谱表

用来记写音符高低的表格叫作谱表。

五线谱，由五条平行的横线和四条平行的间组成，其顺序是由下往上。

最下面第一条线叫第一线，往上数第二条线叫第二线，再往上数是第三线、第四线，最上面一条线是第五线。

线与线之间的部分叫作间。这些间也是自下往上数。同线一样，最下面的一间叫“第一间”，再往上数是第二间、第三间、第四间。

每一条线和每一个间都代表一个音的高度。

然而，这五条线和四个间还不足以表现所有的音符，于是就产生了更多的线和间。上面多出来的线叫上加线，上面多出来的间叫上加间。下面多出来的线和间叫下加线和下加间。上加线和上加间是自下而上数，分别叫作上加一间、上加一线、上加二间、上加二线、上加三间、上加三线……以此类推。在五条线下面加出的线从上向下数，分别称作下加一间、下加一线、下加二间、下加二线……以此类推。

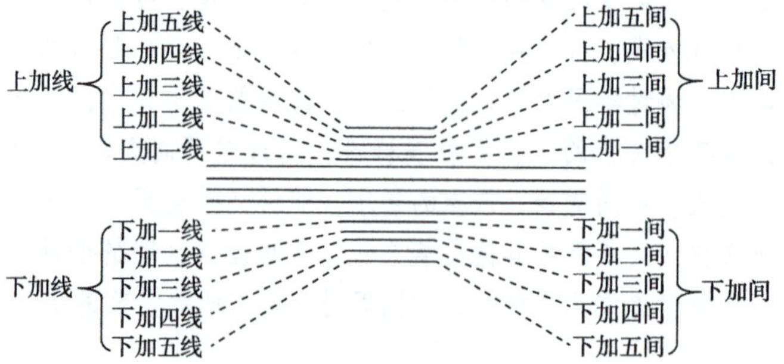

注意：

(1)上加线和下加线根据音符只需要画一条短线，可表示音符即可。

(2)在表示上加间和下加间时，不需要再把这个音符上面或下面的线画出来。

(二)谱号

在五线谱上确定音高的位置，也就是音名位置的符号叫谱号。

在五线谱上位置相同的音符，由于谱号的不同而代表着不同的音高，这些谱号分别有高音谱号、低音谱号、C 谱号三种。

标有高音谱号的五线谱叫高音谱表，标有低音谱号的是低音谱表，标有 C 谱号的是 C 谱表，也叫中音谱表或次中音谱表。使用高音谱表的乐器大部分是高音乐器，如小提琴、二胡、高胡、长笛、小号、双簧管、笛子等，以及人声的男女高音声部。高音谱表较为普遍，除了特殊乐器、声部外，大部分使用高音谱表。使用低音谱表的一般是一些低音乐器和人声的低音声部，如大提琴、大管、大号、低音黑管等。而 C 谱表则多用于中音提琴等。

谱例 1：高音谱号(G 谱号)：

谱例 2：低音谱号(F 谱号)：

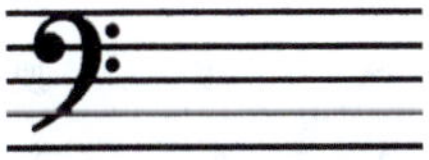

谱例 3：次中音、中音谱号(C 谱号)：

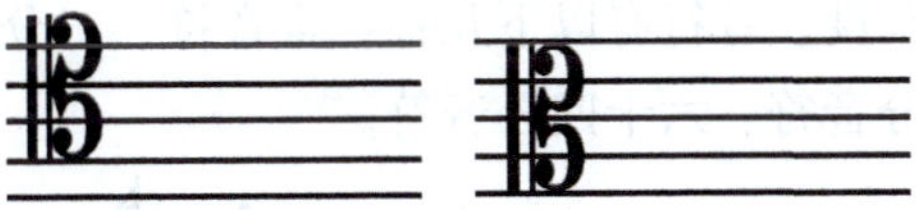

次中音谱号　　中音谱号

（三）音符

音符是在谱表上表示正在进行音的长短的符号。

1. 音名

乐音中的每个音都有独立的名字，叫音名；视谱时所唱出的名叫唱名。其中最主要的是七个基本音，分别用七个英文字母来表示，分别为：C、D、E、F、G、A、B。

在乐音的“家族”中有几十个高低不同的音，但是最基本只有这七个音，其它高、低音的音名都是在这个基础上变化出来的。

将这七个基本音的音名、唱名、译音、简谱记法在钢琴琴键上做对照如下：

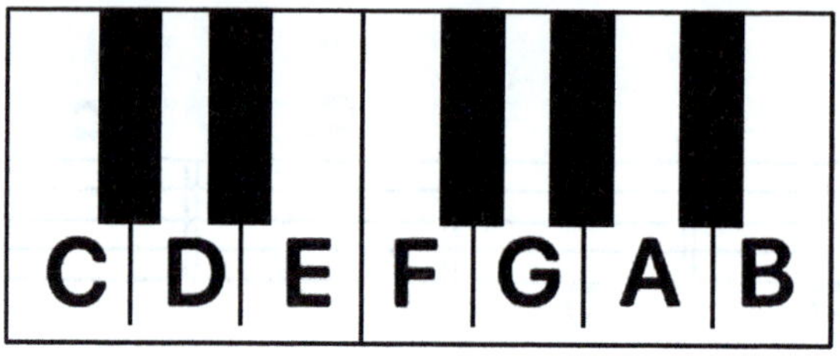

（音名）	Sei	Di	Yi	Aifu	Ji	Ei	Bi
（唱名）	Do	Re	Mi	Fa	Sol	La	Xi
（译音）	斗	瑞	咪	发	搜	拉	西
（简谱）	1	2	3	4	5	6	7

2. 音符

音符由三部分组成：符头、符干、符尾。

五线谱中音符的位置示例如下：

（音名）	C	D	E	F	G	A	B
（唱名）	Do	Re	Mi	Fa	Sol	La	Xi
（译音）	斗	瑞	咪	发	搜	拉	西
（简谱）	1	2	3	4	5	6	7

不同音符代表不同的长度。音符有以下几种：全音符、二分音符、四分音符、八分音符、十六分音符、三十二分音符、六十四分音符。

下面，看一看音符这个大家庭的直系关系：

5---　全音符

5-　二分音符 1/2

5　四分音符 1/4

$\underline{5}$　八分音符 1/8

$\underline{\underline{5}}$　十六分音符 1/16

$\underline{\underline{\underline{5}}}$　三十二分音符 1/32

$\underline{\underline{\underline{\underline{5}}}}$　六十四分音符 1/64

二、音乐的基本要素

构成音乐的基本要素有旋律、节奏、节拍、速度、力度、音色、音区、和声、调式和曲式。

（一）旋律

旋律是由许多高低、长短、强弱不同的音组成的音的线条，人们形象地称其为旋律线。旋律是音乐的灵魂，是塑造音乐形象最重要的手段。旋律是欣赏者所能感受到的最明显、印象最深刻的要素。旋律由各种连续的音程构成，可分为级进和跳进，旋律线的起伏有着重要的表情意义。

一般来说，小音上下起伏的旋律线通常表现微波荡漾一般的形象；水平式的旋律线通常表现庄严肃穆或坚定有力的情绪，且受节奏的影响较大；波动幅度较大的波浪式旋律线通常表现活跃奔放或热烈、激动的情绪；连续上行的旋律线有紧张度增加、情绪高涨和兴奋的意味；连续下行的旋律线常用于表现情绪的低落和紧张度的松弛。旋律线的起伏不仅可以表现情绪的涨落，也体现了一张一弛、缓急相济的美学原则。

（二）节奏

节奏涉及与时间有关的所有因素，指长短、强弱不同的各种音符的组合方式。节奏是音乐的骨骼，有重要的表现功能。节奏是自然与生命的律动，可以赋予音乐鲜明的性格特征，使音乐形象更加生动。例如，紧凑的节奏常常给音乐带来活泼、紧张、急促、兴奋、欢乐的情绪，如贺绿汀的《游击队歌》，恰到好处地塑造出游击队战士勇敢顽强、灵活机智的形象。舒展的节奏会使音乐的旋律线因素变得明显起来，适合表现辽阔、平和、优美的情绪和意境，如小提琴协奏曲《梁山伯与祝英台》，用舒展的节奏尽情地抒发两人的缠绵爱意。再如《红旗颂》采用了单主题贯穿发展手段，不同的段落音乐形象对比鲜明，对节奏的变化起着至关重要的作用。又如《鸭子拌嘴》是一首抛开旋律的打击乐合奏，作品通过丰富的节奏变化和演奏人员的高超技巧，为人们讲述了一个生动的童话故事。

（三）节拍

节拍是指有重音和无重音的同样长短的音乐片断按一定的周期交替出现。不同的节拍具有不同的表现力，二拍强弱对比分明，节奏清晰明快，适宜表现刚劲有力或欢快活泼的情绪。例如，《电闪笛鸣波尔卡》所采用的波尔卡就是一种欢快的二拍舞曲体裁；三拍动感强，常用于舞曲和表达不平静的心情；四拍往往给人以舒缓或稳健的感受，适于表现抒情的旋律。

（四）速度

速度指乐曲在演奏或演唱时的快慢程度。快速通常和激情、兴奋、紧张、恐慌、欢快、活泼等音乐性格联系在一起，慢速则多与安详、宁静、沉思、忧愁等情绪相关。音乐作品所表现的内容丰富多样，要求有多种不同的表演速度，即使同一个曲调，用不同的速度来表演也会产生不同的效果。例如，贺绿汀的管弦乐曲《森吉德玛》，民歌曲调开始时速度缓慢，描写辽阔的草原景色，后面还是这个曲调，只是速度加快了一倍，其音乐形象也随之改变，描写出草原人民的愉快生活。

（五）力度

力度是指音乐的强弱变化。较强的力度给音乐带来雄浑、磅礴的效果，较弱的力度则善于表现细腻的情感。力度的自弱而强、自强而弱常引起空间上自远而近、自近而远的联想。例如，俄罗斯民歌《伏尔加船夫曲》中的力度变化，似乎让听者感受到纤夫们渐渐走近又渐渐远去的身影。

（六）音色

音色指不同人声、不同乐器及不同的音响组合发出的不同的声音色彩。不同的音色会产生不同的艺术效果。例如，一个旋律，用长笛演奏，觉得明亮；用双簧管演奏，感觉甜美；用低音大提琴演奏，感觉沉重；用二胡演奏，则有几分悲凉。音乐心理学认为，音色之所以有表情功能，在于它可以激发听众的联想。例如，号角的音色令人想到战争和狩猎，弦乐音色有柔美温馨的意味，童声音色如天使般纯洁，大管的低音好似龙钟的老人……音乐家常常根据需要对乐曲“着色”，体现音乐的意境。各民族不同的乐器以及歌唱者的音色，使得音色成为民族文化色彩的某种标志。

（七）音区

音区是音域的一部分，分为高音区、中音区和低音区三种。各种人声和各种乐器的音区也分为高音区、中音区和低音区三种，但这种划分是相对的，是相对于人声或乐器自身的音域而言。例如，男低音的高音区是女低音的低音区，小提琴的低音区比弦贝斯的高音区还高。

各音区的特性音色在音乐表现中有着重大作用。一般来说，高音区的音色具有清脆、嘹亮、尖锐的特性；而低音区的音色则往往给人以浑厚、笨重之感；中音区的音色饱满、响亮，是整个乐器或人声最优美的区域。在音乐表演中，音区的变化会带来音乐形象上的变化与对比。

（八）和声

和声指多声部音乐的音高组织形态。如果说旋律构成了音乐的横向进行，那么和声就构成了音乐的纵向方面。和声可以用作曲调的背景衬托，能为曲调做伴奏，还能使曲调变得浓厚起来。和声本身还能在表现音乐内容和情绪上起到色彩性作用，例如，和谐的和声表现平和，不和谐的和声表现紧张等，具有较强的描绘性。

（九）调式

调式是按照一定关系结合在一起的许多音（一般不超过七个），以一个稳定的音（主音）为中心而构成一个音的体系。不同的调式有不同的调式色彩和风格。常用的如：大小调体系中，大调式由 Do、Re、Mi、Fa、Sol、La、Xi 构成，以 Do 为主音，调式色彩明亮、宽阔；小调式由 La、Xi、Do、Re、Mi、Fa、Sol 构成，以 La 为主音，调式色彩暗淡、柔和。我国传统的民族调式体系，由宫（Do）、商（Re）、角（Mi）、徵（Sol）、羽（La）五个音组成，并在此基础上，加入清角（Fa）、变宫（Si）、变徵（$^{\#}$Fa）、闰（^{b}Si），构成六声、七声调式。

（十）曲式

曲式是音乐的结构形式。就像一篇文章是由字词、句子、段落组成一样，音乐由音乐中最小的单位“动机”（或称乐汇）、两个以上乐汇组成的乐节、乐句和乐段组成。乐曲由两个乐段组成的曲式称为单二部曲式，由三个乐段组成的曲式称为单三部曲式。此外，还有复二部曲式、复三部曲式、回旋曲式、奏鸣曲式、变奏曲式、回旋奏鸣曲式等。音乐家根据作品篇幅的大小、音乐发展的需要等方面来选择适宜作品的结构。

正如文学家用词句创作文学作品，画家用线条、色彩创作美术作品一样，音乐家采用音乐的语言来创造音乐作品。各种音乐语言的要素在创作者的精心组织下，以不同的形态出现在音乐中，为我们带来了浩如烟海却又各不相同的音乐作品。

◈ 任务实施

歌曲《强军战歌》节奏练习。

任务二　音乐欣赏的三个阶段

◈ 学习任务

1. 了解欣赏音乐的三个阶段。
2. 学会鉴赏音乐，能够对乐曲进行简单的欣赏及分析。

◈ 问题导入

音乐可以陶冶心灵、疏解紧张情绪。近年来大学生来自学习、生活及社会多方面的压力日益增大，作为新时代的大学生，可以利用音乐来缓解压力。那么如何对一首音乐作品进行鉴赏？如何在对音乐作品进行全面理解中，获得完美的艺术享受，并在音乐中找寻自我并进行自我释放呢？

◈ 基础知识

音乐是通过有组织的音形成的艺术作品，是表达人们思想感情、反映社会现实生活的艺术。作家将乐谱写在纸上，只是完成创作过程的第一步。我们欣赏音乐的过程是一个审美的活动过程。美分内在美和外在美，单有外在美是不够的，还要有内在美。欣赏音乐也一样，仅仅满足悦耳好听是比较肤浅的欣赏，要上升到对作品内涵的理解、曲式的了解等，才算达到全方位欣赏，从而获得完美的艺术享受。所以，通常把音乐欣赏分为三个阶段：官能欣赏、感情欣赏和理智欣赏。

一、官能欣赏

这是音乐欣赏的第一层次，也称为美感阶段。在这个层次上听音乐，不需要任何方式的思考。例如，当我们在做别的事情或在咖啡厅、舞厅时便会情不自禁地沉浸在音乐中，这时单凭音乐的感染力及气氛就可以把我们带到一种无意识又富有魅力的心境中，进入一个虚幻、理想的世界，此时，人们无需思考现实的日常生活，当然也没有思考音乐。

二、感情欣赏

这是音乐欣赏的第二层次，也称为表达阶段。在不同的时刻，音乐表达了安详或洋溢的情感、懊悔或胜利的心境、愤怒或喜悦的情绪，它以无数的细节判别和变化表达其中的每一种情绪及许多别的情绪，甚至可以表达一种在任何语言中都找不到适当的言词含义。有些作品我们听了会泪水沾巾，这不是因为联想到什么悲伤事件，而是由于音乐本身的魅力，是作曲家将这种感情用音乐表达出来，经乐队演奏后被欣赏者所接受，这是用任何语言也无法表达的情感，只有亲耳聆听才能感受。

三、理智欣赏

这是音乐欣赏的第三层次，也称为纯音乐欣赏阶段。音乐除了它的音律和所表达的感情外，是作曲家使用音乐语言创作出来的，故欣赏者应有意识地去聆听旋律、节奏、和音、音色等，为了追随作曲家的思路，还必须懂得一些音乐的原理，只有这样才能对音乐作品进行全面理解，从而获得完美的艺术享受。

官能的欣赏主要是感到悦耳好听，是较低层次、比较肤浅的欣赏。要对一首音乐作品进行全面领略，从而达到完美的艺术享受，除了官能欣赏外，还必须进入感情欣赏和理智欣赏。

（一）了解作品的时代背景

一部好的音乐作品，总是表现作曲家现实生活的感受。因此，要比较深刻地领会作品的时代内涵，就必须了解作者所生活的时代及时代特点。例如，著名作曲家冼星海创作的《黄河大合唱》是在日本帝国主义侵略、人民处于水深火热的情况下，为号召民众反抗日本侵略所创作，反映中华民族坚强博大的民族精神，展现抗日必胜的光明前景，这首气势磅礴的大合唱，既体现中华民族的英伟气概，又体现强烈的时代精神。要欣赏一部音乐作品，首先应该了解作者的时代背景。

（二）了解作者的创作个性

我们进行诗歌等文学作品鉴赏时，要像知人论世一样，如读到李白的浪漫奔放、杜甫的沉郁顿挫时，不禁想要了解两位诗人的人生经历和生长环境。音乐作品也如此，作曲家由于生活时代、环境、素养、经历和艺术趣味的不同，表现为各不相同的创作个性。贝多芬的第九交响曲和舒伯特的未完成交响曲是同一时期作品，具有同样的时代背景，但创作个性各异，作品风格也大不一样。此外，创作个性和风格也会不断变化和发展。如舒伯特的作品，从悲怆凄恻的未完成交响曲，到气势豪迈的第九交响曲(C 大调)，标志着作者创作思想和创作风格的转变。

（三）了解音乐的民族性

民族音乐值得继承和欣赏，它的内容丰富而韵味无穷。只有音乐具有民族性，才是世界的音乐。所以一切好的音乐作品都根植于民族、民间音乐，都有各自的民族特征。有些作品概括地体现了民族音乐语言的某些特征，而另一些作品则和具体的民族音调有密切的联系。我们中华民族的音乐，更是天南地北、百花争艳，五十六个民族的音乐各有其长、各显其美。从地域上分，东北民歌热情、豪放；江南小调秀雅、恬静；西北高坡大秦腔透着沙土的高亢和苍凉；西南山地侗族大歌悠扬婉转、和声丰满；还有雪域高原的藏歌，更显空旷与激越。民族音乐风格鲜明、迥异，这还不包括各地的戏曲，可见要欣赏一部音乐作品，一定要了解民族音乐特征。

（四）了解音乐语言的功能

作曲家创作乐曲有着一整套表情达意的体系，那就是音乐语言。音乐语言包括旋律、节奏、节拍、速度、力度、音色、音区、和声、调式等很多要素。一部音乐作品的思想内容和艺术美，要通过各种音乐要素表现出来。

（五）了解曲式、体裁和题材

欣赏一部音乐作品，还要了解曲式、体裁和题材方面的知识。曲式专业性强，较难懂。音乐材料排列的样式就是音乐的结构布局，有一段体、两段体、三段体、回旋式、奏鸣式等。例如，《儿歌》是一段体，《送别》是再现的单三部曲式。体裁就是音乐作品的种类，如歌曲、舞曲、进行曲、谐谑曲、叙事曲、夜曲、序曲、交响曲、组曲等。不同体裁特点不同，适合表现不同风格的作品，如柴可夫斯基的《四小天鹅舞曲》、舒曼的《军队进行曲》、肖邦的钢琴《谐谑曲》、比才的《卡门序曲》、海顿的 104 部交响曲，浩瀚的艺术海洋有很多艺术形式。题材是音乐作品表现的内容，主要表现在歌曲和歌剧方面，歌曲有歌颂祖国的《北京颂歌》、赞美生活的《我们的生活充满阳光》、歌颂爱情的《我爱你》、歌颂军旅的《咱当兵的人》、赞美家乡的《谁不说俺家乡好》等；歌剧有神话题材的《魔笛》、爱情题材的《茶花女》、圣经题材的《优丽迪茜》等，非常广泛。

欣赏音乐时，除了要了解上述音乐知识以外，还要提高文学修养，以便更准确地理解作品的思想内涵。

任务实施

选取本任务提到的任意一首音乐作品，从音乐欣赏的角度，以文字形式分析其作品的思想感情、价值和意义。

任务三　民歌与流行音乐

学习任务

1. 了解中国民歌的起源、基本体裁。
2. 了解中外具有代表性的民歌曲目。
3. 了解流行音乐的特征，并对具有代表性的中外流行音乐进行欣赏。

问题导入

我国历史悠久、幅员辽阔，民歌更是从千年之前的先人传唱至今，种类、体裁多样，富有极强的地域色彩，你知道的民歌体裁都有哪些呢？你知道中国最早的民歌集是什么吗？你知道海外流传的中国第一首民歌是什么吗？

基础知识

一、民歌

民歌是人们在社会实践中为表情达意而口头创作的一种歌曲形式，通过口传心授在群众世代相传中不断得到加工提炼，具有集体创作和不断变异的特点。民歌源于生活，对人民生活有着广泛深入的影响。民歌是民族文化的精粹，集中体现一个民族的民族精神、性格、气质、心理素质、风土人情和审美情趣等。民歌的音乐语言简明洗练，音乐形象鲜明生动、短小精悍、易于传唱，具有鲜明的民族特征和地方色彩。

中国民族音乐界普遍认为民歌起源于人类的劳动与生活。鲁迅先生说：“我们的祖先的原始人，原是连话也不会说的，为了共同劳作，必须发表意见，才渐渐练出复杂的声音来。假如那时大家抬木头，都觉得吃力了，却想不到发表，其中有一个叫道‘杭育杭育’，那么这就是创作……”这些“杭育杭育派”是最早的民歌作曲家。在人类生产力不断进化、生产关系不断发展的历史进程中，民歌伴随历史的步伐，反映各个时期的社会政治、生产劳动、人民的生活风貌和思想感情，民歌这种艺术形式也随之日渐发展完善。

（一）民歌的艺术特点

1. 诗与乐的高度结合

从诗的角度看，民歌具有紧贴人民生活、主题明确、形象鲜明的特点。民歌歌词篇幅短小、通俗易懂，属歌谣体；一般句式整齐、押韵、平仄不严；以七字句居多，兼有其他句式，在结构上多为两句体、四句体。词中运用比喻、比兴、对比、夸张、叙事等手法，使主题思想鲜明突出。如用“苦麻菜”比喻远嫁少女之苦命，用“小白菜地里黄”比喻没娘的孩子，在《农夫怨》《长工调》等歌中运用了贫富的对比。《槐花几时开》短短四句就做到情景交融、人物性格鲜明，感情细腻地表现了爱情主题。

2. 长于抒发人的内心世界

民歌运用短小的结构、凝练的音乐语言、极为经济的音乐素材来表达深刻的思想感情。绥远民歌《城墙上跑马》深刻地表达游子思乡之情；《走西口》表达离乡背井、生离死别的亲人间的凄婉、依恋之情；《牧歌》短短两句就勾勒出一幅清新、辽阔、宽广的草原景象。

3. 具有口头性、集体性、即兴性和变异性

民歌是群众集体智慧的结晶。在世代相传中，不同时期(或时间)、不同地区的不同歌唱者，常按个人需要将某首现成民歌作为蓝本，进行即兴编词，见什么唱什么，想什么唱什么，这就是民歌创作和歌唱中的即兴性。在即兴编词的同时，民歌的曲调必然发生不同程度的变异，因此出现了一首民歌有许多变体的现象，如《孟姜女》《鲜花调》《剪靛花》等变体遍布大江南北，也出现了某一地区拥有几个典型曲调和特性音调的现象。

(二)中国民歌

我国幅员辽阔，各地的气候、地理、劳动方式、生活习俗、风土人情各异，致使民歌体裁划分复杂化，各不相同。多数学者认为体裁划分的依据是产生该类民歌的社会生活条件、歌唱场合、民歌的社会作用以及由此而形成的民歌的基本音乐表现方法和音乐特征。一般将汉族民歌划分为劳动号子、山歌、小调三种基本体裁。

1. 劳动号子

劳动号子简称“号子”，北方称“吆号子”，南方称“喊号子”。号子是直接伴随体力劳动，并和劳动节奏密切配合的民歌，它产生于体力劳动过程中，直接为生产劳动服务，真实地反映劳动状况和劳动者的精神面貌。劳动号子音乐形象粗犷豪迈、坚实有力，是某些体力劳动不可缺少的有机部分。

人在从事体力劳动时必须调整呼吸、积蓄力量，这是喊(唱)号子时人体必然的生理反应，也就是劳动时的人体需要；集体劳动中需要统一步调统一节奏，号子应需产生。因此，号子具有两种功能：一是发出号令、指挥劳动、调节精力、鼓舞劳动情绪的实用性功能；二是号子的表现性功能。号子的音乐抒发了劳动者的感情，表现了人的喜怒哀乐，给人以精神上愉悦的感受。号子的实用性功能和表现性功能有机地联系于一体，既矛盾又统一，成为劳动号子独有的特征。

号子在民歌中占有重要地位，在人类生活中曾经发挥过重要作用，它也是民歌音调最早的根源和基础。随着社会的进步，繁重的体力劳动日渐减少，号子的实用范围也日益缩小，但作为一个艺术品种，其生命力将经久不衰。

(1)劳动号子的特征

体力劳动要求人从精神到身体做出迅速、果断的反应，这就决定了劳动号子的音乐具有坚实有力、粗犷豪迈的音乐性格和自然朴实的表现方法。

劳动号子的歌词多数和劳动有关。在集体劳动中，常由领唱者即兴编词，以提醒注意事项和劳动的质量要求或鼓舞情绪；有的直接反映了劳动者当时的心态。劳动强度稍轻的号子所唱歌词有时与劳动无关，唱历史传说、民间故事、生活片段、说笑逗趣者皆有；紧张激烈的劳动号子中常无实词，仅有表示劳动呼号声的虚词。

劳动号子的节奏直接受劳动的节奏制约，具有节奏鲜明、富有律动性的特征。不同工

种的劳动负荷量、劳动状态、劳动节奏各异，其号子的节奏也有不同类型，有的节奏顿挫分明、坚实有力，如《打夯号子》《舂米号子》；有的节奏短促紧凑、明快轻捷，如《挑担号子》《上滩号子》；有的节奏宽长舒展，如《平水号子》。

号子的歌唱形式视劳动者的多少和劳动是否具有协作性而定，分为独唱、对唱、齐唱、一领众和等，而以一领众和最多、最富有特色，也最能体现集体劳动的特点。领唱者就是集体劳动的组织者与指挥者，由他唱正词(又称实词，即有实际内涵的歌词)发号令，所唱曲调和节奏都有一定变化；和唱由全体劳动者担任，一般不唱实词，仅唱与劳动节奏相应的呼号声，节奏规律化，曲调少变、多重复。领唱与和唱的结合方式视劳动的紧张程度而异，在节奏紧张的劳动中，领唱与和唱配合紧凑，采用句接式(领唱与和唱相连，构成一个乐句)或密接式(领唱与和唱相连，构成一系列短句或乐句，如《打夯号子》和《见滩号子》)；在节奏舒缓的劳动中，常采用段接式(领唱与和唱相连，构成一个乐段)；在最为紧张激烈的劳动中，领唱与和唱重叠形成两个或两个以上声部的多声部合唱，如《川江船夫号子》中的《上滩号子》和《拼命号子》。

(2)代表作品鉴赏

陕北《黄河船夫曲》是一首非常著名的劳动号子，以其质朴的语言、粗犷的声调、高亢浪漫的激情，没有任何多余的修饰，展现了陕北人民在恶劣生活环境中不屈不挠的奋斗精神和乐观向上的精神风貌，唱出了陕北人民对于黄河的深深热爱，对本土文化的深深自豪。

滔滔黄河水深浪急，船夫们齐心协力摇桨，船破浪前进。号子以生动夸张的歌词描述艄公扳船的情景，音乐则重复着一个具有宽长均匀节奏的波状旋律，与汹涌的黄河波浪融为一体，表现了船夫的豪迈气概。

2. 山歌

山歌是人们在野外劳动(上山砍柴、赶脚驮货、放牧、农事耕耘等)或行走时，用来消愁解闷、抒发情怀、传递情意所唱的民歌。音乐真挚质朴、热情奔放，即兴性强。

广大农村是孕育和流传山歌的广阔天地，农民通过即兴歌唱直抒胸臆，唱出心中的喜怒哀乐及旧时代的苦难、生活的艰辛、对爱情的追求等。农村山川相隔，交通不便，方言土语复杂，因而山歌的地域性强，地方风格各异，有些地区形成了富有特色的山歌歌种，如陕北的《信天游》，内蒙古的《爬山调》，青海、宁夏、甘肃一带的《花儿》，四川的《神歌》等。

(1)山歌的特征

山歌歌词内容广泛，反映了农村生活的方方面面，其中部分歌词流传日久，为群众所喜爱而固定。多数山歌歌词为即兴创作，见啥唱啥，常与野外自然景观相联系，由景生情，故常见以“太阳出来”“月亮出来”“大河涨水”“高高山上”等开始的歌词。歌词以七字句为主，较多使用衬字或衬词。单个的虚字如哎、哟是衬字，两个字以上的词组如啷啷扯哐扯、欧啷啰等为衬词。山歌中使用最多的是语气衬字或衬词，如哎、哟、嘞、者、啊呜等语气衬字或衬词与自由延长音或拖腔结合，形成山歌独有的特征。除语气衬字或衬词外，还有称谓衬字或衬词、名词衬字或衬词、形容词衬字或衬词、拟声性衬字或衬词、数量词衬字或衬词、逗趣性衬字或衬词等，这些衬字或衬词都来自乡村生活，给山歌增添了生活气息，也活跃了歌曲的节奏，扩充了歌曲的结构。

山歌音乐奔放、嘹亮、开朗，曲调悠长，广泛使用自由延长音与拖腔。自由延长音与曲首、曲尾的呼唤性衬词结合形成前腔或后腔，为山歌所独有的特征。自由延长音用于句间、句尾，常构成节奏较密集的朗诵性曲调与抒咏性自由延长音结合的悠长自由节奏，使山歌的抒情性得到充分发挥。

山歌的歌唱形式多样，以独唱居多，另有对唱、数人接唱、齐唱、一领众和等。

(2)代表作品鉴赏

《三十里铺》是一首流行于陕北的民歌。这首歌曲的内容是根据陕北绥德县三十里铺村发生的一个真实故事编写，故名《三十里铺》。起初歌词只有三段，用“信天游”演唱，后由于情节感人、易学易唱，很快就流传到陕北各地。在传唱过程中，经过不断地艺术加工，这首民歌逐渐丰富、日臻完善，成为一首优秀的叙事性民间歌曲。歌中的四妹子名叫凤英，是一个思想进步、敢于斗争的农村姑娘；三哥哥名叫邱双喜，是一个年轻力壮的好后生，他们大胆冲破封建婚姻制度的束缚自由相爱。一天，当邱双喜报名参加八路军即将奔赴前线时，凤英怀着依依惜别的心情去为他送行。语言朴实亲切，字里行间充满着深情厚谊。

《漫上个花儿表心肠》是采用流行于宁夏传统的令调填词的一首新民歌。“漫”是当地土语，即“唱”的意思，“花儿”即“山歌”。歌词三段，每段七言两句，采用比兴手法，表达宁夏农民翻身解放，对党的无限热爱之情；其中还运用如“的个”“哎咳”“呀”等语气词，使歌词更为口语化、生活化。

3. 小调

小调又称小曲、俚曲、时调等，是人们在劳动之余、日常生活中以及婚丧节庆用以抒发情怀、娱乐消遣的民歌。因为有职业艺人与半职业艺人的传唱，小调流传面广，遍及城市、乡镇，其内容广泛涉及社会各阶层的人民生活。农村小调以反映农村日常生活，特别是反映农村妇女的爱情、婚姻生活者居多；城市小调则涉及城镇小手工业者、商人、市民和处于社会底层的妓女、乞丐等的生活，以及娱乐嬉戏、自然风光、生活知识、民间故事等。大部分小调内容健康，有力地揭示了社会的种种矛盾，如《长工苦》《月儿弯弯照九州》等；少数流行在青楼妓院、茶馆酒肆的小调沾染了腐朽、不健康的思想和情调，属民歌之糟粕。小调表现感情细腻曲折，形式较规整，表现手法丰富多样。

(1)小调的特征

小调由于流传面广，有专门演唱的职业艺人，并和曲艺、戏曲有千丝万缕的联系，因而加工提炼的成分较多，词、曲即兴性少，较定型化，艺术上较为成熟和完善。

小调多数属分节歌形式，一曲多段词，常采用四季、五更、十二时等时序体，多侧面、较细致地陈述内容。为适应多段词的需要，其曲调概括、凝练地表达某种情绪(或柔美、或哀怨、或欢快)，曲调性强，旋律流畅，婉转曲折旋律线丰富多变，表现力强。

小调的节奏规整，节奏丰富多变。南方小调的节奏较平稳，北方小调常见切分和弱起节奏，显得活跃。部分小调受曲艺或戏曲的影响，运用散板起或散板收，或加入数板段落。

小调的歌唱形式以独唱居多，其次为对唱和一领众和等。城市小调多有丝弦乐器伴奏、引子和过门的运用，以及伴奏中乐器的加花装饰、托腔垫腔等，使小调更为优美动人。

(2)代表作品鉴赏

扬州民歌《茉莉花》在全国各地广为传唱，深受人们喜爱。1982 年，联合国教科文组织把这首《茉莉花》选为中国优秀民间歌曲之一，向世界各国人民介绍，进行文化交流。

（三）外国民歌

民歌，反映着一个民族的历史、经济、文化、风俗、自然环境，尤其表现一个民族的精神风貌和性格特征，是一个民族生存和发展的真实写照。因此，世界各民族的民歌都有着不同的风格、体裁和形式。不仅如此，许多国家和民族对民歌概念的理解也不尽相同。在我国和某些国家，民歌指的是劳动人民的集体创作，是劳动人民表达自己的思想感情、意志和愿望的一种艺术形式；而在有的国家，个人创作、具有民间风格并在民间广泛流传的艺术歌曲也被称为民歌。如意大利的著名歌曲《我的太阳》《重归苏莲托》《桑塔·露琪亚》等都被称为拿波里民歌。在美国，民歌的创作与流行歌曲之间并没有明显的区别，美国当代著名作曲家克恩创作的《老人河》，在曲调上吸收了黑人灵歌的节奏，用歌谣体写成，也被当作是美国黑人民歌。

尽管世界各民族对民歌概念的理解不同，但可以肯定的是，无论是艺术性较强的个人创作还是较为通俗的流行歌曲，无论是古老的乡村歌曲还是近现代的市民歌曲，大都充满着民间的生活气息，表现了广大人民的思想感情和精神风貌，具有本民族典型的性格特征，并在民间广为传唱。

二、流行音乐

流行音乐的演唱嗓音以自然嗓音为主，富于个性化；演唱方法以自然为主，不受统一的技术规范约束，不刻意追求发声共鸣的技巧，但特别注重情感的表达；要求语言亲切、吐字清楚，讲究独特的韵味和表演。流行音乐主要以表达普通人思想感情、反映平民日常生活为题材，多描写亲情、爱情和友情；风格多样，如一般性流行歌曲、艺术性流行歌曲、民歌性流行歌曲、民谣化流行歌曲、欧美化、日韩化流行歌曲等多种风格；旋律相对易记易唱，结构短小精炼，节奏具有现代感，多用电声乐队伴奏，表演比较自由夸张。

（一）流行音乐的特征

与传统的古典音乐相比，流行音乐有非常明显的特征。

1. 娱乐性

流行音乐的主要社会功能是服务于社会娱乐的音乐生活需要，其作品大多取材于日常生活，多数以爱情为表现主题，其中也有描写人伦、亲情友情、思念故乡等内容。流行音乐虽然也会涉及政治、理想等严肃的社会题材，如反对战争、反对种族歧视、呼吁和平、揭露社会黑暗的歌曲。但是作为大众文化，流行音乐多是以社会一般平民或亚文化群为文化接受、消费主体，更注重和强调自身的娱乐性、消遣性。虽然流行音乐的文化功能或内涵不只是娱乐，但娱乐性却是流行音乐的重要特征与功能。

2. 通俗性

通俗性是流行音乐的基本属性。与高雅音乐相比，流行音乐的歌词相当浅显易懂，没有任何理解障碍，这是流行音乐得以流行的必要条件。流行音乐之所以流行，很大程度上在于它真正走进了人们的内心，其音乐内容通俗易懂，贴近人们的生活。

流行音乐作品大多抒发自我真实感受，人们在音乐中感受到如同自己身边的氛围，听到如同自己内心的声音，从而唤起广泛的情感共鸣。流行音乐所表现的是真实的生活与生存状态，从某种意义上说，流行音乐使艺术生活化，同时也使生活艺术化。

3. 大众性

大众性是流行音乐与生俱来的最为关键的特点之一，也是流行音乐的社会基础。当前中国经济高速发展，社会形态正从农业社会向工业社会、信息社会大步迈进，精神文明建设至关重要，人们在茶余饭后、休闲娱乐时会出入咖啡厅、酒吧等一些娱乐场所，听得最多的是流行音乐。其音乐风格的大众化让人们普遍参与到这种文化形式中来，已成为人们放松身心的一剂良药，为广大音乐爱好者提供了展示自我的舞台，从而成为人们文化生活不可缺少的组成部分。

4. 流行性

流行一词包含特定的时间含义。一般来说，流行的东西是短暂的，流行音乐是一定时期的产物，代表着这个时期的特点。同时，流行音乐中也有相当一批优秀的经典作品，具有经久不衰的艺术魅力。

5. 参与性

流行音乐的创作题材多以日常生活为主，强调个人心理情感，强调自我，特别容易引起人们的情感共鸣。且流行音乐旋律易记易懂，演唱时可以满足自我的情感宣泄，使演唱者产生自我陶醉感，从而获得一种创造性的满足感。这就使得流行音乐的可参与性大大增强。

（二）流行音乐鉴赏

1. 中国流行音乐鉴赏

如《春天的故事》《大地无情人有情》《我和你》《让世界充满爱》《一无所有》《小城故事》。

2. 欧美流行音乐鉴赏

如 *What a Wonderful World*《多么美好的世界》、*Hotel California*《加州旅馆》、*Beat It*《逃避》、*May It Be*《也许》。

任务实施

以小组为单位，任选一首本任务提到的中国民歌，以文字形式分析其作品的地域特色、思想感情、价值和意义。

任务四　合唱

学习任务

1. 了解合唱基本知识及素养。
2. 具备大合唱的能力。

问题导入

有人把合唱队赞誉为一个团结的集体，一个严肃活泼的集体，一个具有高度政治和责任感的集体。大学生又是一群极富个性色彩的群体，青春张扬，标榜个性，每一个人的性格不同，音乐基础有所差异，音色各异，那么如何才能排演一首完整的合唱歌曲呢？

基础知识

一、合唱基本素养

合唱指由若干人分几个声部共同演唱一首多声部的歌曲，包括同声、混声的齐唱、轮唱、领唱、对唱、重唱以及和声、复调、有伴奏或无伴奏的一种集体歌唱的综合性艺术。合唱是一种高雅的音乐艺术，深受人们的喜爱。

（一）合唱的特点

合唱作为一种独立、多声部集体歌唱的声乐艺术演唱形式，具有以下六大特点：

1. 音域宽广

合唱（混声）一般有四个多八度，是个人音域的二至三倍。因此，宽广、高低的旋律均可在不同声部演唱。

2. 音色绚丽

合唱包含高音、中音、低音，男声、女声、童声、混声等各种音色，并可进行各种组合，音色绚丽多彩。

3. 形式多样

合唱包括女声齐唱、男声齐唱、混声齐唱、童声合唱、混声合唱、同声轮唱、混声轮唱、男（女）声领唱、男声对唱、女声对唱、男女声对唱、女声重唱、男声重唱、男女声重唱等多种形式。

4. 气息不断

合唱可根据作品及符号的需要将其声音任意延长，尤其采用集体循环呼吸方法，声音可无限延长、气息不断。

5. 力度反差大

根据合唱人数的多少，强唱时，是个人音量的几倍、十几倍，甚至几十倍；弱唱时，可与个人音量相似。

6. 和声丰富

由于合唱至少是由两个声部组成，多则可达八个声部以上，因此它是最能表现和丰富和声手法的声乐艺术。

合唱是集体歌唱，其队员一般都经过精心挑选，声音条件比较好，并且有着群体组织、协调、配合、均衡、谐和等综合素质要求。通过合唱能培养大家集体主义和乐观向上的思想境界。特别是高校大学生参加红歌合唱活动，不但可以丰富和充实大学生活，陶冶生活情趣，拓展兴趣爱好，还可以增强大学生的爱国情感、奋斗意识和青春激情。

（二）合唱的基本训练

1. 型

型指歌唱的姿势与状态。要求全体合唱队员身体自然放松、精神状态饱满。坐姿训练时，要求上身保持直立、两眼平视前方、面部略带微笑、胸部保持吸气状态、两脚平放地面。立姿训练时，上身与坐姿相同，双脚略为分开。

2. 气

气指歌唱的气息。正确的呼吸是良好发声的基础，是歌唱的动力。呼吸训练是合唱的基本训练。呼吸是人生存的本能，是一种人人有、人人会、很自然的生理现象。生理上的呼吸是：空气经过口、鼻、喉、气管等通道流入肺部，引起肺部膨胀、胸腹部扩张、带来氧气，然后迅速排出、带走废气。歌唱的呼吸也是同样原理，但因为歌唱的声音有高低、长短、强弱、刚柔、明暗等区别，就要求歌唱者掌握气息控制的方法，以适应歌唱声音不同的变化需要。歌唱的呼吸要求：吸气时，要快、深、多；呼气时，则须根据需要有计划地控制，做到慢、稳、匀。可以说，生理的呼吸是下意识的，歌唱的呼吸是有意识的。为了更好地掌握歌唱的呼吸，先要了解横隔膜，横隔膜是隔离胸腔与腹腔的一层薄膜，在肺的下部，附着在体腔周围胸廓上的具有伸缩性的肌肉薄膜。合唱的呼吸是在指挥下集体或部分的统一进行，有着很强的一致性。具体的过程是：吸气、保持、呼出。

（1）吸气：口、鼻同时吸气。气息深是合唱吸气的原则。吸气时感觉似闻花，气息自口、鼻向下好像一直吸进了小腹。腰围扩张，张架着两肋骨。实际上，气息只能存在于肺部的每个肺泡内，所谓“气沉丹田”仅仅是一种感觉。

（2）保持：气息吸入到歌唱所需要的正确部位后，有一个不吸不呼的短暂阶段，这个阶段就是保持。学会支撑、保持住气息是很重要的。这时，腰围、横隔膜、小腹是一个内紧外松的整体，就像一个充足气的足球，怎样踢也踢不扁；而不能像漏了气的皮球，一按就软，气也就全泄了。

（3）呼气：学会保持住气息后，进一步学会有控制地呼气，这是呼吸环节的重要部分。用气的多少、急缓，要根据歌唱的需要。呼气的同时发声。发声是在控制的气息支撑下进行，来完成乐句的演唱。合唱的用气一般是一个乐句一换气。合唱队员应养成这样的习惯。

合唱团做到呼吸的统一，才能达到合唱的一致性。所以，合唱的呼吸训练非常重要。

3. 声

声指歌唱的发声。合唱的发声与独唱的发声基本原理一致，它要求口、鼻、咽腔、喉头、声带、胸腔等器官协调，由于合唱的多声部集体性发声会受到某些因素的影响和制约，因此，合唱的发声一般又分为激起、软起和直声三种方法。

(1)激起：是合唱发声训练中最基本的起声技巧，它要求队员发声前先想好音高、音量、音色，并做好器官发声状态的准备，用气突然冲击声带振动，发出准确整齐而带有音头弹性的声音。起声不但要干净清脆，收音也要干净、断连分明。

(2)软起：是合唱发声训练中先出气后发声的一种起声技巧，它要求队员处于歌唱状态，用气息来托出无音头的声音。

(3)直声：合唱发声训练中要求队员发声后，保持状态，不让其声音波动，也就是让每个人的波动幅度和波动快慢不一的声音通过训练得到统一。这种直声训练方法容易获得良好的共性合唱音响效果。

4. 腔

腔指歌唱的共鸣腔体，包含口、咽、喉、鼻、头、胸、腹等腔体。有了正确的歌唱姿势、呼吸和发声，还需要掌握正确的共鸣。气流冲击声带而形成的声音很微弱，叫基音，通过这些共鸣腔体并运用得好，其音质、音色、音量会有很大的改变，歌唱时不费很大力气就会达到良好的效果。共鸣腔体又分为三大类：口腔共鸣体、头腔共鸣体、胸腔共鸣体。这三大共鸣腔体在合唱训练中统一不可分割。音区位置不同，三大共鸣腔体侧重点不同。低声区侧重于胸腔共鸣，用 ha、hei、ho 训练容易找到感觉；中声区偏重于口腔共鸣，用 a、e、i、o、u 训练易找到感觉；高声区用 li、lo、lu 训练容易找到感觉。

5. 字

字指歌唱的咬字吐字。合唱艺术有文学内容，与语言紧密相连。无词的作品很少，合唱训练除了歌唱发声的各种问题外，对于语言的正确表达也有严格的要求。除了带有方言的合唱作品外，合唱的语言以普通话的发音为标准。要把每个字、每句话都向听众交代清楚，合唱队员都要讲标准的普通话，正确的咬字、吐字才能准确地表达合唱作品的文学含义。合唱时观众听不清歌词，就是咬字吐字出了问题。咬字指声母的形成，吐字指韵母的发音，声母的咬字与韵母的吐字都关系到字义正确的表达。汉语的一个字就是一个音节，每个音节由若干音素组成。一个音节是由声母和韵母一口气连续产生，咬字吐字应本着声母轻韵母重的原则，占字音时值最长的部分是韵母。因此，把字音唱清楚的关键是韵母，而字音的正确与否则靠声母。有人认为，合唱只要咬死声母、分清韵母，就可以达到语音清楚的目的。其实不然，无论什么时候声母都不能咬死。雄壮有力的歌曲作品，可以强调有力的喷口，但要有弹性而不能咬死；柔和抒情的歌曲作品，则要求声母有含着唱的感觉，千万不能把声母和韵母中的每一个因素都分得清清楚楚。

(三)合唱的队形

合唱队形的编排是根据队员人数的多少、排演场地的大小、演唱形式的要求、作品内容的需要和舞台效果的设计等因素来进行综合设计。在不考虑音响器材和效果的情况下，下面介绍几种常见的合唱队形排列图式。

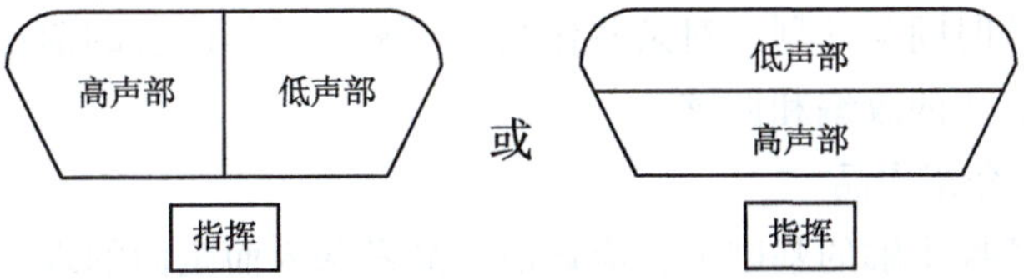

二声部合唱队形

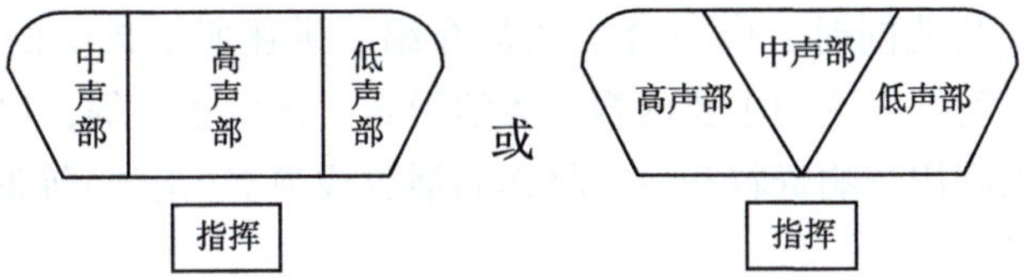

三声部合唱队形

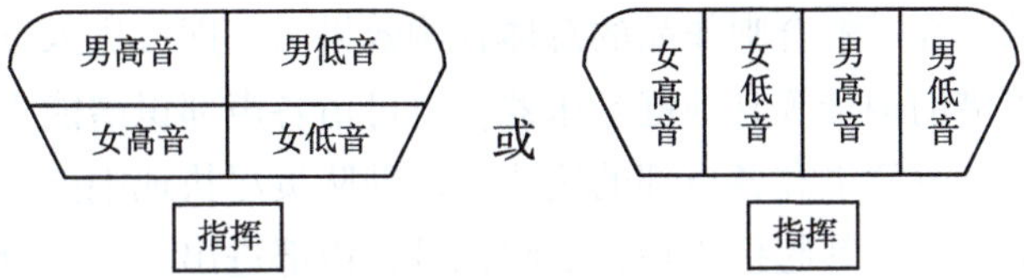

四声部合唱队形

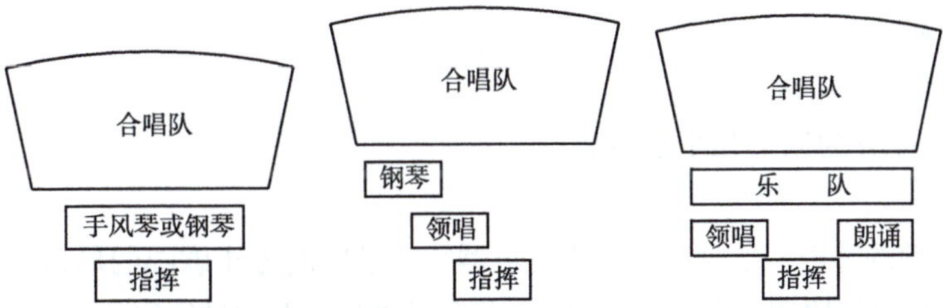

队形排列还需考虑是否有领唱或朗诵，是否有手风琴、钢琴或乐队伴奏，以及是否有舞蹈表演等，要根据作品内容和演唱形式具体处理。例如：

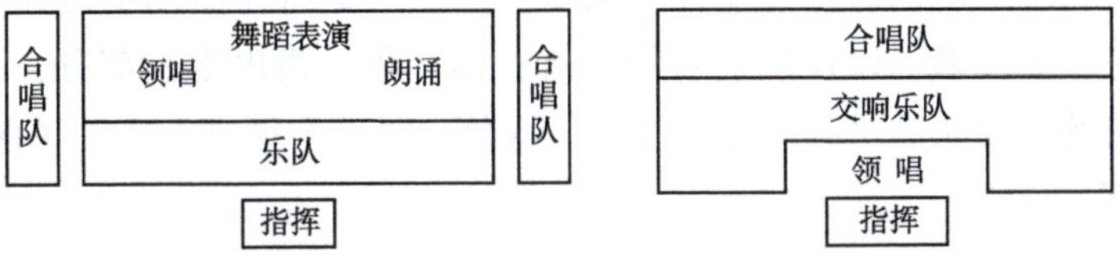

合唱演出时，还可以根据作品内容、演唱形式、场地设备等情况，打破常规队形模式，采取疏密相同、队列造型、动静结合、变化多样的形式，以加强和丰富演出效果。

（四）合唱作品的排练与演出

1. 排练前的准备工作

合唱作品的排练，是一件复杂细致且变化较多的工作，是保证合唱演出顺利与成功的前提。作为合唱指挥，排练前的首要步骤就是人们常说的“案头工作”，这是一项不可忽视的重要工作。一般包括以下几个方面：

(1)选择作品，制订计划

选择作品时，除了应选择思想与内容健康向上的作品外，还应从作品的类型、风格、形式、难易、表现及演出的时间、人物、目的等方面进行综合考虑。作品选定后，要制订一个切实可行的排练时间与计划，对某些作品在不破坏原作面貌的前提下，可根据合唱队水平适当地做一些必要的改编和调整。

(2)分析作品，介绍作品

作为指挥，在感性了解的基础上，应该对作品做深入而全面的理性分析，作品的调式调性、曲式结构、和声手法、乐句乐段、呼吸换气、吐字咬字、高潮处理等都要进行全面细致的处理和标记。与此同时，应向合唱队员介绍、讲述所要排练的合唱作品的时代背景、主题思想及作品所要表达的主要内容、表演形式、艺术手法等，以启发合唱队员喜爱作品的情趣。还可以利用音响资料和设备将作品播放或弹奏(钢琴)等形式，来帮助队员更好、更快地理解作品。

(3)读背总谱，设计动作

作为指挥和队员，在了解合唱作品的总体音响效果后，即可进入读谱和背谱阶段。阅读总谱或分谱，既可借助钢琴等其他键盘乐器，也可请各声部识谱能力较强的合唱队员视唱，让队员熟悉总体音响效果和各声部的旋律，帮助队员尽快地唱熟、背熟，以提高排练时的工作效率。作为指挥，其起拍收拍、演唱记号、声部进出、双手分工、表情眼神等要预先设计，提前想好，避免机械地重复图式、多余动作和即兴发挥，使队员了解和熟悉指挥的风格和“套路”。

2. 排练的步骤与方法

排练时，一般分为以下几个步骤：

(1)练声

练声指排练前的练声，主要目的是使发声器官在歌唱时处于歌唱的局部状态和兴奋状态，使发声器官及肌肉灵活协调。发声练习应当有目的地选编一些与排练作品有关的发声练习曲。

(2)粗排

粗排指作品排练的前期。首先让合唱队员从头至尾地将作品用中慢速视唱一至几遍，视唱时中途最好不要停顿，以让队员对作品有整体印象。指出难点部分，分段反复练习。然后，分声部排练，使队员对各声部的旋律、特色、要求有更进一步的了解。同时，也便于指挥按声部逐一检查。

(3)合排

合排指作品排练的中期，也就是各声部混合到一起排练。合排不但可加强合唱队员听觉能力的培养，还能使每个队员了解合唱作品时的整体效果。同时也便于指挥对合唱作品的整体进行进一步的加工。

(4)细排

细排又叫精排，即对合唱作品进行全面细致的排练。细排要重点对合唱作品的段落和乐句的音色、音准、强弱、快慢、呼吸换气、吐字咬字以及各声部层次等进行周密细致的排练。为进一步提高细排质量，指挥应对每个声部的队员逐一进行聆听和检查，来帮助队员加深对作品的理解和表现。

(5)彩排

彩排又称假演，即正式演出前按演出质量要求，包括服装、道具、灯光、音响、队形、伴奏等一应俱全的非正式的一至两次的彩排演出。通过彩排演出，一是可以提高合唱队员的演唱情绪；二是便于发现存在的问题，便于改进和提高；三是为最后的成功演出做好充分的准备。

3. 排练与演出的注意事项

（1）排练注意事项

①为了使合唱队员养成准时参加排练的好习惯，指挥人员应提前到场，并做好有关排练的一切准备工作。

②排练时最好有专门的钢琴伴奏，这样既了解和掌握伴奏者的水平和风格，又可提高排练的工作效率。

③为缓解疲劳，队员可坐立参加排练，时间以 90 分钟左右为宜，中间可休息 10 分钟。

④作为指挥，每一次排练要有目的和要求，并注重语言艺术，以提高合唱队员的兴趣，尤其要尊重、爱护队员。

（2）演出注意事项

①没有排练好的作品，不要轻易参加演出，以免影响队员情绪和声誉。

②队员要时刻保持清醒的头脑，保持镇定自若的情绪，直至演出完毕。

③作为指挥仪表要端正，图式与动作要清晰，情绪要高昂。演出时，要饱含理性与情感。

④演出时，万一出现差错，队员要若无其事地随着指挥手势动作予以纠正。而指挥绝对不可采用皱眉、挤眼、撇嘴等面部表情刺激队员情绪。

⑤做好演出前和演出后的各项检查工作及思想和组织工作。

4. 红歌合唱曲目欣赏

如《听妈妈讲那过去的事情》《南泥湾》《弹起我心爱的土琵琶》《保卫黄河》《歌唱祖国》《没有共产党就没有新中国》《长江之歌》《打起手鼓唱起歌》《爱的奉献》《强军战歌》。

任务实施

以班级为单位选择一首红歌曲目，进行合唱排练和汇报展示。

项目五

书 法

学习目标

通过学习，使学生能掌握汉字的几种字体，养成良好书写习惯，继承和发扬中华优秀传统文化，提高汉字书写水平、文化艺术修养和审美鉴赏能力，坚定四个自信，成为有文化、有修养的高素质的现代化建设者和接班人。

人文素养

1. 书法与中国传统文化

书法是中国独有的文化艺术和元素符号，它有着几千年的历史，是中华文化之瑰宝，是中国祖先的智慧结晶。继承和发扬传统文化艺术，是大学生的责任、担当和使命。大学生应更多地了解传统文化中的书法艺术，有意识地学习和热爱中国传统文化，坚定文化自信。

2. 书法与审美鉴赏能力

中国书法的历史同汉字一样，源远流长，可以说与中华民族同生。先民们在创造汉字的同时，也进行着对书法美的追求。在半坡陶器上简单的线条刻画，就孕育着书法的空间结构美。三四千年前的甲骨文及其后的金文率意天真，其天然之美令今人瞠目结舌。历经秦汉魏晋，中国书法意识进一步觉醒，逐渐发展成为一种独特的艺术。鲁迅先生说："我国文字有三美，意美以感心，音美以感耳，形美以感目。"学习中国书法，不仅是对历代书家名作风格风貌的认识，更是对汉字美的一种认知和欣赏，是一种美的感染和熏陶，可以提升学生文化及艺术修养，提高审美及鉴赏能力。

3. 书法与高尚人格魅力和爱国情怀

中国书法是我国几千年来灿烂文化的智慧结晶，它独特的艺术魅力和深厚的爱国情怀激励着一代又一代的华夏子孙传习书法、传承品格。王羲之"东床快婿"、颜真卿"挂笔退贼"、张芝"临池学书"等故事传为美谈。王羲之字端秀清新，"飘若浮云，矫若惊龙"，其人洒脱随性、不慕权贵；颜真卿的书法深厚古朴，一派正气，书品如人品，其人刚正不阿，自有一股凛然正气；张芝临池学书，刻苦练习、坚持不懈，终成大家。这些书法名家的作品和他们的故事，不仅能激发学生热爱祖国文字、热爱传统文化，还能修身养性，陶冶情操，培养他们高尚的人格。

任务一 书法基础知识

学习任务

1. 了解汉字的演变过程和汉字的造字法，能够区分几种主要字体。
2. 学习书法作品的几种常见格式。

问题导入

汉字是一种世界上使用时间久、空间广、人数多的文字，汉字的创制和应用不仅推进了中华文化的发展，还对世界文化的发展产生了深远的影响。那么，汉字是如何演变的呢？

基础知识

一、汉字的演变

大约在距今六千年的半坡遗址等地方，已经出现了刻划符号，共达五十多种。它们整齐规范，且有一定的规律性，具备了简单文字的特征，学者认为这可能是汉字的萌芽。

（一）甲骨文

甲骨文是中国的一种古老文字，又称甲骨卜辞、殷墟文字，是汉字的早期形式，是我国现存最古老的一种成熟文字，最早出土于河南省安阳市殷墟，是商朝(约公元前 17 世纪至公元前 11 世纪)的文化产物，距今约 3600 多年历史。

汉字形成为系统的文字是公元前 16 世纪的商朝。考古证实，在商朝早期，中国文明已发展到相当高的水平，其主要特征之一就是甲骨文的出现。甲骨文是刻在龟甲和兽骨上的古老文字。在商代，帝王在做出重大决定之前都要占卜，甲骨就是占卜时的用具。甲骨在使用之前，要经过加工。首先把甲骨上的血肉除净，接着锯削磨平。然后在甲骨的内面或兽骨的反面用刀具钻凿凹缺。这些凹缺的排列是有序的。占卜的巫师把自己的名字、占卜的日期、要问的问题都刻在甲骨上，然后用火灶烧甲骨上的凹缺，这些凹缺受热出现的裂纹就称为兆。巫师对这些裂纹的走向加以分析，得出占卜的结果，并把占卜是否应验也刻到甲骨上。经过占卜应验，这些刻有卜辞的甲骨就成为一种官方档案保存下来。

甲骨文具有对称、稳定的格局，具备书法的三个要素，即用笔、结字、章法。从字体的数量和结构方式来看，甲骨文已经发展到具有较严密系统的文字了，但原始图画文字的痕迹还是比较明显。

2017 年 11 月 24 日，甲骨文顺利通过联合国教科文组织世界记忆工程国际咨询委员会的评审，成功入选《世界记忆名录》。

（二）金文

随着青铜器的大量使用，刻在青铜上的钟鼎文字即金文就产生了，有的刻在石鼓上，

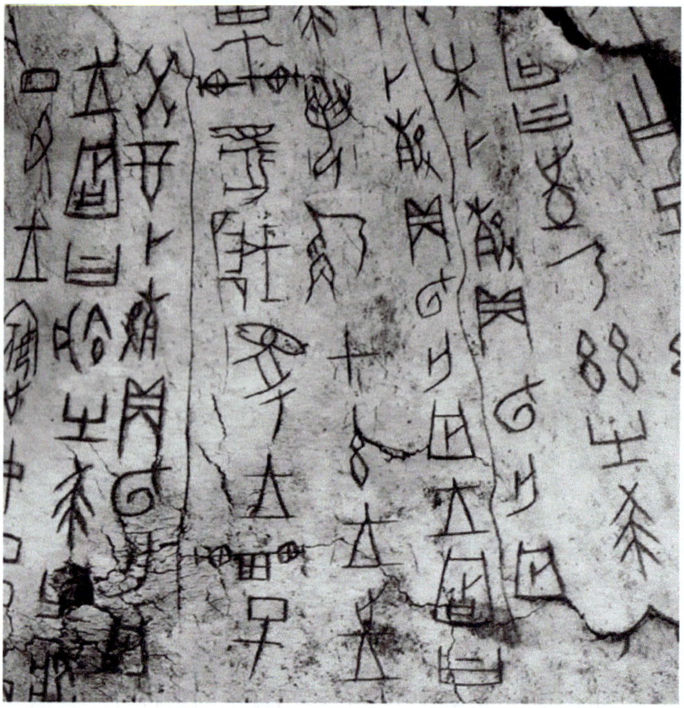

故金文也有钟鼎文和石鼓文之称。商代后期金文的代表作有《戍嗣子鼎》《宰甫卣》等，笔画丰满柔韧，结体端庄沉稳，体势恢弘。西周金文比较盛行，主要有《毛公鼎》《散氏盘》等，风格多姿多彩，笔画遒劲峻拔，结体自然且变化丰富，笔法圆润精严，行款疏密有致、朴茂雍容。与金文同期的石鼓文，相传是周宣王时期太史所创写，至今故宫博物院内存有十个周代的石鼓，上刻有十首四言诗文。西周晚期的金文向大篆发展。

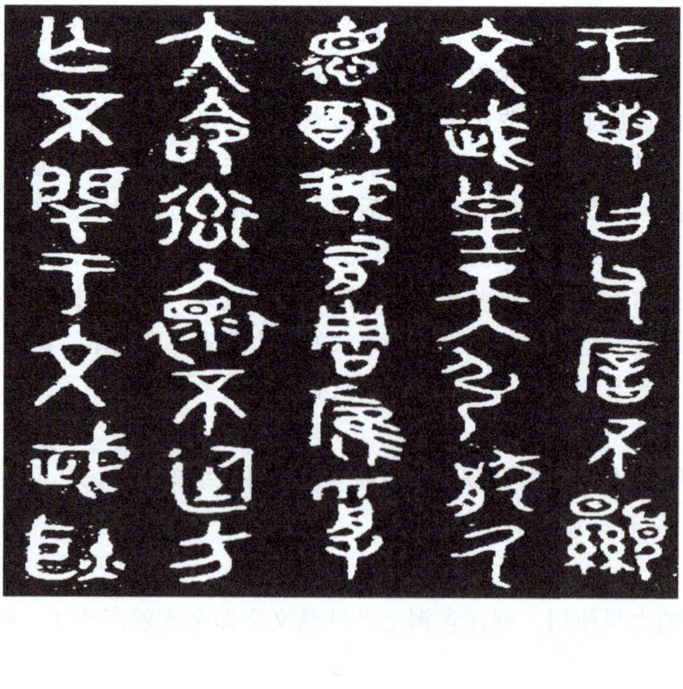

（三）篆文

到了西周后期，汉字演变为大篆。大篆的发展结果产生了两个特点：一是线条化，早期粗细不匀的线条变得均匀柔和；二是规范化，字形结构趋向整齐，逐渐离开了图画的原形，奠定了方块字的基础。

春秋战国时期因王侯割据，各自为政，所以文字也不尽相同。秦朝统一全国后，丞相李斯对当时的文字进行收集整理，经过删繁就简美化加工，将文字统一。这种统一后的文字被称为小篆，亦称为秦篆。小篆除了对大篆的形体简化之外，线条化和规范化也达到了完善的程度。这个时候文字的象形性降低了，成为整齐和谐的长方形的字体，十分美观。

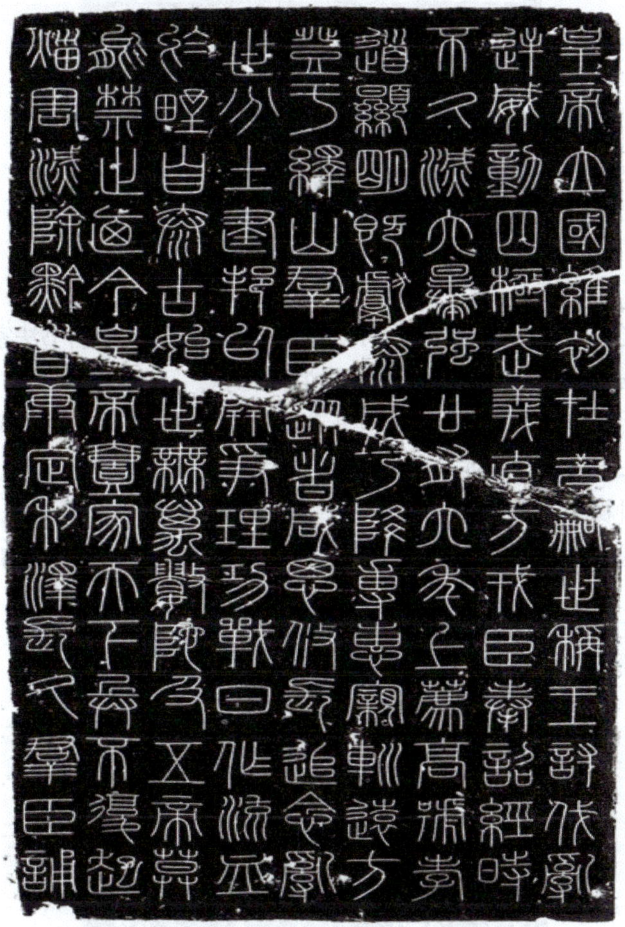

（四）隶书

秦朝时期的小篆书写过于规范，书写速度很慢，所以几乎在同时也产生了形体向两边撑开的扁方形隶书，民间也出现了许多的简便字体。这种字体的特点是变小篆的圆为方，改小篆的曲为直，并分出了一些偏旁部首，称为秦隶。秦隶并没有完全摆脱小篆的结构特点。至汉代，隶书发展到了成熟阶段，字的易读性和书写速度都大大提高，称为汉隶。汉隶完全发挥了毛笔的特点，出现了蚕头雁尾的波折之笔，书写起来轻松自如。

（五）楷书

汉朝流行汉隶的同时，楷书正处在萌芽阶段。三国时期曹魏著名书法家、政治家钟繇在书法方面颇有造诣，是楷书的创始人，被后世尊为“楷圣”，又称“楷书鼻祖”。到魏晋南北朝时期，晋代的王羲之、王献之父子进一步使楷书走向成熟，他们吸取了篆书圆转笔画，也保留了隶书的方正平直，去掉了蚕头燕尾，当时被称为真书。后人以这种字体作为学习书法的楷模，即改称为楷书。这种糅和了隶书和草书而自成一体的楷书在唐朝开始盛行。颜真卿、柳公权、欧阳询等书法家都是当时的佼佼者，他们的书法作品至今仍被人们作为学习的范例。

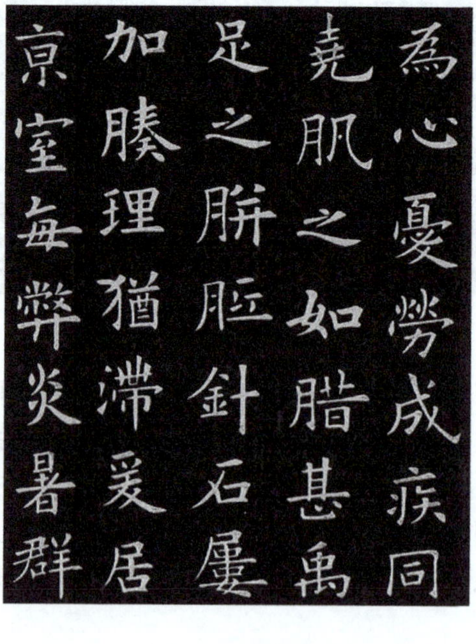

（六）草书

初期的草书，打破了隶书的方整规矩严谨，是一种草率的写法，称为章草。章草是早期草书和汉隶相融的雅化草体，波挑鲜明，笔画勾连呈“波”形，字字独立，字形扁，笔带横势。汉末，章草进一步草化，脱去隶书笔画行迹，上下字之间笔势牵连相通，偏旁部首也做了简化和互借，称为今草。今草，是章草去尽波挑而演变成的，今草书体自魏晋后盛行不衰。到了唐代，今草写得更加放纵，笔势连绵环绕，字形奇变百出，称为“狂草”。

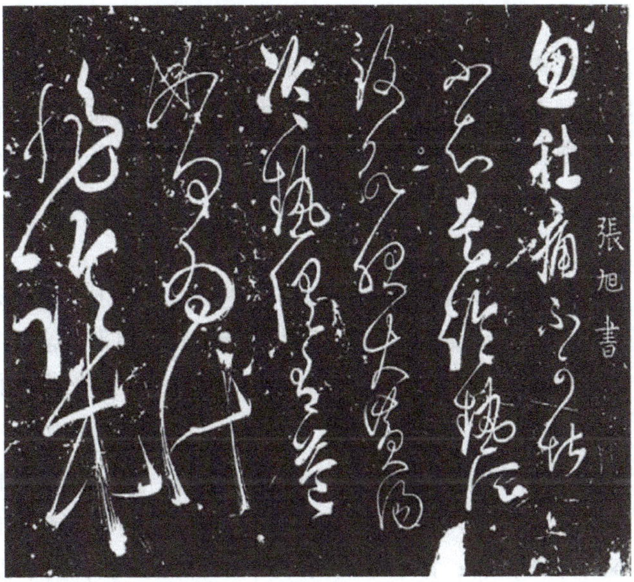

（七）宋体

宋代，雕版印刷术被毕昇改进为活字印刷术，产生了一种新型书体——宋体印刷字体。印刷术发明后，刻字用的雕刻刀对汉字的形体产生了深刻的影响，形成了一种横细竖粗、醒目易读的印刷字体，后世称为宋体。宋体不是手写体。

二、汉字造字法

六书之称，最早见于《周礼·地官·保氏》：“保氏掌谏王恶，而养国子以道。乃教之以六艺：一曰五礼，二曰六乐，三曰五射，四曰五驭，五曰六书，六曰九数。”至于六书的细目，到汉代才有记载。东汉时文字学家许慎编纂了字典《说文解字》，其叙云：“周礼八岁入小学，保氏教国子，先以六书。一曰指事，指事者，视而可识，察而可见，上下是也；二曰象形，象形者，画成其物，随体诘诎，日月是也；三曰形声，形声者，以事为名，取譬相成，江河是也；四曰会意，会意者，比类合谊，以见指撝，武信是也；五曰转注，转注者，建类一首，同意相受，考老是也；六曰假借，假借者，本无其字，依声托事，令长是也。”

（一）象形

属于独体造字法。用文字的线条或笔画，把所要表达物体的外形特征，具体地勾画出来。例如，月字像一弯明月的形状；龟字像一只龟的侧面形状；马字就是一匹有马鬣、有四腿的马；鱼字是一尾有鱼头、鱼身、鱼尾的游鱼；艸（草的本字）是两束草；门字就是左右两扇门的形状；而日字就像一个圆形，中间有一点，很像我们在直视太阳时，所看到的形态。

象形字来自图画文字，但是图画性质减弱，象征性质增强，它是一种最原始的造字方法。它的局限性很大，因为有些事物是画不出来的。

（二）指事

属于独体造字法。与象形的主要分别是，指事字含有绘画中较抽象的东西。例如，刃字是在刀的锋利处加上一点，以作标示；凶字则是在陷阱处加上交叉符号；上、下二字则是在主体一的上方或下方画上标示符号；三则由三横来表示。

（三）形声

属于合体造字法。形声字由两部分组成：形旁（又称义符）和声旁（又称音符）。形旁是指示字的意思或类属，声旁则表示字的相同或相近发音。例如，樱字的形旁是木，表示它是一种树木，声旁是婴，表示它的发音与婴字一样；齿字的下方是形旁，画出了牙齿的形状，上方的止是声旁，表示这个字的相近读音。

（四）会意

属于合体造字法。会意字由两个或多个独体字组成，将组成的字形或字义合并起来，表达此字的意思。例如，酒字，以酿酒的瓦瓶酉和液体水合起来，表达字义；解字，是以用刀把牛和角分开来表达字义；鸣字，指鸟的叫声，于是用口和鸟组合而成。

（五）转注

属于用字法。不同地区因为发音不同及地域上的隔阂，因此对同样的事物会有不同的称呼。当这两个字是用来表达相同的东西，词义相同时，它们会有相同的部首或部件。例如，考、老二字，本义都是长者；颠、顶二字，本义都是头顶；窍、空二字，本义都是孔。这些字有着相同的部首或部件，读音上也有音转的关系。

（六）假借

假借就是同音替代。在口语里，有的词没有相对应的文字，于是就找一个和它发音相同的字来表示它的含义。例如，自字，本来是鼻的象形字，后来借作自己的自。

实际上，古人并不是先有六书才造汉字。因为汉字在商朝时，已经发展得相当有规模，那时还没有关于六书的记载。六书是后来的人分析而归纳出来。然而，当有了六书系统后，人们再造新字时，都以此系统为依据。

在甲骨文、金文中，象形字占大多数。这是因为画出事物是一种最直接的造字方法。然而，当文字发展下去，要仔细分工的东西越来越多，如鲤、鲮、鲩、鳅等事物，都是鱼类，难以用象形的造字方法把它们之间的区别特征画出来。于是，形声字就成了最方便的方法，只要用形旁鱼就可以交代它们的类属，再用相近发音的声旁来区分这些字。由于形声字在创造新文字方面十分高效，甲骨文时期仅有一半不到的字是形声字，到了东汉，80%以上的汉字是形声字。

三、书法字体

（一）篆书

篆书始于先秦，成熟于小篆。小篆由籀文整理而成，曲线圆润，笔画统一匀称，结体谨严，遒劲庄重，在中国文字及书法艺术上，都有极大的影响，许慎编《说文解字》十五卷，即以小篆为主要文字依据。故小篆是一切篆体的正轨，学书法者，不可轻之。篆书的代表人物是李斯。

（二）隶书

隶书是由古文篆文渐次演变而来，据说是秦人程邈所创。隶书又分秦隶与汉隶。秦隶结体浑圆，与篆文相近，多用方笔，又称古隶。汉隶又称为八分体，变圆曲为方直，结体宽扁，逆笔突进，波磔呈露。隶书的代表作品如《张迁碑》等。

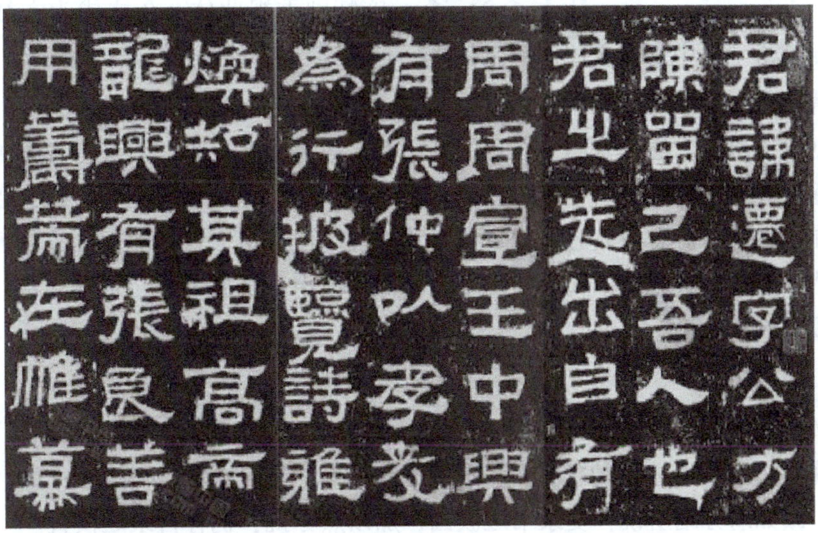

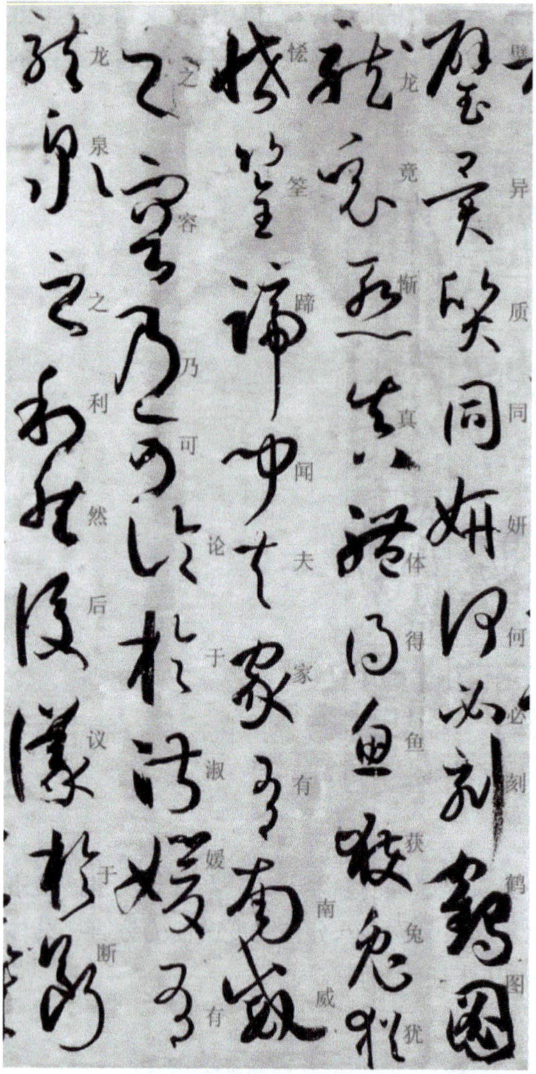

（三）草书

草书分为三种，即章草、今草与狂草。

1. 章草

章草笔画简约，有萦带连接，但其结体平正，用笔劲涩，笔画中有波磔，特别是捺画的起笔与末笔，明显保留了隶书的笔意，且字字独立，不相连绵，排列整齐，与今草、狂草有明显的区别。

2. 今草

今草即一般所说的草书，它脱去了章草中保留的隶书形迹，并在章草和楷书的基础上加快行笔，增加圆环勾连而成。张怀瓘的《书断》中说："章草之书，字字区别，张芝变为今草，加其流速，拔茅连茹，上下牵连，或借上字之终而为下字之始，奇形离合，数意兼包。"这正是章草与今草不同体势和运笔的概括，代表作如崔瑗的《贤女帖》。张怀瓘的《书议》中说："行书非草非真，在乎季孟之间；兼真者谓之真行，带草者谓之草行。"行书既没有像正书那样规矩繁难，也没有草书那样狂放难认的弊病，因具有不拘不放，易认好写的优点，所以笔札函牍皆使用，古今人学书，亦特别重视此体，久之成为在社会上最普遍流行，在日常生活中最切实使用的字体。

3. 狂草

狂草创始于唐朝，唐人张旭是狂草的开山祖，故有草圣之称。后又有怀素加以推波助澜，狂草逐渐被人们所认可。狂草以狂放不羁、潇洒恣肆、飞动张扬为特性，以强烈的节奏感和翻江倒海的气势震撼人心。狂草比今草更加简便快速，且笔势更加连绵回绕，活泼飞舞，奔腾放纵，大有驰骋不羁、一泻千里之势。但由于其省笔多，形体与楷、行二体相差太大，故较难辨认。

（四）楷书

楷书又称正书或真书。初期楷书，仍残留极少的隶笔，结体略宽，横画长而直画短，在传世的魏晋帖中，如钟繇的《宣示表》《荐季直表》、王羲之的《乐毅论》等可为代表作。观其特点，诚如翁方纲所说：变隶书之波画，加以点啄挑，仍存古隶之横直。

东晋以后，南北分裂，书法亦分为南北两派。北派书体，带着汉隶的遗型，笔法古拙

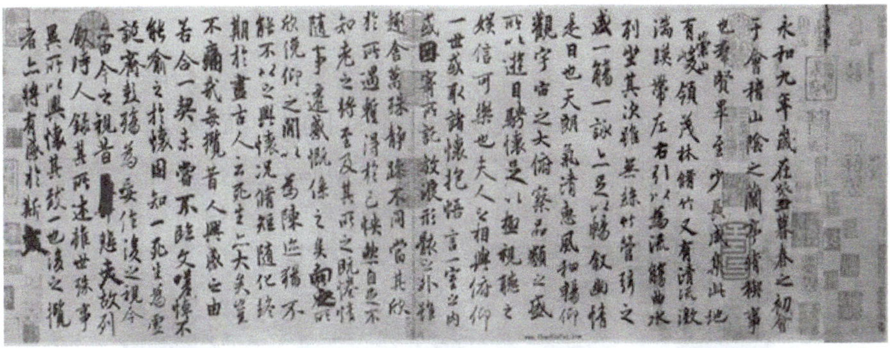

劲正，而风格质朴方严，长于榜书，这就是魏碑。南派书法，多疏放妍妙，长于尺牍。南北朝时期，因为生活地域、个人习性差异、书风迥然不同。北派书法刚强、南派书法蕴藉，各臻其妙，无分上下，而包世臣与康有为却极力推崇两朝书，尤重北魏碑体。

唐代的楷书，亦如唐代的国势，出现空前兴盛的局面，书体成熟，书家辈出。在楷书方面，唐初的虞世南、欧阳询、褚遂良，中唐的颜真卿，晚唐的柳公权，其楷书作品均为后世所重，奉为习字的模范。

有一种说法：“学书须先楷法，作字必先大字。”大字以颜为法，中楷以欧为法，中楷既熟，然后敛为小楷，以钟王为法。而多年的实验研究结果表明：初学写字，不宜先学太大的字，中楷比较适合。

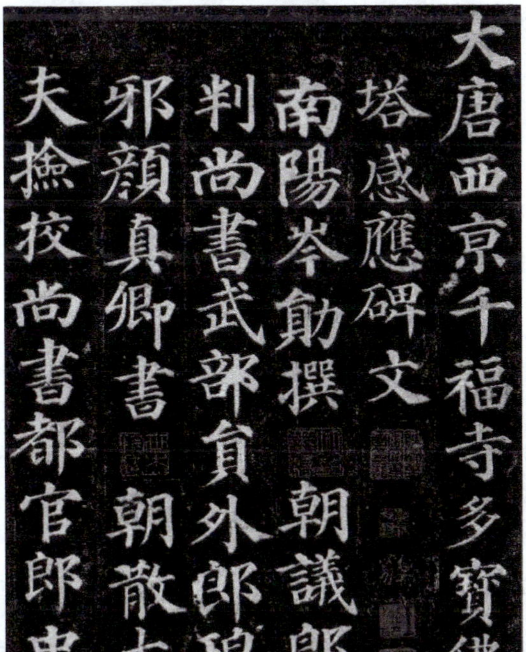

四、书法作品格式

常见的有横幅、竖幅两类。横幅有四种，即匾额、横批、长卷、册页。竖幅有七种，分别为斗方、三开、对幅、中堂、条幅、扇面、对联。

（一）横幅

1. 匾额

匾额一般挂在门上方、屋檐下。当建筑四面都有门时，四面都可以挂匾，但正面门上必须要有匾，皇家园林、殿宇以及一些名人府宅莫不如此。

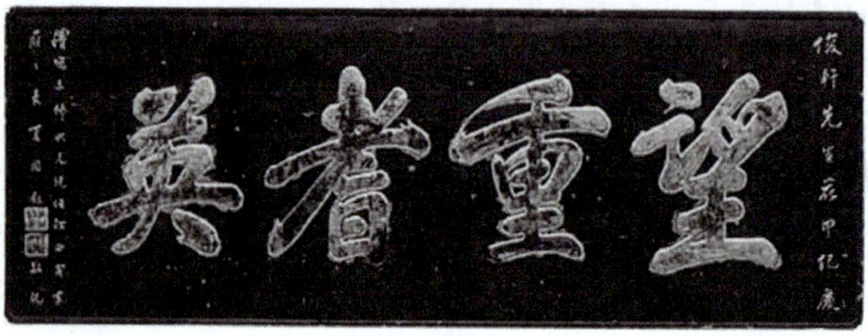

2. 横批

横批是中国书画装裱的一种样式。其画心竖短横长，左右两头有尺寸相等的一对木楣，即两“耳”。

3. 长卷

书法长卷，一般指横幅竖版书法作品。内容通常是字数较多的诗词、长歌等。收藏时卷起来装进圆筒状的画轴盒子里，欣赏时从右至左横向展开。

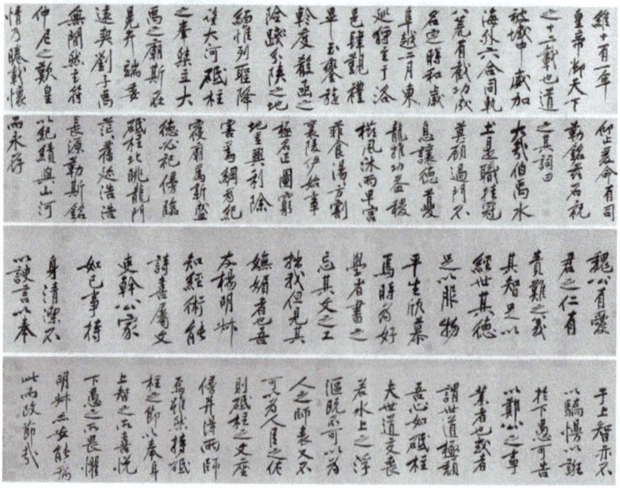

4. 册页

册页是可以折叠的书法作品。

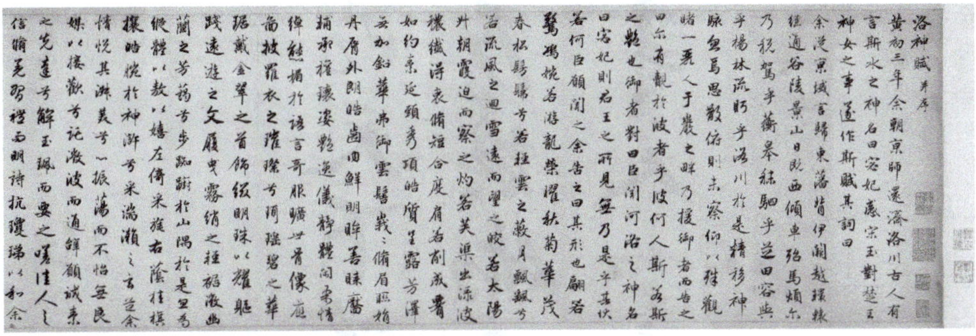

（二）竖幅

1. 斗方

斗方是中国书画的一种式样，呈正方形。通常用四尺宣纸对裁两份，二尺高、二尺宽，也可把四尺宣纸裁为八份，称为小品斗方或斗方小品。

斗方是竖行书写的正方形的作品。书写内容一般是四至六行。因为行列多，篇章布局时应强调上下左右的大小、开合、呼应及节奏变化等。

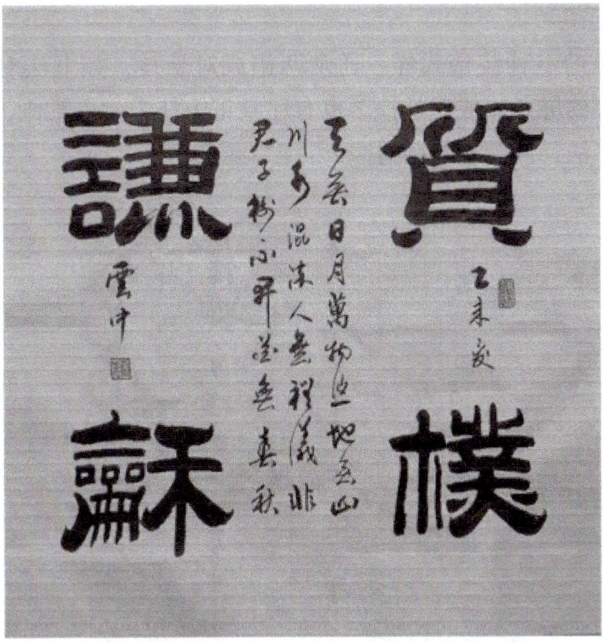

2. 三开

三开是中国书画的一种式样，呈长方形，尺寸不等。例如，用四尺宣纸分三份裁开，称四尺三开；若用五尺宣纸分三份裁开，称五尺三开，以此类推。同是三开，尺寸大小不同，四尺三开一般为三尺画面(实际是二尺七寸，八平方市尺的三分之一)，五尺三开则是十二平方尺的三分之一。

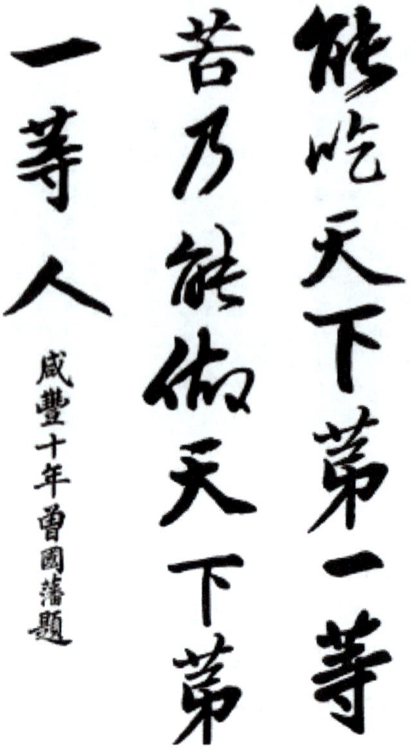

3. 对幅

对幅是中国书画的一种装裱式样。通常两幅成对悬挂，如书法对幅。明清绘画有画对，是两幅大小相等的屏条，成对悬挂。也有厅堂正中挂中堂立轴画，两边分挂字对；或中间悬挂中堂立轴书法，两侧悬挂画对。

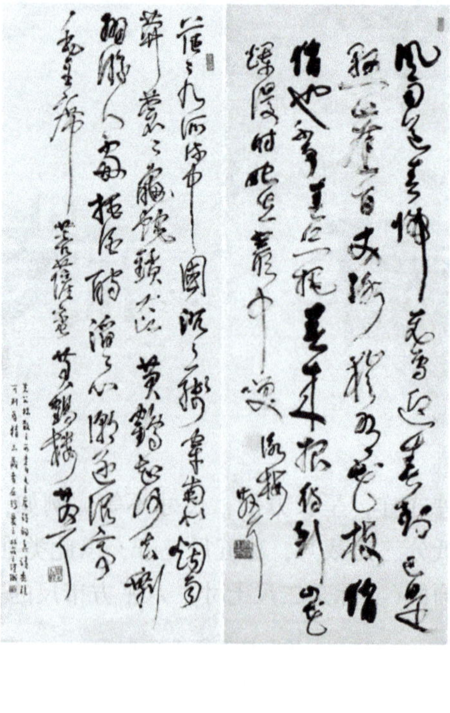

4. 中堂

中堂是竖行书写的长方形的作品。尺寸一般为一张整宣纸(分四尺、五尺、六尺、八尺等)。因为尺幅比较大，所以需要创作者具有精熟的技法和把握作品整体布局的能力。

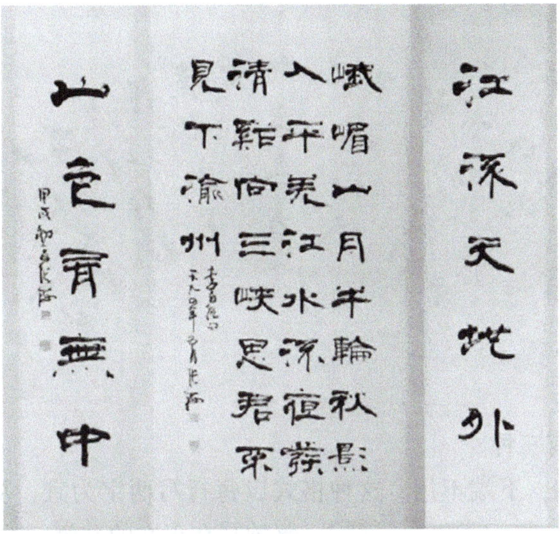

5. 条幅

条幅是竖行书写的长条作品。尺寸一般为一张整宣纸对裁。安排章法时，应能根据书体的特点，精心构思，立意新颖。

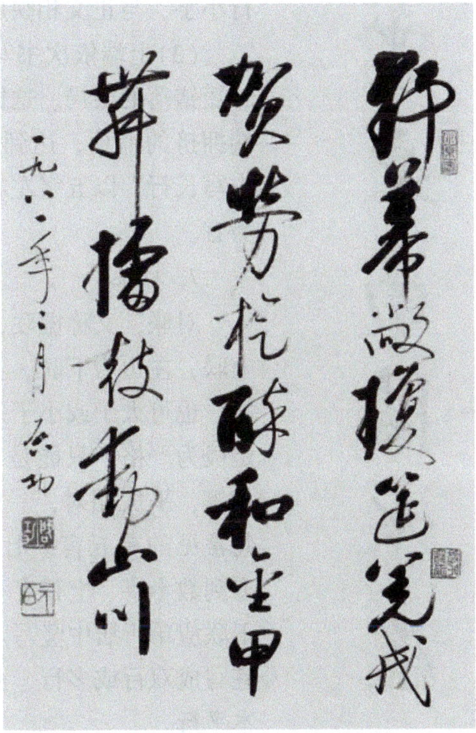

6. 扇面

这里专指折扇扇面，它是一种特殊的形式。扇面上宽下窄的形状使得折纹与拆纹之间也是上宽下窄。这种独特的样式，要求在创作时做出恰当地安排。

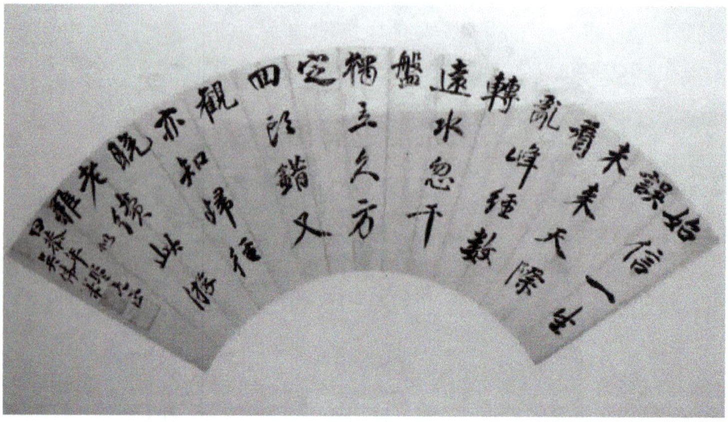

常见的扇面形式有三种。

(1)充分利用上端，下端不用。这种格式以每行写两字为宜，从右至左，依次安排。落款写在正文的左侧。款宜长些，款字写一行至数行不等，印章宜小于正文。

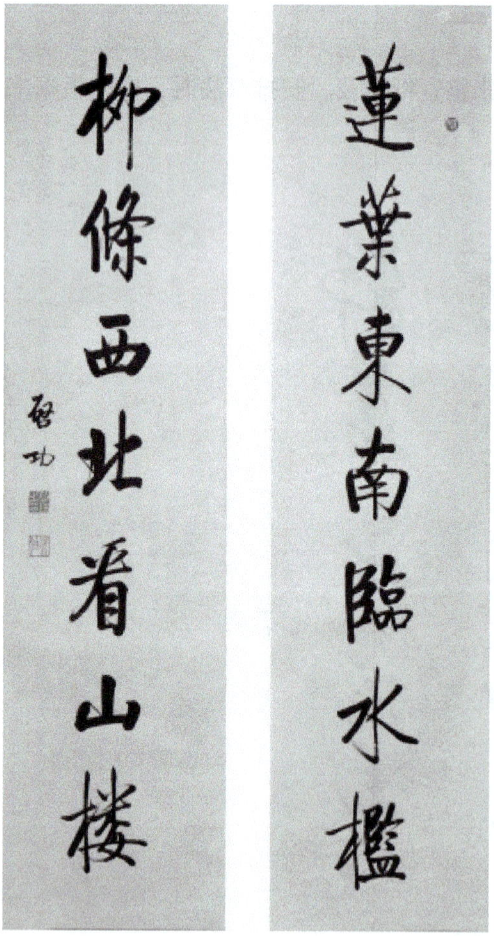

(2)写少数字，利用扇面的宽度由右向左，横排书写二至四字，要收放有度。落款可写数行小字，与正文相映成趣。

(3)上端依次书写，下端隔行书写，形成长短错落的格局。这样则可避免上端疏朗而下端拥挤的情形，达到通篇的和谐。这种格式，先写长行，以五字左右为宜，短行以一、二字为宜。

7. 对联

对联，又称楹联，分为上下两联，右边为上联，左边为下联。上下联的尺寸可与条幅等同，也可大于或小于条幅。对联的书写内容规定极为严格，只能是对仗的句子(上下联字数相等，平仄相对，一般字不重复出现)。对偶句常见的有五言、七言；也有少到三字一联，多到数十字、上百字一联。在安排章法时，上下联应单行居中竖写。十字以上的对偶句，则宜写成双行或多行，上下联字的位置一般要基本平行。

任务实施

一、分组讨论汉字的造字方法。

二、搜索习近平金句十五句，并进行练习。

任务二　书法入门

学习任务

1. 了解掌握笔画的书写方法。
2. 了解汉字结体的法则及书法作品的布局。

问题导入

人们常说“字如其人”，做人要潇洒，写字也要洒脱。大家对写一手好字的人都很羡慕，那么如何才能写好字呢？

基础知识

一、正确的书写坐姿和握笔方法

（一）坐姿

1. 头正，指头部端正，勿歪斜，稍微向前俯视。
2. 身正，指上身挺直、两肩齐平、腰部挺起、胸部不要抵桌沿，妨碍呼吸。
3. 臂开，指两臂自然撑开，右手执笔、左手按纸，成均衡之势。笔距前胸一尺左右。
4. 足安，指两脚自然放平稳，不要交叉或蜷腿、踮脚尖等。

（二）握笔方法

毛笔的握笔方法：大拇指的第一节内侧按住笔杆靠身的一方，大拇指处于略水平的横向状态。食指的第一节或与第二节的关节处由外往里压住笔杆。中指紧挨着食指，钩住笔杆。无名指紧挨中指，用第一节指甲根部紧贴着笔杆顶住食指、中指往里压的力。小指抵住无名指的内下侧，用一点力。这样形成五个手指力量均匀地围住笔的三个侧面，用按、压、钩、顶、抵的方法把笔执稳，让手指各司其职，使笔固定，手心虚空。这就是所谓的五指执笔法。

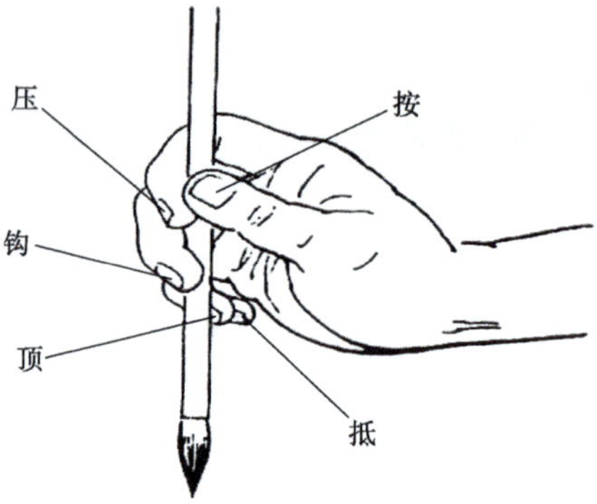

二、楷书基本笔画

楷书是学习书法的基本功，学书宜从楷书入手。“楷如立，行如行，草如走”，意思是正如人总要先学会站立，然后才能学会走路或奔跑，有了楷书作基础才能写好行书和草书。楷书因为端正，行笔速度也较缓慢，初学者易学。基本掌握了楷书笔画和结构，书写速度自然会快起来，这时再学写行书和草书就不难了。

学楷书，从点画开始。掌握了点画的基本形态和写法，无论字帖中字的笔画如何变化，临摹起来就容易抓住要领，学到它的形和神。

永字八法，是中国书法用笔法则。以永字八笔顺序为例，阐述正楷笔势的方法：点为侧，侧锋峻落，铺毫行笔，势足收锋；横为勒，逆锋落纸，缓去急回，不可顺锋平过；直笔为努，竖要写得挺直有力；钩为趯，驻锋提笔，使力集于笔尖；仰横为策，起笔同直划，得力在划末；长撇为掠，起笔同直划，出锋稍肥，力要送到；短撇为啄，落笔左出，快而峻利；捺笔为磔，逆锋轻落，折锋铺毫缓行，收锋重在含蓄。

（一）点

1. 基本形式

头尖、尾圆、腹平、背圆。

2. 写法

（1）锋尖落纸（可先将笔舔尖，轻轻落笔）。

（2）向右下将笔毫向两边铺开，笔渐下渐重。

（3）到下半部，将笔锋稍提起，再放下向背部兜围扭动一下。

（4）轻快有力地从下腹出锋。

3. 种类

测点、直点、横点、长点、挑点、撇点。

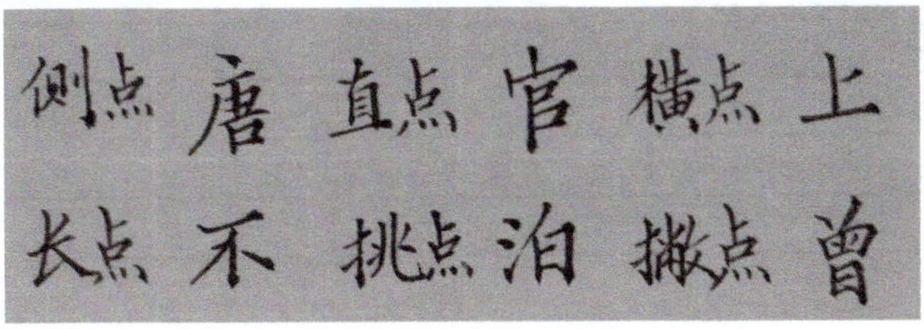

（二）横

1. 基本形式

头方（斜）尾圆，中段略细。

2. 写法

（1）笔锋先从右向左逆行。

（2）直（或稍斜）落笔。

（3）通过提按使笔锋回复中锋，沿着笔画中线向右运行，中段稍提笔。

（4）至结尾处笔锋稍提起，再向右下放下，像写点那样，兜围扭动一下，然后迅速有力地向左收锋。

3. 种类

横有三种，即长横、短横和斜横。

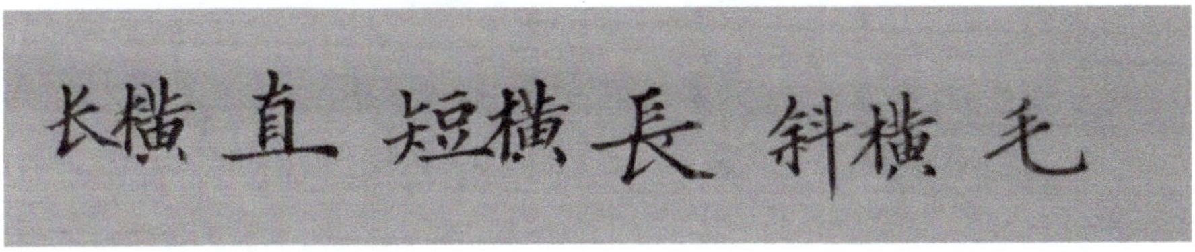

（三）竖

1. 基本形式

竖起支柱作用，要求写得劲挺有力，像人胸腰挺起。基本形式有垂露竖和悬针竖两种。

2. 写法

（1）笔锋向上逆行。

（2）横（或稍斜）落笔，笔向右斜。

（3）笔锋轻轻向左右扭动一下，调整笔锋然后向下行笔。

（4）垂露竖尾部，略提锋，从左向上收锋；悬针竖像一枚针，写得粗壮，出锋不宜太长太细。

3. 种类

竖有两种，即悬针竖和垂露竖。

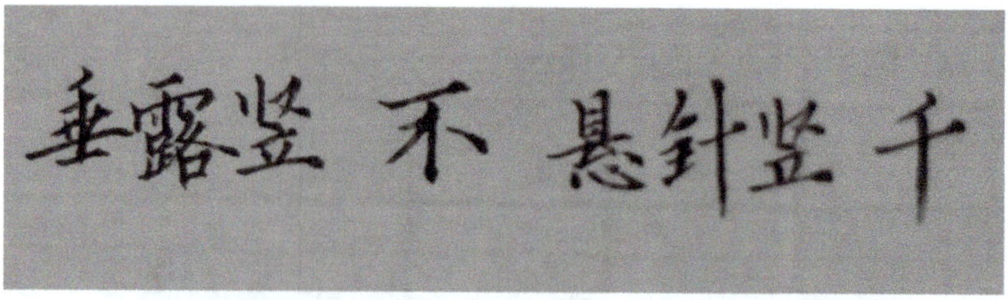

（四）撇

1. 基本形式

尾部略肥和上扬，姿态舒展。

2. 写法

（1）向上逆锋而起，斜落笔。

（2）调整笔锋，让中锋缓缓行笔。

（3）至尾部，快而有力地出锋，使力送到撇尖。

3. 种类

种类有长撇、竖撇、标撇和手撇。

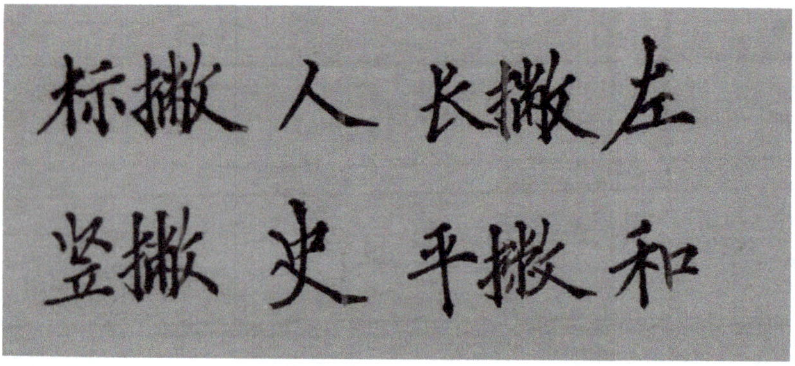

（五）捺

1. 基本形式

一折：从头到颈部。二折：颈到捺脚。三折：捺脚到锋尖。

一波：整笔有起有伏，像波浪。

2. 写法

（1）逆锋而起。

（2）轻轻向下落笔。

（3）略向左上起笔，至颈部，锋稍提使颈部略细。

（4）向右下渐渐将笔毫铺开，至捺脚处。

（5）轻向左推，调整笔锋，沉着痛快地扬出锋。

3. 种类

种类有斜捺、手捺、反捺。

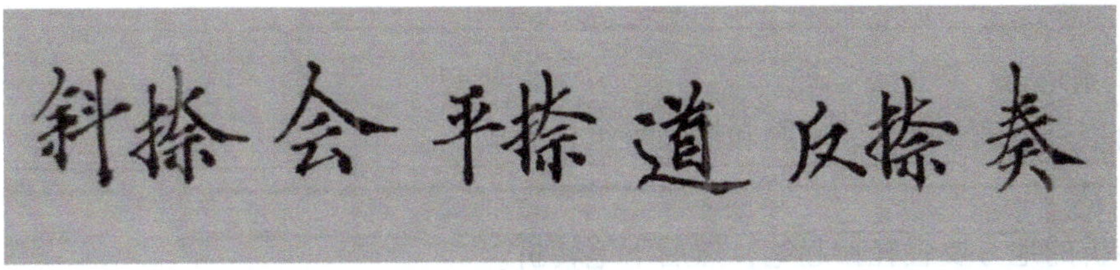

（六）钩

1. 基本形态

钩是其他笔画的附着物。竖左钩做到平、锐、满。即竖要平，锋要锐，钩要饱满。

2. 写法

写好一竖将要钩出时，先将笔锋往上提，使笔毫收聚，放下，然后用力向左平推出来。

3. 种类

种类有竖钩、戈钩、卧钩、背向钩和竖弯钩。

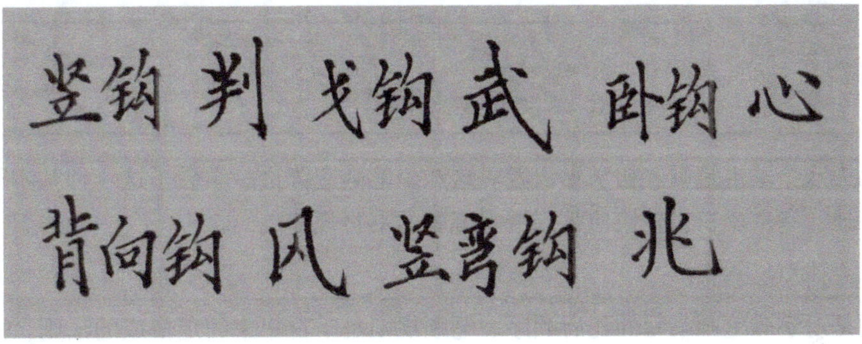

（七）挑

1. 基本形式

像反向的短撇。

2. 写法

(1)逆锋而起。

(2)斜落笔。

(3)稍作扭动，调整笔锋。

(4)快而有力地向右上方挑出，送到笔画的尖端。

3. 种类

有平挑、斜挑两种。

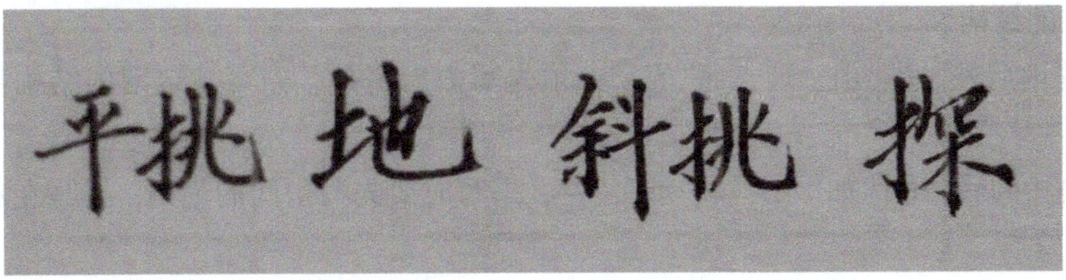

（八）折

1. 基本形态

折由一个横画和竖画、竖画和横画等组合而成。

2. 写法

在转折的地方要轻轻抬起笔，然后下笔转折。

3. 种类

种类有横折、竖折、撇折、竖转折。

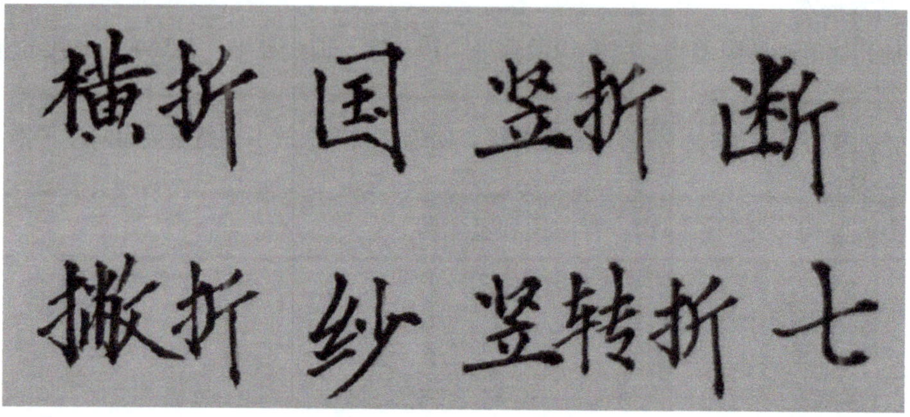

以上为八个基本笔画。初学书法者对这八个笔画应练透。学会了这八种基本笔画，就会触类旁通，举一反三，较快地掌握楷书笔画的书写规律。

三、书写笔顺

笔顺是写字时笔画书写的先后顺序。笔顺规则是千百年来约定俗成的法则，书写时要严格遵守。

1. 先左后右。如“川、位、班”等字，须从左到右按顺序书写。

2. 先上后下。如“三、思、京”等字，必须由上到下，逐笔逐层书写，这样才能顺气顺笔。

3. 先横后竖。如“丰、井、击”等字，须先写横画后写竖画。

4. 先横后撇。如“大、友、历”等字，横画和撇画交互穿插，书写时须先写横画，后写撇画。

5. 先撇后捺。如“人、文、春”等字，撇画与捺画交叉或左右分张时，应先写撇画，后写捺画。

6. 先外后内。如“同、凤、句”等字，须从外到内顺序书写，先写字的外框，后写框内被包围的结构。

7. 先内后外。如“山、幽、通”等字，须先写内后写外，先写被包围的结构部分，再写外框。

8. 先中间后两边。如“水、小、承”等字，书写时要先写中间的笔画，再写左右两边的笔画。

9. 先两边后中间。如“火、义、半”等字，须先写两边的笔画，后写中间的笔画。

10. 先进入后封口。如“园、田、国”等四面包围结构的字，要先写左、上、右三方外框笔画，再写框内的部分，最后封口堵门。

这十条笔顺规则，在汉字的书写过程中，经常会被运用。

四、结体法则

汉字都有其特定的形态。笔画的长短疏密、偏旁的大小高低，都有一定的安排处理，这就叫作间架结构。所谓结构，是指汉字笔画的组合规律；所谓间架，是指字的各部分的比例大小。虽然我国汉字一字有一字之形，形态万千；而同一字也因书体不同，书写者风格不同，结构也变化莫测。但不管怎么变化，总离不开一个法度(即结构的基本法则)，总有规律可寻。故唐代欧阳询、明代李淳进和清代黄自源分别总结了《结字三十六法》《大字结构八十四法》和《间架结构九十二法》。概括起来，有下列三十条。

1. 横平竖直：平时所讲的横平，指的是横画平稳，并非水平之意。横向右上斜 5~10 度，在书法上叫取斜势。竖直指的是竖画挺劲，也并非垂直之意。根据字形可斜、可正、可曲、可直。

2. 上紧下松：字形上部笔画较紧凑，下部较疏朗。

3. 上开下合：“口”字，或带扁形口的字，如山字底、草字头等，都应上稍宽而放，下稍窄而收。

4. 上收下放：字下部有撇、捺及长横等伸展笔画时，上部结构单位应收紧；下部应左右伸展以托上，称作地载。

5. 上放下收：字上部有伸展笔画时，下部结构单位应收紧；上部左右舒展，以盖下，称作天覆。

6. 伸左让右：为让右，字左旁的笔画被竖画分割为两段者，左长右短。

7. 左细右粗：字中多条竖画排列时，左竖较细，右竖较粗。

8. 左短右长：凡有长口框的部分，左竖短而细，右竖长而粗。

9. 左断右连：口框或两纵向笔画之间的小横，一般连左竖，而不连右竖。如果有中竖穿过小横时，通常小横在左右两竖间悬空。

10. 左小上提：左右结构中，当左小右大时，左小者宜在右大者中间稍偏上。

11. 右小下落：左右结构中，当右小左大时，右小者宜居左大者中间稍偏下。

12. 左窄右宽：左耳狭窄且稍短以让右；右耳稍宽且悬针竖长以配左。

13. 左垂右悬：字中有多条竖画时，左边竖不能写成悬针。

14. 左顾右盼：注意左右各结构单位及小笔画的形态，使之生动，联系密切。

15. 左右对称：以中竖为准，左右笔画长短、高低、宽窄协调，以求均衡。

16. 左下、左上包围，内部稍偏右：左上包围或左下包围时，内部结构宜稍偏右书写，使整字重心居中。

17. 右上包围，内部稍偏左：右上包围，内部结构单位宜稍偏左书写，使整字重心居中。

18. 撇低捺高：撇尖与捺尾的连线为一斜线(另左右两点写法与其相同)，这也与取斜势有关。

19. 空档均匀：有多横或多竖排列时，尽量使上下或左右各个空档均匀。

20. 钩对中心：弯钩和斜钩，其钩尖的顿笔位置对准或接近本结构单位或本字中心线为佳。

21. 四周平稳：凡带方框的字，外框平稳方正，不能倾斜。

22. 内满偏左：方框内的结构单位应占满内部空间并稍稍人偏左。

23. 无画包竖：当口内无笔画时，口框右下角横伸出以包竖。

24. 有画包横：当口内有笔画时，口框右下角竖伸出以包横。

25. 交叉居中：撇捺交叉点宜在本结构单位或本字中心线上。

26. 捺不重复：凡有两捺以上存在时，只须伸展一捺，其他变点。

27. 笔断意连：虽然笔笔独立，但务必使上笔与下笔之间，运动轨迹自然，有一内在联系。

28. 撇尖进框：由上撇下框组成时，一般撇尖插入框内。

29. 内收外放：中间聚拢，字外围疏散放开。

30. 撇起竖右：在有竖与撇相连的字中，撇的起笔位置一般在竖的右边。

项目实训

1. 讨论并练习汉字笔画的写法。
2. 查找毛泽东诗词五首，用楷书练习。

任务三　书法作品欣赏

学习任务

了解书法作品欣赏的标准和方法。

问题导入

南朝书家王僧虔在《笔意赞》中讲道：“书之妙道，神采为上，形质次之，兼之者方可绍于古人。”他所强调的是以形写神，形神兼备。欣赏作品时，首先要明确书法欣赏的审美标准，这是书法欣赏的基础；其次要掌握书法欣赏的方法，这是书法欣赏的关键所在。一幅书法作品，摆在我们的面前，如何评价、如何欣赏呢？

基础知识

一、书法的审美标准

一般来说，形包括点画线条以及由此而产生的书法空间结构；神主要指书法的神采意味。

（一）书法的点画线条

书法的点画线条具有无限的表现力，它本身抽象，所构成的书法形象也无所确指，却要把全部美的特质包容其中。这样，对书法的点画线条就提出了特殊的要求。要求其具有力量感、节奏感和立体感。

1. 力量感

点画线条的力量感是线条美的要素之一。早在汉代，蔡邕《九势》就对点画线条进行了专门研究，指出“藏头护尾，力在字中，令笔心常在点画中行，点画势尽，力收之”。要求点画要深藏圭角，有往必收，有始有终，便于展示力度。需要注意的是，强调藏头护尾，不露圭角，并不是说可以忽略中间行笔。中间行笔必须取涩势中锋，以使点画线条浑圆淳和，温而不柔，力含其中。但是，点画线条的起止并非都是深藏圭角不露锋芒的（大篆、小篆均须藏锋）。书法中往往根据需要藏露结合，尤其在行草书中，千变万化。欣赏时，既要注意起止的承接和呼应，又要注意中段是否浮滑轻薄。

2. 节奏感

节奏本指音乐中音符有规律的高低、强弱、长短变化。书法由于在创作过程中运笔用力大小以及速度快慢不同，产生了轻重、粗细、长短、大小等不同形态的有规律的交替变化，使书法的点画线条产生了节奏。汉字的笔画长短、大小不等，更加强调了书法中点画线条的节奏感。一般而言，静态的书体（如篆书、隶书、楷书）节奏感较弱，动态的书体（如草书）节奏感较强，变化也较为丰富。

3. 立体感

立体感是中锋用笔的结果。中锋写出的笔画，映日视之，画之中心，有一缕浓墨，正当其中，至于折处，亦当中无有偏侧。这样，点画线条才能饱满圆实，浑厚圆润。因而，中锋用笔历来很受重视。但是，在书法创作中侧锋用笔也很常见。除小篆外，其他书体都离不开侧锋。尤其是在行草中，侧锋作为中锋的补充和陪衬，更是随处可见。

（二）书法的空间结构

书法的点画线条在遵循汉字的形体和笔顺原则的前提下交叉组合，分割空间，形成书法的空间结构。空间结构包括单字的结体、整行的行气和整体的布局三部分。

1. 单字的结体

单字的结体要求整齐平正、长短合度、疏密均衡。这样，才能在平正的基础上注意正欹相生，错综变化，形象自然，于平正中见险绝，险绝中求趣味。

2. 整行的行气

书法作品中字与字上下（或前后）相连，形成连缀，要求上下承接，呼应连贯。楷书、隶书、篆书等静态书体虽然字字独立，但笔断而意连。行书、草书等动态书体可字字连贯，游丝牵引。此外，整行的行气还应注意大小变化、欹正呼应、虚实对比，以及由此而产生的节奏感。这样，才能使行气自然连贯，血脉畅通。

3. 整体的布局

书法作品中集点成字、连字成行、集行成章，构成了点画线条对空间的切割，并由此构成了书法作品的整体布局。要求字与字、行与行之间疏密得宜，计白当黑，平整均衡、欹正相生，参差错落、变化多姿。其中楷书、隶书、篆书等静态书体以平正均衡为主；行书、草书等动态书体变化错综、起伏跌宕。

（三）书法的神采意味

神采本指人面部的神气和光采。书法中的神采是指点画线条及其结构组合中透出的精神、格调、气质、情趣和意味的统称。神采为上，形质次之，兼之者方可绍于古人。说明神采高于形质(点画线条及其结构布局的形态和外观)，形质是神采赖以存在的前提和基础；因此，书法艺术神采的实质是点画线条及其空间组合的总体和谐。追求神采，抒写性灵始终是书法家孜孜以求的最高境界。

书法中神采的获得，一方面依赖于创作技巧的精熟，这是前提和基础；另一方面，只有创作心态恬淡自如，创作中心手双畅，物我两忘，才能写出真情至性，融进自己的知识修养和审美趣味。

二、书法欣赏的方法

书法欣赏同其他艺术欣赏一样，需要遵循人类认识活动的一般规律。书法艺术的特殊性，又使书法欣赏在方法上表现出独特性，表现在以下几个方面：

（一）整体把握，局部分析

书法欣赏时，应首先统观全局，对其表现手法和艺术风格有一个大概的印象。进而注意用笔、结字、章法、墨韵等局部是否法意兼备，生动活泼。局部欣赏完毕后，再退立远处统观全局，校正首次观赏获得的大概印象，重新从理性的高度予以把握。注意艺术表现手法与艺术风格是否协调一致，作品何处精采、何处尚有不足，从宏观和微观进行充分的赏析。

（二）深刻理解创作意图

书法作品作为创作结果是相对静止的。欣赏时应随作者的创作过程，采用移动视线的方法，依作品的前后(语言、时间)顺序，想象作者创作过程中用笔的节奏、力度以及作者感情的不同变化，将静止的形象还原为运动的过程。也就是摹拟作者的创作过程，正确把握作者的创作意图、情感变化等。

（三）正确领会作品意境

在书法欣赏过程中，应充分展开联想，将书法形象与现实生活中相类似的事物进行比较，使书法形象具体化。再由与书法形象相类似事物的审美特征，进一步联想到作品的审美价值，从而领会作品意境。例如，欣赏颜真卿楷书，可将其书法形象与荆卿按剑、樊哙拥盾、金刚眩目、力士挥拳等具体形象类比联想，从而可以得出体格强健、有阳刚之气、富于英雄本色、端严不可侵犯的特征，由此联想到颜真卿楷书端庄雄伟的艺术风格。

（四）准确把握作品情调

任何一件书法作品都是某种文化、历史的积淀，都是特定历史文化背景下的产物。因而，了解作品的创作背景(包括创作环境)，明确作品中所蕴含的独特的文化气息和作者的人格修养、审美情趣、创作心境、创作目的等，对于正确领会作者的创作意图，正确把握作品的情调大有裨益。清代王澍《虚舟题跋·唐颜真卿告豪州伯父稿》云：“《祭季明稿》心肝抽裂，不自堪忍，故其书顿挫郁屈，不可控勒。”此文心气和平，故客夷婉畅，无复《祭侄》奇崛之气。所谓涉乐方笑，言哀已叹。情事不同，书法亦随而异，应感之理也。可见，无论是作者的人格修养、创作心境，还是创作环境，都对作品情调有相当的影响。加之书法作品受特定时代的书风和审美风尚的影响，更使书法作品折射出多元的文化气息。这无疑增加了书法欣赏的难度，同时更使书法欣赏妙趣横生。

总之，书法欣赏过程中受个性、心理的影响，欣赏的方法没有一个固定的模式。欣赏过程中可以将几种方法交替使用。另外，欣赏过程中还必须综合运用各种书法技能、技巧和书法理论知识，极大限度地挖掘自己的审美评价能力，尽力按作者的创作意图体味作品的意境。努力做到赏中有评、评中有赏，并将作品放在特定的历史环境中去考察，对作品作出正确的欣赏和公正、客观的评价。当然，掌握了正确的欣赏方法以后，多进行欣赏，是提高欣赏能力的重要途径，“扬雄谓，能观千剑，而后能剑；能读千赋，而后能赋”说的正是这个意思。

评审书法的好坏，是一件非常困难的事情，评论者的主观因素往往起决定作用。首先，爱好不同。有的人喜欢纤细秀美，有的人偏爱厚重粗狂，有的人偏爱端正静气的楷书，有的人偏爱生动流畅的行草。其次，文艺修养有深浅，审美趣味有高低。有的人追求写实，有的人追求写意；有的人推崇传统，有的人推崇创新。

当然，掌握了正确的欣赏方法之后，多进行欣赏，是提高欣赏能力的重要途径，扬雄谓：“能观千剑，而后能剑；能读千赋，而后能赋”，说的正是这个意思。

三、古代著名书法家介绍

（一）李斯

李斯（？—前208年），字通右，楚上蔡人（今河南上蔡县），秦代著名书法家，是中国书法史上有记载的第一位创作者，对汉字书法的发展起到先驱作用。秦始皇统一国家后，丞相李斯主持统一全国文字，在中国文化史上是一伟大功绩。他主持整理出了小篆。《绎山石刻》《泰山石刻》《琅琊石刻》即为李斯所书，历代都对其评价极高。

（二）钟繇

钟繇（151—230年），字元常，颍川长社（今河南许昌长葛）人，三国时代（魏）书法家，官至太傅，工书，博取众长，兼善各体，尤其精于隶楷。点画之间，多有异趣，结体朴茂，出乎自然。笔势如飞鸿戏海，舞鹤游天。历代书家亦评为高古纯朴，超妙入神。他的字，形成由隶入楷的新面貌，为晋代王羲之真书的先驱，故与王羲之并称钟王。可惜真迹不传。宋代以来的《宣师表》《力命表》《荐季直表》等法帖，都是后人的临摹本。钟繇学书十分勤奋，幼年曾向蔡邕、刘德升等求教，在外寻师访友，十六年从未返家一次。刻苦与专一的精神为后人景仰。

（三）张芝

张芝（？—约192年），字伯英，敦煌酒泉人，东汉书法家。勤学好古，淡于仕进，好书法，最擅章草。张芝曾临池学书，池水为黑，家中衣帛书而后练，由此可见其功力之深。被后人称赞超前绝后，独步无双，尊为草圣。《书断》（张怀瓘）卷中列张芝章草、草书为神品，曰：“尤善章草书，生诸杜度、崔瑗。龙豹变，青出于蓝。又创于今草，天纵颖异，率意超旷，无惜事非。若清涧长源，流而无限，萦回崖谷，任于造化。”张旭、韦诞、索靖、王羲之父子、张旭、怀素之草法，均源于伯英。羊欣云：“张芝、皇象、钟繇、索靖，时号书圣，然张劲骨丰肌，德冠诸贤之首，斯为当矣。”

（四）王羲之

王羲之(303—361 年，一作 321—379 年)，东晋书法家，字逸少。原籍琅琊人(今属山东临沂)，居会稽山阴(浙江绍兴)。官至右军将军，会稽内史，人称王右军。王羲之出身于两晋的名门望族，十二岁时经父亲传授笔法论，语以大纲，即有所悟。他小时候就从当时著名的女书法家卫夫人学习书法。以后他渡江北游名山，博采众长，草书师法张芝，正书得力于钟繇。观摩学习兼撮众法，备成一家，达到了贵越群品、古今莫二的高度。

与两汉、西晋相比，王羲之书风最明显特征是用笔细腻，结构多变。王羲之最大的成就在于增损古法，变汉魏质朴书风为笔法精致、美仑美奂的书体。草书浓纤折中，正书势巧形密，行书遒劲自然。总之，把汉字书写从实用引入一种注重技法，讲究情趣的境界，实际上这是书法艺术的觉醒，标志着书法家不仅发现书法美，而且能表现书法美。后来的书家几乎没有不临摹过王羲之法帖的，因而有书圣美誉。他的楷书如《乐毅论》《黄庭经》等在南朝即脍炙人口，曾留下形形色色的传说，有的甚至成为绘画的题材。他的行草书又被世人尊为草之圣。没有原迹存世，书法刻本甚多，有小楷乐毅论、黄庭经等，摹本墨迹廓填本有孔侍中帖、兰亭序、快雪时晴帖等。他的《兰亭集序》书法遒媚劲健、端秀清新，是王羲之的生平得意之作，自古以来，被誉为天下第一行书。

（五）欧阳询

欧阳询(557—641 年)，字信本，潭州临湘(今湖南长沙)人，唐代书法家，世称欧阳率更。世人称他的字为率更体。虞世南说他不择纸笔，皆能如意。他还能写一手好隶书。他的书法，以楷书为最。究其用笔，圆兼备而劲险峭拔，若草里惊蛇，云间电发，又如金刚怒目，力士挥拳。其中竖弯钩等笔画仍是隶笔。他所写《化度寺邑禅师舍利塔铭》《皇甫诞碑》《九成宫醴泉铭》被称为唐人楷书第一。他的楷书无论用笔还是结体都有十分严格的程式，便于初学。后人所传欧阳结体三十六法，就是从他的楷书归纳出来的结字规律。

（六）颜真卿

颜真卿(709—784 年)，字清臣，唐京兆万年人，唐代书法家。开元进士，迁殿中侍御史，为杨国忠所恶，出为平原太守，故世称颜平原。安史之乱，颜抗贼有功，入京历任吏部尚书，太子太师，封鲁郡开国公，故又世称颜鲁公。德宗时李希烈叛变，宰相卢杞衔恨使真卿往劝谕，为希烈所留，忠贞不屈，被缢杀。

颜真卿为琅家学渊博，工于尺牍；从褚遂良、张旭笔法，其正楷端庄雄伟，气势开张，楷书遒劲舒和，一变古法，自成一格，人称颜体。宋欧阳修评云：“颜公书如忠臣烈士、道德君子，其端庄尊重，人初见而畏之，然愈久而愈可爱也。其见宝于世者不必多，然虽多而不厌也。”《多宝塔碑》《颜勤礼碑》《祭侄文稿》等皆为其名作。元代鲜于枢评《祭侄文稿》为天下第二行书。在此帖真迹中，所有的渴笔和牵带的地方都历历在目，能让人看出行笔的过程和笔锋变换之妙，对于学习行草书有很大的益处。

（七）柳公权

柳公权(778—865 年)，字诚悬，京兆华原(今陕西耀县)人，唐代书法家。元和初进士，历仕校书郎、侍书学士、官至太子太师，世称柳少师。他生活在晚唐时期，柳公权的书法贡献在于他用创造精神继承颜真卿的成就，为唐代书风建设画上了一个完美的句号。《旧唐书》说柳公权初学王书，遍阅近代书法，体势劲媚，自成一家。当时公卿大臣家碑版，不得公权手书者，人以为不孝。他学颜字，但能自创新意，世称颜筋柳骨。柳字避开了颜字肥壮的竖画，把横竖画写得大体均匀而瘦硬；他又吸取了北碑中方笔字斩钉截棱角分明的长处，把点画写得好像刀切一样爽利深挺；他又吸取虞、欧楷书结体上的紧密，颜真卿楷书结体的纵势，写出了独树一帜的柳体字。

（八）赵孟頫

赵孟頫(1254—1322 年)，字子昂，号雪松道人，又号水晶宫道人，湖州(浙江吴兴)人，宋太祖之子秦王赵德芳的后裔。宋灭亡后，归故乡闲居，后来奉元世祖征召，历仕五朝，官至翰林学士承旨、荣禄大夫，封魏国公，谥文敏。擅长篆、隶、楷、行、草各体、冠绝古今。著有《松雪斋集》。据明人宋濂讲，赵氏书法早岁学妙悟八法，留神古雅的思陵(即宋高宗赵构)书，中年学钟繇及羲献诸家，晚年师法李北海。此外，他还临抚过北魏的定鼎碑及唐虞世南、褚遂良等人的作品，集前代诸家之大成。他能在书法上获得如此成就，是和他善于吸取别人的长处分不开的。尤为可贵的是宋元时代的书法家多数只擅长行、草体，而赵孟頫，却能精究各体。后世学赵孟頫书法的极多，赵孟頫的字在朝鲜、日本流行。赵氏传世作品以行楷居多，大多用笔精到，结字严谨，如《赤壁赋》《道德经》《汉汲黯传》等，堪称经典之作。

任务实施

一、分组讨论：如何欣赏书法作品。

二、练习好自己的名字，分别用楷书和草书在黑板上书写，同学们互相评比。

三、查找古代爱国诗词 10 首，并用楷书练习书写。

四、搜索以下历代名作：

1. 李斯《峄山刻石》
2. 隶书《曹全碑》《张迁碑》
3. 钟繇《宣示表》《荐季直表》
4. 王羲之楷书《乐毅论》《黄庭经》，行书《兰亭集序》
5. 欧阳询楷书《九成宫醴泉铭》《化度寺碑》
6. 颜真卿楷书《多宝塔感应碑》，行书《祭侄文稿》
7. 柳公权楷书《玄秘塔碑》
8. 赵孟頫小楷《道德经》《汉汲黯传》
9. 文徵明小楷《琴赋》《赤壁赋》
10. 王铎《无言古诗轴》《杜甫律诗卷》

项目六 礼 仪

学习目标

通过学习，掌握个人礼仪、社交礼仪和校园礼仪知识，塑造良好个人形象，提升个人基本素养，增强自信，提高人际关系处理能力，营造和谐积极的人际氛围，为个人发展奠定良好基础，推动事业成功。

人文素养

1. 通过礼仪教育，让学生明白言谈举止和仪容仪表能反映人的精神面貌、文明程度和思想修养。个人的文明程度不仅关系到自身形象，同时也影响整个学校的精神风貌乃至整个社会的精神文明。

2. 通过礼仪教育，进一步提高学生的礼仪修养，培养学生沟通交流的实际能力，养成良好的礼仪习惯，具备基本文明素质。

3. 通过礼仪教育，影响和改变学生的人生观、价值观和个性等，塑造和培养学生的内在品质和修养，使之具备高尚的精神境界和高品位的文化境界，与他人和谐相处，做社会文明人。

4. 礼仪教育涵盖了中华民族的文化和道德教育，根本目标是教育和引导学生自觉遵循社会道德礼仪规范和社交礼仪形式，提高文明意识，养成文明行为习惯，营造良好社会风尚，使人与人之间、人与社会之间达到高度有序和谐，提高整个社会的文明风尚。

任务一 个人礼仪

学习任务

1. 学习、掌握个人礼仪有关知识。
2. 运用所学礼仪知识规范个人言行。

问题导入

某公司招聘文员，应聘者众多。中文系毕业生王明听说后，前去应聘，王明的专业成绩非常优秀，英语水平也很高。王明长相端正，但由于天气炎热，他上穿圆领衫，下穿短裤，脚着拖鞋，进来后就坐在招聘人员面前滔滔不绝地自我介绍起来，招聘人员听完介绍，看了看资料，便让他回去等通知。王明自认为很有把握，结果却没有等来通知。你知道王明未应聘成功的原因是什么吗？假如你是王明，你会怎么准备这次面试？

基础知识

一、仪容礼仪

仪容，指人的外观、外貌。主要指人的容貌。在人际交往中，每个人的仪容都会引起交往对象的特别关注，并将影响到对方对自己的整体评价。

（一）仪容美的内涵

(1) 自然美：指仪容的先天条件好、天生丽质、先天美好的仪容相貌，会令人赏心悦目，感觉愉快。

(2) 修饰美：指依照规范与个人条件，对仪容进行修饰，扬长避短，设计、塑造出美好的个人形象，在人际交往中尽量令自己显得有备而来，自尊自爱。

(3) 内在美：指通过努力学习，不断提高个人的文化、艺术素养和思想、道德标准，培养高雅的气质和美好的心灵，使人秀外慧中，表里如一。

真正的仪容美，是上述三个方面的高度统一。

（二）仪容修饰要求

修饰仪容的基本原则是美观、整洁、卫生、得体。

(1) 仪容要干净、整洁、卫生：要整齐洁净、清爽，消除异味。

(2) 仪容要简约：仪容修饰应简练、朴素，忌标新立异。

(3) 仪容要端庄：庄重大方、斯文雅致，不仅给人以美感，而且易于赢得他人信任。

二、仪态礼仪

仪态即人的举止姿态，包括站姿、走姿、坐姿、蹲姿、表情等。仪态语是一种无声语言，具有明确的含义和表达功能。

（一）站姿自然

“站如松”，得体的站姿会给人以挺、直、高以及健康向上的感觉。

(1) 头正：两眼平视前方，下颌稍内收，表情自然，脸带微笑。

(2) 肩平：两肩平正，微微放松，稍向后向下沉。

(3) 臂垂：两肩平整，双臂自然下垂，中指对准裤缝。

(4) 躯挺：胸部挺起，腹部内收，腰部立直，臀部向内向上收紧。

(5) 腿并：两腿立直，贴紧脚跟靠拢，两脚尖朝外。

男子要求稳健、刚毅、洒脱，体现阳刚之美；女子要求优美、庄重、大方，体现柔和轻盈之美。

（二）坐姿端庄

“坐如钟”，这是形容人们的坐姿像钟一样沉稳、端庄。优雅的坐姿传递着自信、友好、热情的信息，同时也显示出高雅庄重的良好风范。

首先，入座要注意顺序，请长者、尊者等先入座；面对服务对象时，一定要先请对方入座，这是待人以礼的表现。其次，入座应合“礼”，即与他人同时就座时，应当注意座位的尊卑，并且主动将上座相让于人。

离座时如身旁有人在座，须以语言或动作先向其示意；与他人同时离座，须注意起身的先后次序。地位低于对方时，应稍后离座；起身离座时，动作要轻缓，忌妨碍他人。

坐定时的姿势，头部端正，上身挺直，一般坐满椅面的2/3，手放在大腿上。

（三）走姿稳健

走姿是指一个人在行走过程中的姿势，是展示人的动态美的延续动作，是节奏美的体现。对走姿的要求是“行如风”。这是指行走时步位标准、步幅适当、步频均匀、步高合适、重心放准、摆臂自然、动作连贯，从容稳健、敏捷，给人动态之美，表现朝气、蓬勃、积极向上的精神状态。

（四）蹲姿得体

蹲姿是人处于静态时的一种特殊体位。

下蹲之时，一脚在前，一脚稍后。前脚应完全着地，小腿基本上垂直于地面；后脚则应脚掌着地，脚跟提起。此刻一膝高一膝低。女性应并紧两腿，男性则可适当地将腿分开。臀部向下，基本上以一腿支撑身体。

三、表情礼仪

在交际活动中表情倍受人们的关注，是人的思想感情和内在情绪的外露。脸部则是人体中最能传情达意的部位，可以表现出喜、怒、哀、乐、忧、思等各种复杂的思想情绪。在人的千变万化的表情中，眼神和微笑最具礼仪功能和表现力。

（一）眼神

眼睛是传递心灵信息的窗口，在人际交往中具有不可替代、不容忽视的作用。在人际交往中，一个人的目光应坦然、亲切、和蔼、有神，目光应注视对方，不要躲躲闪闪。

（二）微笑

真诚的微笑是“社交通行证”。它向对方表白自己的欢迎和友善，具有沟通感情、传递信息的作用。笑容能够消除人与人之间的陌生感，使人产生心理上的安全感、亲切感和愉悦感。初次见面，笑容是问候语；逢年过节，笑容是祝贺歌；交往有误解，笑容是道歉语；送别友人，笑容是欢送词。笑容是人们相互交融、相互感染的过程，能够创造出融洽、和谐、互尊、互爱的气氛，能够减轻人们身体上和心理上的压力。

微笑是指不发出声音，嘴角的两端略向上翘起，眼神中有笑意。人际交往中为了表示尊重、友好，微笑是必要的。

四、服饰礼仪

服饰礼仪是人们在交往过程中为了相互表示尊重与友好，达到交往和谐而体现在服饰上的一种行为规范。

服饰是最生动的自我介绍。穿着要符合自己的年龄特征、形体条件、职业特点。着装的基本要求是合体、合适、合度、有新意、有个性、整洁卫生。学生着装主要是以整洁、大方为主。

(一)服饰着装原则

1. 整洁原则

整洁指整齐干净，这是服饰打扮最基本的原则。整洁的穿着给人以积极向上的感觉，也是对交往对象的尊重和对社交活动的重视。整洁原则不是时髦和高档，只要服饰干净合体、全身整齐有致即可。

2. 个性原则

个性原则是社交场合树立个人形象的要求。由于年龄、性格、职业、文化素养等方面的不同，不同的人会形成各自不同的气质，因此，选择合适的服饰，富有个性的打扮，可以尽显自己的风采。

3. 和谐原则

和谐即协调得体。选择服装时不仅要与自身体型相协调，还要与着装者的年龄、肤色相配。根据自身特点，选择适合自己的服饰，体现服饰的神韵。

4. TOP 原则

T、O、P 分别是英语 time、occasion、place 三个单词的首字母，即着装的时间、场合、地点原则。漂亮的服饰不一定适合所有的场合、时间、地点。因此，在着装时要考虑到这三方面的因素。

(1)着装的时间原则：包含每天的早、中、晚时间的变化；春、夏、秋、冬四季的不同和时代的变化。

(2)着装的地点原则：指环境原则，即不同的环境需要与之相适应的服饰打扮。

(3)着装的场合原则：指场合气氛原则，即着装应与当时、当地的气氛融洽协调。

服饰 TOP 原则的三要素是相互贯通、相辅相成的。人们在社交活动与工作中，总是会处于一个特定的时间、场合和地点，因此，在着装时应考虑：穿什么、怎么穿。这是我们踏入社会并取得成功的一个开端。

(二)男士着装礼仪

男士着装主要是西装。西装又称西服，源自英国王室的传统服装，属于日常正统服装，使用场合广泛，并从欧洲影响到国际社会，成为目前世界上最为流行的一种国际性服装。它典雅大方，富有魅力，深受各界人士喜爱。

1. 西装穿着礼仪

(1)西装的套件：西装有单件上装和套装之分。非正式场合，可穿单件上装配以各种西裤或牛仔裤等；半正式场合，应着套装，可视场合气氛选择服装的色彩、图案；正式场合，则必须穿颜色素雅的套装，以深色、单色为宜。

西装要干净、平整，裤子要熨出裤线。

穿西装一定要穿皮鞋，且要上油擦亮，皮鞋的颜色要与西装相配套。穿皮鞋还要配上合适的袜子，以黑色或深蓝色的线袜为宜。

(2)西装的纽扣：西装有单排扣和双排扣之分。

双排扣西装，一般要求将扣子全部扣好。

单排扣西装，若是三粒扣子，只系中间一粒，或系上两粒，或全部不系；两粒扣子，只系上面一粒，或全部不系。

(3)衬衫：与西装配套的衬衫须挺括、整洁、无折皱，尤其是领口。衬衣袖子应以抬手时比西装衣袖长出 2 厘米左右为宜，领子应略高于西服领，下摆要塞进西裤。如不系领带，可不扣领口。

(4)领带和佩饰：领带是西装的重要装饰品，西装与衬衣、领带的搭配十分讲究，要和谐。领带的长度一般要到腰部，如果未穿西装背心，领带要长到腰带上沿附近。若内穿毛衣或毛背心等，领带必须置于毛衣或背心内，且西服下端不能露出领带头。领带夹是用来固定领带的，其位置不能太靠上，特别是不能有意的暴露在他人视野之内，它的正确位置是在 6 颗扣衬衣从上向下数第 4 颗扣的地方。

(5)西装的帕饰：西装的胸袋又称手帕兜，用来插装饰性手帕，也可空着。手帕须根据不同的场合折叠成各种形状，插于西装胸袋。

(6)注意事项：

①穿西装必须打领带。

②袖口和裤脚不能卷起。

③衬衣的下摆塞入裤内。

④穿西装必须穿皮鞋，袜子以深色为宜。

⑤无论男装还是女装，都应该坚持“内衣不外露”的原则。

⑥进入室内场所时，应该摘帽子，脱掉大衣、风衣。

⑦在室内或室外隆重仪式、迎送等礼节性场合，不要戴黑色眼镜。

(三)女士着装礼仪

对于稳重单调的男士着装，女士的着装则亮丽丰富得多。得体的穿着，不仅可以显得更加美丽，还可以体现出一个现代文明人良好的修养和独到的品位。

1. 随时间变换

不同时段有不同的着装规则，对女士尤其重要。白天工作时，女士应穿着正式套装，以体现专业性。晚上出席各种活动就须多加一些修饰，如戴上有光泽的佩饰，围一条漂亮的丝巾等。服装的选择还要适合季节气候特点，与潮流大势同步。

2. 与场合协调

女士参加活动时，要提前了解并准备服装，并与场合相协调，以示尊重。与顾客会谈或参加正式会议等，衣着应庄重考究；听音乐会或看芭蕾舞，应按惯例着正装；出席正式宴会时，则应穿中国的传统服装或西方的长裙晚礼服；而在朋友聚会、郊游等场合，着装则应轻便舒适。

3. 保持整洁平整

女士着装并非一定要高档华贵，但须保持整洁平整，显得大方得体，精神焕发。整洁是对他人的尊重，也是展示良好仪态的第一要务。

4. 根据需要选择搭配

不同色彩会给人不同的感受，深色或冷色调的服装会让人产生视觉上的收缩感，显得庄重严肃。而浅色或暖色调的服装则会有扩张感，使人显得轻松活泼。因此，可以根据不同场合需要进行选择和搭配。

5. 鞋袜搭配协调

除服装外，鞋袜等搭配也同样要多加考究，袜子以透明近似肤色或与服装颜色协调为宜。正式、庄重的场合不宜穿凉鞋或靴子，黑色皮鞋适用最广，可以和任何服装搭配。

6. 饰品佩戴典雅

巧妙地佩戴饰品能够起到画龙点睛的作用，为女士增光添色。佩戴饰品款式和数量不宜过多，否则会分散对方的注意力。佩戴饰品时，应尽量选择同一色系，并与整体服饰搭配统一协调。

五、交谈礼仪

与人交谈应以诚相待、以礼相待、谦虚谨慎、主动热情，不能逢场作戏、虚情假意或应付了事。

（一）交谈的态度

1. 表情自然

交谈时，目光应专注，表情亲切自然，和谐交流。如果是多人交谈，则应不时地用目光与众人交流，以示平等和尊重。

2. 说话礼貌

与人交谈时，说话声音让交谈对象听清即可，忌太大或太小；语态要平易近人、和缓亲善、热情友好、自然；语气要和蔼可亲、谦恭礼貌；语速要稳定，快慢适宜、舒张有度。

3. 举止得体

善于运用动作、手势传递信息。适度的举止既可表达敬意，又有助于双方的沟通和交流，要避免过分或多余的动作。

4. 注意细节

交谈时，可通过一些细节来体现自己的谈话态度：

（1）注意倾听：交谈时要认真聆听对方发言，并适时予以回应配合，来表达敬意。

（2）谨慎插话：交谈中不要随便打断别人说话，尽量让对方把话说完再发表自己的看法。

（3）重视交流：交谈时切勿“一言堂”，要谈论双方都感兴趣的话题。

（4）礼让对方：与人交谈时，要尊重对方，不要以自我为中心。

（5）委婉表达：陈述自己的见解时，应力求和缓、中听，要善解人意，说话留有余地，不要强人所难。

(二)交谈的语言和内容

(1)用普通话表达，使用尊称和一些约定俗成的礼貌用语、文明用语。

(2)交谈内容要与交谈的时间、地点和场合相对应。

(3)交谈内容应符合国家的法律法规。

(4)交谈时要根据交谈对象选择交谈内容。如根据对方的性别、年龄、性格、民族、阅历、职业、地位等选择适宜的话题。

(5)回避禁忌：交谈内容要慎重斟酌，不要犯忌。例如，不要涉及对方的个人隐私，如年龄、收入等；不要涉及对方的弱点与短处；不要涉及对方单位内部事务等。

任务实施

一、两两一组，对照学生仪容仪表内容，互相检查。

二、练习站姿、坐姿、走姿、蹲姿，以小组为单位进行展示。

任务二　社交礼仪

学习任务

1. 学习、掌握社交礼仪有关知识。
2. 运用所学礼仪知识来规范个人言行。

问题导入

假如你是一名企业职员，有一名重要客户到企业拜访，企业领导让你来进行接待，那么，第一次见面，应该如何称呼对方？什么时候拿出名片合适？怎么和对方交谈？交谈哪些内容呢？……

基础知识

会面礼仪是日常社交礼仪中最常用、最基础的礼仪，在社交和日常工作中，会见朋友或正式来访的客人时，既要热情友好，又要讲究基本的会面礼节，因此，掌握一些见面礼仪，能给对方留下良好的第一印象。

一、称呼礼仪

称呼，是指人们在交往中彼此之间所采用的称谓语。选择正确、恰当的称呼，既反映自身教养，又体现对他人的重视程度，还能体现双方关系所发展到的具体程度。

(一)称呼要正规

社交场合使用称呼时，人们常用以下几种称呼方式：

(1)称呼行政职务：人际交往中，此称呼最常用，意在表示交往双方身份有别。如

“王局长”“张部长”。

(2)称呼技术职称：有技术职称者，特别是具有高、中级技术职称者，在工作中可称其技术职称，以示尊敬。如：“刘教授”“周研究员”等。

(3)称呼职业名称：直接称呼对方的职业名称。如“吴会计”“郑老师”“赵教练”等。

(4)称呼通行尊称：通行尊称，也称为泛尊称，适用于各类人员，如“同志”“先生”等。

(5)称呼对方姓名：称呼同事、熟人，可直呼其姓名，以示关系亲近。

(二)称呼禁忌

(1)庸俗的称呼：在正式场合使用低级庸俗的称呼，既失礼，又失自己身份。如“王哥”“张姐”“钱老弟”等。

(2)绰号：在任何情况下，当面以绰号称呼他人，都是不尊重对方的表现。如“胖子”“瘦猴”等。

(3)地域性称呼：一些称呼具有地域性特征，要慎用。如“师傅”“小鬼”等。

(4)简化性称呼：在正式场合，有不少称呼不宜随意简化。例如，把“张局长”“王处长”称为“张局”“王处”，就显得不伦不类，不礼貌。

二、介绍礼仪

人际交往中，首先要向交往对象说明自己的情况，即介绍。介绍一般可分为三种，即个人介绍、他人介绍和集体介绍。

(一)个人介绍

在社交场合，把自己展现给其他人，使对方认识自己。恰当地自我介绍，不但能增进他人对自己的了解，还能创造出意料之外的商机。

自我介绍应注意三点：第一，先递名片；第二，时间简短；第三，内容完整。

正式的自我介绍中，单位、部门、职务、姓名，缺一不可。例如：“我叫张天明，是蓝天广告公司的公关部经理。”

(二)他人介绍

他人介绍，又称第三者介绍，它是经第三者为彼此不相识的双方引见、介绍的一种介绍方式。

平时，家里来客人，主人就是介绍人；单位来客人，一般是专职人员，如公关人员、文秘等担当介绍人；如果是重要客人，应由本单位的最高领导担任介绍人，以示对客人的尊重。

介绍的顺序有以下几种：

①介绍地位高者(上级、长辈等)与地位低者(下级、晚辈等)认识时，先介绍地位低者，后介绍地位高者。

②介绍女士与男士认识时，先介绍男士，后介绍女士。

③介绍已婚者与未婚者认识时，先介绍未婚者，后介绍已婚者。

④介绍同事、朋友与家人认识时，先介绍家人，后介绍同事、朋友。

⑤介绍来宾与主人认识时，先介绍主人，后介绍来宾。

⑥介绍与会先到者与后来者认识时，先介绍后来者，后介绍先到者。

（三）集体介绍

集体介绍，指被介绍一方或双方不止一人，是他人介绍的一种特殊情况。因此，上述他人介绍的基本规则是可以使用的，即介绍双方时，先卑后尊。而在介绍其中各自一方的具体人员时，则应当由尊至卑。

三、名片礼仪

名片，是当代人际交往中一种最经济实用的介绍性媒介。由于名片具有印制规范、文字简洁、使用方便、便于携带、易于保存等特点，且不分尊卑，职业男女老幼均可使用，颇受欢迎。

（一）名片的用途

(1)自我介绍：初次见面，以名片作辅助性自我介绍，效果最好。

(2)结交朋友：主动把名片递给别人，意味着友好、信任和希望深交之意。

(3)维持联系：名片犹如通讯录，利用它所提供的资料，可与名片的提供者保持联系。

(4)业务介绍：公务式名片上列有归属单位等内容，因此名片也可为本人及其所在单位进行业务宣传，扩大交际面，争取潜在的合作伙伴。

(5)通知变更：利用名片，可及时向老朋友通报本人的最新情况，如职务晋升、变换单位、电话改号等。

(6)拜会他人：初次拜访时，可将名片交由对方的门卫、秘书或家人，转交给被拜访者，避免冒昧造访。

(7)简短留言：拜访他人不遇，或者需要请人转达时，可在名片上留言并托人转交。

（二）交换名片须注意的问题

(1)交换时机：希望认识对方；表示自己重视对方；被介绍给对方；对方提议交换名片；对方向自己索要名片；初次登门拜访对方；通知对方自己的变更情况；希望获得对方的名片。

(2)交换的方法：递交自己名片时，要郑重其事，起身站立，走上前去，双手递送，字朝对方，同时，口头应有所表示，可以说：请多指教、请多多关照、今后保持联系等。

（三）递送名片应讲究先后顺序

可由近而远，或由尊而卑。

接受他人名片时，应停止手中所做的一切事务，起身站立，面含微笑，目视对方，双手捧接，口头道谢，或重复对方所使用的谦辞敬语，如“请您多关照”“请您多指教”等。接过名片后，可从头至尾将其认真默读一遍。若有疑问，则可当场向对方请教，表示重视对方。

四、握手礼仪

握手礼，是当今世界最为流行的礼节。握手时常常伴随寒暄、致意，如你(您)好、欢迎、多谢、保重、再见等。握手礼含义很多，分别表示相识、相见、告别、友好、祝贺、感谢、鼓励、支持、慰问等不同意义。

（一）握手的时间和力度

握手的力量、姿势与时间的长短往往能够表现握手人对对方的不同礼节与态度，应该根据不同的场合以及对方的年龄、性格、地位等因素正确使用。握手的时间要恰当，初次见面握手时间不宜过长，以三秒钟为宜。

握手时的力度要适当，可握得稍紧，约七成力，以示热情和尊敬；男士握女士手应轻一些，不宜握满全手，只握其手指部位即可。

（二）握手的顺序

(1)握手时，职位、身份高者、年长者应先伸手。

(2)女士与男士握手，女士应先伸手。

(3)已婚者与未婚者握手，已婚者应先伸手。

(4)社交场合，先到者应先伸手与后来者相握。

(5)主人应先伸手，与到访的客人相握；客人告辞时，应先伸手与主人相握。

（三）握手的禁忌

(1)不要用左手与对方相握。

(2)不要在握手时戴帽子、手套或墨镜，女士在社交场合可戴着薄纱手套握手。

(3)握手时不要一只手插在衣袋里或拿着东西。

(4)不要交叉握手。

(5)握手时目光勿左顾右盼。

(6)不要在握手时上下左右抖动。

五、电话礼仪

（一）打电话的原则

(1)时间适宜：公务电话避开临近下班、用餐时间，尽量打到单位。往家里打电话时，避开上午 8 点前，晚上 10 点后，通话时间以 3~5 分钟为宜。

(2)注意礼节：主动问好，自报家门；交谈文雅，举止文明；礼貌道别，轻放话筒；通话完毕后说“再见”“打扰您了”；一般是打出者先挂话筒；但与长辈、上级、客户通话时，应让对方先挂断。

（二）接电话的原则

(1)及时接听：铃响不过三，在第二声铃响后接听。

(2)礼貌应答：应先问好，并自报家门，使用礼貌用语。

(3)积极反馈：仔细聆听对方的讲话，准确、及时回复如“是”“对”“明白了”“好”，让对方感到自己在认真聆听。

(4)礼貌代接：代接他人电话，不询问对方关系，需要转答时，做好笔录，转答不延误。

(5)礼貌结束：交谈结束，让对方先挂电话。

六、位次礼仪

位次礼仪，是指人们在交际活动中依据一定的规则排序，使交际各方乐于接受的一种行为规范。

(一)尊位的确定

(1)面门为上：面对房间正门的位置为上座。

(2)居中为上：若分中央、两侧，则中央的位置高于两侧。

(3)前排为上：多排位置中，前排为上。

(4)以左为上：在我国并排时以左为上，国际惯例以右为上。

(5)以远为上：离门越远的位置越尊贵。

(二)会议位次(国内)

国内公务会议主席台的位次排列应遵循三个原则：前排高于后排；中央高于两侧；左侧高于右侧。

(三)引领位次

国际惯例中位次礼仪讲究以右为尊。在引领客人过程中，并排行走时的位次是：中央高于两侧，右侧高于左侧；如果在过道内行走，则内侧高于外侧。

(四)乘车位次

双排五座轿车

(1)驾驶员是专职司机，上座是后排右座，其次是后排左座、后排中座、副驾驶座。

(2)主人亲自开车，则上座为副驾驶座，通常由第一主宾就座，以示对主人的尊敬。

(3)接待的是重要人物，上座则为司机后面的座位，因为该座位隐秘性和安全性较高。

(五)宴会位次

正式宴会，位次排列的基本规则是：主人居中、以右为尊、主客相间。

(1)单个主人宴请，席次排列应以主人为中心，主人右边坐 1 号主宾，左边坐 2 号主宾；1 号主宾右边坐主方 2 号，2 号主宾左边坐主方 3 号，以此类推。

(2)男女主人共同宴请，席次讲究主副相对、以右为尊的原则，即男主人坐上席，女主人坐在男主人对面，男主人右边和左边分别是 1 号主宾(女主宾)和 3 号主宾，女主人右边和左边分别是 2 号主宾(男主宾)和 4 号主宾，其余宾客通常随男女主人按右高左低顺序依次按对角线排列，同时做到主客相间。

(3)同性别双主人宴请，应按照主副相对、以右为尊的原则依次顺时针排列，即第一主人的右边和左边分别是 1 号主宾和 2 号主宾，第二主人的右边和左边分别是 3 号主宾和 4 号主宾，同时做到主客相间。

除此之外，会谈、谈判、合影等诸多场合也会涉及位次礼仪，可参照以上进行。

任务实施

请以小组为单位，模拟以下场景：

小王是A企业总经理马总的秘书。一天，B企业总经理刘总和田副总、销售部李部长来访，小王到机场接站，用轿车将他们接到单位，乘电梯上楼，到会议室，马总和几位副总等在那里，介绍、寒暄后，入座，开始交谈。

中午，A企业总经理马总对B企业总经理刘总的到来举行了欢迎宴会，请问，他们的座次如何排？

任务三　校园礼仪

学习任务

1. 学习校园礼仪内容。
2. 运用所学礼仪知识来规范个人言行。

问题导入

肖明是今年的大一新生，刚刚入学，认识了同宿舍的几位同学，很开心。但是，没过几天，肖明就有点郁闷了。原来，宿舍的两位同学，鞋子味道太重，也不知道放到窗外，熏得人受不了。肖明想说吧，想想都是同学，大家又刚认识不久，怕闹矛盾。如果你是肖明，你会怎么做呢？

基础知识

大学是培养高素质人才的地方，担负着教书育人的神圣使命。在各种礼仪中，校园礼仪对于大学生尤为重要，任何一位走向社会的成功人士，都具备着高素质的礼仪修养，在这种素养的形成过程中，大学校园发挥了极为重要的作用。

大学生校园礼仪作为现代礼仪中较为重要的一部分，担负着指导大学生言行举止、提高大学生礼仪修养的重要任务。同时，校园礼仪是民族文化、民族精神的重要载体。知书达理，以礼待人，是当代大学生的基本素养。大学生在生活、学习、校园活动方面的礼仪修养是校园礼仪的重要内容。

大学生的校园生活多彩多姿，因而礼仪修养的载体也很丰富，可以把校园礼仪分为以下几个方面：

一、校园礼仪遵循原则

（一）真诚友爱，相互尊重

真诚友爱是一种崇高的道德情感。同学之间要团结友爱、平等待人、相互尊重，同学见面要打招呼。打招呼的方式很多，可以问好、点头、微笑、招手或喊名字等，做到热情、诚恳。

尊重他人，首先是尊重他人人格。不讥笑、辱骂同学，不给同学起绰号；其次，要尊重他人的生活习惯。每位同学的生活习惯都是自幼养成的，受家庭的教育和周围环境的影响，尊重别人的生活习惯就等于尊重他人人格。

（二）善于交谈，顾全大局

交谈是同学之间交流的主要形式之一。交流可以增加同学间的了解，增强友谊，增长知识。交谈时应该注意：说话态度要诚恳谦虚，语调平和；交谈中力求语言文雅，注意场合；与同学交流要讲究方式方法；开玩笑要注意分寸；听同学说话要态度认真，插话或提问应选择适当的时机；指出同学错误时要恳切、委婉；吵架、骂人、说难听话是一种无教养的行为和无礼的表现。

每位同学都要有集体意识。在集体生活中，要顾全大局，遵守规章制度，不可我行我素，影响集体荣誉。

（三）乐于助人，借物归还

乐于助人既是中华民族的传统美德之一，也是校园礼仪中不可缺少的内容。当同学需要帮助时，应分清是非，弄明情况，如果是对的，应尽力而为、量力而行，忌视而不见。

同学经常在一起，难免相互之间借用东西，即使随便用一下别人的物品，也应事先打招呼，征得他人同意。借别人的东西要说清楚归还时间，按时归还。借用的学习和生活用品要特别爱护。

二、个人礼仪

（一）语言礼仪

校园语言礼仪是校园文明礼仪的重要组成部分，杜绝说脏话、骂人等语言不文明现象，是校园文明建设的重点。大学生首先必须做到语言文明，杜绝说脏话、粗话，努力创造一个洁净的语言环境，让大家每天都处在健康的语言交流氛围中。要经常使用礼貌用语并养成习惯。

使用礼貌用语的最基本要求是：真诚友善、谈吐文雅、语言轻柔、词语亲切、音量适中、讲究语言艺术。

礼貌用语十字：您好，请，对不起，谢谢，再见。

见面语：早上好、下午好、晚上好、您好、很高兴认识您、请多指教、请多关照，等等。

感谢语：谢谢、劳驾、让您费心了、实在过意不去、拜托、麻烦您、感谢您的帮助，等等。

打扰对方或向对方致歉：对不起、请原谅、很抱歉、请稍等、麻烦、请多包涵，等等。

接受对方致谢致歉时：别客气、不客气、不用谢、没关系、请不要放在心上，等等。

告别语：再见、欢迎下次再来、慢走、祝您一路顺风、请再来，等等。

（二）仪容仪态礼仪

大学生即将踏入社会，面对越来越激烈的社会竞争，养成良好的礼仪习惯和文明行为可以提高就业竞争力。衣冠端正、举止文明、仪态端庄、生活俭朴，是对学生的起码要求，而良好的仪表仪态是其中的重要内容。

女生在日常学习、生活中，自然清新，以不化妆为宜；在社交娱乐活动中，可以化淡妆，以自然、淡雅为主，切忌人工痕迹过重。

男生不留长发，不理怪异发型，干净、整洁、无异味，富有朝气。

1. 站姿：站立时，身体应与地面垂直，保持身形挺拔，重心放在两腿中间。双肩放松，双臂自然下垂或在体前交叉，眼睛平视，面带笑容。

站姿禁忌：不要歪脖、斜腰、屈腿等，不要手插裤袋、双臂交叉胸前等动作。

2. 坐姿：应给人以文雅、稳重、自然大方的美感。正确的坐姿：腰背挺直，双肩放松，不论何种坐姿，上身都要保持端正。入座时要轻柔和缓，离座时要端庄稳重。

坐姿禁忌：不要猛起猛坐、弄得桌椅乱响；不要摇头晃腿。

3. 走姿：应给人以轻快自然的动态美感。正确的走姿：轻而稳，胸要挺，头要抬，肩放松，两眼平视，面带微笑，自然摆臂。

三、社交礼仪

（一）师生礼仪

进老师办公室须先敲门后喊“报告”，征得老师同意后，方可进去；进办公室要保持安静，不要在办公室里大声喧哗；不要随意翻动老师的物品；在路上遇到老师应点头致敬。

（二）交往礼仪

善于交友，不自卑不自傲；同学交流，不互相攀比；谨言慎行，不说长道短；温文尔雅，不出口伤人；就事论事，不揭人短处；合理退让，不要争吵不休。

（三）宿舍礼仪

注意宿舍清洁卫生，自觉搞好个人卫生，主动搞好公共卫生，保持宿舍内外整洁并美化环境；发生矛盾和不愉快的事情时，要克制自己，宽以待人，互相谅解；当别人发生争吵时，应耐心劝解，帮助解决矛盾；自己娱乐时勿妨碍他人；起床或就寝时，动作要轻，声音要小，以免影响别人休息；不要打探同学隐私。

（四）餐厅礼仪

餐厅是师生共同就餐的场所，人数多，使用时间集中，作为大学生，应按规定时间就餐，遵守秩序、互相礼让、自觉排队、礼貌说话、不随地扔垃圾、爱护公共卫生；用餐时，吃相要文雅。

四、学习礼仪

（一）课堂礼仪

在上课铃响前走进教室，做好课前准备；要仪容整洁，服饰干净，仪态端正，等待上课。

上课铃声一响，应端坐在教室里，恭候老师上课，当老师宣布上课时，全班应迅速肃立，向老师问好，待老师答礼后，方可坐下。学生应当准时到校上课，若因特殊情况，在老师上课后进入教室，应先得到老师允许，方可进入教室。

在课堂上，要认真听讲，注意力集中，能够独立思考，重要的内容应做好笔记。当老师提问时，应先举手，待老师同意后方可站起来回答，发言时，身体要端正，态度要落落大方，声音要清晰响亮，并且应当使用普通话。

下课时，全体同学仍需起立，与老师互道“再见”。待老师离开教室后，学生方可离开。

（二）图书馆礼仪

在图书馆里讲究礼貌公德，体现出一个人的文化知识素养。保持图书馆内安静，走路要轻，入座起座要轻，翻看书刊要轻，要尽量少说话；借还图书时，要自觉排队；爱惜公物，不乱写乱画；图书要轻拿、轻翻、轻放，不因自己需要某种资料而损坏图书；不占座位。

（三）集会礼仪

学生开会、听报告会时应衣着整洁，仪表大方，准时入场，进出有序。遵守会场纪律，做到准时、有序参加会议，端坐静听，表示赞同；不随意在会场走动或说话、看手机、睡觉等，如有特殊原因需出场，也应在不影响他人情况下悄悄离开。

（四）升旗礼仪

升旗时，全体学生应整齐排列，面向国旗，肃立致敬。当升国旗、奏国歌时，要立正，脱帽，行注目礼，直至升旗完毕。活动中，要保持安静，神态庄严。

总之，礼仪时时处处存在，体现在校园生活、学习和活动的方方面面，学生应该认真遵守，积极参与，严于律己，提高素质，塑造良好个人形象。

大学生校园礼仪需要从小处做起，端正态度，坚持不懈，不仅要学好文化知识，同时也要不断提高自身综合素质，成为真正的高素质人才，真正达到大学教育的目的，符合大学校园传承优秀文化的要求，使每一位大学生都成为真正的“礼仪之邦”合格优秀的文明人和传承人。

任务实施

请以小组为单位，模拟以下场景：

肖明是今年的大一新生，被辅导员刘老师任命为班长，放学后，肖明到办公室去找辅导员，汇报一些班级的事情，之后就离开了。办公室还有王老师、韩老师。

项目七

国学经典

学习目标

通过学习，推广中华优秀传统文化，弘扬社会主义核心价值观，提高学生诵读能力，让学生在诵读中感悟国学经典所蕴含的传统文化精华和优雅精致之语言魅力，培养学生对国学经典的鉴赏能力和艺术审美情趣，提升人文素养，修身立德，塑造完美人格。

人文素养

一、国学经典与民族精神

经典散文作品是人类语言艺术领域中的精华，蕴含着民族品质、民族精神、民族气节等传统美德，这些文化精髓是我们民族文化宝贵的精神遗产，其广博而深厚的内容是大学生获得人文知识的重要途径，阅读经典也是一种美的享受和美的教育；文学作品抒发作者情感，表达作者理想，其塑造的人物给人树立榜样，表达的感情给人以震撼，学生能够从中汲取能量，确立人生理想，从而激发动力，鼓舞志气，催人向上，培养学生的民族意识和民族精神。

二、国学经典与文化自信

中国古代散文中的名篇，都是艺术珍品，反映着我国的悠久历史和灿烂文化，蕴含着中华民族的优良传统和高尚精神。通过学习，提高文学修养，增强爱国主义感情，振奋民族精神，启迪思想，提升人生境界，增强文化自信。

三、国学经典与社会主义核心价值观

国学经典中对人与自然的关系、人与人的关系、人与自我内心的关系等内容都有着十分系统的论述。人与自然的和谐(天人合一)、人与人之间的和谐(和为贵)、人自我内心的和谐(淡泊明志、宁静致远)，都在社会主义核心价值观中得以具体体现。国学经典学习结合爱国主义教育与大学生思想政治教育，挖掘中华民族传统优秀文化，可以引导学生树立正确的世界观、人生观、价值观，弘扬社会主义核心价值观。

任务一 先秦散文

学习任务

1. 指导学生诵读作品，了解诸子主要思想，领会诸子人生智慧和启迪意义。

2. 通过学习，了解古圣先贤事迹，学习他们的精神，培养学生的良好品质，以弘扬和传承中国人特有的精神和人格魅力。

3. 通过赏析，体味先秦散文纵横捭阖、气势奔放、极富感染力的文采，掌握议论文史实论证、类比论证、正反论证的方法。

问题导入

中国古代散文的发端，可以追溯到殷商时代——商朝的甲骨卜辞。发展到先秦时期日趋成熟。从只言片语到成段成章，再到长篇大论；从内容繁杂简短散乱到中心明确、结构谨严的篇章，散文在我国文学史上经历了漫长的发展与演变。那么，先秦散文是什么样子呢？

基础知识

一、散文概说

散文这个名称，随着文学的发展，它的含义和范围也在不断地演变。我国古代，把与韵文、骈文相对，不押韵、不重排偶的散体文章，包括经、传、史书在内的文章称为“散文”，即除诗、词、曲、赋之外，不论是文学作品还是非文学作品，都一概称为“散文”。现代散文指除诗歌、戏剧、小说以外的文学作品，包括杂文、小品文、随笔、游记、传记、见闻录、回忆录、报告文学等。近年来，由于传记、报告文学、杂文等已发展为独具特色的文体，所以人们又趋于把散文的范围缩小。

先秦时期，文史哲不分家，散文作品往往集实用性、哲理性、文学性于一炉。哲学家用散文说理，产生了诸子散文，如《论语》《孟子》《庄子》等；史学家用散文纪事，产生了历史散文，如《左传》《国语》《战国策》等。诸子散文以论说为主，历史散文以记言记事为主。

二、《尚书》

殷商甲骨文的某些卜辞已可算作片段的散文，成篇的散文可以追溯到《尚书》。

《尚书》原称《书》，到汉代改称《尚书》，意为上代之书。这是我国第一部上古历史文件和部分追述古代事迹著作的汇编，它保存了商周特别是西周初期的一些重要史料。所录大多为虞、夏、商、周各代典、谟、训、诰、誓、命等文献。其中虞、夏及商代部分文献是据传闻而写成，不尽可靠。“典”是重要史实或专题史实的记载；“谟”是记录君臣谋略；“训”是臣开导君主的话；“诰”是勉励的文告；“誓”是君主训诫士众的誓词；“命”是君主的命令。

《尚书》是中国古代散文已经形成的标志。书中文章，结构渐趋完整，有一定的层次，已注意在命意谋篇上下功夫。后来春秋战国时期散文的勃兴，是对它的继承和发展。

三、先秦诸子散文

春秋战国之交是社会大变革的时代，各种学术流派纷纷著书立说，争论不休，形成百家争鸣的局面。代表不同阶级或阶层的思想家的著作，促进了说理散文的发展。这些思想家有儒家、墨家、道家、法家等。记载他们言论的书流传到现在的有《道德经》《论语》《孟子》《墨子》《庄子》《韩非子》《荀子》《吕氏春秋》等。

《道德经》是春秋时期老子的哲学作品，又称《道德真经》《老子》《五千言》等。是道家哲学思想的重要来源，对传统哲学、科学、政治、宗教等产生了深刻影响。道德经分上下两篇，原文上篇《德经》、下篇《道经》，不分章，后将 37 章之前改为《道经》，38 章之后改为《德经》。

《论语》和《孟子》是儒家诠释“仁”的著作。《论语》是记录孔丘及其弟子的言行，其中多半是简短的谈话和问答。《孟子》是记载孟轲的言论。孟轲擅长辩论，因此书中语言明快，富于鼓动性。

《墨子》是墨家代表著作。兼爱”的主张，语言朴素，说理明确，逻辑性很强，《兼爱》《非攻》等篇极有代表性。

《庄子》是道家代表著作。庄周“无为而治”的主张。庄子散文在诸子中独具魅力。这表现在作者具有奇幻的想象力和敏锐的观察力，善用民间寓言，擅长譬喻，使文章富于文学趣味。

《韩非子》代表法家“因时制宜”的主张。韩非散文结构严谨，锋芒锐利，说理深刻。

《荀子》是儒家代表荀况的学说，现有 32 篇，多长篇。荀子散文特点是：论点明确，层次清楚，句法整练，词汇丰富。

《吕氏春秋》是秦丞相吕不韦门客的集体创作。它包括八览、六论、十二纪，兼有儒、道、墨、法、农诸家学说。书中保留了大量先秦时代的文献和佚事。它是一种系统化、集合许多单篇的说理文，层层深入，条理清晰。和诸子散文一样，它常以寓言故事为譬喻，因而文章富于形象性。

先秦诸子的说理散文思想深邃，在中国文化史上具有崇高的地位，成为中国传统文化的重要源泉。对中国文学产生了深远的影响。以儒、道为代表的先秦说理散文，具有深厚的思想内涵和文化意蕴，确定了作家的人格理想和作品的审美风范，成为中国古代文学的基石之一。

四、先秦历史散文

先秦历史散文详于记事，尤其善于描写战争和复杂的事件；叙事结构严密，详略得宜，富于变化；情节紧张，曲折变化，有戏剧性及小说意味。写人物则性格鲜明，要言不烦，刻画传神。又善写辞令，简要生动，委婉有致。文辞气势雄浑，语言丰赡，感染力强，善用寓言和比喻说理，说服力强。

《左传》又名《左氏春秋》，汉代称《春秋左代传》，简称《左传》，相传是春秋末年鲁国的史官左丘明所著，共18万字，记载了春秋240年间列国的政治、军事、外交活动和言论以及天道、鬼神、灾祥、占卜之事。这部书叙事性富于戏剧性，情节紧凑，战事描写尤为出色，语言精练、富于形象。

《左传》的作者常常通过“君子”或他人之口来表达自己的观点、对历史事件和人物的评价，这种手法也为后来史家所秉承。司马迁的《史记》，不仅大量地采用了《左传》《战国策》的史料，而且汲取了它们的写作技巧和语言风格。秦汉以后，《左传》的文章一直为人们所喜爱，尤其是唐宋以来的文学家，都非常推崇《左传》，并把它作为学习对象。

《国语》是一种国别史，以记言为主，所记多为朝聘、飨宴、讽谏、辩诘、应对之辞。共21卷(篇)，分周语、鲁语、齐语、晋语、郑语、楚语、吴语、越语八国记事。记载年限上起周穆王十二年(公元前990年)，下至智伯被灭(公元前453年)前后约500年间的事情。《国语》记言文字在形象思维和逻辑思维方面都很缜密，又有通俗化、口语化的特点，生动活泼而富于形象性。为突出言论而叙事，采取一事多议和夹叙夹议的方式。

《战国策》作者不可考，现在版本为西汉刘向辑成。它同《国语》一样，也是分国记事，记载了西周、东周及秦、齐、楚、赵等诸国之事，记载内容是谋臣策士的种种活动及辞说。《战国策》文章的特点是长于说事，善用比喻，人物形象塑造极为生动。

《战国策》的纵横家雄辩余风，直接影响到汉初贾谊、晁错等政论作家。而唐宋以来的著名古文作家如韩愈、柳宗元、欧阳修、王安石、苏洵、苏轼、苏辙、曾巩等人无不师承先秦历史散文。他们的叙事文和传记文无论是语言，还是表现方法，很大程度上受到了先秦历史散文的影响。

任务实施

一、诸子散文诵读赏析

先秦诸子语录

子曰：“君子食无求饱，居无求安，敏于事而慎于言，就有道而正焉，可谓好学也已。”(《论语·学而》)

子曰：“饭疏食，饮水，曲肱而枕之，乐亦在其中矣。不义而富且贵，于我如浮云。”(《论语·为政》)

子曰：“人而无信。不知其可也。大車无輗。小車无軏。其何以行之哉。”(《论语·为政》)

子曰：“德之不修，学之不讲，闻义不能徙，不善不能改，是吾忧也。”(《论语·述而》)

子曰：“吾十有五而至于学，三十而立，四十而不惑，五十而知天命，六十而耳顺，

七十而从心所欲，不逾矩。”(《论语·为政》)

景春曰：“公孙衍、张仪岂不诚大丈夫哉？一怒而诸侯惧，安居而天下熄。”孟子曰：“是焉得为大丈夫乎？子未学礼乎？丈夫之冠也，父命之；女子之嫁也，母命之，往送之门，戒之曰：‘往之女家，必敬必戒，无违夫子！’以顺为正者，妾妇之道也。居天下之广居，立天下之正位，行天下之大道；得志，与民由之；不得志，独行其道。富贵不能淫，贫贱不能移，威武不能屈，此之谓大丈夫。”(《孟子·滕文公下》)

蓬生麻中，不扶而直；白沙在涅，与之俱黑。(《荀子·劝学》)

虽有嘉肴，弗食，不知其旨也；虽有至道，弗学，不知其善也。是故学然后知不足，教然后知困。知不足，然后能自反也；知困，然后能自强也。故曰：教学相长也。《兑命》曰：学学半。其此之谓乎。(《礼记·学记》)

上善若水。水善利万物而不争，处众人之所恶，故几于道。居善地，心善渊，与善仁，言善信，政善治，事善能，动善时。夫唯不争，故无尤。(《道德经·第八章》)

持而盈之，不如其已。揣而锐之，不可长保。金玉满堂，莫之能守。富贵而骄，自遗其咎。功遂身退，天之道。(《道德经·第九章》)

信言不美，美言不信。善者不辩，辩者不善。知者不博，博者不知。圣人不积，既以为人己愈有，既以与人己愈多。天之道，利而不害；圣人之道，为而不争。(《道德经·第八十一章》)

合抱之木，生于毫末；九层之台，起于累土；千里之行，始于足下。(《道德经第·六十四章》)

人生天地间，若白驹之过隙，忽然而已。(《庄子·知北游》)

荃者所以在鱼，得鱼而忘荃；蹄者所以在兔，得兔而忘蹄；言者所以在意，得意而忘言。(《庄子·外物》)

1. 孔子，名丘，字仲尼，春秋时期鲁国人。中国古代思想家、教育家，儒家学派创始人。孔子开创私人讲学之风，倡导仁义礼智信。曾带领部分弟子周游列国晚年修订六经(《诗》《书》《礼》《乐》《易》《春秋》。《论语》是孔子的弟子及再传弟子记录孔子及其弟子言行而编成的语录文集，成书于战国前期。全书共 20 篇 492 章，以语录体为主，叙事体为辅，较为集中地体现了孔子及儒家学派的政治主张、伦理思想、道德观念、教育原则等，是儒家经典之一。

2. 孟子，名轲，字子舆，战国时期鲁国人，被尊为“亚圣”。其思想与孔子思想合称为“孔孟之道”。思想核心是“义”，政治上主张“民本思想”“仁政”，主张“性善论”。《孟子》是孟子及他的弟子记录孟子的治国思想和政治策略的儒家经典。

3.《礼记》据传为孔子的七十二弟子及其学生所作，西汉礼学家戴圣所编，是中国古代一部重要的典章制度选集，共二十卷四十九篇。书中内容主要写先秦的礼制，体现了先秦儒家的哲学思想、教育思想、政治思想、美学思想，是研究先秦社会的重要资料，是一部儒家思想的资料汇编。

4. 老子，即老聃，姓李名耳，字聃，春秋时期楚国人。道家学派创始人，被武则天封为“太上老君”。其作品的精华是朴素的辩证法，主张无为而治。《道德经》是道家经典之一。

5. 庄子，名周，战国时期宋国人。被唐明皇封为“南华真人”。其思想与老子思想合称为“老庄哲学”。主张“天人合一”“清静无为”。《庄子》，又称《南华经》，名篇有《逍遥游》《齐物论》。

6. 荀子，名况，字卿，战国末期赵国人，思想核心是“礼”。主张“性恶论”。《劝学》散文说理透彻，气势浑厚，语言质朴，句法简练绵密，多用排比，又善用比喻。

【简析】

“诸子”，是指这一时期思想领域内反映各阶层、阶层利益的思想家及著作，也是先秦至汉各种政治学派的总称，属春秋后才产生的私学。“百家”表明当时思想家较多，但也是一种夸张的说法。主要人物有孔子、孟子、墨子、荀子、老子、庄子、列子、韩非子、商鞅、申不害、许行、告子、杨子、公孙龙子、惠子、孙武、孙膑、张仪、苏秦、田骈、慎子、尹文、邹衍、吕不韦等。

二、《战国策·苏秦始将连横》诵读赏析

苏秦始将连横

苏秦始将连横，说秦惠王曰：“大王之国，西有巴、蜀[1]、汉中之利[2]，北有胡貉、代马之用[3]，南有巫山、黔中之限[4]，东有崤、函之固。田肥美，民殷富，战车万乘，奋击百万，沃野千里，蓄积饶多，地势形便，此所谓天府，天下之雄国也。以大王之贤，士民之众，车骑之用，兵法之教，可以并诸侯，吞天下，称帝而治。愿大王少留意，臣请奏其效[5]。”

秦王曰：“寡人闻之：毛羽不丰满者不可以高飞；文章不成者不可以诛罚[6]，道德不厚者不可以使民；政教不顺者不可以烦大臣[7]。今先生俨然不远千里而庭教之[8]，愿以异日[9]。”

苏秦曰：“臣固疑大王之不能用也。昔者神农伐补遂[10]，黄帝伐涿鹿而禽蚩尤[11]，尧伐驩兜[12]，舜伐三苗[13]，禹伐共工[14]，汤伐有夏[15]，文王伐崇[16]，武王伐纣[17]，齐桓任战而伯天下[18]。由此观之，恶有不战者乎？古者使车毂击驰[19]，言语相结[20]，天下为一，约纵连横[21]，兵革不藏。文士并饬[22]，诸侯乱惑，万端俱起，不可胜理。科条既备，民多伪态[23]，书策稠浊，百姓不足[24]。上下相愁，民无所聊[25]，明言章理，兵甲愈起。辩言伟服[26]，战攻不息，繁称文辞[27]，天下不治。舌弊耳聋[28]，不见成功，行义约信，天下不亲[29]。于是乃废文任武，厚养死士，缀甲厉兵，效胜于战场。夫徒处而致利[30]，安坐而广地，虽古五帝三王五伯[31]，明主贤君，常欲坐而致之，其势不能。故以战续之，宽则两军相攻，迫则杖戟相撞，然后可建大功。是故兵胜于外，义强于内，威立于上，民服于下。今欲并天下，凌万乘，诎敌国，制海内，子元元[32]，臣诸侯，非兵不可！今之嗣主，忽于至道，皆惛于教，乱于治，迷于言，惑于语，沉于辩，溺于辞。以此论之，王固不能行也。”

说秦王书十上而说不行。黑貂之裘弊[33]，黄金百斤尽，资用乏绝，去秦而归，羸縢履蹻[34]，负书担橐[35]，形容枯槁，面目犁黑，状有愧色。归至家，妻不下纴，嫂不为炊，

父母不与言。苏秦喟叹曰："妻不以我为夫，嫂不以我为叔，父母不以我为子，是皆秦之罪也！"乃夜发书，陈箧数十，得《太公阴符》之谋[36]，伏而诵之，简练以为揣摩。读书欲睡，引锥自刺其股，血流至足，曰："安有说人主，不能出其金玉锦绣，取卿相之尊者乎？"期年，揣摩成，曰："此真可以说当世之君矣。"

于是乃摩燕乌集阙[37]，见说赵王于华屋之下，抵掌而谈[38]。赵王大悦，封为武安君，受相印。革车百乘，绵绣千纯，白璧百双，黄金万溢[39]，以随其后，约从散横以抑强秦[40]。故苏秦相于赵而关不通[41]。当此之时，天下之大，万民之众，王侯之威，谋臣之权，皆欲决苏秦之策[42]。不费斗粮，未烦一兵，未战一士，未绝一弦，未折一矢，诸侯相亲，贤于兄弟。夫贤人在而天下服，一人用而天下从。故曰：式于政，不式于勇；式于廊庙之内，不式于四境之外[43]。当秦之隆，黄金万溢为用[44]，转毂连骑，炫熿于道[45]，山东之国从风而服，使赵大重[46]。且夫苏秦[47]，特穷巷掘门桑户棬枢之士耳[48]，伏轼撙衔[49]，横历天下，廷说诸侯之王[50]，杜左右之口，天下莫之能伉[51]。

将说楚王，路过洛阳，父母闻之，清宫除道[52]，张乐设饮，郊迎三十里[53]。妻侧目而视，倾耳而听；嫂蛇行匍伏，四拜自跪而谢[54]。苏秦曰："嫂何前倨而后卑也[55]？"嫂曰："以季子之位尊而多金[56]。"苏秦曰："嗟乎！贫穷则父母不子，富贵则亲戚畏惧。人生世上，势位富贵，盖可忽乎哉[57]！"

【注释】

[1]巴、蜀：今四川省地区。巴，以重庆为中心的川东地带；蜀，以成都为中心的川西地带。

[2]汉中：今陕西省南部地区。

[3]貉：兽名，皮可制裘。代马：今山西省北部代县等地所产的马。

[4]限：古籍中通"险"，险隘。

[5]请：请允许(我)……。奏：恭述、奏明。效：校验，验证。文中此句又可作另一番理解，即"其"为语气助词。效，代指为秦王效力的见解或策略。

[6]文章不成者不可以诛罚：文章，法令也，指国家法令；诛罚，杀罚也，指刑罚实施。

[7]政教：这里指国政方面的教化或主张。不顺：不合时宜，行不通，有阻力。

[8]俨然：庄严的样子，郑重其事地。庭教之：庭上指教。

[9]愿以异日：希望改日再领教。

[10]神农：传说中的炎帝名号。补遂：部落名。

[11]黄帝：传说中的古帝名，号轩辕氏，建国于有熊。涿(zhuō)鹿：山名，在今河北省涿鹿县西南。蚩尤：九黎部落之酋长，与黄帝作战，为黄帝所诛。

[12]尧：传说中的古帝名，姓姬，名放勋，国号唐。传位于舜。驩(huān)兜：尧臣，因作乱被放逐。

[13]舜：传说中的古帝名，姓姚，名重华，国号虞。传位于禹。三苗：即古代的苗族，在今湖南省溪洞一带。

[14]禹：古帝名。本舜臣，治水有功，受舜禅，即帝位，国号夏。共工：古之水官

名，极横暴，为禹所放逐。

[15]汤：商朝开国的王，本为夏朝诸侯。夏王桀无道，汤起兵攻桀，建立商朝。有夏：指夏王桀。古时于朝代上加“有”，有夏即夏朝。

[16]文王：即周文王，姓姬名昌，殷纣时为西方诸侯首领，又称西伯。崇：国名，崇侯虎，助纣为恶，为文王所诛。

[17]武王：即周武王，文王之子，名发，灭纣后，即天子位，国号周。纣：即殷纣王，暴虐之君。

[18]齐桓：齐桓公，齐国国君，名小白。他联合诸侯，抵抗外族侵扰，为诸侯盟主。任战：即肯战。伯：同“霸”。霸天下，即为诸侯盟主。

[19]古者使：古人使者；使，于此非作使动词。车辆来往奔驰，车毂互相撞击，形容车辆之多，奔驰之急。毂(gǔ)，车轮中心突出部分。

[20]言语相结：商谈结盟。

[21] 约纵连横：此处属于泛指，为邦交、结盟于四方诸国之事。“约纵连横”另一层意思为：既邀约自己势力范围内的力量(或称为同盟)，亦联接争取自己势力范围之外的力量。约：约定；从：此为古“纵”的通假字。连：结交。南北曰纵，东西曰横。

[22]饬(chì)：巧辨也。指各国使臣或文人说客均用巧饰的语言游说于诸侯之前。

[23]科条：规章制度；伪态：虚伪态度，即非真心来履行。

[24]书策：法令。稠注：繁乱。百姓不足：百姓(却)很贫困。

[25]上下相愁，民无所聊：君臣上下相互仇怨，百姓无以聊生。

[26]辩言：言辞巧辩。伟服：服装壮观。

[27]繁称：称谓繁琐。文辞：美饰言辞。

[28]弊，指疲困、劳累。比喻指说得舌头疲累，听得耳朵发聋。

[29]行义约信：即便(你)行事仁义、诚信守约，天下也无人(与你)亲近。

[30]徒处：指置身空守，与下句“坐”，均谓不劳坐守。

[31]五帝：一般指太昊、神农、黄帝、少昊、颛顼。三王：三代的王，指夏禹、商汤和周代的文王、武王。五伯：指齐桓公、晋文公、宋襄公、秦穆公、楚庄王。

[32]凌：凌驾、统帅；诎(qū)，屈服、使屈服；制：整治；臣：使臣服；元元：指百姓；子元元：即纳天下百姓为子孙。《史记・文帝本纪》：以全天下元元之民。

[33]裘：皮衣。弊：坏，损坏。

[34]羸(léi)：通“缧”，缠绕。縢(téng)：绑腿布。履：穿。蹻(qiāo)：草鞋。此句大概意思为：扎系藤蔓，足穿草鞋。

[35]橐(tuò)：袋子。

[36]发：翻找。陈箧(qiè)：陈旧的书箱、书篓。太公：姓姜，名尚，周文王臣，佐武王伐纣。阴符：后人托名太公所著的兵法书。

[37]摩：接近、临近、逼近，此处意为“登上”。燕乌集阙：宫阙名。燕乌乌鹊汇集宫阙檐下，取名至雅，可惜已无从查考。

[38]赵王：赵肃侯，名语。华屋：华丽殿堂。抵掌而谈：两人手掌相抵，交心而谈。

[39]革车：用皮革包裹装饰的车子。纯：古代计量单位，布帛一段为一纯。溢：通“镒”(yì)，古代重量单位，一镒二十四两。

[40]约：邀约、联合。从：古代“纵”的通假字，此指同盟阵营。散：离散、拆散。横：此指非同盟阵营势力。

[41]函谷关内和关外的交通隔绝，指秦兵不能出函谷关。

[42]策：谋略、主张。

[43]式：用，取用，致力于。廊庙：指朝廷。

[44]当：匹敌、堪比、与抗衡。隆：兴盛、兴旺。用：用度、费用、开销。

[45]转毂连骑：滚滚军车战骑。炫熿：光耀，炫耀。

[46]大重：大受重视；大：大受，深受；重：尊崇、重视。

[47] 且夫：均为文言文句首助语词，“夫”前加“且”，加重语气。特：只是、仅此、不过。

[48]穷巷掘门：居于贫穷巷子里，凿墙洞为门。《齐策》亦有“掘穴穷巷”句。桑户，引喻为贫穷的庄稼农户。棬枢：木杯代用的门户枢座；指门的枢座磨坏了，便临时用木杯来代用，喻寒酸至极。

[49]伏轼撙衔：伏于车轼之上：伏：伏身；轼：古代车厢前扶手横木。撙(zǔn)：勒，操控，控制，节制。衔：马嚼子，会意为供操制的缰绳。

[50]廷：通“庭”，殿庭。说：说服，辩说。

[51]杜左右之口：让左右其余人等难以表述自己的言论；杜，禁阻，堵塞。伉：同“抗”，对等、抗衡。

[52]清宫除道：清理房舍，洒扫街路。

[53]张乐设饮：摆列乐队，设置酒宴。郊迎：郊外迎接。

[54]蛇行匍伏：蛇样曲回匍匐前行；谢：谢罪、忏悔过失或罪过。

[55]前倨而后卑：先前傲慢而后来谦卑。倨：傲慢。卑：谦卑。

[56]以：因为。季子：年龄最小之子、少子。这里是嫂对小叔子的称呼。位尊而多金：地位显赫而多有钱财。

[57]盖：同“盍(hé)”，何。古繁体为“盖”。《礼·檀弓》：“子盖言子之志于公乎。”《庄子·养生主》：“技盖至此乎?”忽：忽视，轻视；乎哉：语气助词，相当于今日的“啊，哦”。盖可忽乎哉：怎么可忽视啊！

【简析】

文章选自《战国策》。《战国策》是一部国别体史书。主要记述了战国时期的纵横家的政治主张和策略，展示了战国时期的历史特点和社会风貌，是研究战国历史的重要典籍。作者并非一人，成书并非一时，书中文章作者大多不知是谁。西汉末刘向编定为三十三篇，书名亦为刘向所拟定。

苏秦：字季子，东周洛阳人，少年时和张仪同学于齐。他策划联合六国抗秦，后被破坏，齐、魏共同伐赵，赵王责备苏秦，苏秦要求赵王派他去联合燕国。后又为燕国作间谍到齐国，骗取齐王的信任，最后在齐国被杀。秦惠王：秦国的国君，名驷。连横：秦处于西，六国在东，且六国土地南北相连。若六国联合结盟抗秦，则称“合纵”；若秦国从西向东收服诸国，则称为连横。张仪曾经游说六国，让六国共同侍奉秦国，即称“连横”。

三、《谏逐客书》诵读赏析

谏逐客书

李斯

臣闻吏议逐客，窃以为过矣！

昔穆公求士，西取由余于戎[1]，东得百里奚于宛[2]，迎蹇叔于宋[3]，来丕豹、公孙支于晋[4]，此五子者，不产于秦[5]，而穆公用之，并国二十[6]，遂霸西戎。孝公用商鞅之法[7]，移风易俗，民以殷盛[8]，国以富强，百姓乐用，诸侯亲服，获楚、魏之师[9]，举地千里，至今治强。惠王用张仪之计[10]，拔三川之地[11]，西并巴、蜀[12]，北收上郡[13]，南取汉中[14]，包九夷[15]，制鄢、郢[16]，东据成皋之险[17]，割膏腴之壤，遂散六国之纵[18]，使之西面事秦，功施到今[19]。昭王得范雎[20]，废穰侯[21]，逐华阳[22]，强公室，杜私门，蚕食诸侯[23]，使秦成帝业。此四君者，皆以客之功。由此观之，客何负于秦哉！向使四君却客而不内[24]，疏士而不用[25]，是使国无富利之实而秦无强大之名也。

今陛下致昆山之玉[26]，有随和之宝[27]，垂明月之珠[28]，服太阿之剑[29]，乘纤离之马[30]，建翠凤之旗[31]，树灵鼍之鼓[32]。此数宝者，秦不生一焉，而陛下说之[33]，何也？必秦国之所生然后可，则是夜光之璧不饰朝廷，犀象之器不为玩好[34]，郑卫之女不充后宫[35]，而骏良駃騠不实外厩[36]，江南金锡不为用[37]，西蜀丹青不为采[38]。所以饰后宫、充下陈[39]、娱心意、说耳目者，必出于秦然后可，则是宛珠之簪[40]，傅玑之珥[41]，阿缟之衣[42]，锦绣之饰不进于前，而随俗雅化[43]、佳冶窈窕[44]赵女[45]不立于侧也。夫击瓮叩缶，弹筝搏髀[46]，而歌呼呜呜快耳者，真秦之声也；《郑》《卫》《桑间》《韶虞》《武象》者[47]，异国之乐也。今弃击瓮叩缶而就郑卫，退弹筝而取《韶虞》，若是者何也？快意当前，适观而已矣。今取人则不然，不问可否，不论曲直，非秦者去，为客者逐。然则是所重者在乎色、乐、珠、玉，而所轻者在乎人民也。此非所以跨海内、制诸侯之术也。

臣闻地广者粟多，国大者人众，兵强则士勇。是以太山不让土壤[48]，故能成其大；河海不择细流[49]，故能就其深；王者不却众庶[50]，故能明其德。是以地无四方，民无异国，四时充美，鬼神降福。此五帝三王之所以无敌也[51]。今乃弃黔首以资敌国[52]，却宾客以业诸侯[53]，使天下之士退而不敢西向，裹足不入秦，此所谓“藉寇兵而赍盗粮”者也[54]。

夫物不产于秦，可宝者多；士不产于秦，而愿忠者众。今逐客以资敌国，损民以益仇[55]，内自虚而外树怨于诸侯[56]，求国无危，不可得也。

【注释】

[1]由余：亦作“繇余”，戎王的臣子，是晋人的后裔穆公屡次使人设法招致他归秦，以客礼待之。入秦后，受到秦穆公重用，帮助秦国攻灭西戎众多小国，称霸西戎。戎，古代中原人多称西方少数部族为戎。此指秦国西北部的西戎，活动范围约在今陕西西南、甘肃东部、宁夏南部一带。

[2]百里奚：原为虞国大夫，晋灭虞被俘，后作为秦穆公夫人的陪嫁奴隶送往秦国。逃亡到宛，被楚人捉住，牧牛为生。秦穆公用五张黑公羊皮赎出，拜为大夫，故称“五羖大夫”。是辅佐秦穆公称霸的重臣。宛(yuān)，楚国邑名，在今河南南阳市。

[3]蹇(jiǎn)叔：百里奚的好友，经百里奚推荐，秦穆公把他从宋国请来，委任为上大夫。百里奚对穆公说：“臣不及臣友蹇叔，蹇叔贤而世莫知”。宋，国名，或称“商”“殷”，子姓，始封君为商纣王庶兄微子启，西周初周公平定武庚叛乱后将商旧都周围地区封给微子启，都于商丘(今河南商丘市南)，约有今河南东南部及所邻山东、江苏、安徽接界之地。公元前286年被齐国所灭。

[4]丕豹：晋国大夫邳郑之子，邳郑被晋惠公杀死后，邳豹投奔秦国，秦穆公任为大夫。公孙支，字子桑，秦人，曾游晋，后返秦任大夫。晋，国名，姬姓，始封君为周成王之弟叔虞，建都于唐(今陕西翼城县西)，约有今山西西南部之地。战国初，被执政的韩、赵、魏三家所瓜分。公元前369年，最后一位国君晋桓公被废为庶人，国灭祀绝。

[5]产：生，出生。

[6]并国二十，遂霸西戎：《史记·秦本纪》记载秦穆公“益国十二，开地千里，遂霸西戎”。这里的“二十”应当是约数。并，吞并。

[7]孝公：即秦孝公。商鞅：卫国公族，氏公孙，亦称公孙鞅，初为魏相公叔痤家臣，公叔痤死后入秦，受到秦孝公重用，任左庶长、大良造，因功封于商(今山西商县东南)十五邑，号称商君。于公元前356年和前350年两次实行变法，奠定秦国富强的基础。

[8]殷盛：指百姓众多而且富裕。殷，多，众多。

[9]魏：国名，始封君魏文侯，系晋国大夫毕万后裔，于公元前403年与韩景侯、赵烈侯联合瓜分晋国，被周威烈王封为诸侯，建都安邑(今山西夏县西北)。魏文侯任用李悝改革内政，成为强国。梁惠王时迁都大梁(今河南开封市)，因亦称“梁”。后国势衰败，公元前225年被秦国所灭。获楚、魏之师，指战胜楚国、魏国的军队。

[10]惠王：即秦惠王，名驷，秦孝公之子，公元前337年至前311年在位。于公元前325年称王。张仪，魏人，秦惠王时数次任秦相，鼓吹“连横”，游说各国诸侯事奉秦国，辅佐秦惠文君称王，封武信君。后秦武王即位，入魏为相。

[11]三川之地：指黄河、洛河、伊水三川之地，在今河南西北部黄河以南的洛水、伊水流域。韩宣王在此设三川郡。公元前308年秦武王派兵攻取三川大县宜阳(今河南宜阳县西)。公元前249年秦灭东周，取得韩三川全郡，重设三川郡。

[12]巴：国名，周武王灭商后被封为子国，称巴子国，在今四川东部、湖北西部一带。战国中期建都于巴(今重庆)。公元前316年秦惠王派张仪、司马错等领兵攻灭巴国，在其地设置巴郡。蜀：国名，周武王时曾参加灭商的盟会，有今四川中部偏西地区。战国中期建都于成都(今四川成都市)。公元前316年秦惠文王派张仪、司马错等领兵灭蜀，在其地设置蜀郡。

[13]上郡：郡名，原为楚地，今陕西榆林。魏文侯时置，辖境有今陕西洛河以东，黄河以北，东北到子长县、延安市一带。公元前328年魏割上郡十五县给秦，前312年又将整个上郡献秦。秦国于公元前304年于此设置上郡。

[14]汉中：郡名，今陕西汉中。楚怀王时置，辖境有陕西东南和湖北西北的汉水流域。公元前312年，被秦将魏章领兵攻取，秦于此重置汉中郡。

[15]包：这里有并吞的意思。九夷：此指楚国境内西北部的少数部族，在今陕西、湖北、四川三省交界地区。

[16]鄢(yān)：楚国别都，在今湖北宜城县东南。春秋时楚惠王曾都于此。郢(yǐng)：楚国都城，在今湖北江陵市西北纪南城。公元前279年秦将白起攻取鄢，翌年又攻取郢。

[17]成皋：邑名，在今河南荥阳市汜水镇，地势险要，是著名的军事重地。春秋时属郑国称虎牢，公元前375年韩国灭郑属韩，公元前249年被秦军攻取。

[18]六国之从：六国合纵的同盟。六国，指韩、赵、魏、齐、楚、燕六国。从，通"纵"。

[19]施(yì)：蔓延，延续。

[20]昭王：即秦昭王，名稷，一作侧或则，秦惠王之子，秦武王异母弟，公元前306年至前251年在位。范雎(jū)，亦称范叔，魏人，入秦后改名张禄，受到秦昭王信任，为秦相，对内力主废除外戚专权，对外采取远交近攻策略，封于应(今河南宝丰县西南)，亦称应侯，死于公元前255年。

[21]穰(rǎng)侯：即魏冉，楚人后裔，秦昭王母宣太后之异父弟，秦武王去世，拥立秦昭王，任将军，多次为相，受封于穰(今河南邓县)，故称穰侯，后又加封陶(今山东定陶县西北)。因秦昭王听用范雎之言，被免去相职，终老于陶。

[22]华阳：即华阳君芈戎，楚昭王母宣太后之同父弟，曾任将军等职，与魏冉同掌国政，先受封于华阳(今河南新郑县北)，故称华阳君，后封于新城(今河南密县东南)，故又称新城君。公元前266年，与魏冉同被免职遣归封地。

[23]蚕食：比喻像蚕吃桑叶那样逐渐吞食侵占。

[24]向使：假使，倘若。内：同"纳"，接纳。

[25]疏士而不用：疏远贤士而不加任用。

[26]今陛下致昆山之玉：如今陛下得到了昆仑山的宝玉。陛下，对帝王的尊称。致，求得，收罗。昆山，即昆仑山。

[27]随和之宝：即所谓"随侯珠"和"和氏璧"，传说中春秋时随侯所得的夜明珠和楚人卞和来得的美玉。

[28]明月：宝珠名。

[29]太阿(ē)：亦称"泰阿"，宝剑名，相传为春秋著名工匠欧冶子、干将所铸。

[30]纤离：骏马名。

[31]翠凤之旗：用翠凤羽毛作为装饰的旗帜。

[32]鼍(tuò)：亦称扬子鳄，俗称猪婆龙，皮可蒙鼓。

[33]说：通"悦"，喜悦，喜爱。

[34]犀象之器：指用犀牛角和象牙制成的器具。

[35]郑：国名，姬姓，始封君为周宣王弟友，公元前806年分封于郑(今陕西华县

东)。春秋时建都新郑(今河南新郑市),有今河南中部之地,公元的375年被韩国所灭。卫,国名,姬姓,始封君为周武王弟康叔,初都朝歌(今河南淇县),后迁都楚丘(今河南滑县)、帝丘(今河南濮阳县),有今河南北部、山东西部之地。公元前254年被魏国所灭。郑、卫之女,此时郑、卫已亡,当指郑、卫故地的女子。后宫,嫔妃所居的宫室,也可用作嫔妃的代称。

[36]駃騠(jué tí):骏马名。外厩(jiù),宫外的马圈。

[37]江南:长江以南地区。此指长江以南的楚地,素以出产金、锡著名。

[38]西蜀丹青:蜀地素以出产丹青矿石出名。丹,丹砂,可以制成红色颜料。青,靛青,可以制成青黑色颜料。采,彩色,彩绘。

[39]充下陈:此泛指将财物、美女充实府库后宫。下陈,殿堂下陈放礼器、站立侯从的地方。

[40]宛珠之簪:缀绕珍珠的发簪。宛,缠绕,或以“宛”为地名,指用宛(今河南南阳市)地出产的珍珠所作装饰的发簪。

[41]傅:附着,镶嵌。玑,不圆的珠子。此泛指珠子。珥(ěr),耳饰。

[42]阿:细缯,一种轻细的丝织物。或以“阿”为地名,指齐国东阿(今山东东阿县)。缟(gǎo):未经染色的绢。

[43]随俗雅化:随和时俗而雅致不凡。

[44]佳冶窈窕:妖冶美好的佳丽。佳,美好,美丽。冶,妖冶,艳丽。窈(yǎo)窕(tiǎo),美好的样子。

[45]赵:国名,始封君赵烈侯,系晋国大夫赵衰后裔,于公元前403年与魏文侯、韩景侯联合瓜分晋国,被周威烈王封为诸侯,建都晋阳(今山西太原市东南),有今山西中部、陕西东北角、河北西南部。公元前386年迁都邯郸(今河北邯郸市)。公元前222年被秦国所灭。古人多以燕、赵为出美女之地。

[46]瓮(wèng):陶制的容器,古人用来打水。缶(fǒu),一种口小腹大的陶器。秦人将瓮、缶作为打击乐器。搏髀(bì),拍打大腿,以此掌握音乐唱歌的节奏。搏,击打,拍打。髀,大腿。

[47]郑:指郑国故地的音乐。卫,指卫国故地的音乐。桑间,桑间为卫国濮水边上地名,在今河南濮阳县南,有男女聚会唱歌的风俗,此指桑间的音乐。韶,歌颂虞舜的舞乐。虞,按《史记会注考证校补》引南化本、枫山本、三条本等作“护”,当为歌颂商汤的舞乐。武,歌颂周武王的舞乐。象,歌颂周文王的舞乐。

[48]太山:即泰山。让,辞让,拒绝。

[49]择:舍弃,抛弃。细流,小水。

[50]却:推却,拒绝。

[51]五帝:指黄帝、颛顼、帝喾、尧、舜。三王,指夏、商、周三代开国君主,即夏禹、商汤和周武王。

[52]黔首:泛指百姓。无爵平民不能服冠,只能以黑巾裹头,故称黔首,秦始皇统一六国后正式称百姓为黔首。《史记·秦始皇本纪》载:二十六年,“更名民曰黔首”。资,

资助，供给。

[53]业：从业，从事，侍奉。

[54]赍盗粮：把武器粮食供给寇盗。藉，借。赍(jī)，赠送。

[55]损民以益仇：减少本国的人口而增加敌国的人力。益：增益，增多。雠，通“仇”，仇敌。

[56]外树怨于诸侯：指宾客被驱逐出外必投奔其他诸侯，从而与诸侯结怨。

【简析】选自《史记·李斯列传》此文是李斯上给秦始皇的一篇奏议。所谓“客卿”，是对别国人在秦国做官者的称呼。在秦王政元年(前246年)时发生了这样一件事：韩国派了一个叫郑国的水利专家到秦国修长达三百余里的灌溉渠，企图以此来消耗秦的国力，被秦发觉，要杀掉他。郑国说：“臣为韩延数年之命，然渠成，亦秦万世之利也。”终于让他完成此项工程。公元前237年，因为客卿入秦而影响到自己利益的秦国宗室的贵族大臣联名上书，要求秦王下令逐客。秦王接受了他们的意见，下令驱逐所有客卿。李斯也在被逐之列。于是他就写了这篇《谏逐客书》，并打动了秦王，使他收回了逐客的成命，恢复了李斯的官职。

本文的中心论点是：驱逐客卿是错误的。全文分五段，各段的论点都是紧紧围绕着这一中心展开的。李斯抓住秦欲统一六国这一战略问题，正面论说与反证推论相结合的说理方法，以及排比、对偶、铺陈的修辞手法，来剖析纳客之利、逐客之害，极有说服力。李斯的这个奏疏使秦王撤销了“逐客”的成命，在历史的关键时刻，解决了一个关系重大的问题，因而被司马迁全文收录在《史记·李斯列传》中，并成为一篇流传千古的典范的议论文。

任务二　汉魏六朝散文

学习任务

1. 指导学生诵读作品，体会赋体散文辞藻华丽、想象丰富、专事铺陈、讲究排偶的特点。

2. 通过学习，体会赋体散文栩栩如生的人物塑造手法，语言既精练丰富，又准确传神，思想性和艺术性高度统一的艺术特点。

3. 通过赏析，体味和继承中国优秀文化中耿直、洒脱、恬淡、质朴、直率等优良传统，从而启迪人生、陶冶情操。

问题导入

秦历二世而亡，秦文学基本一片空白，公元前206年汉高祖刘邦夺取政权，建立汉朝，到汉武帝时期，形成当时世界上强大的帝国，政治、经济的强大，必然带来文学的繁荣发展，那么，在汉代，中国古典散文有哪些代表人物和经典作品呢？

上起汉献帝建安元年(公元196年)下迄隋朝建立(公元589年)，前后近四百年，魏晋南北朝期间，时局动荡，文学发生了巨大的变化，散文又是什么样子呢？

基础知识

一、汉魏六朝赋

战国末期至秦汉时代，出现了序、书、记、碑、铭、论等个体单篇散文，两汉时代，散文进一步发展。散文在某种程度上取得了独立的文学地位。

赋是汉代文学的代表，它是介于韵文与散文之间的一种特殊文学样式，它可划分为广义的散文范畴。赋起源于战国，兴盛于两汉。赋大体经历了骚体赋、大赋、抒情小赋三个发展阶段。汉赋以铺叙事物见长，继承了《楚辞》一些形式上的特点，更多地采用散文手法，因其篇章宏大，后世称为“大赋”，大赋大多以问答为骨架，铺陈名物、排比辞藻、好用古文奇字和双声叠韵词，铺陈多用整齐对称的韵语，叙述多用散文句。代表人物有司马相如、扬雄、班固和张衡（被称为汉赋四大家）。代表作品有枚乘的《七发》，司马相如《子虚赋》《上林赋》，扬雄《甘泉赋》《河东赋》等。张衡既是散体大赋的代表作家，也是东汉散体大赋向抒情小赋转变时期抒情小赋的代表作家，代表作《归田赋》是现存东汉第一篇完整的抒情小赋。

魏晋南北朝时期大赋衰落，抒情小赋的发展及其所采取的骈俪形式，使汉赋在新的条件下得到发展，除押韵外，更强调平行对称的句式，抒情小赋占主导地位，它多为抒情作品，篇幅较小，少用典故。如曹植《洛神赋》，陆机《文赋》，王粲《登楼赋》，江淹《恨赋》《别赋》，左思《三都赋》等。庾信的《哀江南赋》是南北朝骈赋创作的高峰之作。郦道元《水经注》和杨炫之《洛阳伽蓝记》是北朝时期出现的重要散文著作。

二、《史记》

司马迁的《史记》代表了两汉散文的最高成就，它是中国第一部纪传体通史，记载了上自黄帝，下至汉武帝太初年间的历史。全书以人为经，以事为纬，开创了我国纪传体史学和传记文学的新纪元，它的出现使先秦历史散文又大大向前发展了一步。鲁迅先生在他的《汉文学史纲要》一书中称赞《史记》是“史家之绝唱，无韵之离骚”。它塑造了一系列有血有肉、栩栩如生的人物形象，语言高度个性化，极富形象性和表现力。它是后世叙事散文的典范，并对小说、戏曲的发展有巨大启发和影响。

任务实施

一、《洛神赋》诵读赏析

洛神赋

曹植

黄初三年[1]，余朝京师[2]，还济洛川[3]。古人有言，斯水之神，名曰宓妃[4]。感宋玉对楚王神女之事，遂作斯赋，其词曰：

余从京域，言归东藩，背伊阙，越轘辕[5]，经通谷，陵景山[6]。日既西倾，车殆马烦[7]。尔乃税驾乎蘅皋[8]，秣驷乎芝田[9]，容与乎阳林[10]，流眄乎洛川[11]。于是精移神骇，忽焉思散[12]。俯则未察，仰以殊观[13]。睹一丽人，于岩之畔[14]。乃援御者而告之曰："尔有觌于彼者乎[15]？彼何人斯，若此之艳也！"御者对曰："臣闻河洛之神，名曰宓妃。然则君王所见，无乃是乎？其状若何，臣愿闻之。"

余告之曰：其形也，翩若惊鸿，婉若游龙[16]，荣曜秋菊，华茂春松[17]。髣髴兮若轻云之蔽月，飘飖兮若流风之回雪[18]。远而望之，皎若太阳升朝霞[19]。迫而察之，灼若芙蕖出渌波[20]。秾纤得衷，修短合度[21]。肩若削成，腰如约素[22]。延颈秀项，皓质呈露[23]，芳泽无加，铅华弗御[24]。云髻峨峨，修眉联娟[25]，丹唇外朗，皓齿内鲜[26]。明眸善睐，靥辅承权[27]，瑰姿艳逸，仪静体闲。柔情绰态，媚于语言[28]。奇服旷世，骨像应图[29]。披罗衣之璀粲兮，珥瑶碧之华琚[30]。戴金翠之首饰，缀明珠以耀躯[31]。践远游之文履，曳雾绡之轻裾[32]。微幽兰之芳蔼兮，步踟蹰于山隅[33]。于是忽焉纵体，以遨以嬉[34]。左倚采旄，右荫桂旗[35]。攘皓腕于神浒兮，采湍濑之玄芝[36]。

余情悦其淑美兮，心振荡而不怡[37]。无良媒以接欢兮，托微波而通辞[38]。愿诚素之先达兮，解玉佩以要之[39]。嗟佳人之信修，羌习礼而明诗[40]。抗琼珶以和予兮[41]，指潜渊而为期[42]。执眷眷之款实兮，惧斯灵之我欺[43]。感交甫之弃言兮[44]，怅犹豫而狐疑[45]。收和颜而静志兮，申礼防以自持[46]。

于是洛灵感焉，徙倚彷徨[47]。神光离合，乍阴乍阳[48]。竦轻躯以鹤立[49]，若将飞而未翔。践椒涂之郁烈，步蘅薄而流芳[50]。超长吟以永慕兮，声哀厉而弥长[51]。尔乃众灵杂遝，命俦啸侣[52]。或戏清流，或翔神渚。或采明珠，或拾翠羽。从南湘之二妃[53]，携汉滨之游女[54]。叹匏瓜之无匹兮，咏牵牛之独处[55]。扬轻袿之猗靡兮，翳修袖以延伫[56]。体迅飞凫[57]，飘忽若神。凌波微步，罗袜生尘[58]。动无常则，若危若安。进止难期，若往若还。转眄流精，光润玉颜[59]。含辞未吐，气若幽兰[60]。华容婀娜，令我忘餐。

于是屏翳收风，川后静波[61]。冯夷鸣鼓，女娲清歌[62]。腾文鱼以警乘，鸣玉銮以偕逝[63]。六龙俨其齐首，载云车之容裔[64]。鲸鲵踊而夹毂，水禽翔而为卫[65]。于是越北沚[66]，过南冈，纡素领，回清扬[67]，动朱唇以徐言，陈交接之大纲[68]。恨人神之道殊兮，怨盛年之莫当[69]。抗罗袂以掩涕兮，泪流襟之浪浪[70]。悼良会之永绝兮，哀一逝而异乡[71]。无微情以效爱兮，献江南之明珰[72]。虽潜处于太阴，长寄心于君王[73]。忽不悟其所舍，怅神宵而蔽光[74]。

于是背下陵高，足往神留[75]。遗情想像，顾望怀愁[76]。冀灵体之复形，御轻舟而上溯[77]。浮长川而忘返[78]，思绵绵而增慕。夜耿耿而不寐[79]，沾繁霜而至曙。命仆夫而就驾，吾将归乎东路[80]。揽騑辔以抗策，怅盘桓而不能去[81]。

【注释】

[1]黄初：魏文帝曹丕年号，公元220—226年。

[2]京师：京城，指魏都洛阳。

[3]济：渡。洛川：即洛水，源出陕西，东南入河南，流经洛阳。

[4]宓妃：传说古帝宓（fú）羲氏之女溺死洛水而为神，故名洛神。

[5]伊阙：山名，又称阙塞山、龙门山，在河南洛阳南。轘（huán）辕：山名，在今河南偃师县东南。

[6]通谷：山谷名。在洛阳城南。陵：登。景山：山名，在今偃师县南。

[7]殆：通“怠”，懈怠。一说指危险。烦：疲乏。

[8]尔乃：承接连词，于是就。税驾：停车。税，舍、置。驾，车乘总称。蘅皋：生着杜蘅的河岸。蘅，杜蘅，香草名。皋，岸。

[9]秣驷：喂马。驷，一车四马，此泛指驾车之马。芝田：种着灵芝草的田地，此处指野草繁茂之地。一说为地名，指河南巩县西南的芝田镇。

[10]容与：悠然安闲貌。阳林：地名。

[11]流眄：纵目四望。眄，斜视。一作“流盼”，目光流转顾盼。

[12]精移神骇：神情恍惚。骇，散。忽焉：急速貌。思散：思绪分散，精神不集中。

[13]殊观：少见的异常现象。

[14]岩之畔：山岩边。

[15]援：以手牵引。御者：车夫。觌(dí)：看见。

[16]“翩若”二句：翩然若惊飞的鸿雁，蜿蜒如游动的蛟龙。翩，鸟疾飞的样子，此处指飘忽摇曳的样子。惊鸿，惊飞的鸿雁。婉，蜿蜒曲折。这两句是写洛神的体态轻盈宛转。

[17]“荣曜(yào)”二句：容光焕发如秋日下的菊花，体态丰茂如春风中的松树。荣，丰盛。曜，日光照耀。华茂，华美茂盛。这两句是写洛神容光焕发充满生气。

[18]“仿佛”二句：时隐时现像轻云遮住月亮，浮动飘忽似回风旋舞雪花。仿佛，若隐若现的样子。飘飖，飞翔貌。回，回旋，旋转。这两句是写洛神的体态婀娜，行动飘忽。

[19]皎：洁白光亮。太阳升朝霞：太阳升起于朝霞之中。

[20]迫：靠近。灼：鲜明，鲜艳。芙蕖：一作“芙蓉”，荷花。渌(lù)：水清貌。以上两句是说，不论远远凝望还是靠近观看，洛神都是姿容绝艳。

[21]秾：花木繁盛。此指人体丰腴。纤：细小。此指人体苗条。修短：长短，高矮。以上两句是说洛神的高矮肥瘦都恰到好处。

[22]“肩若”二句：肩窄如削，腰细如束。削成，形容两肩瘦削下垂的样子。约素，一束白绢。素，白细丝织品。这两句是写洛神的肩膀和腰肢线条圆美。

[23]延、秀：均指长。颈：脖子的前部。项：脖子的后部。皓：洁白。呈露：显现，外露。

[24]“芳泽”二句：既不施脂，也不敷粉。泽，润肤的油脂。铅华，粉。古代烧铅成粉，故称铅华。弗御，不施。御，用。

[25]云髻：发髻如云。峨峨：高耸貌。联娟：微曲貌。

[26]“丹唇”二句：红唇鲜润，牙齿洁白。朗，明润。鲜，光洁。

[27]眸：目中瞳子。睐(lài)：顾盼。靥(yè)：酒窝。辅：面颊。承权：在颧骨之下。权，颧骨。

[28]绰：绰约，美好。

[29]奇服：奇丽的服饰。旷世：举世唯有。旷，空。骨像：骨骼形貌。应图：指与画

中人相当。

[30]璀粲：鲜明貌。一说为衣动的声音。珥：珠玉耳饰，此用作动词，作佩戴解。瑶、碧：均为美玉。华琚：刻有花纹的佩玉。琚：佩玉名。

[31]翠：翡翠。首饰：指钗簪一类饰物。

[32]践：穿，着。远游：鞋名。文履：饰有花纹图案的鞋。曳：拖。雾绡：轻薄如雾的绡。绡，生丝。裾：裙边。

[33]微：轻微。芳蔼：香气。踟蹰：徘徊。隅：角。

[34]"于是"二句：忽然又飘然轻举，且行且戏。纵体，身体轻举貌。遨，游。

[35]采旄：彩旗。采，同"彩"。旄(máo)，旗杆上旄牛尾饰物，此处指旗。桂旗：以桂木做旗杆的旗，形容旗的华美。

[36]攘：此指挽袖伸出。神浒：为神所游之水边地。浒，水边泽畔。湍濑：石上急流。玄芝：黑色芝草，相传为神草。

[37]"余情"二句：我喜欢她的淑美，又担心不被接受，不觉心旌摇曳而不安。振荡，形容心动荡不安。怡，悦。

[38]"无良媒"二句：没有合适的媒人去通接欢情，就只能借助微波来传递话语。微波，一说指目光。

[39]诚素：真诚的情意。素，同"愫"，情愫。要：同"邀"，约请。

[40]信修：确实美好。修，美好。羌：发语词。习礼：懂得礼法。明诗：善于言辞。这句意指有很好的文化教养。

[41]抗：举起。琼珶(dì)：美玉。和：应答。

[42]指潜渊而为期：指深水发誓，约期相会。潜川，深渊，一说指洛神所居之地。期，会。

[43]眷眷：依恋貌。款实：诚实。斯灵：此神，指宓妃。我欺：即欺我。

[44]交甫：郑交甫。《文选》李善注引《神仙传》："切仙一出，游于江滨，逢郑交甫。交甫不知何人也，目而挑之，女遂解佩与之。交甫行数步，空怀无佩，女亦不见。"弃言：背弃承诺。

[45]狐疑：疑虑不定。因为想到郑交甫曾经被仙女遗弃，故此内心产生了疑虑。

[46]收和颜：收起和悦的容颜。静志：镇定情志。申：施展。礼防：礼法，礼能防乱，故称礼防。自持：自我约束。

[47]徙倚：留连徘徊。

[48]"神光"二句：洛神身上放出的光彩忽聚忽散，忽明忽暗。

[49]竦(sǒng)：耸。鹤立：形容身躯轻盈飘举，如鹤之立。

[50]椒涂：涂有椒泥的道路，一说指长满香椒的道路。椒，花椒，有浓香。蘅薄：杜蘅丛生地。流芳：散发香气。

[51]"超长吟"二句：怅然长吟以表示深沉的思慕，声音哀婉而悠长。超，惆怅。永慕，长久思慕。厉，疾。弥，久。

[52]众灵：众仙。杂沓：纷纭，多而乱的样子。命俦啸侣：招呼同伴。俦，伙伴、

同类。

[53]南湘之二妃：指娥皇和女英。据刘向《列女传》载，尧以长女娥皇和次女女英嫁舜，后舜南巡，死于苍梧。二妃往寻，自投湘水而死，为湘水之神。

[54]汉滨之游女：汉水之女神，即前注中郑交甫所遇之神女。

[55]"叹匏瓜"二句：为匏瓜星的无偶而叹息，为牵牛星的独处而哀咏。匏瓜，星名，又名天鸡，在河鼓星东。无匹，无偶。牵牛，星名，又名天鼓，与织女星各处天河之旁。相传每年七月七日才得一会。

[56]袿(guī)：妇女的上衣。猗(yī)靡：随风飘动貌。翳(yì)：遮蔽。延伫：久立。

[57]凫：野鸭。

[58]"凌波"二句：在水波上细步行走，溅起的水沫附在罗袜上如同尘埃。凌，踏。尘，指细微四散的水沫。

[59]"转眄"句：转眼顾盼之间流露出奕奕神采。流精，形容目光流转而有光彩。

[60]"气若"句：形容气息香馨如兰。

[61]屏翳：传说中的众神之一，司职说法不一，或以为是云师，或以为是雷师，或以为是雨师，在此篇中被曹植视作风神。川后：传说中的河神。

[62]冯(píng)夷：传说中的水神。女娲：女神名，相传笙簧是她所造，所以这里说"女娲清歌"。

[63]"腾文鱼"二句：飞腾的文鱼警卫着洛神的车乘，众神随着叮当作响的玉鸾一齐离去。腾，升。文鱼，神话中一种能飞的鱼。警乘，警卫车乘。玉銮，鸾鸟形的玉制车铃，动则发声。偕逝，俱往。

[64]六龙：相传神出游多驾六龙。俨：庄严的样子。齐首：六龙齐头并进。云车：相传神以云为车。容裔：即"容与"，舒缓安详貌。

[65]鲸鲵(ní)：即鲸鱼。水栖哺乳动物，雄者称鲸，雌者称鲵。毂(gǔ)：车轮中用以贯轴的圆木，这里指车。

[66]沚：水中小块陆地。

[67]纡素领，回清扬：洛神不断回首顾盼。纡，回。素领，白皙的颈项。清扬，形容女性清秀的眉目。

[68]交接：结交往来。

[69]盛年：少壮之年。莫当：无匹，无偶，即两人不能结合。

[70]"抗罗袂"二句：举起罗袖掩面而泣，止不住泪水涟涟沾湿了衣襟。抗，举。袂，衣袖。浪浪，水流不断貌。

[71]"悼良会"二句：痛惜这样美好的相会永不再有，哀叹长别从此身处两地。

[72]效爱：致爱慕之意。明珰：以明月珠作的耳珰。

[73]"虽潜"二句：虽然幽居于神仙之所，但将永远怀念着君王。潜处，深处，幽居。太阴，众神所居之处。君王，指曹植。

[74]"忽不悟"二句：洛神说毕忽然不知去处，我为众灵一时消失隐去光彩而深感惆怅。不悟，不见，未察觉。所舍，停留、止息之处。宵，通"消"，消失。蔽光，隐去

光彩。

[75]背下：离开低地。陵高：登上高处。

[76]遗情：留情，情思留连。想像：指思念洛神的美好形象。

[77]灵体：指洛神。上溯：逆流而上。

[78]长川：指洛水。

[79]耿耿：心神不安的样子。

[80]就驾：备好车。东路：归东藩之路。

[81]“揽騑辔”二句：当手执马缰，举鞭欲策之时，却又怅然若失，徘徊依恋，无法离去。騑(fēi)，车旁之马。古代驾车称辕外之马为騑或骖，此泛指驾车之马。辔，马缰绳。抗策，犹举鞭。盘桓，徘徊不进貌。

【简析】曹植(192–232年)，字子建，沛国谯(今安徽省亳州市)人。三国曹魏著名文学家，建安文学代表人物。魏武帝曹操之子，魏文帝曹丕之弟，生前为陈王，去世后谥号“思”，因此又称陈思王。后人因他文学上的造诣而将他与曹操、曹丕合称为“三曹”，南朝宋文学家谢灵运更有“天下才有一石，曹子建独占八斗”的评价。

《洛神赋》是三国时期文学家曹植创作的辞赋名篇。此赋虚构了作者自己与洛神的邂逅和彼此间的思慕爱恋，洛神形象美丽绝伦，人神之恋缥渺迷离，但由于人神道殊而不能结合，最后抒发了无限的悲伤怅惘之情。《洛神赋》可以看作是汉代铺排大赋向六朝抒情小赋转化的桥梁，在历史上有着非常广泛而深远的影响。

二、《垓下之围》诵读赏析

垓下之围

项王军壁垓下[1]，兵少食尽，汉军及诸侯兵围之数重。夜闻汉军四面皆楚歌[2]，项王乃大惊曰：“汉皆已得楚乎？是何楚人之多也！”项王则夜起，饮帐中。有美人名虞，常幸从[3]；骏马名骓[4]，常骑之。于是项王乃悲歌慷慨[5]，自为诗曰：“力拔山兮气盖世，时不利兮骓不逝。骓不逝兮可奈何，虞兮虞兮奈若何[6]！”歌数阕[7]，美人和之。项王泣数行下，左右皆泣，莫能仰视[8]。

于是项王乃上马骑[9]，麾下壮士骑从者八百余人[10]，直夜溃围南出[11]，驰走。平明[12]，汉军乃觉之，令骑将灌婴以五千骑追之。项王渡淮，骑能属者百余人耳[13]。项王至阴陵[14]，迷失道，问一田父[15]，田父绐曰[16]：“左。”左，乃陷大泽中，以故汉追及之。项王乃复引兵而东，至东城[17]，乃有二十八骑。汉骑追者数千人。项王自度不得脱[18]，谓其骑曰：“吾起兵至今八岁矣，身七十余战[19]，所当者破[20]，所击者服，未尝败北[21]，遂霸有天下。然今卒困于此[22]，此天之亡我，非战之罪也。今日固决死[23]，愿为诸君快战[24]，必三胜之，为诸君溃围，斩将，刈旗[25]，令诸君知天亡我，非战之罪也。”乃分其骑以为四队，四向[26]。汉军围之数重。项王谓其骑曰：“吾为公取彼一将。”令四面骑驰下，期山东为三处[27]。于是项王大呼驰下，汉军皆披靡[28]，遂斩汉一将。是时，赤泉侯为骑将[29]，追项王，项王嗔目而叱之[30]，赤泉侯人马俱惊，辟易数里[31]。与其骑会为三处。汉军不知项王所在，乃分军为三，复围之。项王乃驰，复斩汉一都尉，杀数十百人，复聚其骑，亡其两骑耳。乃谓其骑曰：“何如?”骑皆伏曰：“如大王言!”

于是项王乃欲东渡乌江[32]。乌江亭长舣船待[33]，谓项王曰：“江东虽小，地方千里[34]，众数十万人，亦足王也。愿大王急渡。今独臣有船，汉军至，无以渡。”项王笑曰：“天之亡我，我何渡为！且籍与江东子弟八千人渡江而西，今无一人还，纵江东父兄怜而王我[35]，我何面目见之？纵彼不言，籍独不愧于心乎?”乃谓亭长曰：“吾知公长者[36]。吾骑此马五岁，所当无敌，尝一日行千里，不忍杀之，以赐公。”乃令骑皆下马步行，持短兵接战。独籍所杀汉军数百人。项王身亦被十余创[37]，顾见汉骑司马吕马童[38]，曰：“若非吾故人乎[39]?”马童面之[40]，指王翳曰：“此项王也。”项王乃曰：“吾闻汉购我头千金，邑万户，吾为若德[41]。”乃自刎而死。王翳取其头，余骑相蹂践争项王，相杀者数十人。最其后，郎中骑杨喜，骑司马吕马童，郎中吕胜、杨武各得其一体。五人共会其体，皆是，故分其地为五：封吕马童为中水侯，封王翳为杜衍侯，封杨喜为赤泉侯，封杨武为吴防侯，封吕胜为涅阳侯[42]。

太史公曰[43]：吾闻之周生曰：“舜目盖重瞳子”[44]，又闻项羽亦重瞳子。羽岂其苗裔邪[45]？何兴之暴也[46]！夫秦失其政，陈涉首难，豪杰蜂起，相与并争，不可胜数。然羽非有尺寸[47]，乘执起陇亩之中[48]，三年，遂将五诸侯灭秦[49]，分裂天下，而封王侯，政由羽出[50]，号为“霸王”，位虽不终[51]，近古以来未尝有也。及羽背关怀楚[52]，放逐义帝而自立，怨王侯叛己，难矣。自矜功伐[53]，奋其私智而不师古[54]，谓霸王之业，欲以力征经营天下[55]，五年卒亡其国，身死东城，尚不觉寤而不自责，过矣。乃引“天亡我，非用兵之罪也”[56]，岂不谬哉!

【注释】

[1]壁：营垒；此处用作动词，即在扎营。垓(gāi)下：地名，在今安徽灵璧东南。

[2]四面皆楚歌：四面八方都响起用楚方言所唱的歌曲。喻指楚人多已降汉。

[3]幸从：得到宠爱，跟随在项羽身边。

[4]骓(zhuī)：毛色黑白相间的马。这里是以毛色为马命名。

[5]慷慨：悲愤激昂。

[6]奈若何：将你怎么办。若，你。

[7]数阕(què)：好几遍。乐曲终止叫阕。

[8]莫：没有人。

[9]骑(jì)：名词，一人一马为一骑。

[10]麾下：部下。

[11]直夜：当夜。直，介词，当……的时候。溃围：突破重围。

[12]平明：天亮时。

[13]骑能属者：能跟从而来的骑兵。属，随从。

[14]阴陵：秦时地名，在今安徽定远县西北。

[15]田父：农夫。

[16]绐(dài)：古同“诒”，欺骗、诈骗。

[17]东城：秦时地名，在今安徽定远县东南。

[18]度(duò)：揣测，估计。脱：脱身。

[19]身：亲身参加。

[20]所当者：所遇到的敌方。

[21]尝：曾。败北：战败，败走。

[22]卒：最终。

[23]固：必，一定。

[24]快战：痛痛快快地打一仗。

[25]刈(yì)：割，砍。

[26]四向：向着四面。

[27]期：约定。山东：山的东面。为三处：意谓分三处集合。

[28]披靡：如草随风而倒，形容惊溃散乱的样子。

[29]赤泉：地名，在今河南淅川西。赤泉侯：汉将杨喜，因破项羽有功，封赤泉侯。

[30]瞋(chēn)目：瞪大眼睛。叱(chì)：大声呵斥。

[31]辟易：倒退。

[32]乌江：即今安徽和县东北之乌江浦。

[33]亭长：乡官。秦，汉时制度，十里一亭，设亭长一人。舣(yǐ)：移船靠岸。

[34]地方：地方千里(土地方圆千里)。

[35]怜：同情。

[36]长者：性情谨厚的人。

[37]被：遭受。创：创伤。

[38]顾：回头看。

[39]故人：旧相识。吕马童系项羽旧部，后背楚投汉。

[40]面之：面对着项王。

[41]吾为若德：我给你个好处。

[42]涅阳侯：同上面的中水侯、杜衍侯、赤泉侯、吴防侯，都是封号。涅阳，在今河南镇平南。中水，在今河北献县西北。杜衍，在今河南南阳西南。赤泉，见上。吴防，在今河南遂平。

[43]太史公：即太史令，司马迁自称。《史记》每篇传记文后均设“太史公曰”一段文字，以抒发他对传主一生行事、遭遇的总结性意见。

[44]盖：表推测，“或许是”“可能是”之意。重瞳子：旧说指一只眼睛里有两个眸子。

[45]苗裔：后代。

[46]暴：骤然，突然。

[47]尺寸：尺寸之地，指极少的封地。

[48]陇亩：田野，指民间。

[49]将：率领。五诸侯：齐、赵、汉、魏、燕五国。此处泛指楚以外的各路义军。

[50]政：政令。

[51]不终：没取得较长远的好结果。

[52]背关怀楚：项羽之叔项梁起兵时，立楚王后代熊心为怀王，灭秦后项羽尊其为义帝。后项羽自立为西楚霸王，徙义帝往长沙郴县，并密令于途中杀之。

[53]自矜：自夸，自负。攻伐：指武力征伐之功业。

[54]私智：一己之能。师古：以古代成功立业的帝王之师。

[55]经营：治理，整顿。

[56]引：援引，以……为理由。

【题解】选自《项羽本纪》。司马迁《史记》中的《项羽本纪》是《史记》人物传记中写得最富文学色彩的篇章之一。全文依次描述了起义反秦、巨鹿之战、坑杀秦卒、鸿门宴、杀义帝、封诸侯、楚汉纷争、垓下之围和乌江自刎等一系列重要场景，记录了项羽一生的主要业绩，情节生动，形象鲜明本文所节选的是《项羽本纪》的最后几个章节。垓(gāi)下，古地名，在今安徽灵璧县东南。题为编者所加。

项羽(前232—前202年)，秦末农民起义军领袖，名籍，字羽，下相(今江苏宿迁西南)人。出身楚国贵族。秦二世元年(前209年)，从叔父项梁在吴(今江苏苏州)起义。项梁战死后，秦将章邯围赵，项羽率兵破釜沉舟渡漳水救赵，在巨鹿之战中摧毁秦军主力。秦亡后，自立为西楚霸王，并大封诸侯王。公元前202年，汉军与诸侯共击楚军，大败楚军于垓下。项羽陷入重围，最后从垓下突围到乌江(今安徽和县东北)，最后在乌江自刎。

本文描述了项羽垓下被围后的三个场景；一是诀别虞姬；二是东城快战；三是乌江自刎。《垓下之围》中的项羽是个悲剧英雄，但作者没有着力渲染他的悲剧性，而是更注重多角度多层面地来刻画、丰富他的英雄色彩。司马迁打破了“成者为王，败者为寇”的统治阶级的历史偏见，将项羽放在“述帝王”的“本纪”中，并赋予这个失败者以较多的赞颂和同情，在当时是颇具胆识的。

东城快战，主要是继续展现项羽一贯勇猛无比、所向披靡的主导性格；但让他反复发出“天之亡我、非战之罪”的呼告，这就把他恃勇自负的内心世界充分暴露出来。这入木三分的一笔，与其说是贬，不如说是褒，与其说是悲，不如说是壮。

三、南北朝骈体文诵读赏析

与朱元思书

吴均

风烟俱净，天山共色[1]。从流飘荡，任意东西[2]。自富阳至桐庐，一百许里[3]，奇山异水，天下独绝[4]。水皆缥碧[5]，千丈见底。游鱼细石，直视无碍[6]。急湍甚箭，猛浪若奔[7]。夹岸高山，皆生寒树[8]，负势竞上[9]，互相轩邈[10]；争高直指，千百成峰[11]。泉水激石，泠泠作响[12]；好鸟相鸣，嘤嘤成韵[13]。蝉则千转不穷[14]，猿则百叫无绝[15]。鸢飞戾天者[16]，望峰息心[17]；经纶世务者[18]，窥谷忘反[19]。横柯上蔽，在昼犹昏[20]；疏条交映[21]，有时见日。

【注释】

[1]风烟俱净：烟雾都消散尽净。风烟，指烟雾。俱，全，都。净，消散尽净。共色：

一样的颜色。共，一样。

[2]从流飘荡：乘船随着江流漂荡。从，顺，随。任意东西：情境任凭船按照自己的意愿，时而向东，时而向西。东西，方向，在此做动词，向东漂流，向西漂流。

[3]许：表示大约的数量，上下，左右。

[4]独绝：独一无二。独，只。绝，绝妙。

[5]缥(piǎo)碧：青白色，淡青色。

[6]游鱼细石：游动的鱼和细小的石头。直视无碍：一直看下去，可以看得很清楚，毫无障碍。这里形容江水清澈见底。

[7]急湍(tuān)：急流的水。急，迅速，又快又猛。湍，水势急速。甚箭："甚于箭"，比箭还快。甚，胜过，超过。奔：动词活用作名词，文中指飞奔的骏马。

[8]寒树：使人看了有寒意的树，形容树密而绿。

[9]负势竞上：高山凭依高峻的地势，争着向上。负，凭借。竞，争着。上，向上。

[10]轩邈(miǎo)：意思是这些高山仿佛都在争着往高处和远处伸展。轩，向高处伸展。邈，向远处伸展。这两个词在这里形容词活用为动词用。

[11]直指：笔直地向上，直插云天。指，向，向上。千百成峰：意思是形成无数山峰。

[12]激：冲击，拍打。泠(líng)泠作响：泠泠地发出声响。泠泠，拟声词，形容水声的清越。

[13]相鸣：互相和鸣，互相鸣叫。嘤(yīng)嘤成韵：鸣声嘤嘤，和谐动听。嘤嘤，鸟鸣声。韵，和谐的声音。

[14]蝉则千转不穷：蝉长久不断地鸣叫。则，助词，无实际意义。千转：长久不断地叫。千，表示多，"千"与下文"百"都表示很多。转，通"啭"，鸟鸣声。这里指蝉鸣。穷，穷尽。

[15]无绝：就是"不绝"。与上句中的"不穷"相对。绝，停止。

[16]鸢(yuān)飞戾(lì)天：出自《诗经·大雅·旱麓》。老鹰高飞入天，这里比喻追求名利极力攀高的人。鸢，俗称老鹰，善高飞，是一种凶猛的鸟。戾，至。

[17]望峰息心：意思是看到这些雄奇的山峰，追逐名利的心就会平静下来。息，使……平息，使动用法。

[18]经纶(lún)世务者：治理社会事务的人。经纶，筹划、治理。世务，政务。

[19]窥谷忘反：看到这些幽美的山谷，就会流连忘返。窥，看。反，通"返"，返回。

[20]横柯(kē)上蔽：横斜的树木在上面遮蔽着。柯，树木的枝干。上，方位名词作状语，在上面。蔽，遮蔽。在昼犹昏：在白天，也好像黄昏时那样阴暗。昼，白天。犹，好像。

[21]疏条交映：稀疏的枝条互相掩映。疏条，稀疏的小枝。交映，互相遮掩。交，相互。

【简析】

吴均(469—520年)，字叔庠，南朝梁文学家、史学家，吴兴故鄣(今浙江安吉)人。出身贫寒，性格耿直，好学有俊才。为文清拔，工于写景，尤以小品书札见长，诗亦清新，多为反映社会现实之作，为时人仿效，号称“吴均体”。

本文是用骈体写成的一篇山水小品。一共140多字。骈文常用四字、六字组织，故亦称“四六文”。但文章又有异于当时一般的骈文，它在一定程度上打破了骈文形式上的束缚，体现了可贵的突破与创新。作者抓住此山此水特征，把动与静、声与色、光与影巧妙结合，为读者描绘出一幅充满生命力的山水图，让读者充分享受到了富春江两岸的“山川之美”。

任务三　唐宋散文

学习任务

1. 诵读体味唐宋散文，尤其是唐宋八大家文化底蕴深厚，语言文字优美的高超写作技巧。

2. 通过赏析，把握唐宋散文中人物形象、性格特点，学习他们崇高的爱国精神，塑造自身高尚人格。

问题导入

散文的本质在于自由，它要求真实、轻松自如地表现自我，生动活泼。而讲求声律的骈文恰恰缺乏了这种无拘无束的境界。因此，隋唐之际，不少文人都开始反对骈文，倡导文体的变革。唐宋时期，散文从经史哲学中分离出来，有了其独立的审美价值，成为一种独立的文学体裁，那么唐宋时代，比较有名的散文篇章和散文大家有哪些呢？

基础知识

一、唐代散文

唐初近百年间，奏疏章表虽已多有散体，但骈体文仍占主要地位。天宝后期，李华、萧颖士、独孤及、梁肃、柳冕提倡古文，明确提出本乎道、以五经为源泉、重政教之用的主张，但他们重政教之用的主张，并未与当时的政治现实结合起来，而是带着空言明道的性质。

后来，韩愈、柳宗元，提出文以明道，把文体文风改革与贞元、元和间的政治革新联系在一起，成为儒学复兴思潮的一部分，形成巨大的声势。他们大力反对浮华的骈俪文，提倡作古文，一时从者甚众，古文创作业绩大增，影响更大，树立了一种摆脱陈言俗套、自由抒写的新文风，大大提高了散文的抒情、叙事、议论、讽刺的艺术功能。文学史上称其为“古文运动”。散体开始取代骈体，占据文坛。

二、宋代散文

到了宋代，欧阳修再一次掀起了古文运动，此后的王安石、曾巩、苏轼、苏洵、苏辙等人都在古文革新运动的影响之下取得了各自的成就，后人将他们与唐代韩愈、柳宗元合称为“唐宋八大家”。他们继承了先秦散文的优良传统，又吸收了六朝文学抒情写景、语音修辞方面的经验加以融合发展，使文章体裁样式增多，艺术水平提高，出现了许多脍炙人口的名篇。如韩愈的《师说》，柳宗元的《捕蛇者说》《永州八记》，欧阳修的《醉翁亭记》，苏轼的《赤壁赋》。

韩愈，字退之，世称韩昌黎，河南人，古文运动的领袖，“唐宋八大家”之首，苏东坡称赞他为“文起八代之衰”。他的文章气势宏大、豪逸奔放、曲折多姿、新奇简劲、逻辑严整、融汇古今。

柳宗元，字子厚，反对六朝以来笼罩文坛的绮靡浮艳文风，提倡质朴流畅的散文。

欧阳修，字永叔，号“醉翁”六一居士”，杰出博学的散文家，提倡简而有法、流畅自然的风格，作品内涵深广，形式多样，语言精致，富情韵美和音乐性。

苏轼，字子瞻，号东坡居士，生于四川眉山。北宋大文学家、书画家。卒后追谥文忠，后人也称为苏文忠公。

王安石，字介甫，曾封荆国公，后人称王荆公。他的散文峭直简洁、富于哲理、笔力豪悍、气势逼人、词锋犀利、议论风生，开创并发展了说理透辟、论证严谨、逻辑周密、表达清晰、融叙事和议论于一体的独特散文文体。

曾巩，字子固，建昌军南丰县(今江西南丰县)人，宋代新古文运动的重要骨干。少时资质警敏聪慧；成年后，因文才出众，备受当时文坛领袖欧阳修赏识。

任务实施

一、《张中丞传后叙》诵读赏析

张中丞传后叙

韩愈

元和二年四月十三日夜[1]，愈与吴郡张籍阅家中旧书[2]，得李翰所为《张巡传》[3]。翰以文章自名[4]，为此传颇详密。然尚恨有阙者：不为许远立传[5]，又不载雷万春事首尾[6]。

远虽材若不及巡者，开门纳巡[7]，位本在巡上。授之柄而处其下[8]，无所疑忌，竟与巡俱守死，成功名，城陷而虏，与巡死先后异耳[9]。两家子弟材智下[10]，不能通知二父志[11]，以为巡死而远就虏，疑畏死而辞服于贼。远诚畏死，何苦守尺寸之地，食其所爱之肉[12]，以与贼抗而不降乎？当其围守时，外无蚍蜉蚁子之援[13]，所欲忠者，国与主耳，而贼语以国亡主灭[14]。远见救援不至，而贼来益众，必以其言为信。外无待而犹死守[15]，人相食且尽，虽愚人亦能数日而知死所矣。远之不畏死亦明矣！乌有城坏其徒俱死，独蒙愧耻求活？虽至愚者不忍为，呜呼！而谓远之贤而为之邪！

说者又谓远与巡分城而守，城之陷，自远所分始[16]。以此诟远，此又与儿童之见无异。人之将死，其藏腑必有先受其病者；引绳而绝之，其绝必有处。观者见其然，从而尤之，其亦不达于理矣！小人之好议论，不乐成人之美，如是哉！如巡、远之所成就，如此卓卓，犹不得免，其他则又何说！

当二公之初守也，宁能知人之卒不救，弃城而逆遁？苟此不能守，虽避之他处何益？及其无救而且穷也，将其创残饿羸之余[17]，虽欲去，必不达。二公之贤，其讲之精矣[18]！守一城，捍天下，以千百就尽之卒，战百万日滋之师，蔽遮江淮，沮遏其势[19]，天下之不亡，其谁之功也！当是时，弃城而图存者，不可一二数；擅强兵坐而观者，相环也。不追议此，而责二公以死守，亦见其自比于逆乱，设淫辞而助之攻也。

愈尝从事于汴徐二府[20]，屡道于两府间，亲祭于其所谓双庙者[21]。其老人往往说巡、远时事云：南霁云之乞救于贺兰也[22]，贺兰嫉巡、远之声威功绩出己上，不肯出师救；爱霁云之勇且壮，不听其语，强留之，具食与乐，延霁云坐。霁云慷慨语曰："云来时，睢阳之人，不食月余日矣！云虽欲独食，义不忍；虽食，且不下咽！"因拔所佩刀，断一指，血淋漓，以示贺兰。一座大惊，皆感激为云泣下。云知贺兰终无为云出师意，即驰去；将出城，抽矢射佛寺浮图，矢着其上砖半箭，曰："吾归破贼，必灭贺兰！此矢所以志也。"愈贞元中过泗州[23]，船上人犹指以相语。城陷，贼以刃胁降巡，巡不屈，即牵去，将斩之；又降霁云，云未应。巡呼云曰："南八[24]，男儿死耳，不可为不义屈！"云笑曰："欲将以有为也；公有言，云敢不死！"即不屈。

张籍曰："有于嵩者，少依于巡；及巡起事，嵩常在围中[25]。籍大历中于和州乌江县见嵩[26]，嵩时年六十余矣。以巡初尝得临涣县尉[27]，好学无所不读。籍时尚小，粗问巡、远事，不能细也。云：巡长七尺余，须髯若神。尝见嵩读《汉书》，谓嵩曰：'何为久读此？'嵩曰：'未熟也。'巡曰：'吾于书读不过三遍，终身不忘也。'因诵嵩所读书，尽卷不错一字。嵩惊，以为巡偶熟此卷，因乱抽他帙以试[28]，无不尽然。嵩又取架上诸书试以问巡，巡应口诵无疑。嵩从巡久，亦不见巡常读书也。为文章，操纸笔立书，未尝起草。初守睢阳时，士卒仅万人，城中居人户，亦且数万，巡因一见问姓名，其后无不识者。巡怒，须髯辄张。及城陷，贼缚巡等数十人坐，且将戮。巡起旋，其众见巡起，或起或泣。巡曰：'汝勿怖！死，命也。'众泣不能仰视。巡就戮时，颜色不乱，阳阳如平常。远宽厚长者，貌如其心；与巡同年生，月日后于巡，呼巡为兄，死时年四十九。"嵩贞元初死于亳宋间[29]。或传嵩有田在亳宋间，武人夺而有之，嵩将诣州讼理，为所杀。嵩无子。张籍云。

【注释】

[1]元和二年：公元 807 年。元和：唐宪宗李纯的年号(806—820 年)。

[2]张籍(约 768—约 830 年)：字文昌，吴郡(今江苏苏州)人，唐代著名诗人，韩愈学生。

[3]李翰：字子羽，赵州赞皇(今河北元氏县)人，官至翰林学士。与张巡友善，客居睢阳时，曾亲见张巡战守事迹。张巡死后，有人诬其降贼，因撰《张巡传》上肃宗，并有《进张中丞传表》。

[4]以文章自名：《旧唐书·文苑传》：翰“为文精密，用思苦涩”。自名：自许。

[5]许远：709—757年，字令威，杭州盐官(今浙江海宁)人。安史之乱时，任睢阳太守，后与张巡合守孤城，城陷被掳往洛阳，至偃师被害。

[6]雷万春：张巡部下勇将。

[7]开门纳巡：肃宗至德二载(757年)正月，叛军安庆绪部将尹子奇带兵十三万围睢阳，许远向张巡告急，张巡自宁陵率军入睢阳城。

[8]柄：权柄。

[9]城陷而虏，与巡死先后异耳：此年十月，睢阳陷落，张巡、许远被虏。张巡与部将被斩，许远被送往洛阳邀功。

[10]两家子弟材智下：据《新唐书·许远传》载，安史乱平定后，大历年间，张巡之子张去疾轻信小人挑拨，上书代宗，谓城破后张巡等被害，唯许远独存，是屈降叛军，请追夺许远官爵。诏令张去疾与许远之子许岘及百官议此事。两家子弟即指张去疾、许岘。

[11]通知：通晓。

[12]食其所爱之肉：尹子奇围睢阳时，城中粮尽，军民以雀鼠为食，最后只得以妇女与老弱男子充饥。当时，张巡曾杀爱妾、许远曾杀奴仆以充军粮。

[13]蚍蜉(pí fú)：黑色大蚁。蚁子：幼蚁。

[14]而贼语以国亡主灭：安史之乱时，长安、洛阳陷落，玄宗逃往西蜀，唐室岌岌可危。

[15]外无待：睢阳被围后，河南节度使贺兰进明等皆拥兵观望，不来相救。

[16]说者又谓远与巡分城而守，城之陷，自远所分始：张巡和许远分兵守城，张守东北，许守西南。城破时叛军先从西南处攻入，故有此说。

[17]羸(léi)：瘦弱。

[18]二公之贤，其讲之精矣：谓二公功绩前人已有精当的评价。此指李翰《进张中丞传表》所云：“巡退军睢阳，扼其咽领，前后拒守，自春徂冬，大战数十，小战数百，以少击众，以弱击强，出奇无穷，制胜如神，杀其凶丑九十余万。贼所以不敢越睢阳而取江淮，江淮所以保全者，巡之力也。”

[19]沮(jǔ)遏：阻止。

[20]愈尝从事于汴徐二府：韩愈曾先后在汴州(治所在今河南开封)、徐州(治所在今江苏徐州)任推官之职。唐称幕僚为从事。

[21]双庙：张巡、许远死后，后人在睢阳立庙祭祀，称为双庙。

[22]南霁云(712—757年)：魏州顿丘(今河南清丰县西南)人。安禄山反叛，被遣至睢阳与张巡议事，为张所感，遂留为部将。贺兰：复姓，指贺兰进明，时为御史大夫、河南节度使，驻节于临淮一带。

[23]贞元：唐德宗李适年号(785—805年)。泗州：唐属河南道，州治在临淮(今江苏泗洪县东南)，当年贺兰屯兵于此。

[24]南八：南霁云排行第八，故称。

[25]常：通“尝”，曾经。

[26]大历：唐代宗李豫年号(766—779年)。和州乌江县：在今安徽省和县东北乌江镇。

[27]以巡初尝得临涣县尉：张巡死后，朝廷封赏他的亲戚、部下，于嵩因此得官。临涣：故城在今安徽宿县西南临涣集。

[28]帙(zhì)：书套，也指书本。

[29]亳(bó)：亳州，治所在今安徽省亳县。宋：宋州，治所在睢阳。

【简析】记载人物经历的作品叫传记。所记人物和事件应有历史的真实性，真实性是传记的生命；所记事件应相对完整；塑造人物形象时在保持真实性的前提下应有适当的艺术加工，具备一定的文学性。

"序"是文章体裁的一种，古文常用它来说明著作写作出版的情况，以及对作家作品的介绍评论，一般放在书前，变称为"叙"或"引"。"后序(叙)"除具备"序"的作用外，还可对著作进行补充、批语或反驳，一般放在书后，也称作"跋"或后记。

唐玄宗天宝年间爆发"安史之乱"，时睢阳城太守许远向张巡告急，巡领兵进睢阳与许远共同守城，公元757年城破被俘，与部将三十六人同时殉难。朝廷追封他为御史中丞，故称张中丞。安史之乱平定以后，一些坐观睢阳陷落而不增援的武官，为了替自己的可耻行为辩解，同某些妒忌许、张二人功绩的文人一起，散布流言。于是，曾随张巡守城的李翰就写了一篇《张巡传》来记叙张巡的英雄事迹，公元807年(唐宪宗元和二年)，韩愈在阅读李翰所写的《张巡传》后，从多方面对睢阳之战的史实材料进行补充，对有关人物进行议论，所以题为"后叙"。

二、《梅圣俞诗集序》诵读赏析

梅圣俞诗集序

欧阳修

予闻世谓诗人少达而多穷[1]，夫岂然哉[2]？盖世所传诗者，多出于古穷人之辞也。凡士之蕴其所有而不得施于世者[3]，多喜自放于山巅水涯之外[4]，见虫鱼草木、风云鸟兽之状类，往往探其奇怪。内有忧思感奋之郁积，其兴于怨刺[5]，以道羁臣寡妇之所叹[6]，而写人情之难言，盖愈穷则愈工。然则非诗之能穷人，殆[7]穷者而后工也。

予友梅圣俞，少以荫补[8]为吏，累举进士[9]，辄抑于有司[10]。困于州县[11]凡十余年[12]。年今五十[13]，犹从辟书，为人之佐[14]。郁其所蓄，不得奋见于事业[15]。其家宛陵[16]，幼习于诗，自为童子，出语已惊其长老[17]。既长，学乎六经仁义之说[18]，其为文章，简古纯粹[19]，不求苟说于世[20]，世之人徒知其诗而已。然时无贤愚，语诗者必求之圣俞。圣俞亦自以其不得志者，乐于诗而发之。故其平生所作，于诗尤多。世既知之矣，而未有荐于上者。昔王文康公尝见而叹曰[21]："二百年无此作矣！"虽知之深，亦不果荐也[22]。若使其幸得用于朝廷，作为雅、颂，以歌咏大宋之功德，荐之清庙[23]，而追商、周、鲁颂之作者，岂不伟欤！奈何使其老不得志而为穷者之诗，乃徒发于虫鱼物类、羁愁感叹之言。世徒喜其工，不知其穷之久而将老也，可不惜哉！

圣俞诗既多，不自收拾。其妻之兄子谢景初，惧其多而易失也，取其自洛阳至于吴兴以来所作，次为十卷。予尝嗜圣俞诗[24]，而患不能尽得之，遽喜谢氏之能类次也[25]，辄序而藏之。其后十五年，圣俞以疾卒于京师，余既哭而铭之[26]，因索于其家，得其遗稿千余篇，并旧所藏，掇其尤者六百七十七篇[27]，为一十五卷。呜呼！吾于圣俞诗，论之详矣，故不复云。

【注释】

[1]少达而多穷：作诗的人在功名富贵或事业上得意的少，穷困不得志的多。达：显达。穷：穷困不得志。

[2]夫岂然哉：难道真是这样吗？

[3]蕴其所有：胸中怀藏他所有的才学、抱负。蕴：藏蓄，积聚。

[4]多喜自放于山巅水涯之外：大多喜欢在山水之间放浪，指过隐居生活。

[5]兴于怨刺：兴起怨恨、讽刺的念头。

[6]道：表达出。羁臣：羁旅之臣，即在外地宦游的官吏，也可泛指贬谪在外的官员。

[7]殆：大概、几乎。

[8]荫补：子孙因前辈功勋而得官为“荫”，官吏或缺被选充职为“补”，梅圣俞由于他叔父的官勋做了河南主簿。

[9]累举进士：屡次参加进士考试。

[10]辄抑于有司：每次都受到主考官的压抑。有司：负有专职的官吏，这里指主考官。

[11]困于州县：只在州县做小官。

[12]凡十余年：共有十多年。

[13]今：通“近”。

[14]辟书：召聘文书。佐：辅佐，指郡县的副职。

[15]郁：压抑，使不得舒发。奋见：发挥、表现出来。

[16]宛陵：今安徽省宣城县。

[17]长老：年老的人，长辈。

[18]六经：指《诗》《书》《礼》《乐》《易》《春秋》六部儒家经典。

[19]简古：指文风简洁古朴。

[20]苟：苟且。说：通“悦”。

[21]王文康公：王曙，字晦叔，号文康，河南人，宋仁宗时任宰相。

[22]果：终于，到底。

[23]清庙：祖庙。

[24]嗜：喜欢。

[25]遽(jù)：骤然，顿时。类次：分类、编排。

[26]铭之：给他写了墓志铭。

[27]掇：采取，选择。尤：优异。

【简析】文章作于嘉祐六年(1061年)。此时欧阳修由枢密使转户部侍郎参政知事。官运亨通，志得意满。梅圣俞名尧臣，字圣俞，北宋诗人，是北宋诗文的革新运动的领袖，其诗清新质朴，与苏舜钦齐名，陆游在《书宛陵集后》中称梅为唐代李白、杜甫之后的第一位作家，盛赞其诗“突过元和作”。刘克庄的《后村诗话》更将梅誉为宋诗的“开山祖师”。梅圣俞是欧阳修的好友。二人在发起诗文的革新运动，反对浮靡文风的斗争中结下深厚友谊，成为莫逆之交。梅圣俞的诗歌理论及创作，曾对欧阳修的诗歌创作产生很大影响。梅圣俞少年举进士不第，仁宗时赐进士出身，多任小吏，一生困顿，仕途上不得志，死于嘉祐五年。一年后，欧阳修为了表达对亡友的怀念，将他的诗编撰成《梅圣俞诗集》，并为之写了这篇序文。

任务四 明清散文

学习任务

1. 通过诵读，感受明清散文语言简洁、意蕴深刻、形式灵活、无拘无束的艺术特点。

2. 通过赏析，体会文人的思想感情和强烈的民族意识、爱国情怀，激发学生为祖国繁荣富强而积极进取的精神。

问题导入

我们经常听到人们朗诵《少年中国说》(节选)，被文中强烈的鼓励性和进取精神所感动，感受到作者热切希望出现“少年中国”，寄托了对少年中国的热爱和期望。《少年中国说》可称为是明清散文的代表。那么，明清时期的散文还有哪些代表作家和经典作品呢？

基础知识

一、明代散文

明初刘基、宋濂等写了一些揭露黑暗社会现实的作品，如刘基的《卖柑者言》。明中期有前后七子以拟古为主，主张“文必秦汉”，但一味拟古；后有唐宋派主张作品“皆自胸中流出”，继承唐宋古文传统，较为有名的是归有光《项脊轩志》；后又有公安派、竟陵派，主张“独抒性灵，不拘格套”。

晚明出现大量的小品散文，这是传统散文的一个发展，张岱是小品散文作者中比较有成就的一位。他的小品散文题材较广，山水名胜、风俗世情、戏曲技艺乃至古董玩具等都可以入文。他的散文语言清新活泼，形象生动，广览简取，《西湖七月半》《湖心亭看雪》是他的代表作。

二、清代散文

清代散文成就最高的是清中期的桐城派，主张学习唐宋、秦汉古文，以清真雅正为宗，代表作有方苞的《狱中杂记》，姚鼐的《登泰山记》等。

鸦片战争前后，杰出的思想家、文学家龚自珍开创了经世散文的新风，标志着清代散文的转折。

晚清时期，康有为（1858—1927 年）、梁启超（1873—1929 年）为清末改良运动的代表人物，也是学术上改良派的代表作家，提出“文界革命”的口号，创立了“新文体”，是“五四运动”时期文体改革的“先导”。

任务实施

一、《西湖七月半》诵读赏析

西湖七月半

张岱

西湖七月半[1]，一无可看，止可看看七月半之人[2]。看七月半之人，以五类看之。其一，楼船箫鼓[3]，峨冠盛筵[4]，灯火优傒[5]，声光相乱，名为看月而实不见月者，看之；其一，亦船亦楼，名娃闺秀[6]，携及童娈[7]，笑啼杂之，还坐露台，左右盼望，身在月下而实不看月者，看之；其一，亦船亦声歌，名妓闲僧，浅斟低唱[8]，弱管轻丝[9]，竹肉相发[10]，亦在月下，亦看月而欲人看其看月者，看之；其一，不舟不车，不衫不帻[11]，酒醉饭饱，呼群三五，跻入人丛[12]，昭庆、断桥[13]，嚣呼嘈杂[14]，装假醉，唱无腔曲[15]，月亦看，看月者亦看，不看月者亦看，而实无一看者，看之；其一，小船轻幌[16]，净几暖炉，茶铛旋煮[17]，素瓷静递[18]，好友佳人，邀月同坐，或匿影树下，或逃嚣里湖，看月而人不见其看月之态，亦不作意看月者[19]，看之。

杭人游湖，巳出酉归[20]，避月如仇。是夕好名[21]，逐队争出，多犒门军酒钱[22]。轿夫擎燎，列俟岸上[23]。一入舟，速舟子急放断桥，赶入胜会。以故二鼓以前[24]，人声鼓吹，如沸如撼[25]，如魇如呓，如聋如哑[26]。大船小船，一齐凑岸，一无所见，止见篙击篙，舟触舟，肩摩肩，面看面而已。少刻兴尽，官府席散，皂隶喝道去[27]。轿夫叫船上人怖以关门[28]，灯笼火把如列星，一一簇拥而去。岸上人亦逐队赶门，渐稀渐薄，顷刻散尽矣。

吾辈始舣舟近岸[29]，断桥石磴始凉[30]，席其上[31]，呼客纵饮。此时月如镜新磨，山复整妆，湖复頮面[32]，向之浅斟低唱者出，匿影树下者亦出，吾辈往通声气，拉与同坐。韵友来，名妓至，杯箸安，竹肉发。月色苍凉，东方将白，客方散去。吾辈纵舟，酣睡于十里荷花之中，香气拍人，清梦甚惬[33]。

【注释】

[1]西湖：即今杭州西湖。七月半：农历七月十五，又称中元节。俗称中元节，又名鬼节。杭州旧习，人们于这天晚上倾城出游西湖。

[2]“止可看”句：谓只可看那些来看七月半景致的人。止，同“只”。

[3]楼船：指考究的有楼的大船。箫鼓：指吹打音乐。

[4]峨冠：头戴高冠，指士大夫。盛筵（yán）：摆着丰盛的酒筵。

[5]优傒（xī）：优伶和仆役。

[6]娃：美女。闺秀：有才德的女子。

[7]童娈（luán）：容貌美好的家僮。

[8]浅斟：慢慢地喝酒。低唱：轻声地吟哦。

[9]弱管轻丝：谓轻柔的管弦音乐。

[10]竹肉：指管乐和歌喉。

[11]不舟不车，不衫不帻：不坐船，不乘车；不穿长衫，不戴头巾，指放荡随便。帻(zé)，头巾。

[12]跻(jī)：通“挤”。

[13]昭庆：寺名。断桥：西湖白堤的桥名。

[14]嚣：呼叫。

[15]无腔曲：没有腔调的歌曲，形容唱得乱七八糟。

[16]幌(huǎng)：窗幔。

[17]铛(chēng)：温茶、酒的器具。旋(xuàn)：随时，随即。

[18]素瓷静递：雅洁的瓷杯无声地传递。

[19]作意：故意，作出某种姿态。

[20]巳：巳时，约为上午九时至十一时。酉：酉时，约为下午五时至七时。

[21]是夕好名：七月十五这天夜晚，人们喜欢这个名目。名：指“中元节”的名目，等于说“名堂”。

[22]犒(kào)：用酒食或财物慰劳。门军：守城门的军士。

[23]列俟(sì)：排着队等候。

[24]二鼓：二更，约为晚上十一点左右。

[25]如沸如撼：像水沸腾，像物体震撼，形容喧嚷。

[26]魇(yǎn)：梦中惊叫。呓：说梦话。这句指在喧嚷中种种怪声。如聋如哑：指喧闹中震耳欲聋，自己说话别人听不见。

[27]皂隶：衙门的差役。喝道：官员出行，衙役在前边吆喝开道。

[28]怖以关门：用关城门恐吓。

[29]舣(yǐ)：通“移”，移动船使船停靠岸边。

[30]石磴(dèng)：石头台阶

[31]席其上：在石凳上摆设酒筵。

[32]靧(huì)面：一作“颒面”，洗脸。

[33]惬(qiè)：快意。

【简析】

张岱(1597—1679年)，字宗子、石公，又名维城，别号蝶庵居士，晚号六休居士，号陶庵，浙江山阴(今绍兴)人，明末清初文学家。出身于仕宦世家，少为富贵公子，中年经历明朝的覆亡，家境随之败落，亡后不仕，入山著书以终。他的小品文多写山水景物、日常琐事，常暗含家国之痛与沧桑之感。

文章描绘五类人看月的情态，文章表面写人，又时时不离写月。全篇运用对比映照，严于雅俗之分，字里行间不见褒贬之词，然孰优孰劣、孰雅孰俗则昭然若示。看似无情又蕴情于其中，含蓄地体现了作者抑浅俗、颂高雅的主旨。

二、《少年中国说》诵读赏析

少年中国说

梁启超

日本人之称我中国也，一则曰老大帝国，再则曰老大帝国。是语也，盖袭译欧西人[1]之言也。呜呼！我中国其果老大矣乎？梁启超曰：恶[2]，是何言！是何言！吾心目中有一少年中国在。

欲言国之老少，请先言人之老少：老年人常思既往，少年人常思将来。惟思既往也，故生留恋心；惟思将来也，故生希望心。惟留恋也，故保守；惟希望也，故进取。惟保守也，故永旧；惟进取也，故日新。惟思既往也，事事皆其所已经者，故惟知照例；惟思将来也，事事皆其所未经者，故常敢破格。老年人常多忧虑，少年人常好行乐。惟多忧也，故灰心，惟行乐也，故盛气。惟灰心也，故怯懦；惟盛气也，故豪壮。惟怯懦也，故苟且；惟豪壮也，故冒险。惟苟且也，故能灭世界；惟冒险也，故能造世界。老年人常厌事，少年人常喜事。惟厌事也，故常觉一切事无可为者；惟好事也，故常觉一切事无不可为者。老年人如夕照，少年人如朝阳；老年人如瘠牛，少年人如乳虎；老年人如僧，少年人如侠；老年人如字典，少年人如戏文；老年人如鸦片烟，少年人如西比利亚之铁路；老年人如别行星之陨石，少年人如大洋海之珊瑚岛；老年人如埃及沙漠之金字塔，少年人如西伯利亚之铁路；老年人如秋后之柳，少年人如春前之草；老年人如死海之潴[3]为泽，少年人如长江之初发源。此老年与少年性格不同之大略也。任公曰：人固有之，国亦宜然。

任公曰：伤哉老大也。浔阳江头琵琶妇，当明月绕船，枫叶瑟瑟，衾寒于铁，似梦非梦之时，追想洛阳尘中春花秋月之佳趣。西宫南内，白发宫娥，一灯如穗，三五对坐，谈开元、天宝间遗事，谱《霓裳羽衣曲》[4]。青门种瓜人，左对孺人，顾弄孺子，忆侯门似海珠履杂遝盛事[5]。拿破仑之流于厄蔑[6]，阿剌飞之幽于锡兰[7]，与三两监守吏或过访之好事者，道当年短刀匹马，驰骋中原，席卷欧洲，血战海楼，一声叱咤，万国震恐之丰功伟烈，初而拍案，继而抚髀[8]，终而揽镜。呜呼，面皴齿尽，白头盈把，颓然老矣！若是者，舍幽郁[9]之外无心事，舍悲惨之外无天地，舍颓唐之外无日月，舍叹息之外无音声，舍待死之外无事业。美人豪杰且然，而况于寻常碌碌者耶！生平亲友，皆在墟墓，起居饮食，待命于人，今日且过，遑知他日，今年且过，遑恤明年。普天下灰心短气之事，未有甚于老大者。于此人也，而欲望拏云之手段[10]，回天之事功，挟山超海之意气，能乎不能？

呜呼，我中国其果老大矣乎？立乎今日，以指畴昔，唐虞三代，若何之郅治[11]；秦皇汉武，若何之雄杰；汉唐来之文学，若何之隆盛；康乾间之武功，若何之烜赫！历史家所铺叙，词章家所讴歌，何一非我国民少年时代良辰美景、赏心乐事之陈迹哉！而今颓然老矣，昨日割五城，明日割十城；处处雀鼠尽，夜夜鸡犬惊；十八省之土地财产，已为人怀中之肉；四百兆之父兄子弟，已为人注籍之奴[12]。岂所谓老大嫁作商人妇者耶？呜呼！凭君莫话当年事，憔悴韶光不忍看。楚囚相对[13]，岌岌顾影；人命危浅，朝不虑夕。国为待死之国，一国之民为待死之民，万事付之奈何，一切凭人作弄，亦何足怪！

任公曰：我中国其果老大矣乎？是今日全地球之一大问题也。如其老大也，则是中国为过去之国，即地球上昔本有此国，而今渐澌灭[14]，他日之命运殆将尽也。如其非老大也，则是中国为未来之国，即地球上昔未现此国，而今渐发达，他日之前程且方长也。欲断今日之中国为老大耶，为少年耶？则不可不先明“国”字之意义。夫国也者，何物也？有土地，有人民，以居于其土地之人民，而治其所居之土地之事，自制法律而自守之；有主权，有服从，人人皆主权者，人人皆服从者。夫如是，斯谓之完全成立之国。地球上之有完全成立之国也，自百年以来也。完全成立者，壮年之事也；未能完全成立而渐进于完全成立者，少年之事也。故吾得一言以断之曰：欧洲列邦在今日为壮年国，而我中国在今日为少年国。

夫古昔之中国者，虽有国之名，而未成国之形也，或为家族之国，或为酋长之国，或为诸侯封建之国，或为一王专制之国。虽种类不一，要之，其于国家之体质也，有其一部而缺其一部，正如婴儿自胚胎以迄成童，其身体之一二官支[15]，先行长成，此外则全体虽粗具，然未能得其用也。故唐虞以前为胚胎时代，殷周之际为乳哺时代，由孔子而来至于今为童子时代，逐渐发达，而今乃始将入成童以上少年之界焉。其长成所以若是之迟者，则历代之民贼有窒其生机者也。譬犹童年多病，转类老态，或且疑其死期之将至焉，而不知皆由未完全、未成立也，非过去之谓，而未来之谓也。

且我中国畴昔，岂尝有国家哉？不过有朝廷耳。我黄帝子孙，聚族而居，立于此地球之上者既数千年，而问其国之为何名，则无有也。夫所谓唐、虞、夏、商、周、秦、汉、魏、晋、宋、齐、梁、陈、隋、唐、宋、元、明、清者，则皆朝名耳。朝也者，一家之私产也；国也者，人民之公产也。朝有朝之老少，国有国之老少，朝与国既异物，则不能以朝之老少而指为国之老少明矣。文、武、成、康[16]，周朝之少年时代也。幽、厉、桓、赧[17]，则其老年时代也；高、文、景、武[18]，汉朝之少年时代也，元、平、桓、灵[19]，则其老年时代也。自余历朝，莫不有之。凡此者，谓为一朝廷之老也则可，谓为一国之老也则不可。一朝廷之老且死，犹一人之老且死也，于吾所谓中国者何与焉？然则吾中国者，前此尚未出现于世界，而今乃始萌芽云尔。天地大矣，前途辽矣，美哉，我少年中国乎！

玛志尼者[20]，意大利三杰之魁也，以国事被罪，逃窜异邦，乃创立一会，名曰“少年意大利”。举国志士，云涌雾集以应之，卒乃光复旧物，使意大利为欧洲之一雄邦。夫意大利者，欧洲第一之老大国也，自罗马亡后，土地隶于教皇，政权归于奥国，殆所谓老而濒于死者矣。而得一玛志尼，且能举全国而少年之，况我中国之实为少年时代者耶？堂堂四百余州之国土，凛凛四百余兆之国民，岂遂无一玛志尼其人者！

龚自珍氏之集有诗一章，题曰《能令公少年行》。吾尝爱读之，而有味乎其用意之所存。我国民而自谓其国之老大也，斯果老大矣；我国民而自知其国之少年也，斯乃少年矣。西谚有之曰：有三岁之翁，有百岁之童。然则国之老少，又无定形，而实随国民之心力以为消长者也。吾见乎玛志尼之能令国少年也，吾又见乎我国之官吏士民能令国老大也，吾为此惧。夫以如此壮丽浓郁、翩翩绝世之少年中国，而使欧西、日本人谓我为老大者何也？则以握国权者皆老朽之人也。非哦几十年八股，非写几十年白折[21]，非当几十年差，非捱几十年俸，非递几十年手本[22]，非唱几十年诺[23]，非磕几十年头，非请几十年安[24]，则必不能得一官，进一职。其内任卿贰以上[25]、外任监司以上者[26]，百人之中，其五官不备者，殆九十六七人也，非眼盲，则耳聋，非手颤，则足跛，否则半身不遂也。彼其一身饮食、步履、视听、言语，尚且不能自了，须三四人在左右扶之捉之，乃能度日，于此而乃欲责之以国事，是何异立无数木偶而使治天下也。且彼辈者，自其少壮之时，既已不知亚细、欧罗为何处地方，汉祖、唐宗是哪朝皇帝，犹嫌其顽钝腐败之未臻其极，又必搓磨之[27]、陶冶之，待其脑髓已涸，血管已塞，气息奄奄，与鬼为邻之时，然后将我二万里山河，四万万人命，一举而畀于其手。呜呼！老大帝国，诚哉其老大也！而彼辈者，积其数十年之八股、白折、当差、捱俸、手本、唱诺、磕头、请安，千辛万苦，千苦万辛，乃始得此红顶花翎之服色[28]，中堂大人之名号[29]，乃出其全副精神，竭其毕生力量，以保持之。如彼乞儿，拾金一锭，虽轰雷盘旋其顶上，而两手犹紧抱其荷包，他事非所顾也，非所知也，非所闻也。于此而告之以亡国也，瓜分也，彼乌从而听之[30]？乌从而信之？即使果亡矣，果分矣，而吾今年既七十矣八十矣，但求其一两年内，洋人不来，强盗不起，我已快活过了一世矣。若不得已，则割三头两省之土地奉申贺敬，以换我几个衔门；卖三几百万之人民作仆为奴，以赎我一条老命，有何不可？有何难办？呜呼，今之所谓老后、老臣、老将、老吏者，其修身、齐家、治国、平天下之手段，皆具于是矣。西风一夜催人老，凋尽朱颜白尽头。使走无常当医生，携催命符以祝寿。嗟乎痛哉！以此为国，是安得不老且死，且吾恐其未及岁而殇也。

任公曰：造成今日之老大中国者，则中国老朽之冤业也；制出将来之少年中国者，则中国少年之责任也。彼老朽者何足道，彼与此世界作别之日不远矣，而我少年乃新来，而与世界为缘。如僦屋者然[31]，彼明日将迁居他方，而我今日始入此室处。将迁居者，不爱护其窗栊，不洁治其庭庑[32]，俗人恒情，亦何足怪。若我少年者，前程浩浩，后顾茫茫，中国而为牛、为马、为奴、为隶，则烹脔鞭箠之惨酷[33]，惟我少年当之；中国如称霸宇内，主盟地球，则指挥顾盼之尊荣，惟我少年享之，于彼气息奄奄，与鬼为邻者，何与焉？彼而漠然置之，犹可言也；我而漠然置之，不可言也。使举国之少年而果为少年也，则吾中国为未来之国，其进步未可量也；使举国之少年而亦为老大也，则吾中国为过去之国，其澌亡可翘足而待也。故今日之责任，不在他人，而全在我少年。少年智则国智，少年富则国富，少年强则国强，少年独立则国独立，少年自由则国自由，少年进步则国进步，少年胜于欧洲则国胜于欧洲，少年雄于地球则国雄于地球。红日初升，其道大光[34]；河出伏流，一泻汪洋。潜龙腾渊，鳞爪飞扬；乳虎啸谷，百兽震惶。鹰隼试翼，风尘吸张；奇花初胎，矞矞皇皇[35]。干将发硎，有作其芒[36]。天戴其苍，地履其黄。纵有千古，横有八荒。前途似海，来日方长。美哉！我少年中国，与天不老；壮哉！我中国少年，与国无疆！

“三十功名尘与土，八千里路云和月。莫等闲白了少年头，空悲切！”此岳武穆《满江红》词句也，作者自六岁时即口受记忆，至今喜诵之不衰。自今以往，弃“哀时客”之名，更自名曰“少年中国之少年”。

【注释】

[1]欧西人：泛指西方英、法、美、等国的人。

[2]恶(wū)：表示惊讶，是表示感叹的助词。

[3]潴(zhū)：聚积的水流。

[4]西宫南内，白发宫娥，一灯如穗，三五对坐，谈开元、天空间遗事，谱《霓裳羽衣曲》：就白居易《长恨歌》所咏唐玄宗与杨贵妃事，用元稹《行宫》“白头宫女在，闲坐说玄宗”诗意，意思是安史之乱后，白头宫人忆及当年事，倍感凄凉。西宫，唐太极宫；南内，唐兴庆宫，在皇城东南，故称南内。李隆基自四川返京后，先居兴庆宫，后迁西宫。霓裳羽衣曲，本名《婆罗门》，源出印度，开元中传入中国。传说李隆基梦游月宫，听诸仙奏曲，默记其调，醒后令乐工谱成。

[5]青门种瓜人，左对孺人，顾弄孺子，忆侯门似海珠履杂遝之盛事：用汉初邵平故事。秦朝时期被封为东陵侯，负责看护管理始皇帝生母赵姬之陵寝。秦为汉灭，沦为布衣，于长安城东南霸城门外种瓜，瓜味鲜美，皮有五色，世人称之“东陵瓜”。此句谓邵平回想当年的繁华，颇为感伤。青门，汉长安东门。孺人，古代大夫之妻称孺人，明、清两代七品官的妻子封孺人。珠履，用珠子装饰的鞋。杂遝(tà)，杂乱。

[6]拿破仑：即拿破仑一世，法国皇帝。法国资产阶级政治家、军事家。曾称霸欧洲。各国联军攻破巴黎后，拿破仑被流放于厄尔巴岛。厄蔑：即厄尔巴岛，在意大利半岛和法国科西嘉岛之间。

[7]阿剌飞：指埃及民族解放运动领袖阿拉比，曾率众推翻英、法殖民统治。年，英国侵略军进攻埃及，阿拉比领导军队抗击，战败被流放于锡兰。

[8]髀：大腿。

[9]幽郁：深沉的忧郁。

[10]拏云：上干云霄之意。

[11]郅(zhì)治：至治，把国家治理得太平强盛。郅，极，至。

[12]注籍之奴：注入户籍的奴隶。这里指失去自由的人。

[13]楚囚相对：比喻遇到强敌，窘迫无计。《晋书·王导传》载，晋元帝时，国家动乱，中州人士纷纷避乱江左。“过江人士，每至暇日，相要出新亭饮宴。周顗(yǐ)中坐而叹曰：‘风景不殊，举目有江河之异。’皆相视流涕。惟(王)导愀然变色曰：‘当共戮力王室，克复神州，何至作楚囚相对泣邪?”

[14]澌灭：灭亡。澌，尽。

[15]官支：五官、四肢。

[16]文、武、成、康：周朝初年的几代帝王。周文王奠定了灭商的基础；周武王灭商建立周朝；成王、康王把国家治理得非常强盛，史称“成康之治”。所以下句将其比作周朝的少年时代。

[17]幽、厉、桓、赧(nǎn)：指周幽王、厉王、桓王、赧王。幽王宠褒姒，废申后，申侯联合犬戎攻周，幽王被杀，西周灭亡。周厉王暴虐，被流放于彘(今山西霍县)。周桓王时，东周王室衰落。周赧王死后不久，东周灭亡。

[18]高、文、景、武：指汉初四代皇帝。汉高祖灭秦、楚，建立汉王朝。汉文帝、汉景帝发展生产，国家强盛，史称“文景之治”。武帝重武功，国力强盛。

[19]元、平、桓、灵：汉元帝、汉平帝、汉桓帝、汉灵帝。汉元帝时，西汉开始衰落；汉平帝死后不久，王莽篡国，西汉灭亡。桓帝、灵帝是东汉末年的两代帝王，其执政期间外戚、宦官专权，政治黑暗，为东汉灭亡种下了祸根。

[20]玛志尼(1805—1872)：意大利爱国者。罗马帝国灭亡后，意大利受奥地利帝国奴役，玛志尼创立“少年意大利党”，创办《少年意大利报》，发动和组织资产阶级革命，完成意大利的独立统一事业。他与同时的加里波的、喀富尔并称“意大利三杰”。下文“旧物”，指国家原有的基业。

[21]白折：清代科举应试的试卷之一。殿试取中进士后，还要进行朝考，以分别授予官职。朝考用白折，即用工整的楷书写在白纸制的折子上。

[22]手本：明清官场中下级晋见上级时用的名帖。

[23]唱诺(rě)：古代的一种礼节。对人打恭作揖，口中出声，叫唱喏。诺，当作“喏”。

[24]请安：清代问候的礼节，男子打千，即右膝微跪，隆重时，双膝跪地，呼“请某某安”。

[25]卿贰：卿是朝廷各部的长官，贰指副职。

[26]监司：清代通称各省布政使、按察使及各道道员为监司。

[27]搓磨：磋磨，切磋琢磨。原是精益求精意，这里指磨去棱角、锋芒。

[28]红顶花翎：大官的帽饰。清代官员帽顶上顶珠的颜色、质料，标志着官阶的品级，一品官用红宝石顶珠。花翎，用孔雀翎做的帽饰，以翎眼多者为贵，五品以上用花翎，六品以下用蓝翎。

[29]中堂大人：清代大学士相当于宰相，尊称中堂大人。

[30]乌：何，哪里。

[31]僦(jiù)屋：租赁房屋。

[32]庭庑(wǔ)：庭院走廊。

[33]脔：切成小块的肉，这里用作动词，宰割之意。箠：棍杖。这里用作动词，捶打之意。

[34]其道大光：语出《周易·益》：“自上下下，其道大光。”光，广大，发扬。

[35]矞矞皇皇：光明盛大的样子，一般用于书面古语。

[36]干将发硎，有作其芒：宝剑刚磨出来，锋刃大放光芒。干(gān)将(jiāng)，原是铸剑师的名字，这里指宝剑。硎(xíng)，磨刀石。

【简析】

梁启超(1873年2月23日—1929年1月19日)，字卓如，一字任甫，号任公，又号饮冰室主人、饮冰子、哀时客、中国之新民、自由斋主人。广东省广州府新会县熊子乡茶坑村(今广东省江门市新会区茶坑村)人。清朝光绪年间举人，中国近代思想家、政治家、教育家、史学家、文学家，戊戌变法领袖之一、中国近代维新派、新法家代表人物。

本文作于1900年2月10日，正在戊戌变法后，梁启超流亡日本之时。那年是庚子年，当时由于帝国主义的侵略，中国爆发了义和团爱国运动。当时八国联军制造舆论，污蔑中国是“老大帝国”，是“东亚病夫”，是“一盘散沙”，不能自立，只能由列强共管或瓜分。而中国人中，有一些无知昏庸者，散布亡族灭国的悲观情绪，民族危机空前严重。文章开篇以驳斥西方列强和日本帝国对“我中国”的侮辱性的称呼“老大帝国”入笔，逐层进行解剖，驳斥帝国主义分子的无耻谣言，并对那些手握国柄而又老朽不堪的人的心理状态作了无情的批判，也纠正国内一些人自暴自弃、崇洋媚外的奴性心理，唤起人民的爱国热情，激起民族的自尊心和自信心。文章讴歌了祖国未来的英姿及其光辉灿烂的前程，对肩负着建设少年中国重任的中国少年寄予无限希望，鼓励他们奋然而起，投入到改造中国的战斗中去。文章多为四字一句，而且押韵，使用对偶、比喻、排比等修辞方法，语言高度凝练。大量地引用了典故，使文章具有较强的说服力和感染力，情感饱满，读来铿锵有力，朗朗上口。

项目八

中国现当代文学

学习目标

了解中国现当代文学历史包括主要文学思潮、重要作家和作品内容，感知社会生活的各个方面，传承中华文化精髓，树立正确的人生观，提高文学素养和分析问题、解决实际问题的能力；提升文学作品的鉴赏能力和审美品位，增强文化自信，承担历史赋予大学生的光荣使命。

人文素养

1. 现当代文学与传统文化的弘扬与继承

中华文化博大精深而源远流长，它不仅是一种文化，更是一种精神信仰，深深地融入每个中国人的血脉之中，隐含在人们的生活中。对于传统文化的传承与弘扬不仅是当下中国梦的文化要求，同时也是每一个人发展的需要。现当代文学课程中融入传统文化，可以更好地将其继承与弘扬，帮助学生加强对文学常识与传统文化的了解，在提升自身的同时更加了解自己的民族文化，提高民族自豪感。

2. 现当代文学与文化涵养、人文精神

通过学习，学生能从现当代文学作品中感受到作者抒发的情感、表达的思想主题、反映的社会形态等内容。因此，这不仅是对学生文化知识的教育，更是让学生去细致地了解我国百年的近现代文学史。这种历史知识和文学知识的阅读和积累，大大提升了学生的文化涵养，促进学生在文学上的发展和造诣。同时，现当代文学作品中各种各样的人类精神内容，对于提升学生的人文意识和精神内涵，是一种宝贵的精神财富。

3. 现当代文学与道德品质、人生观

现当代文学创作的题材和灵感都来源于现实生活，它就像一个精神的海洋，能够让学生深刻地了解当时生活的状态、社会现状、大量形形色色的人和事及人性百态等，使学生能明辨是非，树立正确人生观，步入社会后才能更好地适应社会生活。

4. 现当代文学与审美鉴赏能力

通过大量的阅读和学习文学作品，学生才会有亲历美的感悟与艺术想象，才会感受蕴含其中的人文情怀和思想内涵，有助于培养学生的艺术素养和审美鉴赏能力。

任务一　现代文学“第一个十年”

学习任务

1. 了解中国现代文学“第一个十年”文学思潮。
2. 认识中国现代文学“第一个十年”的代表作家，对代表性作品进行赏析。

问题导入

建党100周年之际，重大革命历史题材剧《觉醒年代》成了“网红”热播剧。这部在豆瓣评分高达9.1分的电视剧自开播以来一路走红，斩获了良好口碑，更在第27届上海电视节白玉兰奖中拿下“最佳导演”“最佳原创编剧”“最佳男主角”三项大奖。该剧以1915年《青年杂志》问世到1921年《新青年》成为中国共产党机关刊物为贯穿，展现了从新文化运动、“五四运动”到中国共产党建立这段波澜壮阔的历史画卷，讲述了觉醒年代社会风情和百态人生。该剧中胡适、陈独秀、鲁迅等也给人留下了深刻印象，那么，当时的知识分子是如何来启蒙和唤醒沉睡中的国民的呢?

基础知识

一、第一个十年文学思潮(1917—1927年)

1917年初发生的文学革命，在中国文学史上树立一个鲜明的界碑，标示着古典文学的结束，现代文学的起始。

1915年9月《青年杂志》在上海创刊(第二卷起，易名为《新青年》)，新文化运动即以此为肇始。《新青年》集结了一批推进新文化和新文学运动的先驱人物，并且在1919年借“五四运动”的大势，将整个新文化与新文学运动推向高潮。在《新青年》带动下，各种报刊和出版物争相译介西方从文艺复兴以来的各式各样的思潮理论。可以说，新文化运动直接促成了文学革命，而文学革命又成为新文化运动最重要最有实绩的一部分，文学革命的性质与导向、成就与局限，都与新文化运动息息相关。

1917年初，胡适、陈独秀在《新青年》上发表的《文学改良刍议》和《文学革命论》，标志着文学革命运动的正式兴起。随后，钱玄同、刘半农、周作人、鲁迅、李大钊等人积极呼应文学革命主张，推进了文学革命的发展。文学革命发动后，很快便形成规模和声势，产生广泛的社会效应，取得重大实绩。

首先，白话文全面推广。“五四运动”后，各地爱国学生团体纷纷仿效《新青年》《每周评论》，创办白话报刊。1920年1月，依当时的教育部颁令，凡国民学校低年级国文课教育也统一运用语体文(白话)。文学革命促成了言文合一的“国语运动”，又为新文学的语体变革拓展了广阔天地，并迅速扩大了新文学的影响。

第二，外国文学思潮的广泛涌入和新文学社团的蜂起，呈现出我国历史上空前未有的思想大解放的局面。

第三，文学理论建设取得了初步成果。

第四，创作取得了引人注目的实绩。1918 年 5 月，鲁迅发表了第一篇白话短篇小说《狂人日记》，借“狂人”之口，控诉了封建制度及其伦理道德“吃人”的本质，并采用了现代意味的手法与样式。随后，鲁迅又连续创作了《孔乙己》《药》等小说，都显示了深切的思想和完整的现代小说特色。除鲁迅外，《新青年》《新潮》《学灯》等报刊陆续推出一些新文学作家及作品。小说如叶绍钧的《这也是一个人?》，杨振声的《渔家》，冰心的《斯人独憔悴》，许地山的《命命鸟》，王统照的《春雨之夜》，郁达夫的《沉沦》等。诗歌如胡适的《尝试集》，郭沫若的《女神》，汪静之的《蕙的风》等。这些作品大都是 1919—1922 年发表，虽不够圆熟，却充溢着个性解放、民族解放的精神，从内容到形式都追求现代性品格，给文坛带来了青春气息。

二、作品赏析

任务实施

狂人日记

鲁迅

某君昆仲，今隐其名，皆余昔日在中学时良友；分隔多年，消息渐阙。日前偶闻其一大病；适归故乡，迂道往访，则仅晤一人，言病者其弟也。劳君远道来视，然已早愈，赴某地候补矣。因大笑，出示日记二册，谓可见当日病状，不妨献诸旧友。持归阅一过，知所患盖“迫害狂”之类。语颇错杂无伦次，又多荒唐之言；亦不著月日，惟墨色字体不一，知非一时所书。间亦有略具联络者，今撮录一篇，以供医家研究。记中语误，一字不易；惟人名虽皆村人，不为世间所知，无关大体，然亦悉易去。至于书名，则本人愈后所题，不复改也。七年四月二日识。

一

今天晚上，很好的月光。

我不见他，已是三十多年；今天见了，精神分外爽快。才知道以前的三十多年，全是发昏；然而须十分小心。不然，那赵家的狗，何以看我两眼呢？我怕得有理。

二

今天全没月光，我知道不妙。早上小心出门，赵贵翁的眼色便怪：似乎怕我，似乎想害我。还有七八个人，交头接耳的议论我，又怕我看见。一路上的人，都是如此。其中最凶的一个人，张着嘴，对我笑了一笑；我便从头直冷到脚跟，晓得他们布置，都已妥当了。

我可不怕，仍旧走我的路。前面一伙小孩子，也在那里议论我；眼色也同赵贵翁一样，脸色也都铁青。我想我同小孩子有什么仇，他也这样。忍不住大声说，“你告诉我！”他们可就跑了。

我想：我同赵贵翁有什么仇，同路上的人又有什么仇；只有廿年以前，把古久先生的陈年流水簿子，踹了一脚，古久先生很不高兴。赵贵翁虽然不认识他，一定也听到风声，代抱不平；约定路上的人，同我作冤对。但是小孩子呢？那时候，他们还没有出世，何以今天也睁着怪眼睛，似乎怕我，似乎想害我。这真教我怕，教我纳罕而且伤心。

我明白了。这是他们娘老子教的！

三

晚上总是睡不着。凡事须得研究，才会明白。

他们——也有给知县打枷过的，也有给绅士掌过嘴的，也有衙役占了他妻子的，也有老子娘被债主逼死的；他们那时候的脸色，全没有昨天这么怕，也没有这么凶。

最奇怪的是昨天街上的那个女人，打他儿子，嘴里说道，“老子呀！我要咬你几口才出气！”他眼睛却看着我。我出了一惊，遮掩不住；那青面獠牙的一伙人，便都哄笑起来。陈老五赶上前，硬把我拖回家中了。

拖我回家，家里的人都装作不认识我；他们的脸色，也全同别人一样。进了书房，便反扣上门，宛然是关了一只鸡鸭。这一件事，越教我猜不出底细。

前几天，狼子村的佃户来告荒，对我大哥说，他们村里的一个大恶人，给大家打死了；几个人便挖出他的心肝来，用油煎炒了吃，可以壮壮胆子。我插了一句嘴，佃户和大哥便都看我几眼。今天才晓得他们的眼光，全同外面的那伙人一模一样。

想起来，我从顶上直冷到脚跟。

他们会吃人，就未必不会吃我。

你看那女人“咬你几口”的话，和一伙青面獠牙人的笑，和前天佃户的话，明明是暗号。我看出他话中全是毒，笑中全是刀。他们的牙齿，全是白厉厉的排着，这就是吃人的家伙。

照我自己想，虽然不是恶人，自从踹了古家的簿子，可就难说了。他们似乎别有心思，我全猜不出。况且他们一翻脸，便说人是恶人。我还记得大哥教我做论，无论怎样好人，翻他几句，他便打上几个圈；原谅坏人几句，他便说“翻天妙手，与众不同”。我那里猜得到他们的心思，究竟怎样；况且是要吃的时候。

凡事总须研究，才会明白。古来时常吃人，我也还记得，可是不甚清楚。我翻开历史一查，这历史没有年代，歪歪斜斜的每叶上都写着“仁义道德”几个字。我横竖睡不着，仔细看了半夜，才从字缝里看出字来，满本都写着两个字是“吃人”！

书上写着这许多字，佃户说了这许多话，却都笑吟吟的睁着怪眼睛看我。

我也是人，他们想要吃我了！

四

早上，我静坐了一会儿。陈老五送进饭来，一碗菜，一碗蒸鱼；这鱼的眼睛，白而且硬，张着嘴，同那一伙想吃人的人一样。吃了几筷，滑溜溜的不知是鱼是人，便把他兜肚连肠的吐出。

我说“老五，对大哥说，我闷得慌，想到园里走走。”老五不答应，走了，停一会，可就来开了门。

我也不动，研究他们如何摆布我；知道他们一定不肯放松。果然！我大哥引了一个老头子，慢慢走来；他满眼凶光，怕我看出，只是低头向着地，从眼镜横边暗暗看我。大哥说，“今天你仿佛很好。”我说“是的。”大哥说，“今天请何先生来，给你诊一诊。”我说“可以！”其实我岂不知道这老头子是刽子手扮的！无非借了看脉这名目，揣一揣肥瘠：因这功劳，也分一片肉吃。我也不怕；虽然不吃人，胆子却比他们还壮。伸出两个拳头，看他如何下手。老头子坐着，闭了眼睛，摸了好一会，呆了好一会；便张开他鬼眼睛说，“不要乱想。静静的养几天，就好了。”

不要乱想，静静的养！养肥了，他们是自然可以多吃；我有什么好处，怎么会“好了”？他们这群人，又想吃人，又是鬼鬼祟祟，想法子遮掩，不敢直捷下手，真要令我笑死。我忍不住，便放声大笑起来，十分快活。自己晓得这笑声里面，有的是义勇和正气。老头子和大哥，都失了色，被我这勇气正气镇压住了。

但是我有勇气，他们便越想吃我，沾光一点这勇气。老头子跨出门，走不多远，便低声对大哥说道，“赶紧吃罢！”大哥点点头。原来也有你！这一件大发见，虽似意外，也在意中：合伙吃我的人，便是我的哥哥！

吃人的是我哥哥！

我是吃人的人的兄弟！

我自己被人吃了，可仍然是吃人的人的兄弟！

五

这几天是退一步想：假使那老头子不是刽子手扮的，真是医生，也仍然是吃人的人。他们的祖师李时珍做的“本草什么”上，明明写着人肉可以煎吃；他还能说自己不吃人么，

至于我家大哥，也毫不冤枉他。他对我讲书的时候，亲口说过可以“易子而食”；又一回偶然议论起一个不好的人，他便说不但该杀，还当“食肉寝皮”。我那时年纪还小，心跳了好半天。前天狼子村佃户来说吃心肝的事，他也毫不奇怪，不住的点头。可见心思是同从前一样狠。既然可以“易子而食”，便什么都易得，什么人都吃得。我从前单听他讲道理，也胡涂过去；现在晓得他讲道理的时候，不但唇边还抹着人油，而且心里满装着吃人的意思。

六

黑漆漆的，不知是日是夜。赵家的狗又叫起来了。狮子似的凶心，兔子的怯弱，狐狸的狡猾。

七

我晓得他们的方法，直接杀了，是不肯的，而且也不敢，怕有祸祟。所以他们大家连络，布满了罗网，逼我自戕。试看前几天街上男女的样子，和这几天我大哥的作为，便足可悟出八九分了。最好是解下腰带，挂在梁上，自己紧紧勒死；他们没有杀人的罪名，又偿了心愿，自然都欢天喜地的发出一种呜呜咽咽的笑声。否则惊吓忧愁死了，虽则略瘦，也还可以首肯几下。

他们是只会吃死肉的！——记得什么书上说，有一种东西，叫“海乙那”的，眼光和样子都很难看；时常吃死肉，连极大的骨头，都细细嚼烂，咽下肚子去，想起来也教人害怕。“海乙那”是狼的亲眷，狼是狗的本家。前天赵家的狗，看我几眼，可见他也同谋，早

已接洽。老头子眼看着地，岂能瞒得我过。

最可怜的是我的大哥，他也是人，何以毫不害怕；而且合伙吃我呢？还是历来惯了，不以为非呢？还是丧了良心，明知故犯呢？

我诅咒吃人的人，先从他起头；要劝转吃人的人，也先从他下手。

八

其实这种道理，到了现在，他们也该早已懂得，……

忽然来了一个人；年纪不过二十左右，相貌是不很看得清楚，满面笑容，对了我点头，他的笑也不像真笑。我便问他，"吃人的事，对么？"他仍然笑着说，"不是荒年，怎么会吃人。"我立刻就晓得，他也是一伙，喜欢吃人的；便自勇气百倍，偏要问他。

"对么？"

"这等事问他什么。你真会……说笑话。……今天天气很好。"

天气是好，月色也很亮了。可是我要问你，"对么？"

他不以为然了。含含胡胡的答道，"不……"

"不对？他们何以竟吃？！"

"没有的事……"

"没有的事？狼子村现吃；还有书上都写着，通红崭新！"

他便变了脸，铁一般青。睁着眼说，"有许有的，这是从来如此……"

"从来如此，便对么？"

"我不同你讲这些道理；总之你不该说，你说便是你错！"

我直跳起来，张开眼，这人便不见了。全身出了一大片汗。他的年纪，比我大哥小得远，居然也是一伙；这一定是他娘老子先教的。还怕已经教给他儿子了；所以连小孩子，也都恶狠狠的看我。

九

自己想吃人，又怕被别人吃了，都用着疑心极深的眼光，面面相觑。……

去了这心思，放心做事走路吃饭睡觉，何等舒服。这只是一条门槛，一个关头。他们可是父子兄弟夫妇朋友师生仇敌和各不相识的人，都结成一伙，互相劝勉，互相牵掣，死也不肯跨过这一步。

十

大清早，去寻我大哥；他立在堂门外看天，我便走到他背后，拦住门，格外沉静，格外和气的对他说，

"大哥，我有话告诉你。"

"你说就是，"他赶紧回过脸来，点点头。

"我只有几句话，可是说不出来。大哥，大约当初野蛮的人，都吃过一点人。后来因为心思不同，有的不吃人了，一味要好，便变了人，变了真的人。有的却还吃，——也同虫子一样，有的变了鱼鸟猴子，一直变到人。有的不要好，至今还是虫子。这吃人的人比不吃人的人，何等惭愧。怕比虫子的惭愧猴子，还差得很远很远。

易牙蒸了他儿子，给桀纣吃，还是一直从前的事。谁晓得从盘古开辟天地以后，一直

吃到易牙的儿子；从易牙的儿子，一直吃到徐锡林；从徐锡林，又一直吃到狼子村捉住的人。去年城里杀了犯人，还有一个生痨病的人，用馒头蘸血舐。

他们要吃我，你一个人，原也无法可想；然而又何必去入伙。吃人的人，什么事做不出；他们会吃我，也会吃你，一伙里面，也会自吃。但只要转一步，只要立刻改了，也就是人人太平。虽然从来如此，我们今天也可以格外要好，说是不能！大哥，我相信你能说，前天佃户要减租，你说过不能。”

当初，他还只是冷笑，随后眼光便凶狠起来，一到说破他们的隐情，那就满脸都变成青色了。大门外立着一伙人，赵贵翁和他的狗，也在里面，都探头探脑的挨进来。有的是看不出面貌，似乎用布蒙着；有的是仍旧青面獠牙，抿着嘴笑。我认识他们是一伙，都是吃人的人。可是也晓得他们心思很不一样，一种是以为从来如此，应该吃的；一种是知道不该吃，可是仍然要吃，又怕别人说破他，所以听了我的话，越发气愤不过，可是抿着嘴冷笑。

这时候，大哥也忽然显出凶相，高声喝道，“都出去！疯子有什么好看！”

这时候，我又懂得一件他们的巧妙了。他们岂但不肯改，而且早已布置；预备下一个疯子的名目罩上我。将来吃了，不但太平无事，怕还会有人见情。佃户说的大家吃了一个恶人，正是这方法。这是他们的老谱！

陈老五也气愤愤的直走进来。如何按得住我的口，我偏要对这伙人说，“你们可以改了，从真心改起！要晓得将来容不得吃人的人，活在世上。你们要不改，自己也会吃尽。即使生得多，也会给真的人除灭了，同猎人打完狼子一样！——同虫子一样！”

那一伙人，都被陈老五赶走了。大哥也不知那里去了。陈老五劝我回屋子里去。屋里面全是黑沉沉的。横梁和椽子都在头上发抖；抖了一会，就大起来，堆在我身上。

万分沉重，动弹不得；他的意思是要我死。我晓得他的沉重是假的，便挣扎出来，出了一身汗。可是偏要说，

“你们立刻改了，从真心改起！你们要晓得将来是容不得吃人的人，……”

十一

太阳也不出，门也不开，日日是两顿饭。

我捏起筷子，便想起我大哥；晓得妹子死掉的缘故，也全在他。那时我妹子才五岁，可爱可怜的样子，还在眼前。母亲哭个不住，他却劝母亲不要哭；大约因为自己吃了，哭起来不免有点过意不去。如果还能过意不去，……

妹子是被大哥吃了，母亲知道没有，我可不得而知。

母亲想也知道；不过哭的时候，却并没有说明，大约也以为应当的了。记得我四五岁时，坐在堂前乘凉，大哥说爷娘生病，做儿子的须割下一片肉来，煮熟了请他吃，才算好人；母亲也没有说不行。一片吃得，整个的自然也吃得。但是那天的哭法，现在想起来，实在还教人伤心，这真是奇极的事！

十二

不能想了。

四千年来时时吃人的地方，今天才明白，我也在其中混了多年；大哥正管着家务，妹

子恰恰死了，他未必不和在饭菜里，暗暗给我们吃。

我未必无意之中，不吃了我妹子的几片肉，现在也轮到我自己，……

有了四千年吃人履历的我，当初虽然不知道，现在明白，难见真的人！

十三

没有吃过人的孩子，或者还有？

救救孩子……

1918年4月

（原载1918年5月15日《新青年》第4卷第5期

【简析】

《狂人日记》中，“吃人”的发现虽振聋发聩，却不易理解。小说发表之初，许寿裳来信探问写作缘由，鲁迅回信说：“偶阅《通鉴》，乃悟中国人尚是食人民族，因此成篇。此种发现，关系亦甚大，而知者尚寥寥也。”

鲁迅所揭示的“吃人”，极为抽象，也极为具体，极为宏深，也极为切近。“吃人”，不能由任何抽象名词来承担，“吃人”既在历史中，也在现实中，抽象的“吃人”就在具体的日常经验中，在人与人之间的私欲中心、心怀鬼胎、尔虞我诈，因而“面面相觑”的非正常关系中。人人都想“吃人”，又怕被别人“吃”，即使被人“吃”了，被谁“吃”了也不知道，生活在一种虚伪、巧滑、猜忌、冷漠的人性氛围中，如此关系和氛围一旦形成，就尤难改变。

几千年伦理道德面纱背后竟然是“吃人”的残酷本质，而且往往是以“无主名无意识的杀人团”的方式，使被杀者不知凶手是谁，甚至杀人者也不知自己是凶手，悲剧在发生着，却都是如孔乙己、阿Q、祥林嫂、陈士成、魏连殳那样“无事的悲剧”，人人不仅自己被吃，而且同时又去吃其他人，这样的地方，也就成了安排“人肉的筵宴”的“厨房”。

一直深处于被“吃”恐惧中的“我”，最终发现自己也无意中“吃”过人，即使没“吃”过，也因共同的历史，具有“四千年吃人履历”。这是“狂人”的最终自觉，由控诉者或拯救者，成为了忏悔者。达到这一步，小说的深度才真正显示出来。

（汪卫东）

天狗

郭沫若

我是一条天狗呀！
我把月来吞了，
我把日来吞了，
我把一切的星球来吞了，
我把全宇宙来吞了。
我便是我了！

我是月的光，
我是日的光，

我是一切星球的光，
我是X光线的光，
我是全宇宙的Energy的总量！

我飞奔，
我狂叫，
我燃烧。
我如烈火一样地燃烧！
我如大海一样地狂叫！
我如电气一样地飞跑！
我飞跑，
我飞跑，
我飞跑，
我剥我的皮，
我食我的肉，
我吸我的血，
我啮我的心肝，
我在我神经上飞跑，
我在我脊髓上飞跑，
我在我脑筋上飞跑，

我便是我呀！
我的我要爆了！

1920年2月初做

（选自《女神》，上海泰东书局1921年版）

【简析】

诗人借民间传说中天狗吠日的故事展开新奇大胆的想象。他将自己比作一条“天狗”，有气吞山河、势及宇宙之能量，是一个有着强烈的叛逆精神和狂放个性追求的抒情形象。其艺术形式有两个突出特征：一是抒情主人公“我”的运用。以第一人称的方式在自由抒发情绪的同时也凸显了自我意识和时代精神。二是动词的大量设置。一些颇具力度和强度的行为动词频繁出现，造成语势上的紧张感和激荡感，从而形成强烈的审美张力。它突破了传统诗歌静态的语言习惯，而呈现出一种新的动态的美学风格。

（汪云霞）

再别康桥

徐志摩

轻轻的我走了，
　　正如我轻轻的来；

我轻轻的招手，
　　作别西天的云彩。

那河畔的金柳，
　　是夕阳中的新娘；
波光里的艳影，
　　在我的心头荡漾。

软泥上的青荇，
　　油油的在水底招摇；
在康河的柔波里，
　　我甘心做一条水草！

那榆荫下的一潭，
　　不是清泉，是天上虹；
揉碎在浮藻间，
　　沉淀着彩虹似的梦。

寻梦？撑一支长篙，
　　向青草更青处漫溯，
满载一船星辉，
在星辉斑斓里放歌。

但我不能放歌，
　　悄悄是别离的笙箫；
夏虫也为我沉默，
　　沉默是今晚的康桥！

悄悄的我走了，
　　正如我悄悄的来；
我挥一挥衣袖，
　　不带走一片云彩。

11 月 6 日，中国海上

（选自《猛虎集》，新月书店 1932 年版）

【简析】

康桥，即英国著名的剑桥大学所在地，诗人曾游学于此，康桥时期的生活对他一生有重要影响。1928 年，诗人故地重游后，在归国途中写下了这首传世之作。再别康桥时的千般依恋、万般不舍，都化作那轻轻的一招手，化作那一场神圣而虔诚的寻梦仪式。诗人整个寻梦的过程，是一次物我相忘、主客融合的美的精神历程。如果说真挚深厚的内在情感是这首诗的生命，那么朦胧柔媚的音乐节奏则是它的灵魂。诗中悠扬回旋的音乐旋律，如同康河的柔波，泛着层层的涟漪，伴随着诗人情感的波澜，一起绵延跌宕，形成全诗缠绵悱恻的抒情气氛。

（汪云霞）

任务实施

以小组为单位，搜集有关左联知识及茅盾、老舍、巴金、沈从文的个人生平及逸闻趣事，进行汇报展示。

任务二　现代文学“第二个十年”

学习任务

1. 了解中国现代文学“第二个十年”文学思潮。
2. 认识中国现代文学“第二个十年”的代表作家，对代表性作品进行赏析。

问题导入

说到“现代文学六大家”，你能说出他们的名字吗？他们在20世纪30年代有哪些代表性的文学作品？

基础知识

一、第二个十年文学思潮（1928—1937年）

“第一个十年”之后，经过仅一年的思想酝酿准备，队伍重新组合，又进入了新的历史发展时期，通常称为“第二个十年”。如果第一个十年是文学的革命，那么第二个十年可以称为“革命的文学”。这一时期有三个显著特征：一是“五四运动”所开启的有相对思想自由的氛围消失了，文学主潮随着整个社会的变革而变得空前的政治化；二是无产阶级革命文学运动推进了马克思主义文艺理论的传播与初步运用，并在相当程度上决定着此后二三十年间文坛的面貌；三是在左翼文学兴起的同时，自由主义作家的文学及其他多种倾向文学彼此颉颃互竞，共同丰富着20世纪30年代的文学创作。

20世纪30年代中国社会的大变动，以及由此产生的现代都市与传统农村的对立、相互冲突与渗透，引发与激化了知识分子在传统农业文明与现代工业文明、东方文明与西方文明之间选择的矛盾与困惑，反映在文学与审美层次上，便形成了这一时期左翼、京派、海派三大文学派别（潮流）之间的对峙与互渗。

在这一文学新时期，出现了一大批表现个人走向社会历程的作品，茅盾的《蚀》《虹》，叶圣陶的《倪焕之》等，着重反映这一过程的艰难和痛苦；殷夫的《一九二九年五月一日》等诗歌则充满激情地抒发了“个人”融合在“集体”之中的幸福、自豪和充实。这一时期最杰出的作家茅盾、巴金、老舍、沈从文、曹禺、田汉、洪深、艾青、丁玲、张天翼、李劼人、沙汀等，都为这一时代中心主题与题材所吸引，并在此基础上建造了各自独特的“艺术世界”。如茅盾的飘摇中的民族资本家家族与老舍的破产中的市民社会等，就连沈从文这样与时代拉开距离的作家，也并不讳言自己的创作动机出自农村“变动中的忧患”。沈从文苦心经营的供奉着“人性”的“希腊小庙”，那古朴的田园式的艺术世界仍然是对 20 世纪 30 年代农村社会变动的曲折反映。

20 世纪 30 年代，能够容纳较为广阔的社会历史内容的小说，特别是中长篇小说成为最有成就的文学样式，与中长篇小说具有类似功能的多幕戏剧也获得了引人注目的成就。这一时期涌现出来的最具有文学才华的作家，如茅盾、巴金、老舍、沈从文、曹禺，所产生的最杰出的代表作品，如《子夜》《家》《骆驼祥子》《边城》《雷雨》《日出》，都集中于这两个领域。

二、作品赏析

雨巷

戴望舒

撑着油纸伞，独自
彷徨在悠长，悠长
又寂寥的雨巷，
我希望逢着
一个丁香一样地
结着愁怨的姑娘。

她是有
丁香一样的颜色，
丁香一样的芬芳，
丁香一样的忧愁，
在雨中哀怨，
哀怨又彷徨；

她彷徨在这寂寥的雨巷，
撑着油纸伞
像我一样，
像我一样地
默默行着，
冷漠，凄清，又惆怅。

她静默地走近
走近，又投出
太息一般的眼光，
她飘过
像梦一般地，
像梦一般地凄婉迷茫。

像梦中飘过
一枝丁香的，
我身旁飘过这女郎
她静默地远了，远了，
到了颓圮的篱墙，
走尽这雨巷。

在雨的哀曲里，
消了她的颜色，
散了她的芬芳，
消散了，甚至她的
太息般的眼光，
丁香般的惆怅。

撑着油纸伞，独自
彷徨在悠长，悠长
又寂寥的雨巷，
我希望飘过
一个丁香一样的
结着仇怨的姑娘。

【简析】

《雨巷》是一首广为传诵的抒情名篇，发表于 1929 年。它朦胧而不晦涩、幽微而不神秘、感伤而不颓唐，以优美低婉的调子抒发着诗人浓厚的忧郁和伤感。诗歌描写的背景是梅雨季节的江南，一条寂寞而悠长的雨巷，抒情主人公是“我”，即一个“撑着油纸伞”独自徘徊的青年。青年满怀希望，期待“逢着一个丁香一样地结着愁怨的姑娘”。“丁香一样的姑娘”构成全诗的主要抒情线索，由此，诗人营造了一个具有浓厚象征色彩的抒情境界，即一个孤独的现代寻梦者所经历的“失望—梦想—失望”的精神历程。

（汪云霞）

子夜

【故事梗概】

《子夜》，开明书店1933年1月初版。

1930年代，在吴老太爷的丧礼上，杜竹斋拉吴荪甫和赵伯韬合伙做公债多头。双桥镇农民暴动，打破了吴荪甫建设“双桥王国”的幻想，他与杜竹斋等人筹建“益中信托公司”，在公债市场上同赵伯韬较量。他把公债投机上的损失转嫁到工人头上，工人被激怒了，举行罢工。赵伯韬要吞并“益中”。吴荪甫将“益中”顶给西方的“洋行”和东方的“公社”，再将办厂的资本投放公债市场，与赵伯韬做最后的决斗。杜竹斋最终站到了赵伯韬一边。吴荪甫倾家荡产，显赫一时的工业巨头，绝望地用枪口对准了自己的胸膛。

【作品解读】

《子夜》追求题材与主题的时代性与史诗性，实现了作者“大规模地描写中国社会”的企图。《子夜》注重从错综复杂的社会关系特别是经济关系中表现人物性格的多面性与复杂性，作品中的许多人物形象如吴荪甫、赵伯韬、屠维岳、冯云卿等，都富有立体感。

吴荪甫是中国特定历史社会环境中民族资产阶级的一个战败了的英雄形象。他在两条战线上搏杀。他与买办金融资本家赵伯韬在证券市场斗法，终于拼死一搏而惨败，虚弱、颓废，充分暴露了民族资产阶级的致命弱点。他将经济危机转嫁给工人，激化了与工人的冲突，这又暴露了他的另一面。在家庭内，他独断专横的家长作风也使他陷入众叛亲离的困境。小说形象地剖析了吴荪甫的悲剧命运不仅仅是主观原因造成的，更主要的是中国的客观社会和历史条件导致的必然结局。作者刻画了吴荪甫在面临多重矛盾时性格的多侧面。

《子夜》追求宏大而严谨的布局。为了与所要表现的纷繁复杂的社会生活相适应，小说构筑了多线并存的蛛网式的结构。它以吴、赵之争作为贯穿全书的主线，同时展开了工人运动、农民运动两条线索，而又均以吴荪甫为焦点。作者采用开门见山和盘托出的手法，以吴老太爷的吊唁仪式将几乎所有重要人物都推向前台，组成复杂的人物关系网络，设下情节因果关系的伏线。

《子夜》善于描写人物的行为、语言，尤其擅长对人物作出色的心理描绘，从人物的灵魂深处揭示其内心的隐秘，显示其内心世界的丰富性，从而使小说实现了剖析社会历史与剖析人的心理的统一。

《子夜》从问世开始，就一直伴随着论争。论争的焦点之一是如何评价《子夜》“理念（主题）先行”的问题。茅盾说他创作《子夜》“所要回答的，只是一个问题，即是回答了‘托派’：中国并没有走向资本主义发展的道路，中国在帝国主义的压迫下，是更加殖民地化了”。研究者们一般都注意到了这一特点，如朱自清在比较《蚀》与《子夜》时就指出：“前一本是作者经验了人生而写的，这一本是为了写而去经验人生的……是细心研究的结果，并非‘写意’的创作。”（朱自清的散文《子夜》）但在如何评价这一特点时，却众说纷纭。

（秦林芳）

边城

【故事梗概】

《边城》，《国闻周报》第11卷1、2期，4期，10至16期(1934年3月12日至4月23日)连载。

在川湘交界的茶峒，小溪白塔旁边，老船夫和孙女翠翠以渡船为生。绿水青山养育了翠翠的纯真美好。船总顺顺的大儿子叫天保，二儿子叫傩送。傩送给翠翠留下了深刻的印象。天保也喜欢上了翠翠。兄弟俩没有按照当地风俗以决斗论胜负，而是采用唱山歌的方式表达感情。天保自知唱不过弟弟，驾船远行，坐下水船出了事，傩送因天保的死而责怪老船夫，自己下桃源去了。一夜大雨，船被冲走，屋后的白塔也冲塌了，老人在雷声将息时死去。只留下翠翠在等待中。傩送也许永远不会回来了，也许明天就会回来。

【简析】

《边城》讲述的本是一个悲剧故事，但沈从文却无意开掘其悲剧内涵，而是旨在创造出一曲审美理想化的田园牧歌。作家以诗情洋溢的语言和灵气飘逸的画面勾画出的新奇独特的“边城”，是一个极度净化、理想化的世界。他将理想的人生形式和古拙的湘西风情有机结合和交融起来，描绘了乡村世界中的人性美和人情美，着重塑造了作为爱与美之化身的翠翠形象。《边城》是一个颂扬爱与美、和谐的故事，人与自然是和谐的，翠翠的成长依赖着湘西边地自然的润泽，风俗的淳朴与人伦的宽厚使人们在平和中生存，虽有不幸，也只是自然造化的结果，因为只有遵循着自然去生活才能拥有一种“优美、健康、自然而又不悖乎人性的人生形式”。

《边城》是沈从文浓郁怀乡情结的艺术结晶，也是他构筑湘西世界的坚实柱石，更是现代人对抗世俗堕落的一种方式，不仅寄寓着沈从文的人生理想，也为文坛的健全、文学的完整提供了坚实支撑。小说叙事中面的渲染与点的凸现，故事的推进与情感的浓化，画面的组接与意境的转换以及对朴拙的古语的使用，共同烘托着《边城》圆熟静穆、完美和谐的审美境地。《边城》是一颗晶莹圆润的艺术之珠，人性美与艺术美熠然生辉，浑然一体。

（刘成才）

骆驼祥子

【故事梗概】

《骆驼祥子》，1936年9月至1937年10月在《宇宙风》第25至48期连载，上海人间书屋1939年出版单行本。

一个外号骆驼名唤祥子的青年农民流入北京，欲靠自己的体力血汗挣钱买车，做个“自由的车夫”。经过三年的奋斗，他终于买了一辆洋车。祥子买车后，希望增大，想挣更多的钱，再买车，一辆、二辆、三辆，说不定以后可以当个小车主呢。他不顾战乱，满怀侥幸心理去冒险，结果车被大兵抢去，这是祥子“买车车丢了”的遭遇。他继续奋战，结果迎来了“攒钱钱跑了”的悲剧。孙侦探的敲诈，给祥子造成极大的痛苦。他哀叹世界之大却无立足之地，被逼走投无路只好向虎妞投降。这是祥子悲剧心理历程的第二个层次。虎妞进入祥子的生活，他们“在性格或志愿上彼此不能相容”，发生心灵撞击，加深了悲剧色调。祥子心理历程的第三个层次，即祥子和虎妞结婚后的精神遭遇。祥子用虎妞的积蓄买了一辆车，又因虎妞难产致死而卖去。虎妞死后，祥子欲和小福子结合，但小福子已自杀，祥子彻底失望，走向堕落。

【简析】

老舍说他写《骆驼祥子》很重要的一点便是“由车夫的内心状态观察地狱是什么样子”。这个“地狱”是那个在城市化过程中产生的道德沦落的社会，也是因为金钱所腐蚀了的畸形的人伦关系。像虎姐的变态情欲，二强子逼女卖淫的病态行为，以及小福子自杀的悲剧等，等，对祥子来说，都是锁住他的“心狱”。小说写的样子的一个个不幸遭遇，蕴涵着一个不断向自我和人类的内心探究的旅程结构。

祥子从农村来到城市，幻想当一个有稳固生活的劳动者，他的人生旅途每经过一站，都要沉沦堕落一层，也愈来愈接近最黑暗的地狱层。无论是祥子刚来乍到就看到的那个无恶不作的人和车厂，还是在他结婚后搬进去的杂乱脏的大杂院，或者他最后走向那如同“无底的深坑”的妓院白房子，小说都是通过祥子内心的感觉来写丑恶的环境如何扭曲人性，写他在环境的驱使下如何层层给自己的灵魂涂上污漆，从洁身自好到心中的“污浊仿佛永远也洗不掉”，最后破罐子破摔，彻底沉沦。祥子被物欲横流的城市所吞噬，自己也成为那城市丑恶风景的一部分。

小说直接解剖构成环境的各式人的心灵，揭示文明失范如何引发“人心所藏的污浊与兽性”。老舍对城市中“欲“(情欲、财产贪欲等)的嫌恶，对城市人伦关系中“丑”的反感，都是出于道德的审视。人们从《骆驼祥子》阴暗龌龊的图景中，能感触到老舍对病态的城市文明给人性带来伤害的深深的忧虑。在20世纪30年代，像《骆驼祥子》这样在批判现实的同时又试图探索现代文明病源的作品是足标一帜的。

（温儒敏）

任务实施

以小组为单位，搜集赵树理、钱钟书、张爱玲、萧红的人物背景知识，包括生平经历及生活趣事，并进行汇报展示。

任务三　现代文学“第三个十年”

学习任务

1. 了解中国现代文学“第三个十年”的文学思潮。
2. 认识中国现代文学“第三个十年”的代表作家，对代表性作品进行赏析。

问题导入

从抗日战争到解放战争，十八年连绵的战争使中国处于非常的动荡时期，这十八年的文学最显著的特征就是和战争与救亡发生的紧密联系。文学史家通常以不同的政治区域为文学分割命名，因此就有了所谓的国统区文学、解放区文学、上海“孤岛”文学和沦陷区文学等。那么，这一时期的文学作品，我们了解哪些呢？

基础知识

一、“第三个十年”文学思潮(1937 年 7 月—1949 年 9 月)

1937 年 7 月 7 日，卢沟桥事变爆发，伟大的全民族抗日战争由此展开。经过八年浴血奋战，终于取得了胜利，但随后三年又发生了全国内战，战火一直燃烧到 1949 年中华人民共和国成立。十二年连绵的战争使中国处于一个非常的动荡时期，这十二年的文学(通常又称 40 年代文学)最显著的特征就是和战争与救亡发生的紧密联系。战时特殊的政治文化氛围，包括思维方式与审美心态，促成了许多唯战时所特有的文学现象；战争直接影响到作家的写作心理、姿态、方式以及题材、风格。和其他历史时期不同之处在于，战时形成的地缘政治文化，对文学的发展、风貌形成了强有力的制约。这一时期全国划分为几个不同的政治区域，即国统区(国民党统治的地区)、解放区(共产党领导的抗日敌后根据地)、沦陷区(日本侵略军占领的地区)及上海“孤岛”(指 1937 年 11 月日军占据上海后，租界处于被包围之中的特殊地区，直到 1941 年 12 月珍珠港事件发生，日军进入租界为止)。文学史家通常以不同的政治区域为文学分割命名，为国统区文学、解放区文学、上海“孤岛”文学和沦陷区文学。

这一时期爱国主义主题的文学创作得到了扩展与深入，作家一方面面对现实——不是唱表面的廉价颂歌，而是深入民族生活底蕴；一方面转向历史——从漫长的民族历史中，寻找民族脊梁，发掘民族美德，总结民族历史经验教训，作为现实的借鉴，由此形成了以郭沫若《屈原》为代表的历史剧创作热潮；或者从生活的再现中去探讨民族文化传统、民族性格的优劣得失，萧红的《呼兰河传》、老舍的《四世同堂》、曹禺的《北京人》《家》都是这样的代表作；另一方面则面向自己，在抗日战争的广阔背景下，描写爱国知识分子的苦难历程，探讨知识分子的历史道路。

这一时期，解放区创作以对新社会制度、解放区的人民、士兵、干部为描述对象，运用明朗朴素的基调探求文学的民族化和大众化。毛泽东的《在延安文艺座谈会上的讲话》明确了文艺为工农兵服务的方向，解决了文艺大众化等一系列“五四”以来重要的文艺理论和实践问题。在解放区的文学创作中，获得巨大成功的是赵树理，赵树理的小说吸收了章回小说、评书等传统形式，又经过比较明显的改造，糅进了“五四”以来新文学小说创作的一些新手法，如叙事中插入描写等，加上他对北方农民口语的文学化处理，既保存了鲜活的乡土气息，为农民所喜闻乐见，又是现代小说艺术格式的一种新的发展。

1941 年 12 月太平洋战争爆发，结束了上海“孤岛”文学时代，纳入了沦陷区文学的轨道。在此之前，已经有了 1931 年“九一八”事变后的东北沦陷区文学，1937 年“七七”事变以后，以北平为中心的华北沦陷区文学，统称为“沦陷区文学”。文学家们只能在夹缝中进行艰苦的挣扎，坚守着文学的阵地。一些作家努力坚持“五四”新文学的传统，在东北沦陷区与华北沦陷区都曾有过“乡土文学”的倡导与论争；因此，在“乡土文学”旗帜下产生了一批揭示沦陷区人民真实的生存困境与不屈不挠的民族生存意志而又富于乡土气息的现实主义作品，如山丁的长篇小说《绿色的谷》、秋萤的长篇小说《河流的底层》、疑迟的短篇小说《雪岭之祭》、袁犀的小说集《森林的寂寞》等。另一些作家则从个体的战争体验出发，转向对作家（知识者）自我的平凡性，对于"软弱的凡人"的历史价值，对于人的日常平凡生活的重新发现与肯定。由此而形成了以张爱玲为代表的新的美学追求。战后出版的钱钟书的《围城》，师陀的《果园城记》《结婚》等均写作于这一时期。正是在这样的基础上，出现了张爱玲这样的出入于"雅"与"俗"、"传统"与"现代"之间的作家，标志着沦陷区文学（以致整个中国现代文学）"雅俗共赏"的时代美学追求所达到的历史水平。

二、文学作品选读

围城

【故事梗概】

《围城》，连载于上海《文艺复兴》第 1 卷第 2 期至第 2 卷第 6 期（1946 年 2 月至 1947 年 1 月），上海晨光出版公司 1947 年 5 月出版单行本。

"游学"欧洲数年的方鸿渐携一纸假文凭倦归故国；在家乡短住之后，又借居于沪上已故未婚妻家中，其间与一同回国的留法女博士苏文纨及其表妹唐晓芙交往甚密，陷入一段彷徨无主的三角恋爱。伤心无奈的他与好友赵辛媚接受了湖南三间大学的聘约，一起踏上艰辛旅途，一路经历颇多令人啼笑皆非之事。颠簸落定，方又不知不觉中陷入校内复杂人事纠葛；这时，他与同行而来的女助教孙柔嘉日渐亲密。两人约定婚姻后共同返沪，不料他们的感情又在复杂琐碎的家庭关系中破裂。

【简析】

《围城》首先引人注目的是它鲜明的讽喻批判色彩，它对于抗战背景下知识分子群体的描摹刻画，因此也有"新儒林外史"之称。小说在欧风东渐、华洋交杂的文化背景与国难家仇的社会背景之下描画知识界的众生相，他们的卑琐、迂腐、空疏与虚伪无聊，寄寓着作家对官场化、商场化了的中国知识界的批判，以及对于转型期中国文化危机与困境的反省。

除了讽喻批判和文化省视，《围城》又是一部富有哲理意味的漂泊者小说。方鸿渐留法回国后一路漂泊，他不断渴求走出"围城"，可是从海外到国内，从社会到家庭，从朋友到同事，从欲望到爱情，从理想到现实，却不断地一次次陷入"围城"，出来了又进去，永远走不出。他在每一个人生驿站，法国邮轮、上海"孤岛"、内地大学、婚恋家庭都是彷徨无主、无所归宿，可谓处处"围城"。方鸿渐从上海出发又复归上海，在南半个中国兜了个圈，整体上构成一个大大的"围城"。在"围城"里企图"破围"，又怎能不处处"被围"呢？小说将人生状态、地理空间与精神世界相互映照、阐发，在讽喻现实的同时又具有哲理性的反讽意味，传达出对于"围城"式人生困局的深切体悟。

《围城》的阅读魅力，离不开它的夹叙夹议、取喻设譬、犀利隽永、旁逸斜出又涉笔成趣的语言特色。而在这妙趣横生的语言深处，又始终流淌着一种深沉凝重的悲剧感。这构成了《围城》的独特艺术风格——犀利俏皮中不乏睿智沉思，笑趣盎然处又见悲凉底蕴，描摹世相百态融入知识才学，关切现实的同时又渗透文化辩难与哲性体悟。虽然小说整体上渗透着悲剧感，但这种悲感又不断被各种机趣盎然的穿插所漾开，漾开后又在嬉笑中悄然回流。这不是那种主情性的“含泪的笑”式的悲喜剧，而是凭借智慧在笑与悲之间从容游走的智慧型悲喜剧。

聚社会、文化与人生存在的多重意蕴于一体，集小说与才智于一炉的《围城》，可谓是一部“现代智者小说”。

（张晓玥）

任务实施

以小组为单位，完成以下任务，并进行汇报展示：

1.“十七年文艺”的知识及“三红一创”指的什么？

2.“伤痕文学”“反思小说”“寻根文学”的定义是什么？

任务四 当代文学

学习任务

1. 了解中国当代文学思潮。

2. 认识中国当代代表作家，对代表性的作品进行赏析。

问题导入

当代文学名作家辈出，文学发生的年代与今天相去不远，我们也更容易去把握作家的创作及作品的发生背景。还有大批的文学作品被搬上了荧幕，被大家所熟知，那么你最喜爱的是哪一部当代文学作品呢？

基础知识

一、中国当代文学分期与概况

文学思潮

第一阶段（1949—1978 年）

1949 年 7 月，中华全国文学艺术工作者代表大会（第一次文代会）召开。这次大会的特点之一是：长期被分离在两个地区（国民党统治区和共产党领导下的解放区）的文学工作者终于“会师”，也就是说，“五四”新文学的战斗传统和战争中形成的解放区文化传统在目标一致的前提下合流了，并且正式确立了毛泽东的《在延安文艺座谈会上的讲话》所规定的中国文艺新方向为全文艺工作的方向，这次大会也被称为“当代文学的伟大开端”。

从文学创作方面来看，当时的大多数作家在军事胜利的鼓舞下，确实有投合战争文化心理的积极性。这一时期战争文化规范在文学观念上的表现——诸如自觉强调文学创作的政治目的性和政治功利性，自觉运用战时两军对阵的二元对立思维模式来构思创作（即敌我阵营绝对分明），自觉强调英雄主义和革命乐观主义等，都不同程度地在一些主要创作中体现出来。涌现出了一大批文艺作品，即“三红一创”就是对17年长篇小说代表作的简称。“三红”指吴强的《红日》，罗广斌、杨益言的《红岩》，梁斌的《红旗谱》；“一创”指柳青的《创业史》。

从1966年到1976年的“文化大革命”（简称“文革”），使文学遭受空前劫难，文学史普遍都将“文革”单独列为一个阶段。在“文革”前和“文革”当中，中国大陆的当代文学一直存在着潜在的创作，包括历次政治运动中被剥夺了写作权力的知识分子，仍然在用笔表达内心的理想之歌和感情世界，如20世纪五六十年代绿原、曾卓、牛汉、穆旦、唐湜等的诗歌，张中晓的随笔，丰子恺的散文，沈从文和傅雷等人的家书等，尽管他们的个人遭遇、思想倾向和创作风格并不一样，但仍然保持了一种连贯的知识分子精神。这些创作文本在当时的环境下不可能发表，但仍然保留了一个时代弥足珍贵的文学声音。

第二阶段（1978—1989年）

当代文学史的第二阶段之所以是从1978年算起而不是“文革”结束的1976年，因为就文学的真正“复苏”来说，是以这一年8月开始的“伤痕文学”为标志。1979年10月，中国文学艺术工作者第四次代表大会（第四次文代会）召开，邓小平代表中共中央到会致祝词，在阐述党对文艺工作的领导时明确提出了“不要横加干涉”的意见，并且承认文艺创作是一种复杂的精神劳动。

伤痕文学彻底否定了十年“文化大革命”，宣泄了人们压抑已久的义愤，它揭示“文化大革命”的最大祸患在于对人们心灵的戕害，从而引起疗救的注意。代表作是刘心武创作的短篇小说《班主任》，发表于1977年《人民文学》第11期上。

“文革”结束后，历尽苦难的知识分子终于醒悟过来，开始认真反思几十年来国家、民族和自己所走过的道路，在他们心灵深处蛰伏已久的“五四”知识分子现实战斗精神又开始爆发出来，老作家巴金率先发表反思“文革”和总结自我教训的《随想录》，鼓舞了一大批中青年作家。

反思小说主要指1979年至20世纪80年代初出现的对中华人民共和国成立后几十年曲折历史和人的现实处境等进行反思的小说。它和伤痕小说的界限并不十分分明，且互有交叉。反思小说是在伤痕小说的基础上，对中国社会问题进行更深入的反思。小说不再像伤痕小说那样直接展示个人所受的伤痛，而是较冷静的审视和挖掘造成这些伤痛背后的社会、历史原因。如文化反思方面，张炜《古船》、陈忠实《白鹿原》；苦难反思方面，张贤亮的小说《灵与肉》《启示录》《绿化树》《男人的一半是女人》；现实社会反思方面，理想主义者的困惑《人到中年》；新时期军事文学的开拓之作《西线轶事》等。

这一时期乡村叙事方面，以汪曾祺《受戒》，路遥《人生》《平凡的世界》为代表。

此外，20世纪80年代中期，文坛上兴起了一股“文化寻根”热潮，作家们开始致力于对传统意识、民族文化心理的挖掘，他们的创作被称为“寻根文学”。寻根派的文学主张是希望能立足于我国自己的民族土壤中，挖掘分析国民的劣质，发扬文化传统中的优秀成分，从文化背景来把握我们民族的思想方式和理想、价值标准，努力创造出具有真正民族风格和民族气派的文学。这方面的文学作品以韩少功的《爸爸爸》、阿城的《棋王》、王安忆的《小鲍庄》、贾平凹的《浮躁》等为代表。

诗歌创作方面，朦胧诗兴起于20世纪70年代末80年代初，是伴随着文学全面复苏而出现的一个新的诗歌艺术潮流，以诗人寒露、舒婷、北岛、顾城、梁小斌、江河、食指、芒克等先驱者为代表。朦胧诗，以内在精神世界为主要表现对象，采用整体形象象征、逐步意向感发的艺术策略和方式来掩饰情思，从而使诗歌文本处在表现自己和隐藏自己之间，呈现为诗境模糊朦胧，诗意隐约含蓄、富含寓意，主题多解多义等一些特征。

第三阶段(1990—2000年)

如果说，20世纪80年代是一个在文化上拨乱反正的过渡时代，90年代才渐渐显现出新的文化活力和特点。80年代末到90年代初，中国社会发生了急剧转型，国家经济领域的改革开放步伐正在加快，商品经济意识不断渗透到各个社会文化领域，社会经济体制也随之转轨，统治了中国近四十年的社会主义计划经济体制加速向社会主义市场经济体制转型。在这种情形下，意识形态的格局相应地发生了调整，80年代是知识分子的精英意识最为活跃最为高涨的时期，90年代初基本的文化特征：知识分子所持有的一元化的政治社会理想被淡化，多元文化格局在不自觉中逐渐形成。在文学创作上则体现为作家放弃了宏大历史叙事，转向个人化的叙事立场，特别是由此走向了对于民间立场的重新发现与主动认同。

创作思潮方面，一是从人的神性到人的物性的后现代主义，他们往往在作品中表现出“躲避崇高”“零度叙事”“语言游戏”等特点。二是底层叙事，新现实主义的崛起。作家们通过“底层叙事”“苦难叙事”，使底层生活进入文学叙事，在当时中国具有双重反叛的意味。

在具体创作实践中，主要有以下几种类型：

新写实小说是以描写现实生活中平常琐事为题材的小说，笔墨淡雅，缺少激动人心的故事。80年代中期我国文坛的“新写实”小说是一个拥有众多作家的复杂的创作现象。方方的《风景》，池莉的《烦恼人生》，刘恒的《伏羲伏羲》，刘震云的《一地鸡毛》《新兵连》《单位》，叶兆言的《枣树下的故事》《状元境》等，都曾被有些评论划入“新写实”小说。

另外，新历史小说是一种产生于20世纪90年代，以新历史主义为其主要历史观的文学形式。传统的历史主义在承认客观历史事实存在的前提下，认为历史学家可以通过认真的研究考察，最终完成对于历史真相的真实还原，即我们所阅读的历史完全真实可信。与此形成鲜明对照的是，虽然新历史主义的理论也承认有客观历史的存在，但这些理论家们却认为，所有的历史书写都不可能真正地达到还原历史真相的目的。新历史主义小说的代表作家，一类是先锋小说家转向历史领域写作的具有先锋观念的小说，如苏童的《红粉》《妻妾成群》《米》以及格非、叶兆言、余华等人的作品。另一类是非先锋小说家写的区别于旧历史小说的历史小说，如莫言的《红高粱》《丰乳肥臀》，王安忆的《长恨歌》、陈忠实的《白鹿原》、张炜的《九月寓言》、张承志的《心灵史》、阿来的《尘埃落定》等。

先锋小说就是现代主义，也就是“先锋派”。它包括“象征主义、未来主义、达达主义、意象主义、超现实主义、抽象派、意识流派、荒诞派等”，其倾向就是反映现代西方社会中个人与社会、人与人、人与自然、个人与自我间畸形的异化关系，以及由此产生的精神创伤、变态心理、悲观情绪和虚无意识。在“先锋小说”中，个人主体的寻求和历史意识的确立已趋淡薄，它们重视的是“文体的自觉，即小说的“虚构性”和“叙述”在小说方法上的意义。

此外，在女性主义小说方面，20世纪90年代更年轻的一批女作家中，如陈染、林白、海男、卫慧、棉棉等，女性意识更为强烈，表现方式也更为激烈，女性主题摆脱对社会主题的寄生依附性，而往往作为作品的唯一主题而呈现。其作品大多是带自叙传性地直接倾诉和不加掩饰的表露，又往往选择“性”作为张扬女性意识的突破口，以自恋、自慰、自虐、同性恋、双性恋、性乱等惊世骇俗的方式引来关注与争论。

20世纪90年代散文创作的重要现象是出现了“学者散文”或“大散文”的形态。一是余秋雨、张中行的散文；二是史铁生、张承志的散文。例如，余秋雨的《文化苦旅》，通过一个个古老的物像，描述大漠荒荒、黄河文明的盛衰、历史的深邃苍凉；以柔丽凄迷的小桥流水为背景，形神俱佳地表现了清新婉约的江南文化和世态人情；通过文化人格、文化良知的描述和回忆，展示了中国文人艰难的心路历程以及文化走向。

二、作品赏析

人　生

【故事梗概】

《人生》，原载《收获》，1982年第3期。

《人生》以改革开放时期陕北高原的城乡生活为时空背景，叙述了高中毕业生高加林回到土地又离开土地，再回到土地这样的人生变化过程。高加林高考落榜，回到村里当上了民办小学教师，但被大队书记高明楼的儿子顶替，重新做了农民。善良美丽的农村姑娘刘巧珍闯进了他的生活。高加林在她的眼中是完美的，但她对于高加林来说却只是他失意时的精神慰藉。机遇再次降临时高加林重新回到了城市，遇到了黄亚萍。黄亚萍是现代女性，她对高加林的爱炽烈大胆又有一种征服欲。高加林委婉地对巧珍表达了他的选择后，巧珍含泪接受了。高加林后来被人告发，又回到了生他养他的那片土地。此时巧珍已经嫁为人妇。

【简析】

《人生》以高中毕业生高加林同农村姑娘刘巧珍、城市姑娘黄亚萍之间的感情纠葛为情节主体，以高加林的命运变迁为主线，讲述他回到土地又离开土地，再回到土地这样的人生变化过程。高加林既有现代青年那种自信坚毅的品质，又有勤奋的传统美德。他有着远大的理想和抱负，并不甘心将自己淹没在农村，但现实与理想总是相差极远，这种极大的反差决定了他复杂的性格特征。

高加林事业上的曲折，造成了他同巧珍爱情的曲折，以及同父老村民们关系的变化。高加林无疑是由时代特征决定的复杂的人物形象。

刘巧珍的形象同样被塑造的生动感人，她那“像金子一样纯净，像流水一样柔情”的性格和灵魂，给人深刻的印象。

（杨樨）

黄金时代

【故事梗概】

《黄金时代》，台湾联经出版社，1992年初版。

《黄金时代》是王小波创作的“时代三部曲”之一。它以“文革”为背景，讲述了一对男女青年在极端压抑、落后、无聊的状况下产生的“爱情”。没有偷汉的陈清扬被人称为“破鞋”，在遇到唯一没有装病的男病人王二后，她希望王二能帮忙证明自己不是“破鞋”。但王二倾向于证明陈清扬不无辜，并引诱陈清扬。他抛出了“伟大友谊”论，性交便是“伟大友谊”的代价，二人最终上了床。之后王二意外受伤，陈清扬公开了这段关系，成为真正的“破鞋”，二人挨批斗，写交代材料。陈清扬在最后一份交代材料中承认自己爱上了王二。20年后，中年王二遇到了中年陈清扬，再谈起当年，有无穷兴致，二人从“伟大友谊”中走出，接受人世的摧残。

【简析】

《黄金时代》是以“文革”为背景的作品。主人公王二是处于恐怖和荒谬环境中的反叛者形象，他面对各种不公正待遇，注定要以一种方式反抗权威。作者在小说中为这套逻辑寻找到的根据点，便是性爱，性爱也由此成为王二对抗外部世界的方式。

那时，极“左”政治泛滥横行，知识分子群体无能为力，作为备受歧视的知识分子，往往丧失了自我意志和个人尊严。王二遭受各种不公正待遇，但他却摆脱了传统文化人的悲愤心态，创造出一种反抗和超越的方式：既然不能证明自己无辜，便倾向于证明自己不无辜。于是他以性爱作为对抗外部世界的方式，性爱在他这里既放浪形骸又纯净无邪，不但不觉羞耻，还“轰轰烈烈地进行到底”，作者借此对陈规陋习和政治偏见展开了极其尖锐而又饱含幽默的挑战。

王小波的性爱描写并不晦涩，他直白且平常地将性展现在读者面前，作为反抗权威最有力且充满喜剧性的武器。小说中别开生面的性爱描写给当时的文坛注入了一股异样却纯洁的力量。主人公王二也因此获得了一种超越时代局限的精神特征。很难说这是那个时代的唯一选择，但作者以一种机智的视角进入那个无处不在的压抑环境，将人的精神世界从悲惨暗淡的历史阴影中超拔出来。回归历史，我们可以在此基础上对文本进行批判甚至超越，但这种石破天惊的声音却连同作者自身独特的个性沉定了下来。

（穆阳）

白鹿原

【故事梗概】

《白鹿原》最初连载于《当代》，1992年第6期和1993年第1期，人民文学出版社1993年出版单行本。

《白鹿原》的故事主要围绕着白、鹿两家的明争暗斗展开，以此展示渭河平原在20世纪上半叶所经历的沧桑巨变。

白嘉轩引以为自豪的是一生里娶过七房女人。第六房女人胡氏死后，白嘉轩从山里娶回来第七个女人吴仙草，同时带回来罂粟种子，从此白家人财两旺，以其雄姿盘踞在白鹿原上。在白嘉轩最小的女儿白灵诞生那年，辛亥革命爆发了，历史剧变的狂潮一夜间使白鹿原卷入其中。“四·一二”政变之后，国共分裂。鹿兆海选择了国民党，而白灵却改投共产党，两个人的感情出现了裂痕。鹿兆鹏和黑娃等人开始了亡命生涯，黑娃当了土匪，他唆使手下打折了白嘉轩的腰杆。小娥为了救黑娃去求鹿子霖，鹿子霖乘机占有了小娥。之后他唆使小娥勾引白孝文。一场大旱造成的饥馑降临到白鹿原上，白孝文在分家之后，饥饿难忍沦为乞丐，鹿子霖无意中给了他新的生命，就在他去找小娥时，小娥却神秘地死了。空前的大瘟疫在原上肆虐，白嘉轩力排众议造了镇妖塔，瘟疫终于停歇。白孝文从保安团长一变而为县长，白嘉轩也成为人们尊敬的老太爷。然而就在白孝文假公济私处死黑娃时，白嘉轩深受打击，气血蒙目，失去了一只眼睛，鹿子霖也因刺激变疯傻致死。

【作品解读】

小说中的白鹿原位于相对闭塞的关中腹地，是一个历史较为久远的宗族村落，乡民们长期以来恪守着儒家文化规训，过着节奏缓慢而自满自足的耕作生活，但现代文明与社会革命还是翻山越岭、不失时宜地降临到这块古老的大地上，从而形成了几种异质文化的对话、碰撞与交锋，以及由于文化对峙而不断上演的人间悲剧。作者曾经指出：“所有的悲剧的发生都不是偶然的，都是这个民族从衰败走向复兴复壮的过程中的必然。这是一个生活演变的过程，也是历史演进的过程。”

《白鹿原》颇具丰厚的史志意蕴与宏大的史诗气象，它以一种有能量、有张力的叙事方式讲述了从清末民初到解放战争结束近五十年间的“民族秘史”，从“民间”的维度折射出了这个时段所发生的几乎所有重大的政治事件与社会事件，在一部作品中复调式地寄寓了家庭和民族的诸多历史内蕴。

小说精写人物，白嘉轩、白孝文、鹿子霖、田小娥等都以独特的个性和心理活动，栩栩如生地站在读者面前。小说结构严密紧凑，情节丰富曲折，格调大气恢宏，具有阔深的历史厚度和鲜明的诗学价值。

（赵学勇）

长恨歌

【简析】

《长恨歌》，原载《钟山》，1995 年第 2、3、4 期。

《长恨歌》讲述了一个叫王琦遥的女子沉浮坎坷的 40 年。20 世纪 40 年代，还是一名中学生的王琦瑶机缘巧合结识了摄影师程先生。因程先生的推荐，她参加了“上海小姐”的评选，并取得了第三名。一夕辉煌过后，日子渐渐趋于平淡。然而在王琦瑶的心中，总是在期待着一种更远的生活理想。这时，李主任出现了。李主任的令人敬畏和他对女人的那份体贴，让王琦瑶完完全全地听命于他，心甘情愿地做他笼中的“金丝雀”。

上海解放，李主任遇难，王琦瑶成了普通百姓。她开了一家私人诊所，通过严师母认识了康明逊，两人很快产生了情。没多久，王琦瑶怀孕了，这样的责任，康明逊承担不起。最终，一往情深的程先生担负起了照顾王琦瑶的责任，然而，他们的关系却始终未有突破。

20 世纪 80 年代，已到了知天命之年的王琦瑶被女儿同学的男朋友杀害，结束了她传奇而坎坷的一生。

【简析】

王安忆说写《长恨歌》就是要表现一种“苍凉”，一种透到骨子里的人生的苍凉感。小说三卷其实就是写的王琦瑶人生的三个阶段。王安忆以一支细腻、抒情而又绚烂的笔把一个女人40年的情与爱、伤感与痛苦、绝望与希望，写得一波三折，哀婉动人。

王琦瑶既是一种精神方式和生活方式的象征，又似乎是“上海”和“历史”的某种象征。她成了一种文化符号。《长恨歌》在写活了王琦瑶这个人的同时，写活了一个城市、一个时代、一段历史。王安忆没有以宏大叙事的方式处理历史事件，而是把历史全部碎化为王琦瑶的生活。40年的历史变迁在故事的缝隙和人生的片段里完全是清晰可感，它甚至被赋予了精神化的感伤气息。王安忆所要表观的苍凉，既是人生的苍凉，又更是一种历史的苍凉。

另一方面，王安忆在王琦瑶的一生里，确实也写透了上海。上海是王琦瑶生活的背景，又是王琦瑶精神的依托。小说没有从大处写表面的繁华上海，而是从细微处写上海的“细胞”。作者对“上海形象”的把握与描绘极尽其评，又直入骨髓。上海是真实的王琦瑶们的上海，王琦瑶也是真实的上海的王琦瑶，她们互为依托，城市与女人完美地融合在一起。王安忆为上海画下了一幅惆怅却又惊心动魄的画卷，也留下了城市中说不完、道不尽的王琦瑶们的故事。

（吴义勤）

回答

北岛

卑鄙是卑鄙者的通行证，
高尚是高尚者的墓志铭。
看吧，在镀金的天空中，
飘满了死者弯曲的倒影。

冰川纪已过去了，
为什么到处都是冰凌？
好望角发现了，
为什么死海里千帆相竞？

我来到这个世界上，
只带着纸、绳索和身影。
为了在审判之前，
宣读那些被判决的声音。

告诉你吧，世界，
我——不——相——信！
纵使你脚下有一千名挑战者，

那就把我算作第一千零一名。

我不相信天是蓝的；
我不相信雷的回声；
我不相信梦是假的；
我不相信死无报应。

如果海洋注定要决堤，
就让所有苦水都注入我心中；
如果陆地注定要上升，
就让人类重新选择生存的峰顶。

新的转机和闪闪的星斗，
正在缀满没有遮拦的天空。
那是五千年的象形文字，
那是未来人们凝视的眼睛。
1976年4月
（原载《诗刊》1979年3月号）

【简析】

《回答》作于1976年清明前后，初刊于《今天》创刊号（1978年12月23日），后作为第一首公开发表的朦胧诗，刊载于《诗刊》1979年第3期。诗中通过清醒的思辨与直觉思维产生的象征、隐喻、意象组合等艺术手段的运用，揭露了"文革"时期黑白混淆、是非颠倒的现实，并对矛盾重重的社会发出质疑，反映一代青年觉醒的心声。这是一首杰出的政治抒情诗，诗人不像传统的政治抒情诗那样直抒胸臆，也没有肤浅地演绎主题概念，而是在对现实表现怀疑精神和英雄气概的时候，借助几组新异奇特的意象，如用"通行证"展现卑鄙者的畅通无阻，"墓志铭"表明高尚者被摧残的命运，"镀金"暗示粉饰的虚假，"弯曲的倒影"喻指死者的冤屈等，突出表现诗人奇异的联想及政治抒情诗的朦胧色彩，从而扩展作品的艺术容量。另外，这首诗显示了北岛诗作深沉、冷峻、凝重的艺术风格和较强的现代主义特征，具有震撼力。

（金红）

双桅船

舒婷

雾打湿了我的双翼
可风却不容我再迟疑
岸呵，心爱的岸
昨天刚刚和你告别
今天你又在这里

明天我们将在
另一个纬度相遇
是一场风暴，一盏灯
把我们联系在一起
是一场风暴，另一盏灯
使我们再分东西
不怕天涯海角
岂在朝朝夕夕
你在我的航程上
我在你的视线里
(原载《上海文学》1980年第5期)

【简析】

《双桅船》是舒婷的代表作，诗人曾以此题命名她的第一本诗集。诗的主体形象是“双桅船”，也就是诗中的“我”，全诗以“双桅船”向“岸”倾诉对话的方式展开，呈现诗人的内心独白。诗在展开时把航行途中的“雾”“岸”“风暴”“灯”等具体形象加以组合，形成一幅完整生动的画面，突出船与岸的特殊关系。有人把这种关系界定为爱情，我们也可以把它扩大到亲情、友情等人际关系，扩大到生命的哲思。“岸呵，心爱的岸/昨天刚刚和你告别/今天你又在这里/明天我们将在/另一个纬度相遇”，人生的追求何尝不是如此，在一个理想彼岸到达后，新的理想彼岸又在前面。不断追求的昨天、今天和明天，正是一种有价值、有作为的人生写照。那么，为了一个又一个新的目标，一片又一片“心爱的岸”，就“不怕天涯海角”，甘愿“再分东西”，留存永远的思念，这就是生命的意义。

诗用“双桅船”作为主体形象，构思精巧，内涵深刻。船不离开岸就不能扬帆远航，而不靠向岸就不能达到目的，这是一对矛盾关系，然而我们每个人却都在矛盾中生活着。“双桅船”的“双”字就包含着面对矛盾的无奈，诗人以细腻的心和柔美的笔调、象征的技巧和流畅的语言，把这种特殊情绪和心态表达得淋漓尽致。

(许霆)

任务实施

小组合作完成PPT的制作：

选取中国现当代中某一作家或作品，小组成员分工合作，分别从人物生平或经历传奇、生活轶事、作家评价、作品内容简介、中心思想、风格技巧和个人理解(至少包含5点，必须包含个人理解部分)等方面进行PPT汇报。要求图文并茂，可以配合视频、音频资料，会酌情加分。

项目九

戏剧

学习目标

通过学习，使学生能够了解戏剧的概念、特征及发展历程，理解戏剧的美学特征。学会欣赏传统戏剧演出中的语言美、故事美和意境美，尝试进行传统戏剧的再创造，锻炼肢体语言的表达能力，为他们以后的成长奠定基础。

人文素养

1. 戏剧与大学生个性化的表达需求

文化化人、艺术养心。现代大学生的个性色彩丰富，通过演戏、看戏，可以让大学生身临其境地领悟其中的深刻内涵。与此同时，戏剧能够满足大学生对自我展示和追求自我欣赏的心愿，进而能够达到自我满足的目的。无论什么历史时期，对于人们来说，展现自我的最好形式就是舞台。

2. 戏剧与经典文化

戏曲文化是一种雅俗共赏的文化形式，好的戏曲之所以经久不衰，就在于能够抓住人们的情感，使观众不由自主地融入其中，成为剧中人，从而构建起人们的精神家园。千百年来，中国民众已培养起对戏曲文化的情感依赖。其所体现的善恶分明、惩恶扬善、褒忠贬奸、爱国情怀、优秀品格、善良人性、传统美德，无一不构成了中华民族宝贵的精神财富。

3. 戏剧与大学生人文素养

人文素养不是“能力”，而是“以人为对象、以人为中心的精神”，包含了人文知识、人文道德、人文精神、人文思维四大方面。对大学生进行人文素养培养能够使他们明辨是非，遵守社会道德准则，对生命保持敬畏，尊重大自然和客观规律，实现个体与社会的和谐发展。戏剧内容广泛，涉及各个领域，人文素养渗透其中，学生在排练时与剧本内容形成强烈的情感共鸣，在具有文学价值和人文价值的戏剧演绎中感悟人生真谛，升华自我。

任务一 戏剧的基本常识

学习任务

1. 了解戏剧的概念和种类。
2. 了解戏剧的特点。

问题导入

源于生活的戏剧，被赋予更加形象和直观的情感表达，其内容影射了人生百态。一场完整的戏剧表演，不仅需要演员和导演的参与，也需要各个部门的配合共同完成。那么，究竟什么是戏剧？其中包括了哪些种类？戏剧的特征是什么？

基础知识

一、戏剧的定义及其特征

《中国大百科全书》戏剧卷中“戏剧”一词的解释：“戏剧是指以古希腊悲剧和喜剧为开端，在欧洲各国发展起来继而在世界广泛流行的舞台演出形式，以及东方一些国家、民族的传统舞台演出形式。”在欧洲各国的当代舞台上，只要演出是以古希腊悲剧和喜剧的发展模式为基础的剧目，都可被划分为戏剧的范畴。从古希腊戏剧开始，发展到今天，欧洲戏剧已经成为包括话剧(Drama)、歌剧(Opera)和音乐剧(Musical)等在内的演出形式。在中国，“戏剧”一词有两种含义，狭义专指以古希腊悲剧和喜剧为开端，在欧洲各国发展起来继而在世界广泛流行的舞台演出形式，英文为Drama，翻译成中文为“话剧”；广义还包括中华民族的传统舞台演出形式，如戏曲。

戏剧是一种综合舞台艺术，它借助文学、音乐、舞蹈、美术等艺术手段塑造舞台艺术形象，揭示社会矛盾，反映现实生活。戏剧的基本要素是矛盾冲突，通过具体舞台形象再现社会斗争生活，能激起观众强烈的情感反应，达到社会教育目的。

剧作家通过台词来展开故事情节、塑造人物、揭示主题，表达自己对生活的认识。剧本不能直接叙述、描写、议论、抒情，所以人物的语言尤其要求性格化，不仅要准确地表达人物的思想感情，而且要符合人物的年龄、经历、教养、身份、性格和所处的特定环境。剧中人物的思想、性格和内心世界都要由人物自己的语言来表现。

二、戏剧的分类

戏剧按表现形式分为话剧(如《雷雨》)、歌剧(如《白毛女》)、舞剧(如《孔子》)、哑剧、戏曲等。话剧、音乐剧、歌剧、舞剧、戏曲这些艺术形式都是通过语言、动作、舞蹈、音乐、木偶等形式达到叙事目的的舞台表演艺术，都属于戏剧的一种表演形式。话剧是以对话为主要表演手段；歌剧是一种声乐和器乐综合而成的戏剧形式；歌剧可以只有歌唱，没有独白和对话，也可以三者兼有；舞剧是把舞蹈、音乐和戏剧结合在一起的戏剧艺术。剧情的发展、人物形象的塑造，主要靠演员的舞蹈动作和音乐语言来实现。戏曲主要包括宋元南戏、元杂剧、明清传奇及近代、现代的京剧和各种地方戏(沪剧、豫剧、吕剧、川剧、汉剧、楚剧、晋剧、黄梅戏等)。

按剧情繁简和结构分为独幕剧、多幕剧(如《雷雨》)。剧本中通常用“幕”和“场”来表示段落和情节。“幕”是指情节发展的一个大段落。“一幕”可分为几场，“一场”是指一幕中发生空间变换或时间隔开的情节。剧本一般要求篇幅不能太长，人物不能太多，场景也不能过多地转换。

按题材所反映的时代分为历史剧(如《屈原》)、现代剧(如《雷雨》)；按矛盾冲突的性质分为悲剧(如《屈原》)、喜剧(如《威尼斯商人》)、正剧(如《白毛女》)；按演出场合分为舞台剧、广播剧、电视剧等。

三、戏剧的特点

(一)剧本必须适合舞台演出

戏剧本身不会受到时间和空间的限制，但演出会受到时间、空间的限制。一幕到另一幕，一场到另一场，也许一晃就是十年二十载，一个演员在舞台上转一圈，就可以表示他从福州来到了北京，他在舞台上把剑一挥，也可以表示他指挥了千军万马。剧本需要把发生在不同地点和较长时间里的大事件集中在有限的舞台和两三个小时的演出中表现出来。

(二)必须有集中尖锐的矛盾冲突(戏剧冲突)

戏剧反映的是现实生活中的矛盾冲突，“没有矛盾冲突就没有戏剧”。矛盾冲突有一定的发展过程，这个过程就构成了剧本的情节结构，因此，剧本的情节结构可分为(序幕)开端——发展——高潮——结局(尾声)。戏剧冲突是剧本中所展示的人物之间、人物自身以及人与环境之间的矛盾冲突，其中主要体现为剧中人物的思想性格冲突。性格冲突又因为人物个性、身份、地位、文化修养的差异，对社会的认识和采取态度的区别而有所不同，形成各种各样的矛盾冲突。戏剧冲突反映社会矛盾，又比社会矛盾更集中、更尖锐、更激烈。它们都有一个发生、发展、激化和解决的过程。鉴赏剧本，首先要了解剧本所展示的矛盾冲突，冲突是怎样造成的，冲突的性质是什么，进而弄清冲突发展的过程，从而完整把握剧本的情节。

(三)戏剧语言必须适应表演要求

“没有声音，再好的戏也出不来。”戏剧语言包括人物语言和舞台说明，人物语言包括独白、旁白、对白。独白是剧中人物独自抒发个人情感和愿望时说的话；旁白是剧中某个角色背着台上其他剧中人从旁侧对观众说的话；对白也称台词，用于推动情节发展，表现人物性格。舞台说明包括人物表、舞台美术、环境、音响、人物上下场、人物对话的姿态、动作、表情等。这些说明对刻画人物性格和推动、展开戏剧情节发展有一定的作用。这些语言要求简练、扼要、明确，这些内容一般出现在每一幕(场)的开端、结尾和对话中间，用括号(方括号或圆括号)括起来。

任务实施

一、以小组为单位：

1. 谈一谈你最喜欢的戏剧作品。

2. 讨论：西方戏剧与中华民族传统戏曲的区别在哪里？

二、主题讨论：

为什么明明有电影还要看戏剧(戏剧区别于影视艺术的独特之处是什么)？

任务二 中国古典戏剧(戏曲)

学习任务

1. 了解中国古典戏剧的产生和发展。

2. 了解戏曲的种类及其各自的特点。

问题导入

中国传统的戏剧称作戏曲。中国古代戏曲主要是指元明清戏曲。在漫长的历史发展过程中，中国古典戏剧涌现出了众多的经典名作。中国传统戏剧的特点是什么？又有哪些经典作品呢？

基础知识

一、戏曲的发展

(一)先秦——戏曲的萌芽期

《诗经》里的“颂”，《楚辞》里的“九歌”，就是祭神时歌舞的唱词。原始歌舞是先民节日庆典中的内容，它再现氏族采集、渔猎、驯养农耕、战争生活和男女爱悦，并表达出对天地、神灵、图腾的敬畏，以及对生殖的崇拜。先民们创造的这种宣泄情绪、寄托祝愿的歌舞，显示出几个特点：它是生活的再现。模拟性的举动，属于原始的表演艺术；它把歌唱、舞蹈(动作)和器乐(击石)结合到一起；祀神的仪式性和审美娱人的观赏性兼而有之。

由此可见，在那些如醉似狂的祭祀形态中，在那些象征性、拟态性的动作中，就含有戏曲的因子，它们是原始的表演艺术。

(二)唐代(中后期)——戏曲的形成期

唐代专设太常寺、大乐署、教坊、梨园，为音乐歌舞技艺的管理、教习机构。此时的歌舞乐曲和参军戏、五代优伶戏弄等表演样式，将演唱、故事情节、舞蹈动作等戏剧的核心部分有机地结合在一起。中唐以后，我国戏曲飞速发展，戏曲艺术逐渐形成。

(三)宋金——戏曲的发展期

宋代城市商品经济得到长足发展，都市生活开始活跃，不像唐代的长安入夜实行宵禁，汴京城通宵夜市，买卖不绝。繁华热闹如此，则市民娱乐的夜生活也就必不可少。大量聚集而居的城市平民对文化娱乐的需求，催发了固定演出场所“瓦舍”和“勾栏”的出现，这些类同现今的游艺场式的“勾栏”“瓦舍”里百戏杂陈，为各种百戏艺术的全面融合发展创造了有利的社会环境和丰沛的艺术滋养。因此，在民间歌舞、说唱、滑稽戏综合发展的趋势下，宋代承继了古代俳优的传统精神和参军戏的表演成就，又吸纳其他歌舞伎艺的艺术营养，在“瓦舍”和“勾栏”里出现了“宋杂剧”，中国戏剧开始形成。北宋故都开封应该是中国戏曲的摇篮。瓦舍内设有酒肆、茶坊、食店、摊铺、勾栏，勾栏是商业演出场所，每天表演杂剧、滑稽戏、讲史、歌舞、傀儡戏、皮影戏、魔术、杂技、蹴鞠、相扑等娱乐节目，“不以风雨寒暑，诸棚看人，日日如是”，“终日居此，不觉抵暮”。

宋代的“杂剧”，金代的“院本”和讲唱形式的“诸宫调”，从乐曲、结构到内容，都为元代杂剧打下了基础。

（四）元代——戏曲的成熟期

元代，“杂剧”在原有基础上大大发展，成为一种新型的戏曲。它具备了戏曲的基本特点，标志着我国戏曲进入成熟阶段。元杂剧也称元曲，在文学史上与唐诗宋词并称。当时，著名的作家就有一百多人，其中以马志远、关汉卿、郑光祖、白朴、王实甫最为著名。如关汉卿的《窦娥冤》、马志远的《汉宫秋》、郑光祖的《倩女离魂》、白朴的《墙头马上》、王实甫的《西厢记》等。

（五）明清传奇——中国戏曲的第二个黄金时代

传奇源于宋元南戏，是南戏成熟化与规范化的结果。明中叶以后，传奇代替杂剧成为戏曲舞台上的主角，形成了中国戏曲发展史上第二个黄金时代。

传奇剧本曲词典雅，体制庞大，名篇佳作不胜枚举，表演日趋成熟，演唱声腔竞相迭现。创作、表演水平均达到前所未有的高度，为中国戏曲发展史上的绝盛时段。三大传奇以传奇故事、历史故事、现实时事不同角度反映政治现实，增强了传奇创作的社会意义。《牡丹亭》及“临川四梦”创造了戏曲史上的辉煌；《长生殿》《桃花扇》是戏曲史的巅峰之作。从此，关注社会人生家国命运的现实主义戏曲创作题材成为主流。

二、戏曲的种类

（一）昆曲

又称昆腔，是中国最古老的剧种之一，起源于元朝末年（14 世纪中叶），与海盐腔、余姚腔、弋阳腔并称四大声腔，同属南戏范畴。昆曲起初只流行于苏州地区，明末开始扩散，流入北京。因清朝康熙皇帝十分喜爱昆曲，慢慢开始流行，逐渐成为明清时期影响最大的剧种。

昆曲表演最大的特点是抒情性强，温柔细腻，注重演唱声音的控制，节奏速度和咬字吐音，与舞蹈结合的十分巧妙和谐，是一种歌、舞、白等表演手段相结合的综合艺术。由于昆曲对明清时期的所有戏曲都有一定的影响，很多剧种都是从中发展而来，又融合了唱念做打、武蹈和唱段，表演细腻，所以被誉为“百戏之祖，百戏之师”。

（二）京剧

19世纪中叶，昆曲、秦腔、徽剧、汉调四剧种以其精华培育、滋润了京剧的诞生和发展。

乾隆五十五年，乾隆皇帝80大寿，浙江盐务大臣带着皖南艺人组成的“三庆班”入京演出，《扬州画舫录》说当时“京秦不分”——京腔、秦腔基本上同台演出，“三庆班”以安庆花部合京（高腔）、秦二腔组成，广泛吸收秦腔、京腔的剧目和表演方法，同时，又继承了众多的昆腔剧目及舞台艺术体制，因而在艺术上得到迅速提高。嘉庆、道光（1796—1850年）时，又引来四大徽班进京，京都舞台出现了四大徽班称盛的局面，京剧形成的大幕由此拉开。

1917年以来，京剧优秀演员大量涌现，呈现出流派纷呈的繁盛局面，京剧发展进入鼎盛期。

1927年，北京《顺天时报》举办评选“首届京剧旦角最佳演员”活动，梅兰芳以演《太真外传》、尚小云以演《摩登伽女》、程砚秋以演《红拂传》、荀慧生以演《丹青引》荣获“四大名旦”。“四大名旦”脱颖而出，是京剧走向鼎盛的重要标志。

梅兰芳（1894—1961年）出生于京剧世家，8岁学戏，11岁登台，擅长青衣，兼演刀马旦。在50多年的舞台实践中，梅兰芳对旦角的唱腔、念白、舞蹈、音乐、服装、化妆等各个方面都有创造发展，形成了独特的艺术风格，世称梅派。他功底深厚，文武兼长；台风优美，扮相极佳；嗓音圆润，唱腔婉转妩媚，创造了为数众多、姿态各异的古代妇女典型形象。梅派代表作有《宇宙锋》《贵妃醉酒》《断桥》《奇双会》《霸王别姬》和《穆桂英挂帅》等。

梅兰芳集京剧旦角艺术之大成，综合青衣、花旦、刀马旦的表演特点，创造了梅派特有的表演形式和唱腔风格。

尚小云（1900—1976年）幼入科班学艺，14岁时被评为“第一童伶”。初习武生，后改正旦，兼演刀马旦。他功底深厚，唱腔以刚劲著称，世称“尚派”。代表作有《二进宫》《祭塔》《昭君出塞》《梁红玉》等，塑造了一批巾帼英雄和侠女烈妇。1966年“文革”中受到迫害。1976年4月19日在西安逝世，享年76岁。

尚派的唱腔特点：嗓音响亮遒劲，音域宽广，高、中、低音运用自如，善用颤音，气息深沉持久，《祭江》《祭塔》等剧的大段唱功举重若轻，并能连续使用高腔、硬腔，绝无衰竭之象，听来酣畅痛快。行腔往往寓峭险于浑厚，旋律富于力度，顿挫分明。念白爽朗而有感情，京白的刚、劲、辣尤为出色。

程砚秋（1904—1958年）自幼学戏，演青衣，受师于梅兰芳。他在艺术上勇于革新创造，讲究音韵，注重四声，追求“声、情、美、水”的高度结合，并根据自己的嗓音特点，创造出一种幽咽婉转、起伏跌宕、若断若续、节奏多变的唱腔，形成独特的艺术风格，世称“程派”。程砚秋擅长演悲剧，编演过《鸳鸯冢》《荒山泪》《青霜剑》《英台抗婚》《窦娥冤》等戏，大多表现的是封建社会妇女的悲惨命运。

程砚秋将他的一生全部献给了京剧艺术事业，他创立的程派艺术所取得的卓越成就，构筑了京剧艺术百年发展的高峰之一，他不仅对京剧旦角同时也对整个京剧、戏曲的发展都产生深远、重大的影响。

荀慧生(1900—1968年)幼年在河北梆子班学艺，19岁改演京剧，扮演花旦、刀马旦。他功底深厚，能汲取梆子戏旦角艺术之长，熔京剧花旦的表演于一炉，形成独特的艺术风格，世称“荀派”。擅长扮演天真、活泼、温柔一类妇女角色，以演《红娘》《金玉奴》《红楼二尤》《钗头凤》《荀灌娘》等剧著名。

荀派的唱腔特点：将河北梆子的唱腔、唱法、表演的精华融入京剧的演唱之中。荀慧生由河北梆子改演京剧，后拜王瑶卿为师，又曾受业于吴菱仙、陈德霖、路三宝，在继承王派、陈派艺术的基础上，进行了较大的创新。他的嗓音甜媚，用嗓有特殊的技巧，善于用小颤音、半音和华丽的装饰音，又常以鼻音收腔来增添唱腔的韵致。

（三）豫剧

豫剧，发源于中原(河南开封)。豫剧在河南梆子的基础上不断继承、改革和创新发展起来。与京剧、越剧、黄梅戏、评剧并称中国五大剧种，汉族戏曲之一，中国第一大地方剧种。豫剧也跟随河南卫视、河南豫剧院等演出团体走过了世界诸多国家，如澳大利亚、意大利、法国、加拿大等，被西方人称赞为“东方咏叹调”“中国戏曲”等。

豫剧以唱腔铿锵大气、抑扬有度、行腔酣畅、吐字清晰、韵味醇美、生动活泼、有血有肉、善于表达人物内心情感著称，凭借其高度的艺术性而广受各界人士欢迎。因其音乐伴奏用枣木梆子打拍，故早期得名河南梆子。

豫剧的传统剧目有1000多个，其中很大一部分取材于历史小说和演义。如封神戏、三国戏、瓦岗戏、包公戏、以宋朝为背景的戏如杨家将和岳家将等题材，还有一部分描写爱情、婚姻、道德伦理的戏。新中国成立后，出现不少描写现实生活的现代戏和新编历史剧。

传统古装剧目有《春秋配》《对花枪》《天地配》《花木兰》《穆桂英挂帅》等。

创作改编的现代戏有《刘胡兰》《小二黑结婚》《罗汉钱》《祥林嫂》《红色娘子军》等。

（四）评剧

评剧起源于河北唐山一带，兴盛于京、津、冀等华北地区及黑、吉、辽东三省，至今已有百年历史，是流行全国的地方戏曲剧种。在20世纪初，流行于河北唐山一带的民间艺术“莲花落”吸收了京剧、河北梆子、皮影戏、大鼓书及“蹦蹦”(二人转别称)等姊妹艺术的音乐和表演，逐渐发展为一个新兴的戏曲剧种，这就是评剧的雏形。由于最初这一剧种主要在唐山一带流动演出，便被称为“唐山落子”，也被称为“蹦蹦戏”“平腔梆子戏”。20世纪20年代左右流行于东北地区，出现了一批女演员。

赵丽蓉(1928—2000年)为中国评剧院演员。赵丽蓉自幼学习评剧，1952年后，长期与新凤霞合作，塑造的《刘巧儿》中的大婶、《花为媒》中的阮妈、《杨三姐告状》中的杨母、《凤还巢》中的程雪雁等舞台形象均受观众赞誉。尤其是在1963年拍摄的评剧电影《花为媒》中，新凤霞与赵丽蓉表演的“报花名”一段家喻户晓。同时，她也是闻名全国的小品演员，由她主演的《英雄母亲的一天》《如此包装》《打工奇遇》《追星族》《功夫令》《老将出马》

等喜剧小品至今被人津津乐道。

（五）黄梅戏

黄梅戏是安徽省的主要戏曲剧种之一，盛行于安徽、湖北两地，此外，江西、江苏、福建等省份也有专业的黄梅戏剧团，足迹遍及全国各地，如今已是具有全国影响力的地方戏曲剧种，并远播海外。

黄梅戏起源于18世纪湖北省黄梅县的采茶戏，在安徽省安庆地区逐步成长发展，至今已有200年历史，由于唱腔多来自黄梅县的采茶戏，所以被称为黄梅戏，也叫黄梅调，中华人民共和国成立后，正式定名为黄梅戏。

黄梅戏经过长期的历史演变，形成悠扬婉转的唱腔艺术，尤其是严凤英创立的黄梅戏唱腔，一直流传到现在。严凤英的音色柔而不媚、甜而不腻，宽松自然的发音中稍微略带沙哑，具有独特的个性和魅力；她吐字清晰，音乐性贯穿于唱腔、念白之中；她行腔大方，一些装饰音运用得恰到好处；她演唱时气息均匀平顺，高音不冲，低音不虚。以严凤英唱腔为代表的黄梅戏音乐，不同于京剧的抑扬顿挫、跌宕起伏，不同于昆曲的典雅缠绵、华丽唯美，也不同于梆子腔的铁板铜琶、大江东去，黄梅戏唱腔以生活为源、质朴为本、亲切率真、自然纯情，崇尚本色、以情动人，这也是它受到全国观众欢迎的原因。

经过200年的岁月洗礼，黄梅戏已从当初的民间小戏发展成为具有全国影响的戏曲剧种，以其清丽灵秀的演唱特色、雅俗共赏的表演风格在中国戏曲百花园中独树一帜。黄梅戏的优秀剧目有《天仙配》《牛郎织女》《夫妻观灯》《玉堂春》等。

（六）越剧

越剧是流行于全国的地方戏曲剧种，但她仅有百余年历史。这一新兴剧种，在百余年间，从浙江嵊县（现嵊州市）的乡间步入都市，后又登上大上海的舞台，在几代演员的不懈努力下，越剧最终在浙、沪等地生根发芽、繁荣发展，并传遍全国，闻名于世。

越剧是从流行于浙江的民间说唱“落地唱书”发展而来。1946年，袁雪芬主演了改编自鲁迅先生小说名篇《祝福》的越剧现代戏《祥林嫂》，为越剧艺术另辟蹊径，《祥林嫂》也被称为“越剧发展史上的一座里程碑”。

越剧孕育形成于小桥流水、风景秀丽的江南，这也注定了它温婉传情的艺术特性，因此，越剧尤其擅长演绎才子佳人故事，如《何文秀》《玉蜻蜓》《碧玉簪》《盘夫索夫》《盘妻索妻》《沙漠王子》《珍珠塔》《打金枝》《孟丽君》《李娃传》《情探》《玉堂春》《血手印》《王老虎抢亲》《孔雀东南飞》等。在众多的越剧剧目中，《梁山伯与祝英台》《红楼梦》《西厢记》《祥林嫂》被称为越剧四大经典剧目。

（七）秦腔

秦腔是一个流行于西北地区的戏曲剧种，具有悠久的历史。秦腔最早产生于陕西，后又风行于甘肃、宁夏、青海、新疆等地。八百里秦川所孕育产生的秦腔，是三秦父老乃至西北人民的最爱，他们视秦腔为最基本的文化娱乐活动，也借此表达喜怒哀乐、寄托思想感情，秦腔是他们日常生活中的重要组成部分。

秦腔的唱腔分为“欢音”和“苦音”两大类，“欢音”擅长表达喜悦、爽快的情绪，而“苦音”则主要用来抒发悲愤、凄凉的感情。

秦腔脸谱作为秦腔舞台艺术的有机组成部分，在几百年的历史发展中，逐渐形成了构图粗犷、泼辣，色彩艳丽，笔法苍劲、细腻，线条“看近不看远”的艺术特色。秦腔拥有五百余幅脸谱，大体分为整脸(如关羽)、三块瓦脸(如常遇春)、四大块脸(如张飞)、花脸(如单雄信)、通天柱脸(如魏虎)、老脸(如徐彦昭)、象形脸(如王彦璋)、标志脸(如典韦)、娃娃脸(如秦英)等几大类。由于年龄、情境的不同，同一人物在不同剧目中的脸谱也会有不同，如秦腔中的包公脸谱就分为少年、中年、老年三种。秦腔脸谱色彩丰富，多采用红、黑、白、黄、绿、紫、蓝、赭、灰、金、银等色彩。秦腔脸谱勾画笔法分为：用手蘸色在脸部揉匀油彩的“揉”、用笔蘸色勾勒的“勾”、用笔蘸色描画的“描”、用手指蘸色的“擦”和“染”等几种手法。

(八)川剧

川剧是流行于四川、重庆等西南地区的戏曲剧种，历史悠久，影响遍及全国。川剧属于多声腔剧种，主要包括昆腔、高腔、胡琴戏、弹戏、灯戏五大声腔，即所谓的“昆、高、胡、弹、灯”。

变脸是川剧表演特技之一，主要用来揭示剧中人物的内心及思想感情的变化，把不可见的、不可感的、抽象的情绪和心理状态，用可见的、可感的具体形象——脸谱来展现。由于在戏曲脸谱中，不同颜色代表不同寓意，因此剧中人物的道德品质和角色类型也可以用脸谱颜色来划分，或是歌颂赞扬，或是揭露讽刺，或是鞭挞批判，无论是贬还是褒，都可以从脸谱色彩上反映出来。

变脸主要包括扯脸、抹脸、吹脸、运气变脸几种手法，最具特色的是扯脸。扯脸指演员事先将一张张勾画在软绸上的脸谱按顺序贴在脸上，每张脸谱上都系有丝线，丝线的另一端系在演员服装或者道具的一个既顺手又隐蔽的地方(如腰带)，依据剧情的需要，在迅雷不及掩耳之势表演的掩护下，再将脸谱一张张扯下来，如川剧《白蛇传》中钵童用的就是扯脸。抹脸指演员演出前将化妆油彩涂在面部的某一特定部位，表演时用手蘸上油彩，在面部迅速涂抹，面部即可变成另外一种颜色，如川剧《白蛇传》中的许仙便有抹脸的表演。如果需要变换整张脸的颜色，演员一般把油彩涂在额头上或者眉部；如果只需要变换半张脸，演员则将油彩涂在脸腮处或鼻子上。吹脸指演员先将金粉、银粉、墨粉等粉末状的化妆品装进特定容器中，表演时，演员借机贴近容器，然后闭眼、憋气之后用力一吹，粉末便会被吹到脸上，从而产生变换脸色的艺术效果。吹脸所需要的粉末一般是装在一个小盒子中，放在舞台上一个隐蔽的地方，但也有特例，比如川剧《活捉子都》中的粉末便是装在酒杯中，公孙子都在表现饮酒时借机吹动酒杯内的粉末，完成吹脸。扯脸、抹脸、吹脸，都要借助外物来完成，而运气变脸则与之不同，它只需要演员通过运用气功使脸变色，这对演员的要求较高，现今已较少看到。据说，已故川剧名演员彭泗洪在演出川剧《空城计》时，就可以通过运用气功令脸色由红变白，再由白转青，以此来表现诸葛亮在得知司马懿大军退去后的心理变化。

任务实施

一、主题讨论：你最喜欢哪种地方戏曲剧种？原因是什么？请对其中的经典选段进行演绎。

二、我的建言献策之——请从创新发展的角度论述传统戏曲在今天怎样才能迎来新发展。

任务三　经典戏剧作品赏析

学习任务

1. 了解我国传统戏曲的经典剧目。
2. 学习从曲词、内容、意境、情感等方面鉴赏戏剧作品。

问题导入

王国维先生《宋元戏曲考》开始把我国传统戏剧定名为戏曲，以此区别于西方传来的话剧等舞台艺术形式。传统的戏曲文化蕴涵着中华人民朴素的道德观念和情感。如今，传统戏曲有哪些经典选段，我们又如何去鉴赏呢？

基础知识

一、元代杂剧

1.“四折一楔子”的剧本结构

楔子开场

四折　开端　发展　高潮　结局

剧末　题目　正名

这是元杂剧的基本结构形式，以四折外加一段楔子为一本。“折”意味着一个故事单元和音乐单元，四折之间，大多表现出情节起、承、转、合的变化。“楔子”本意是插入木器的榫头中使之紧固的小木片，引申到杂剧中，指对剧情起交代或连接作用的短小的开场戏或过场戏，是整部剧本中的有机部分。楔子在一部杂剧中是相对自由的部分，可以没有，也可以用两三个。一个楔子通常只有一、二支曲子，不用套曲，也不限由何角色演唱。

2. 三大艺术表演手段

“唱”“云”“科”为三大艺术表演手段。

“唱”：一人主唱一宫到底的演唱体制。

元杂剧的核心部分是唱词，曲词为主说白为宾是元杂剧文学性的体现。每一曲牌的句式、字数、平仄等都有严密的格律定式，却又并不死板，允许在定格中加衬字，部分曲牌还可增句。北曲流行的宫调有五宫四调，用琵琶、筝等伴奏。所谓“一宫到底”是指每折采用一种宫调，四折的宫调不重复，全剧由四大套曲组成，每段曲子前一般都标明宫调和曲牌名。按惯例采用宫调和该宫调的音乐品格。例如：

楔子 【仙吕】

第一折【仙吕】——清新平和

第二折【南吕】——悲叹伤感

第三折【正宫】——悲壮慷慨

第四折【双调】——凄凉激动

可以看出，四种宫调的音乐情绪恰好跟四折开端、发展、高潮、结局的剧情变化相统一。如此，诗词之美、境与音乐之情绪互相融通，很好地传达了剧情。

所谓一人主唱，指每一本戏由正旦或正末两类角色中的某一个角色主唱，其他角色只有说白。正旦所唱的本子为“旦本”，正末所唱的本子为“末本”。这既有突出剧中主要人物的意味，同时也与突出某个主要演员用来招徕观众的商业效果有关。一人主唱的规定对合理安排剧情和塑造众多人物形象造成了一定的限制。打破一人主唱惯例的剧作有《单刀会》《赵氏孤儿》《西厢记》等。

“云”：剧中人的说白、道白，规范称“宾白”。

徐渭《南词叙录》载：“唱为主，白为宾，故曰宾白，言其明白易晓也。”元杂剧以唱为主，以说白为宾，所以说白称为“宾白”，剧本中提示作“××云”。宾白有韵白和散白两类，韵白为诗句，散白为散文，多用当时的口语。宾白既可以插在各支曲子之间，也可以插在一支曲子之中，不仅用于叙事，还用作除主角以外人物的抒情，细分有旁白、带白、内白等，剧本中称为“背云”“带云”“内云”等。元杂剧演唱与说白主宾紧密结合、相映成趣，所以有“曲白相生”的说法。

“科”：科范的简称，指舞台做工，包括动作、表情、舞蹈、效果。

元杂剧的“科”表示四个方面。一是人物一般的动作，如《窦娥冤》第一折，赛卢医欲勒死蔡婆婆，剧本中提示“做拿绳科”；二是表示人物的表情，如《赵氏孤儿》第一折，韩厥支走小校，发现了药箱里的孤儿，剧本中提示“程婴做慌，跪伏科”，《汉宫秋》第三折提示汉元帝“与旦打悲科”，《拜月亭》中的“正旦做害羞科”“正旦做慌折惨打悲的科”；三是表示舞蹈、武打场面，如《梧桐雨》第二折杨玉环的舞蹈，剧本提示“正旦做舞科”；四是指剧中的舞台效果，如《汉宫秋》第三折，剧本提示“奏胡乐科”“雁叫科”“内作风科”。

3. 角色行当：旦、末、净、外、杂

以五大行当把剧中人物分为若干类型，主要人物为正色，以便程式化的表演。旦行扮演正面女角色，末行扮演正面男角色，净行扮演勇猛人物或滑稽、反面人物，外行是旦、末、净等行当的次要角色，杂行扮演陪衬性人物，男女均可。各行当可细分如下：

旦：正旦、外旦、小旦、老旦、副旦、贴旦、搽旦、丑旦。

末：正末、副末、外末、小末、冲末。

净：净、外净、副净。

外：外、外末、外旦、外净。

杂：孛老、细酸、邦老、卜儿、徕儿、驾、孤。

以上杂剧角色按其在剧中主次地位，大致可归为三类：第一类是末、旦中担任主唱的角色，谓之正末、正旦；第二类为末、旦中不唱的角色，谓之外末、冲末、外旦等；第三类为末旦以外不唱的净角、丑角等。

4. 题目正名

元杂剧通常用两句或四句字数相同的对句，表示出全剧的表演纲目，然后再以其中最为精简确当的文字，作为本剧的剧名。如马致远的《汉宫秋》杂剧。

(1)关汉卿

关汉卿是元代最早从事剧本创作的作家之一，《析津志·名宦传》说他“生而倜傥，博学能文，滑稽多智，蕴藉风流，为一时之冠”；《元曲选》说他“躬践排场，面敷粉墨”。他长期生活于勾栏瓦肆，有着丰富的舞台经验，与一些著名艺人也相当熟悉，今尚存有他赠珠帘秀的套数。他浪子风流才气横溢，尽情放纵，无所顾忌。具有桀骜不驯，愤世嫉俗，傲视现实的个性，诙谐幽默的风格，和从事戏剧活动百折不挠的意志。他以多方面的艺术才能，用杂剧艺术向整个黑暗势力宣战——“一管笔在手，敢溺孙吴兵斗”，他的剧作以斗士的态度，丰富的题材，众多的数量，以及精深的思想和精湛的艺术，引领了元杂剧的黄金时代。

感天动地窦娥冤

(外扮监斩官上，云)下官监斩官是也。今日处决犯人，着做公的把住巷口，休放往来人闲走。(净扮公人，鼓三通、锣三下科。刽子磨旗、提刀，押正旦带枷上。刽子云)行动些，行动些，监斩官去法场上多时了！(正旦唱)

【正宫·端正好】没来由犯王法，不提防遭刑宪，叫声屈动地惊天！顷刻间游魂先赴森罗殿，怎不将天地也生埋怨？

【滚绣球】有日月朝暮悬，有鬼神掌着生死权。天地也，只合把清浊分辨，可怎生错看了盗跖颜渊：为善的受贫穷更命短，造恶的享富贵又寿延。天地也，做得个怕硬欺软，却原来也这般顺水推船。地也，你不分好歹何为地？天也，你错勘贤愚枉做天！哎，只落得两泪涟涟。

(刽子云)快行动些，误了时辰也。(正旦唱)

【倘秀才】则被这枷扭的我左侧右偏，人拥得我前合后偃。我窦娥向哥哥行有句言。(刽子云)你有甚么话说？(正旦唱)前街里去心怀恨，后街里去死无冤，休推辞路远。

(刽子云)你如今到法场上面，有甚么亲眷要见的？可教他过来，见你一面也好。(正旦唱)

【叨叨令】可怜我孤身只影无亲眷，则落的吞声忍气空嗟怨。(刽子云)难道你爷娘家也没的？(正旦云)止有个爹爹，十三年前上朝取应去了，至今杳无音信。(唱)早已是十年多不睹爹爹面。(刽子云)你适才要我往后街里去，是什么主意？(正旦唱)怕则怕前街里被我婆婆见。(刽子云)你的性命也顾不得，怕他见怎的？(正旦云)俺婆婆若见我披枷带锁，赴法场餐刀去呵，(唱)枉将他气杀也么哥，枉将他气杀也么哥！告哥哥，临危好与人行方便。

（卜儿哭上科，云）天哪，兀的不是我媳妇儿！（刽子云）婆子靠后。（正旦云）既是俺婆婆来了，叫他来，待我嘱咐他几句话咱。（刽子云）那婆子近前来，你媳妇要嘱咐你话哩。（卜儿云）孩儿，痛杀我也。（正旦云）婆婆，那张驴儿把毒药放在羊肚儿汤里，实指望药死了你，要霸占我为妻。不想婆婆让与他老子吃，倒把他老子药死了。我怕连累婆婆，屈招了药死公公，今日赴法场典刑。婆婆，此后遇着冬时年节，月一十五，有瀽不了的浆水饭，瀽半碗儿与我吃；烧不了的纸钱，与窦娥烧一陌儿。则是看你死的孩儿面上！（唱）

【快活三】念窦娥葫芦提当罪愆，念窦娥身首不完全，念窦娥从前已往干家缘；婆婆也，你只看窦娥少爷无娘面。

【鲍老儿】念窦娥伏侍婆婆这几年，遇时节将碗凉浆奠；你去那受刑法尸骸上烈些纸钱，只当把你亡化的孩儿荐。（卜儿哭科，云）孩儿放心，这个老身都记得。天哪，兀的不痛杀我也。（正旦唱）婆婆也，再也不要啼啼哭哭，烦烦恼恼，怨气冲天。这都是我做窦娥的没时没运，不明不暗，负屈衔冤。

（刽子做喝科，云）兀那婆子靠后，时辰到了也。（正旦跪科）（刽子开枷科）（正旦云）窦娥告监斩大人，有一事肯依窦娥，便死而无怨。（监斩官云）你有甚么事？你说。（正旦云）要一领净席，等我窦娥站立；又要丈二白练，挂在旗枪上。若是我窦娥委实冤枉，刀过处头落，一腔热血，休半点儿沾在地下，都飞在白练上者。（监斩官云）这个就依你，打甚么不紧。（刽子做取席站科，又取白练挂旗上科）（正旦唱）

【耍孩儿】不是我窦娥罚下这等无头愿，委实的冤情不浅。若没些儿灵圣与世人传，也不见得湛湛青天。我不要半星热血红尘洒，都只在八尺旗枪素练悬，等他四下里皆瞧见，这就是咱苌弘化碧，望帝啼鹃。

（刽子云）你还有甚的说话？此时不对监斩大人说，几时说那！（正旦再跪科，云）大人，如今是三伏天道，若窦娥委实冤枉，身死之后，天降三尺瑞雪，遮掩了窦娥尸首。（监斩官云）这等三伏天道，你便有冲天的怨气，也召不得一片雪来，可不胡说！（正旦唱）

【二煞】你道是暑气暄，不是那下雪天，岂不闻飞霜六月因邹衍？若果有一腔怨气喷如火，定要感的六出冰花滚似锦，免着我尸骸现；要什么素车白马，断送出古陌荒阡！

（正旦再跪科，云）大人，我窦娥死的委实冤枉，从今以后，着这楚州亢旱三年。（监斩官云）打嘴！那有这等说话！（正旦唱）

【一煞】你道是天公不可期，人心不可怜，不知皇天也肯从人愿。做甚么三年不见甘霖降？也只为东海曾经孝妇冤，如今轮到你山阳县。这都是官吏每无心正法，使百姓有口难言！

（刽子做磨旗科，云）怎么这一会儿天色阴了也？（内做风科，刽子云）好冷风也！（正旦唱）

【煞尾】浮云为我阴，悲风为我旋，三桩儿誓愿明题遍。（做哭科，云）婆婆也，直等待雪飞六月，亢旱三年呵！（唱）那其间才把你个屈死的冤魂这窦娥显。

（刽子做开刀，正旦倒科）（监斩官惊云）呀，真个下雪了，有这等异事！（刽子云）我也道平日杀人，满地都是鲜血。这个窦娥的血，都飞在那丈二白练上，并无半点落地，委实奇怪。(监斩官云)这死罪必有冤枉。早两桩儿应验了，不知亢旱三年的说话，准也不准？且看后来如何。左右，也不必等待雪晴，便与我抬他尸首，还了那蔡婆婆去罢。(众应科，抬尸下)

【简析】

《窦娥冤》的核心问题是揭露社会的不公正。安分守己、善良柔顺、恪守节孝伦常的窦娥，一心听从命运安排，按天理行事做人，却被推向了刑场。惊心动魄的人间惨剧反映的是元代人民极度恶化的生存空间。窦娥的遭遇，典型地显示出善良百姓被推向深渊的过程，传达了人们强烈的怨愤和反抗情绪。第四折三桩誓愿相继应验，冤案昭雪，是人间正义最终胜利的愿望。

窦娥是中国封建社会被压迫妇女的典型，一个悲剧形象。首先，她恪守封建道德伦常，尽孝守节，好女不嫁二夫；其次，窦娥孝顺善良，公堂之上，窦娥忍受毒打决不肯屈招，但当糊涂官毒打蔡婆婆时，她为了保全婆婆的性命才挺身屈打成招，招致死刑；第三，窦娥刚强且富有斗争精神，面对张驴儿的要挟，她不肯屈服，面对行刑，她以三桩誓愿，作出了最后反抗，成就了中国戏曲史上第一个反抗者的悲剧形象。

(2)王实甫

王实甫，名德信，大都(今北京)人。著有杂剧十四种，现存《西厢记》《丽春堂》《破窑记》三种。另有《贩茶船》《芙蓉亭》二种，各传有曲文一折。《西厢记》全名《崔莺莺待月西厢记》。它的曲词华艳优美，富于诗意，每支曲子都是一首美妙的抒情诗。它是我国古典戏剧的现实主义杰作，对后来以爱情为题材的小说、戏剧创作影响很大。

西厢记·长亭送别

(夫人、长老上，云)今日送张生赴京，十里长亭，安排下筵席。我和长老先行，不见张生、小姐来到。(旦、末、红同上，且云)今日送张生上朝取应，早是离人伤感，况值那暮秋天气，好烦恼人也呵！“悲欢聚散一杯酒，南北东西万里程。”(旦唱)

【正宫】【端正好】碧云天，黄花地，西风紧，北雁南飞。晓来谁染霜林醉？总是离人泪。

【滚绣球】恨相见得迟，怨归去得疾。柳丝长玉骢难系，恨不得倩疏林挂住斜晖。马儿迍迍的行，车儿快快的随，却告了相思回避，破题儿又早别离。听得道一声“去也”，松了金钏；遥望见十里长亭，减了玉肌。此恨谁知！

(红云)姐姐今日怎么不打扮？(旦云)你那知我的心里呵！(旦唱)

【叨叨令】见安排着车儿、马儿，不由人熬熬煎煎的气；有甚么心情花儿、靥儿，打扮得娇娇滴滴的媚；准备着被儿、枕儿，只索昏昏沉沉的睡；从今后衫儿、袖儿，都揾做重重叠叠的泪。兀的不闷杀人也么哥？兀的不闷杀人也么哥？久已后书儿、信儿，索与我恓恓惶惶的寄。

(做到科)(见夫人科)(夫人云)张生和长老坐，小姐这壁坐，红娘将酒来。张生，你向前来，是自家亲眷，不要回避。俺今日将莺莺与你，到京师休辱末了俺孩儿，挣揣一个状元回来者。(末云)小生托夫人余荫，凭着胸中之才，视得官如拾芥耳。(洁云)夫人主

张不差，张生不是落后的人。(把酒了，坐)(旦长吁科)(旦唱)

【脱布衫】下西风黄叶纷飞，染寒烟衰草萋迷。酒席上斜签着坐的，蹙愁眉死临侵地。

【小梁州】我见他阁泪汪汪不敢垂，恐怕人知。猛然见了把头低，长吁气，推整素罗衣。

【幺篇】虽然久后成佳配，奈时间怎不悲啼。意似痴，心如醉，昨宵今日，清减了小腰围。

(夫人云)小姐把盏者。(红递酒了，旦把盏长吁科，云)请吃酒。(唱)

【上小楼】合欢未已，离愁相继。想着俺前暮私情，昨夜成亲，今日别离。我谂知这几日相思滋味，却原来比别离情更增十倍。

【幺篇】年少呵轻远别，情薄呵易弃掷。全不想腿儿相挨，脸儿相偎，手儿相携。你与俺崔相国做女婿，妻荣夫贵，但得个并头莲，煞强如状元及第。

(红云)姐姐不曾吃早饭，饮一口儿汤水。(旦云)红娘，甚么汤水咽得下。(唱)

【满庭芳】供食太急，须臾对面，顷刻别离。若不是酒席间子母每当回避，有心待与他举案齐眉。虽然是厮守得一时半刻，也合着俺夫妻每共桌而食。眼底空留意，寻思起就里，险化做望夫石。

(夫人云)红娘把盏者。(红把酒科)(旦唱)

【快活三】将来的酒共食，尝着似土和泥；假若便是土和泥，也有些土气息，泥滋味。

【朝天子】暖溶溶玉醅，白泠泠似水。多半是相思泪。眼面前茶饭怕不待要吃，恨塞满愁肠胃。"蜗角虚名，蝇头微利"，拆鸳鸯在两下里。一个这壁，一个那壁，一递一声长吁气。

(夫人云)辆起车儿，俺先回去，小姐随后和红娘来。(下)(末辞洁科)(洁云)此一行别无话说，贫僧准备买登科录看，做亲的茶饭少不得贫僧的。先生在意，鞍马上保重者。"从今经忏无心礼，专听春雷第一声"。(下)(旦唱)

【四边静】霎时间杯盘狼藉，车儿投东，马儿向西，两意徘徊，落日山横翠。知他今宵宿在那里？在梦也难寻觅。

(旦云)张生，此一行得官不得官，疾早便回来。(末云)小生这一去，白夺一个状元。正是："青霄有路终须到，金榜无名誓不归"。(旦云)君行别无所赠，口占一绝，为君送行："弃掷今何道，当时且自亲。还将旧来意，怜取眼前人"。(末云)小姐之意差矣，张珙更敢怜谁？谨赓一绝，以剖寸心："人生长远别，孰与最关亲？不遇知音者，谁怜长叹人？"(旦唱)

【耍孩儿】淋漓襟袖啼红泪，比司马青衫更湿。伯劳东去燕西飞，未登程先问归期。虽然眼底人千里，且尽樽前酒一杯。未饮心先醉，眼中流血，心内成灰。

【五煞】到京师服水土，趁程途节饮食，顺时自保揣身体。荒村雨露宜眠早，野店风霜要起迟。鞍马秋风里，最难调护，最要扶持。

【四煞】这忧愁诉与谁？相思只自知，老天不管人憔悴。泪添九曲黄河溢，恨压三峰华岳低。到晚来闷把西楼倚，见了些夕阳古道，衰柳长堤。

【三煞】笑吟吟一处来，哭啼啼独自归。归家若到罗帏里，昨宵个绣衾香暖留春住，今夜个翠被生寒有梦知。留恋你应无计，见据鞍上马，阁不住泪眼愁眉。

(末云)有甚言语嘱咐小生咱？(旦唱)

【二煞】你休忧“文齐福不齐”，我则怕你“停妻再娶妻”。你休要“一春鱼雁无消息”，我这里青鸾有信频须寄，你却休“金榜无名誓不归”。此一节君须记：若见了那异乡花草，再休似此处栖迟。

(末云)再谁似小姐，小生又生此念？小姐放心，小生就此拜辞。(旦唱)

【一煞】青山隔送行，疏林不作美，淡烟暮霭相遮蔽。夕阳古道无人语，禾黍秋风听马嘶。我为甚么懒上车儿内？来时甚急，去后何迟！

(红云)夫人去好一会，姐姐，咱家去。(旦唱)

【收尾】四围山色中，一鞭残照里。遍人间烦恼填胸臆，量这些大小车儿如何载得起？

(旦红下)(末云)仆童，赶早行一程儿，早寻个宿处。泪随流水急，愁逐野云飞。(下)

【简析】

《西厢记》以五本二十一折的宏大规模来展现一对青年男女追求自由爱情与婚姻的故事，人物刻画得丰满细致，情节表现得曲折动人，再配以诗情诗韵而又清新活泼的语言，自有一种不同寻常的魅力。不仅是元杂剧中影响最大的一部，且是中国戏曲史上最具思想性艺术性的佳作。王骥德说它是“千古绝唱”，贾仲明说“西厢记天下夺魁”，王世贞《艺苑卮言》也说“北曲故当以《西厢》压卷”。

全剧通过崔莺莺与张生的爱情故事，展现了崔、张、红娘等追求婚姻自主的叛逆者同以老夫人为代表的封建礼教的维护者之间尖锐的冲突，深刻地揭示出封建势力的残酷性与虚伪性，传达了青年人的生活愿望与出于势利的家长意志之间的冲突。热情地歌颂了青年男女对自由爱情的渴望，争取婚姻自由的合理性和情与欲不可遏制的正当性，明确地提出“愿普天下有情的都成了眷属”的进步理想，这是对传统婚姻制度的大胆挑战，对封建道德教条造成有力冲击，具有鲜明的反封建倾向。

二、明代传奇

明代传奇在形式上承继南戏体制且更加完备。一个剧本，大都只有 30 出戏左右，常分为上、下两部分；作家还特别注意结构的紧凑和科浑的穿插。传奇的音乐也是采取曲牌联套的形式，但比南戏有所发展，一出戏中不再限于一个宫调；曲牌的多少，也取决于剧情的需要；所有登场的角色都可以演唱。传奇在语言运用上给人总的印象是典雅有余、当行不足，谨严有余、生动不足。明代传奇的主要代表作有汤显祖的《牡丹亭》。

汤显祖(1550—1616 年)，明代杰出剧作家、文学家。字义仍，号海若、若士、清远道人。江西临川人。万历十一年(1583 年)中进士，任太常寺博士、礼部主事，因弹劾申时行，降为徐闻典史，后调任浙江遂昌知县，又因不附权贵而免官，未再出仕。曾从罗汝芳读书，又受李贽思想影响。在戏曲创作方面，反对拟古和拘泥于格律。著有《牡丹亭》《邯郸记》《南柯记》《紫钗记》，合称《玉茗堂四梦》，其中以《牡丹亭》最为著名。在戏曲史上，和关汉卿、王实甫齐名，在中国乃至世界文学史上都有着重要的地位，被誉为“东方的莎士比亚”。

牡丹亭·惊梦

【绕地游】(旦上)梦回莺啭，乱煞年光遍。人立小庭深院。(贴)炷尽沉烟，抛残绣线，恁今春关情似去年?

【乌夜啼】“(旦)晓来望断梅关”，宿妆残。(贴)你侧著宜春髻子，恰凭兰。(旦)剪不断，理还乱，闷无端。(贴)已分付催花莺燕，借春看。”(旦)春香，可曾叫人扫除花径?(贴)分付了。取镜台衣服来。(贴取镜台衣服上)“云髻罢梳还对镜，罗衣欲换更添香。”镜台衣服在此。

【步步娇】(旦)袅晴丝吹来闲庭院，摇漾春如线。停半晌整花钿。没揣菱花，偷人半面，迤逗的彩云偏。(行介)步香闺怎便把全身现!(贴)今日穿插的好。

【醉扶归】(旦)你道翠生生出落的裙衫儿茜，艳晶晶花簪八宝瑱，可知我常一生儿爱好是天然，恰三春好处无人见，不提防沉鱼落雁鸟惊喧，则怕的羞花闭月花愁颤。

(贴)早茶时了，请行。(行介)你看：“画廊金粉半零星，池馆苍苔一片青。踏草怕泥新绣袜，惜花疼煞小金铃。”(旦)不到园林，怎知春色如许?

【皂罗袍】原来姹紫嫣红开遍，似这般都付与断井颓垣。良辰美景奈何天，赏心乐事谁家院”!恁般景致，我老爷和奶奶再不提起。(合)朝飞暮卷，云霞翠轩；雨丝风片，烟波画船。锦屏人忒看的这韶光贱。(贴)是花都放了，那牡丹还早。

【好姐姐】(旦)遍青山啼红了杜鹃，荼蘼外烟丝醉软。春香呵，牡丹虽好，他春归怎占的先”?(贴)成对儿莺燕呵。(合)闲凝眄，生生燕语明如翦，呖呖莺歌溜的圆。

(旦)去罢。(贴)这园子委是观之不足也。(旦)提他怎的!(行介，唱)

【隔尾】观之不足由他缱，便赏遍了十二亭台是枉然。到不如兴尽回家闲过遣。

(作到介)(贴)“开我西阁门，展我东阁床”，“瓶插映山紫，炉添沉水香”。小姐，你歇息片时，俺瞧老夫人去也。(下)(旦叹介)“默地游春转，小试宜春面。”春呵，得和你两留连，春去如何遣，恁般天气，好困人也。春香那里?(作左右瞧介)(又低首沉吟介)天呵，春色恼人，信有之乎!常观诗词乐府，古之女子，因春感情，遇秋成恨，诚不谬矣。吾今年已二八，未逢折桂之夫；忽慕春情，怎得蟾宫之客?昔日韩夫人得遇于郎，张生偶逢崔氏，曾有《题红记》《崔徽传》二书。此佳人才子，前以密约偷期，后皆得成秦晋。(长叹介)吾生于宦族，长在名门。年已及笄”，不得早成佳配，诚为虚度青春，光阴如过隙耳。(泪介)可惜妾身颜色如花，岂料命如一叶乎!

【简析】

《牡丹亭》成于万历二十六年(1598年)，据作者说，其题材来源是多方面的，其中明代话本《杜丽娘慕色还魂》影响最大。汤显祖对话本《杜丽娘慕色还魂》的加工改编主要表现在以下几个方面：一是突出杜宝等人的卫道士立场；二是改变杜、柳门当户对的关系；三是改话本杜丽娘封建淑女色彩为叛逆女性；四是强调追求自由爱情的艰难曲折，使这一传统的“还魂”主题具有了崭新的思想内容。

《牡丹亭》是一部爱情剧。少女杜丽娘长期深居闺阁中，接受封建伦理道德熏陶，但仍免不了思春之情，梦中与书生柳梦梅幽会，后因情而死，死后与柳梦梅结婚，并最终还魂复生，与柳在人间结成夫妇。剧本通过杜丽娘和柳梦梅至死不渝的爱情，歌颂了青年男女在追求自由幸福的爱情生活上所做的不屈不挠的斗争，表达了挣脱封建牢笼、粉碎宋明理学枷锁、追求个性解放、向往理想生活的朦胧愿望。从内容来说，《牡丹亭》表现的是古老的“爱欲与文明的冲突”这一主题，不过，在《牡丹亭》里，“文明”具有特殊的内涵，那就是明代官方所极力宣扬的理学、礼教。杜丽娘对爱情的向往是天生的，尽管她被长期看管，但仍然免不了强烈的思春之情，并最终获得了爱情。《牡丹亭》的意义在于用形象化的手法肯定了爱欲的客观性与合理性，并对不合理的“文明”提出了强烈批判。

《牡丹亭》对爱情的描写，具有过去一些爱情剧所无法比拟的思想高度和时代特色。作者明确把这种叛逆爱情当作思想解放、个性解放的突破口来表现，不再是停留在反对父母之命、媒妁之言这一狭隘含义之内。作者让剧中的青年男女为了爱情出生入死，除了浓厚的浪漫主义色彩之外，更重要的是赋予了爱情能战胜一切、超越生死的巨大力量。戏剧的崭新思想是通过崭新的人物形象来表现的，《牡丹亭》最突出的成就之一，无疑是塑造了杜丽娘这一人物形象，为中国文学人物画廊提供了一个光辉的形象。杜丽娘性格中最大的特点是在追求爱情过程中表现出来的坚定执着。她为情而死，为情而生。她的死，既是当时现实社会中青年女子追求爱情的真实结果，也是她超越现实束缚的一种手段。

三、清代戏曲

清前期至中期的宫廷戏曲都是以昆曲为主，视为“雅部正音”，并且在民间，特别是在士大夫或读书人中间极为流行。乾隆中期之后，以京剧、秦腔等为代表的“花部”戏曲逐渐崛起，唱词、剧情通俗易懂，逐渐占领了民间市场。清代戏曲的主要代表作品有孔尚任的《桃花扇》。

孔尚任(1648—1718年)，山东曲阜人，孔子64代孙。从小受儒家正统教育，20岁前后考取秀才，此后科举一直不得志，30岁时隐居曲阜石门山读书，捐资纳为国子监生。康熙二十四年(1685年)，康熙南巡北归，至曲阜祭孔，他因御前讲经得到赏识，破格任命为国子监博士。次年，奉命随工部侍郎去淮扬治水，因各级官吏间的矛盾，历时四年，治水无功。康熙二十九年(1690年)返京续任国子监博士，户部主事。康熙三十八年(1699年)，孔尚任经过十多年的惨淡经营，三易其稿，写定《桃花扇》，时年52岁。次年演出，朝野轰动。次年三月，孔尚任被免职。

康熙四十一年(55岁)，孔尚任归家隐居，一直到康熙五十七年辞世，享年71岁。

孔尚任的政治思想比较矛盾，一方面受过康熙的赏识和提拔，有感恩戴德之情和宏图大展的抱负，《出山异数记》可证；另一方面，受到父亲坚守民族气节、不与清王朝合作的影响和诸多明末遗民民族思想的熏陶，又因官位不高而常受歧视、排挤，因此，产生反清恋明之情。这是他创作《桃花扇》的思想基础。

孔尚任长于诗文，著有《湖海集》《岸堂文集》等书，今有《孔尚任诗文集》(汪蔚林辑录)。戏曲方面有与顾彩合作的传奇《小忽雷》，代表作是《桃花扇》。

桃花扇(却奁)

(杂扮保儿掇马桶上)龟尿龟尿，撒出小龟；鳖血鳖血，变成小鳖。龟尿鳖血，看不分别；鳖血龟尿，说不清白。看不分别，混了亲爹，说不清白，混了亲伯。(笑介)胡闹，胡闹！昨日香姐上头，乱了半夜；今日早起，又要刷马桶，倒溺壶，忙个不了。那些孤老、表子，还不知搂到几时哩。(刷马桶介)

【夜行船】(末)人宿平康深柳巷，惊好梦门外花郎。绣户未开，帘钩才响，春阻十层纱帐。

下官杨文骢，早来与侯兄道喜。你看院门深闭，侍婢无声，想是高眠未起。(唤介)保儿，你到新人窗外，说我早来道喜。(杂)昨夜睡迟了，今日未必起来哩。老爷请回，明日再来罢。(末笑介)胡说！快快去问。(小旦内问介)保儿！来的是那一个？(杂)是杨老爷道喜来了。(小旦忙上)倚枕春宵短，敲门好事多。(见介)多谢老爷，成了孩儿一世姻缘。(末)好说。(问介)新人起来不曾？(小旦)昨晚睡迟，都还未起哩。(让坐介)老爷请坐，待我去催他。(末)不必，不必。(小旦下)

【步步娇】(末)儿女浓情如花酿，美满无他想，黑甜共一乡。可也亏了俺帮衬，珠翠辉煌，罗绮飘荡，件件助新妆，悬出风流榜。

(小旦上)好笑，好笑！两个在那里交扣丁香，并照菱花，梳洗才完，穿戴未毕。请老爷同到洞房，唤他出来，好饮扶头卯酒。(末)惊却好梦，得罪不浅。(同下)(生、旦艳妆上)

【沈醉东风】(生、旦)这云情接着雨况，刚搔了心窝奇痒，谁搅起睡鸳鸯。被翻红浪，喜匆匆满怀欢畅。枕上余香，帕上余香，消魂滋味，才从梦里尝。

(末、小旦上)(末)果然起来了，恭喜，恭喜！(一揖，坐介)(末)昨晚催妆拙句，可还说的入情么。(生揖介)多谢！(笑介)妙是妙极了，只有一件。(末)那一件？(生)香君虽小，还该藏之金屋。(看袖介)小生衫袖，如何着得下？(俱笑介)(末)夜来定情，必有佳作。(生)草草塞责，不敢请教。(末)诗在那里？(旦)诗在扇头。(旦向袖中取出扇介)(末接看介)是一柄白纱宫扇。(嗅介)香的有趣。(吟诗介)妙，妙！只有香君不愧此诗。(付旦介)还收好了。(旦收扇介)

【园林好】(末)正芬芳桃香李香，都题在宫纱扇上；怕遇着狂风吹荡，须紧紧袖中藏，须紧紧袖中藏。

(末看旦介)你看香君上头之后，更觉艳丽了。(向生介)世兄有福，消此尤物。(生)香君天姿国色，今日插了几朵珠翠，穿了一套绮罗，十分花貌，又添二分，果然可爱。(小旦)这都亏了杨老爷帮衬哩。

【江儿水】送到缠头锦，百宝箱，珠围翠绕流苏帐，银烛笼纱通宵亮，金杯劝酒合席唱。今日又早早来看，恰似亲生自养，赔了妆奁，又早敲门来望。

(旦)俺看杨老爷，虽是马督抚至亲，却也拮据作客，为何轻掷金钱，来填烟花之窟？在奴家受之有愧，在老爷施之无名；今日问个明白，以便图报。(生)香君问得有理，小弟与杨兄萍水相交，昨日承情太厚，也觉不安。(末)既蒙问及，小弟只得实告了。这些妆奁酒席，约费二百余金，皆出怀宁之手。(生)那个怀宁？(末)曾做过光禄的阮圆海。

(生)是那皖人阮大铖么？(末)正是。(生)他为何这样周旋？(末)不过欲纳交足下之意。

【五供养】(末)羡你风流雅望，东洛才名，西汉文章。逢迎随处有，争看坐车郎。秦淮妙处，暂寻个佳人相傍，也要些鸳鸯被、芙蓉妆；你道是谁的，是那南邻大阮，嫁衣全忙。

(生)阮圆老原是敝年伯，小弟鄙其为人，绝之已久。他今日无故用情，令人不解。(末)圆老有一段苦衷，欲见白于足下。(生)请教。(末)圆老当日曾游赵梦白之门，原是吾辈。后来结交魏党，只为救护东林，不料魏党一败，东林反与之水火。近日复社诸生，倡论攻击，大肆殴辱，岂非操同室之戈乎？圆老故交虽多，因其形迹可疑，亦无人代为分辩。每日向天大哭，说道："同类相残，伤心惨目，非河南侯君，不能救我。"所以今日谆谆纳交。(生)原来如此，俺看圆海情辞迫切，亦觉可怜。就便真是魏党，悔过来归，亦不可绝之太甚，况罪有可原乎。定生、次尾，皆我至交，明日相见，即为分解。(末)果然如此，吾党之幸也。(旦怒介)官人是何等说话，阮大铖趋附权奸，廉耻丧尽；妇人女子，无不唾骂。他人攻之，官人救之，官人自处于何等也？

【川拨棹】不思想，把话儿轻易讲。要与他消释灾殃，要与他消释灾殃，也提防旁人短长。官人之意，不过因他助俺妆奁，便要徇私废公；那知道这几件钗钏衣裙，原放不到我香君眼里。(拔簪脱衣介)脱裙衫，穷不妨；布荆人，名自香。

(末)阿呀！香君气性，忒也刚烈。(小旦)把好好东西，都丢一地，可惜，可惜！(拾介)(生)好，好，好！这等见识，我倒不如，真乃侯生畏友也。(向末介)老兄休怪，弟非不领教，但恐为女子所笑耳。

【前腔】(生)平康巷，他能将名节讲；偏是咱学校朝堂，偏是咱学校朝堂，混贤奸不问青黄。那些社友平日重俺侯生者，也只为这点义气；我若依附奸邪，那时群起来攻，自救不暇，焉能救人乎？节和名，非泛常；重和轻，须审详。

(末)圆老一段好意，也还不可激烈。(生)我虽至愚，亦不肯从井救人。(末)既然如此，小弟告辞了。(生)这些箱笼，原是阮家之物，香君不用，留之无益，还求取去罢。(末)正是"多情反被无情恼，乘兴而来兴尽还。"(下)(旦恼介)(生看旦介)俺看香君天姿国色，摘了几朵珠翠，脱去一套绮罗，十分容貌，又添十分，更觉可爱。(小旦)虽如此说，舍了许多东西，到底可惜。

【尾声】金珠到手轻轻放，惯成了娇痴模样，辜负俺辛勤做老娘。

(生)些须东西，何足挂念，小生照样赔来。(小旦)这等才好。

(小旦)花钱粉钞费商量，(旦)裙布钗荆也不妨；

(生)只有湘君能解佩，(旦)风标不学世时妆。

【简析】

《桃花扇》通过爱情故事串演历史兴亡，揭示了明代覆亡前夕的整个社会现状。作者自称是"借离合之情，写兴亡之感"(《桃花扇·先声》)，即围绕侯、李爱情故事，展现南明兴亡历史，使人"知三百年之基业，隳于何人，败于何事，消于何年，歇于何地"(《桃花扇·小引》)，回答许多汉族知识分子产生的"国在那里，家在那里，君在那里，父在那里"(《桃花扇·入道》)的疑问，以期"惩创人心，为末世之一救矣"(《桃花扇·小引》)。

任务实施

一、传统文化的现代改编：

1. 请选择《感天动地窦娥冤》《西厢记 · 长亭送别》《牡丹亭 · 游园惊梦》的经典曲词进行现代化的翻唱。

2. 将《感天动地窦娥冤》《西厢记 · 长亭送别》《牡丹亭 · 游园惊梦》的经典桥段进行现代化的演绎。

二、请课后搜索并分享传统戏曲中还有哪些经典曲目。

任务四　戏剧的排练

学习任务

1. 了解戏剧表演的理论知识。

2. 掌握话剧排练的基本步骤和实践表演能力。

问题导入

戏剧表演作为一项综合性的艺术形式需要多工种、多部门的配合，话剧在排练中最重要的就是演员的表演，台前幕后，如何排练才能在实际演出过程中更加顺利？

基础知识

戏剧表演艺术是一种综合艺术形式，它旨在表现人的生活、体现人的生命，由人(演员)来扮演人(人物形象)，从而传达出具有普遍意义的社会问题。戏剧的排练需要准确把握人物的性格特色，对剧本中的人物进行二度创作，使文学形式的人成为戏剧表演艺术形式的人。

一、创造角色

话剧舞台上需要演员全面把握人物多面的个性特征进行艺术性的性格化创造。

(一)分析剧本

话剧表演首先要根据剧本创作者的规定情境来进行，不能随心所欲。演员要分析，将作者给予的文字文本分析好，分析透，自己根据规定情境找出人物言行。一般来说，创造角色的步骤如下：

表演者要通读全剧。需要反复阅读，认真仔细地分析、研究、揣摩剧中发生的事件、事实，弄清楚事件都发生在什么时代，时代的特点是什么，剧中事件、事实同那个时代、社会有什么联系，有哪些人物同所发生的事件有联系，这些人彼此之间的关系怎样，他们在事件发生、发展的过程中起什么作用，他们怀有怎样的思想态度，演员自己所担任的角色同这些人和事有什么关系、处于什么位置、采取什么态度……总之，通过初读剧本，演员需要清楚作者通过他所设置的剧情和人物，传达一种什么样的思想和意念。

对表演者来说，熟悉、理解剧情和人物，就意味着要去感受和体会。表演者必须深入、细致、具体地对剧本进行分场、分段的研究和分析。有时甚至是逐字逐句地进行分析，以便从剧情中、从人物的对话里去发现能触动自己、能激发自己的创作欲望和创作热情的东西，即剧中人物经历、遭遇，剧中人物为之欢喜、忧虑甚至为之痛苦的东西。剧中人物的这些星星点点的感情火花，在表演者阅读剧本时常常会闪现，尽管有时转瞬即逝，但它们或多或少能给表演者指点一下通往角色内心世界的途径或是启示。

（二）寻找自身经验

表演者需要从自身、从生活积累里、从自己的思想情感中寻找与角色相似或相通的东西，然后向角色过渡，即所谓“从自我出发过渡到角色”，使自己能设身处地在角色的生活境遇中，对其经历、遭遇感同身受。总之，表演者在创造角色时，即便不是全身心地投入，至少在心理上，某些方面要同角色融为一体。要按角色的思想去思考，按照他的情感去感受，要力求在每次的表演中都能做到这一点。

二、锤炼语言和动作

话剧表演，离不开动作和语言两大表演元素。

（一）动作

动作有两种，即外部动作和内部动作。

外部动作即形体、肢体动作，包括头、手、身、五官等动作。话剧中的人物，由于生活环境、经历、文化修养、思想等不同，从而形成自己独特的性格，表演者在接受角色之后，要先研究人物的内心活动、生活环境、人生经历等，给人物设计一些外部动作。动作的过程包括三个环节：做什么（任务）、为什么做（目的）、怎样做（动作适应）。在表演中“做什么”“为什么做”是动作的依据、目的，在开始行动之前内心已确定好；“怎样做”是动作的具体手段和表现内容，必须在行动的过程中，对规定情境的真实感受和对人、对物的交流适应中产生。表演者在理解剧本、剖析人物后，可按人物的思维逻辑、性格特征和剧本情节去精心设计外部动作。

内部动作即心理动作，指以改变人（包括对手和自身）的意识为目的的一种看不见的内在动作。在舞台表演中，如果只有外部动作的话，就显得做作。所有外部动作，都是根据内心的情绪而来。一个人欣喜的时候会蹦蹦跳跳。还会不会有这种蹦蹦跳跳的动作？情绪不同，形体动作也就不同。很多时候需要表演者为人物设计形体动作，设计出来的小动作往往会反映出一个人的性格。这种动作必须符合人物的情绪。但是，很多表演者在讲台词的时候都会有很多无机的动作，这样会让人感觉到人物的形象不鲜明。所以，人物形体动作必须经过训练和实践，更多地在实践中熟悉和提炼。

（二）语言

除动作外，话剧还强调语言。话剧以说话为主，舞台上的语言是需要一定放大的。如果是影视表演，可以比较自然，但是在舞台上不能这样。又要小声说话，又要使观众听到，这就需要技巧。

1. 把握好音量

话剧表演者需要对台词声量大小做适当的调整。若声音太小观众听不清，且缺乏表现力。所以，表演者首先要保证表演的语言声音要足够大，能让观众听清楚。此外，保证声音大并不意味着一味地平铺直叙，演员还要根据具体的情境和人物的特点把握好重音，使表演语言抑扬顿挫，富有表现力，以便更好地传情达意，塑造人物形象，表现潜台词和话剧主题。

2. 把握好声调变化

话剧演员在表演时要根据人物的语言特点和剧情把握好语言的声调。比如，表示疑问时要用升调，由低音起至高音，并以高音结尾，如“为什么让我白走一趟呢?”叙述句一般用降调，由高音至低音，并以低音结尾。严肃认真的语句一般用平直调，由开始至结尾调子都没有改变，如政府报告。有弦外之音或相反意思的句子一般用弯曲调，刻意将字音调子弯曲，如“远在天边，近在眼前”。

3. 把握好节奏

说话的快慢形成节奏，表演者在表演时语速要符合具体的情境，强调比较重要的台词时，可以说得慢些；人物情绪平静或者旁白可以用中速；表现人物急迫、激动的心情时可以说得快一点。

4. 口齿清晰

话剧表演的语言读音要正确、动听、有感情，不一定要珠圆玉润，但至少要让观众听清楚，要吸引观众、感染观众，让观众理解其深刻的含义。

5. 适当停顿

话剧表演语言的停顿可以制造气氛、表现潜台词。停顿包括逻辑停顿和感情停顿。逻辑停顿是依照语言逻辑的停顿，试用停顿不同来区分这句话的语意：妈妈说我不对。“妈妈说，我不对”(我错了)；“妈妈说我，不对”(我没错)；“妈妈说：‘我不对!’”(妈妈错了)……又如：无鸡鸭亦可无鱼肉亦可青菜一碟足矣。有意识的停顿可以产生不同的效果，即“无鸡鸭，亦可，无鱼肉，亦可，青菜一碟，足矣。”或“无鸡，鸭亦可，无鱼，肉亦可，青菜一碟，足矣”。感情停顿不受语言逻辑约束，而是根据情感表达的需要在说话时进行停顿。话剧表演者要根据人物塑造和具体情节把握好句读和节奏，知道哪里重音、哪里停顿，既不能一泻千里，又不能一字一顿。

任务实施

一、经典剧目模仿练习：《雷雨》《茶馆》等。

二、校园情景剧排练。

项目十 常用应用文

学习目标

通过学习，让学生掌握常用应用文写作的基本知识和写作技巧，提高应用文写作能力和语言表达能力，能适应当前和今后在学习、生活和工作中的写作需要，提升学生处理职业生涯及日常生活实际事物的人文素质和职业品质，将应用文写作知识教育与人文素养培育的完美融合，实现培养高素质人才的目的，提高就业竞争力，为学生将来走向社会打下良好基础，提高就业竞争力，使未来职业生涯具备可持续发展能力。

人文素养

1. 应用文与中国传统文化

自南宋出现应用文名称到“五四”时期，应用文作为独立的文章体裁得到广泛应用。“文以载道”“知行合一”“文贵实用”的传统体现着中国古代写作理论的特点，也传承写作的社会功能。应用文承载着中华传统政治文化风韵，蕴含着丰富多彩的人文素养和精神。古代每一种应用文体，如颂、赞、祝、章、表、奏、启、议、封禅等，都是中国历史沿革、政治制度、经济往来、文化交流、社交礼仪诸多方面的经验总结，其中蕴含着丰富多彩的传承繁衍的故事，呈现着古代读书人的天下义利观、社会责任感和实事求是追求治国安邦的高贵品质，是中华民族智慧的结晶。

2. 应用文与职业素质

根据人才培养方案和社会需求，高职院校要培养高素质的技术技能型人才。在应用文写作学习中，要使学生根据实际生活、学习和工作需要，在“学中做”，在“做中学”，激发学生的学习和写作兴趣，提高学生应用写作能力，同时，使学生“懂得做人做事”“学会做人做事”，努力提升学生文化素养，注重培养学生发现、分析和解决问题的能力、语言表达能力、科学决策能力和审美能力等综合职业素质；通过分组完成学习任务，在分工合作中懂得通力协作的重要意义，提高团队意识，培养团队协作精神。

3. 应用文与思想政治教育

公文类应用文体现出很强的政策法规性。学习此类应用文，学生会接触相关的国家政策法规，可以培养良好的政策法规修养；事务类应用文如计划、总结、合同等的写作也会涉及党的路线方针政策和当前发生的时事政治，写作时要依据政策法规要求，以事实为依据，以法律为准绳，去分析、解决问题。通过学习，教育学生自觉学法守法，依法办事，实事求是，在未来的职业生涯中善于辨别是非，严格执行政策，培养立党为公的品格；同时，引导学生关心国家大事、关注社会和祖国的前途命运，进行爱家、爱党、爱国教育，培养学生的社会责任感和担当意识。

任务一　证明、条据、启事

学习任务

掌握证明信、条据、启事的格式和写法。

问题导入

李明毕业在即，在某公司找到了工作，但还未拿到毕业证，公司要求他现在就到岗见习，需要学校为他开具应届毕业证明，证明自己是本校应届毕业生。如果你是办事人员，应该如何起草这个证明信呢？

基础知识

一、证明信

（一）证明信的概念

以机关、团体、企事业单位或个人的名义凭借确凿的证据证明某人的身份、经历或某件事情的真实情况时所使用的一种专用书信。证明信一般也称作证明。

（二）证明信的分类

根据证明信的作者，证明信可分为组织证明信和个人证明信。前者又可分为普通书写证明信和印刷证明信。

根据证明信的用途，又可分为作为材料存入档案的证明信、证明某事实际情况的证明信和作为证件使用的证明信。

（三）例文简析

例文 1

证明信

××大学党支部：

×年×月×日来信收到。根据信中要求，现将你校××同志的爱人××同志的情况介绍如下：

××同志，现年××岁，中共党员，是我校历史系教师，本人和家庭历史以及社会关系均清白。该同志对教学工作认真负责，近年来多次被评为市级模范教师。

特此证明。

×××大学党支部(公章)

××××年×月×日

【简析】这是一则以组织名义所发的证明信，证明某人的经历，短小精悍、言简意赅。

例文 2

证明信

××日报社：

贵报 1998 年 8 月 9 日第一版《寻访“8 · 7”交通肇事目击者》一文我看到了，我就是当时目睹大卡车肇事和赵琴女士(此前我并不知道她的名字叫赵琴)热心救人的“绿衣人”，现将我当时目睹的情况证明如下：

1998 年 8 月 7 日晚 11 时，天下着雨，我披一件绿色雨衣(该雨衣是一位外国朋友送的，国内没有生产，所以特别醒目)从朋友处回家。我当时由南向北在福安路上走，行至××银行门口，一位中年妇女站在屋檐下向我招呼，并用东北口音问我附近有没有柜员机。我俩正说话，一辆大卡车从北向南飞快地开过来，随后只听到一声怪异的急刹车声音，我们回过身，发现那辆车在离我们大约 20 米处撞倒了什么东西，在我们急忙赶过去的时候，那辆大卡车已经匆匆发动起来开走了(我留意到车牌号码的尾数好像是“37”)，我们过去一看，路上躺着一位老人，身边一辆手推车被汽车轧烂了(这条路我刚刚步行走过来时，路上未见这位老人和轧烂的手推车)，此时正好有一辆出租车过来，赵琴女士就招呼我一起将那个老人扶到车上，我因为要赶回家准备第二天一早飞往加拿大出差，心里很急，又看看老人不至于有生命危险，就拿出 100 元钱交给那位女士，随后就自己回家了，万没料到赵琴女士因此而蒙冤含屈。

××日报社，我因业务忙碌，近期又将飞往加拿大，谨以此信证明：

一、“8 · 7”交通肇事案的肇事者是某大卡车司机，车号尾数大约是“37”。

二、在此案件中，赵琴女士是一位热心救人的好人。

请贵报代我向赵琴女士致以崇高的敬意，如有必要，我愿出庭作证。

特此证明。

刘××(签名)

××××年×月××日

【简析】这是一则以个人名义所发、证明某件事情真相的证明信，正文第二段把所要证明事件的前因后果交代得很清楚，还原了人物、事件的本来面目。

(四)格式与要求

1. 证明信的写作格式

无论是哪种形式的证明信，一般都由标题、称谓、正文、结尾和落款五部分组成。

(1)标题

通常由以下两种方式构成：单独以文种名作标题，一般就是在第一行中间冠以“证明信”或“证明”字样。

(2)称谓

顶格书写受文单位名称或受文个人姓名、称呼，然后加冒号。有些供有关人员外出活动证明身份的证明信因没有固定的受文者，开头可不写受文者称呼，而是在正文前用公文引导词“兹”引起正文内容。

(3)正文

正文要在称呼写完后另起一行，空两格书写。要针对对方所要求的要点写，要你证明什么问题就证明什么问题，其他无关的不写。如证明某人的历史问题，则应写清人名、何时、何地及所经历的事情；若要证明某一事件，则要写清参与者的姓名、身份及其在此事件的地位、作用和事件本身的前因后果。

(4)结尾

正文写完后，要另起一行，顶格写上“特此证明”四个字，也可直接写在正文结尾处。

(5)落款

要在正文的右下方写上证明单位或个人的名称，成文日期写在署名下另起一行，然后由证明单位或证明人加盖公章或签名、盖私章，否则证明信将无效。

2. 证明信的写作要求

(1)内容实事求是，言之有据，真实可靠。

(2)态度认真，字迹清楚工整，不可用铅笔或红色墨水笔写，写成后一般不能涂改，如确需更改应在改动处加盖公章或私章，以示负责。

(3)语言简练明确，切忌含糊其词、模棱两可。

二、条据

例文 1

从前有一个财主，为人吝啬。他希望自己的孩子能有好的老师教，却又不肯给老师吃喝，因而没有人愿意到他家当老师。后来，当地一个很有教学经验的秀才却主动找上门，表示愿意到财主家当教师。财主说：“您如果答应我的条件，就给我写个字据吧。”秀才点头，提笔写道：

东家：

无鸡，鸭也可；无鱼，肉也可；豆腐白菜不可，少不得要学费银子 30 两。

×××

××××年×月×日

害怕秀才反悔，财主赶紧拿起纸条收起来。一个学期快结束时，秀才就摔碟子打碗，嫌顿顿吃豆腐白菜把身体吃垮了。财主一听，从柜子里拿出便条对秀才说：“先生可不能反悔，有字据哩。”秀才说：“我写了什么字据？”财主拿出字据，秀才大声念道：

东家：

无鸡，鸭也可；无鱼，肉也可；豆腐白菜不可少，不得要学费银子30两。

×××

×××年×月×日

秀才念完，财主傻了眼。只好大鱼大肉招待先生，还交了学费银子30两。

【简析】这虽然只是一个故事，但秀才的字据，却充分显示了他的智慧并惩罚了财主。这个故事也告诫我们：写字据要准确，不能产生歧义，否则后果很严重。

（一）条据的概念

人们在工作和生活中，常常为办理涉及钱财和物品的各种手续而留下存根，或者为说明某种情况和理由而留下字据，这种作为依据的字条就叫作条据。

（二）条据的种类

一般来说，条据分为两种：一是说明类条据，也叫便条，有请假条、留言条、托事条；二是凭证类条据，也叫单据，有借条、收条、欠条、领条等。

（三）例文

请假条

刘主任：

昨夜我突然发烧，今晨仍觉头昏脑涨，四肢无力，经医生诊断为重感冒(有医院证明)，特请假两天(2月5日至6日)，请予批准。

此致

敬礼

请假人：赵鹏

2021年5月4日

借条

今借到王鹏举(身份证号：410203198203210０XX)人民币壹拾万元整，两年内归还，月息1%。

此据

借款人：王新月(身份证号：4102031976112100XX)

2021年5月8日

欠条

由于所带现金不够，尚欠××××学院学费捌佰圆整，2019年9月25日前还清。

此据

物流专业2019级(3)班：赵鹏

××××年×月×日

(四)写作要求

(1)文字要简明，一般只写事实，不用说理分析。

(2)条据作为凭证，务必准确。涉及的数字要大写，在数额后面写量词，然后写一个“整”字，以示完结。

(3)署名要亲自签写真实姓名。

(4)借条或欠条中，必须写清归还期限，以免无理拖延。

(5)便条和请假条，务必写清：写给谁，什么事，谁写的，何时写的，使人一看就明了。

(6)条据的文字必须工整，文面必须整洁。

(7)对外单位使用的条据，单位名称要写全称。

(8)不可涂改，写错可以重写一张。如果要涂改，改后必须加盖印章或按手印。

三、启事

寻人启事

李平平，女，18岁，身高1.6米，瓜子脸，肤白，大眼睛，气质高雅，身穿浅红色连衣裙，白色皮凉鞋。于7月14日离家，至今未归。本人若见到此启事，请尽快同家人联系。

有知其下落者，请与××市××大学××系李强联系，联系电话：××××或请与××市××路派出所联系，联系人：张建，电话：××××。

定重谢。

×××

2019年10月10日

【简析】这是一则寻人启事，准确地描述了走失人的体貌特征、衣着装束，并将联系方式具体详细地列了出来。语言精练，篇幅短小精悍。

(一)启事的概念

启事是机关团体或个人为寻求帮助而向社会公众表示诉求愿望的一种应用文体。简而言之，公开地陈诉事情具有公开告知性。

(二)启事的种类

常见的启事大致可归纳为以下几类：

(1)寻访类：如寻物启事、寻人启事。

(2)招领类。

(3)征求类：如征稿启事、征婚启事。

(4)通知类：如校庆启事。

(5)更改、声明类：遗失证件等物，声明作废。

(6)迁移类。

(三)例文简析

例文 1	【简析】
招聘启事 ××高级中学是一所有40年办学历史的公办学校。因学校发展的需要，经××市劳动人事部门批准现向社会公开招聘优秀教师。凡被我校录用的教师，学校将为其办理户口迁入及工作调动等手续，按规定解决优秀教师住房，并给予优厚待遇。 只要您德才兼备，××中学欢迎您加盟！ 招聘类别： 中学语文、英语、数学、物理老师。 招聘条件： 本科以上学历，硕士优先。 年龄不超过35岁，中学教育、教学实践3年以上具有中级、高级职称。 报名办法： 携带本人身份证、学历证、职称证书、荣誉证书、个人简历和两张2寸照片来校报名，或邮寄以上材料复印件。 报名时间： 自见报之日起开始报名，到1月25日截止。 报名地点： ××高校技术产业开发区电子一街2号××中学招师办。(不收抵押金) ××××年×月×日	(1)标题：居中直接写“启事”或加上启事的内容，如“寻物启事”“迁址启事”等。 (2)正文：正文的内容一般要求写清楚启事的缘由、启事的内容、启事的希望等。如招聘启事的正文要写明： ①介绍招聘单位情况，包括招聘方的性质、业务、企业的基本经营状况、工作范围及地理位置等。 ②招聘的条件，招聘的岗位、性别、年龄、学历、专业、工作经历、技术特长、科技成果等。 ③应聘者的工作待遇：该项内容一般要写明工资、住房工资情况及其他待遇等。 ④报名办法：需要准备的个人资料、手续以及应聘的具体时间、联系的地点、联系人、电话号码等。 ⑤招聘单位名称、地址、电话、联系人等。 (3)署名和日期。

例文 2

寻物启事

2021年3月23日晚8时左右，本人在淮河路公交6路车站候车时，不慎遗失公文包一个，内有委托书、重要合同、票据及现金等物。本人万分焦急，恳请拾到者速打电话与我联系，我将立即前往认领，当面致谢并愿重金酬谢。联系电话：13007628×××

××××公司 万先生

××××年×月×日

【简析】这是一则寻物启事。失主在正文中交代物品丢失的具体时间、地点及丢失原因，又详细介绍内装物品；为感谢送还者，失主许诺重金酬谢，并留下了联系电话。文字精练、篇幅短小、格式规范、态度诚恳。

例文 3

招领启事

10月8日晚，在校运动场拾到白色手提包一个，内有钱物若干。望失主携带证件到校保卫处认领。

×××学校保卫处

2011年10月9日

【简析】这是一则招领启事，与寻物启事不同，写拾到物品的内容均不需要精确，且要求认领者携带证件，以防假冒。文字精练，格式规范。

（四）写作要求

（1）启事不具有强制性和约束力，言辞要婉转，态度要诚恳。

（2）标题一般要醒目，使人一看就能明白启事的性质与内容。

（3）叙述清楚，交代明白，以便于得到帮助。

（4）情况要真实，不得弄虚作假。

（5）一事一启，事项单一，使人容易明确启事的目的与具体要求。

任务实施

一、完成问题导入中写作任务。

二、分组讨论借条与欠条的区别。

三、假如你毕业后工作，打算买房，买房首付需交45万，你只有38万元，须向同学赵天一借钱7万元，请起草一份借条。

四、假如你是某旅游公司人力资源部的工作人员，由于业务需要，拟招聘导游5人，请结合岗位需求拟写一份招聘导游启事。

任务二　事务文书

学习任务

1. 掌握计划、总结的格式写法。
2. 能够规范书写计划和总结。

问题导入

计划和总结是常见的事务文书，做好计划能使工作按部就班地开展；做好总结，能够不断总结工作中的经验教训，提高工作水平。怎样才能写好计划和总结呢？

基础知识

一、计划

（一）计划的概念

计划是机关、团体、企事业单位或个人，为了在一定时期内很好地完成某项生产、工作或学习任务，根据国家法律政策、上级指示、单位或本人的实际情况提出要求、要达到的指标和采取的具体措施与实施步骤而写成的事务性文书。

计划的制订，既要体现一定的政策和上级指示精神，又要结合制订者在一定时期内自身的实际情况，具有前瞻性、明确性和可行性的特点。计划虽不是正式公文，不带有强制性，但计划一旦制订，就对实施者具有指导性和约束力。

（二）计划的分类

（1）按性质划分：有综合性计划、专题性计划等。

（2）按内容划分：有工作计划、生产计划、学习计划、实验计划、教学计划等。

（3）按时间划分：有远景规划；年度、季度、月份计划；旬、周的安排等。

（4）按范围划分：有全国计划、地区计划、部门计划、单位计划、班组计划、个人计划等。

（5）按形式划分：有条文式计划、表格式计划、条文加表格式计划等。

计划是一个统称，常见的规划、设想、安排、打算、意见、方案、要点都属于计划，在使用时根据内容的需求去选用不同的名称。

计划的类型多种多样，但主要作用都是提高自觉性，避免盲目性，调动积极性，保证工作任务的完成；有利于上级、群众的督促、检查，使实践活动取得更大的成绩。

（三）例文简析

××市中心城区公园游园绿地建设实施方案

为营造良好的居住环境，提高市民的生活质量，使城市保持生机活力和持续发展，切实提升城市品位和居民幸福指数，提升洛阳的城市生态园林绿化水平，结合我市实际，制定本方案。

一、指导思想

认真贯彻党的十八大和十八届三中、四中、五中全会精神，深入落实中央关于大力推进生态文明建设和中央、省委、市委城市工作会议要求，紧紧围绕“9+2”工作布局和“四高一强一率先”战略目标，以创新、协调、绿色、开放、共享五大发展理念为引领，坚定不移推进绿色发展、生态发展，坚持“以人为本、功能完善”的原则，努力打造15分钟生态休闲圈，使市民就近见绿、赏绿。进一步提高绿地总量、优化绿地游园布局结构，充分发挥公园、游园在提升城市形象、完善城市功能、优化城市生态环境、服务居民生活方面的积极作用，塑造城市特色风貌。

二、目标任务

到2020年，中心城区达到人均公园绿地12平方米，建成区绿地率达到36.5%，绿化覆盖达到45%。建成一批有一定规模、一定水平和分布合理的城市公园，洛北各城区人均公园绿地面积达到8平方米以上，公园绿地服务半径覆盖率达到90%以上；按照居民出行300米见绿、500米见园的标准和“大游园提升城市形象、小游园方便群众生活”的要求，因地制宜建设一批2000平方米以上的小游园和街头公园绿地，为市民营造便捷、舒适、优美的公共绿色活动空间，建成国家生态园林城市。

三、基本原则

（一）市、区共建，分级负责。要采取多种方式增加城市公园绿地，生态廊道绿地、市级公园绿地由各城市区负责征地拆迁，市财政筹资建设；区级公园、小游园由各城市区（含管委会，下同）负责征地拆迁、筹资建设。

(二)因地制宜，务求实效。坚持方便群众、美化环境、以人为本、因地制宜的原则，结合实际选定区域进行建设。

(三)先易后难，分步实施。按照超前规划、先小后大、先易后难的原则分步实施，先进行绿化等基础性工作，满足休闲、健身、活动的基本需要，在此基础上逐步提升改造、完善功能、提高档次。

(四)统一督查，重点考核。市政府督查室和市绩效办、园林局要将此项工程纳入目标考核范围，给予技术等方面的指导，定期不定期组织督促检查，及时通报工程进展情况，确保工作任务全面完成。

四、具体任务

(一)2016 年公园、游园建设计划

1. 由市财政投资，规划建设龙溪游园二期、老城区体育公园、庄王山文化公园、310 国道与华山路交叉口西南角游园、华山路与汉宫路交叉口东北角游园等公园游园；由市财政投资改造完善西干渠、北航路孙辛路东北角游园等公园绿地的基础设施，增加其游憩性、参与性、开放性，满足附近市民的休闲娱乐需要。

2. 高新区要将秦岭防洪渠西侧新建、改建为开放性带状游园，要新建九都路与天津路交叉口西南角游园，同时对洛阳大酒店游园等进行提升改造；涧西区要新建港兴游园(滨河北路与丽新路交叉口东北角)，要对河柴文化游园、中信游园、一拖大明渠游园、洛轴门前游园等公园绿地进行提升改造，增加绿量和休闲设施，完善基础设施；西工区要改造提升芳林南路游园、纱厂南路西南角游园，新建碧桂园周边游园，加快同乐园前期规划；老城区要建设新街大桥两侧游园、华林园滨河北路游园、瀍滨西路西侧游园，同时要结合旧城改造，加快护城河带状游园前期准备，加快民主街和环城北路交叉口两侧护城河绿地的规划、拆迁、建设；瀍河区要改造建设五四小区公共游园、九龙台公共游园、盘龙冢公共游园、龙泉广场等，并对熙春园扩建；洛龙区要建设定鼎门广场游园，协调康城迈凯龙将通济街与牡丹大道交叉口西北角改造提升为游园；吉利区要动工建设潘安公园，提升吉利区会议中心、长治路带状游园景观，完善基础设施。

(二)2017—2020 年公园、游园建设规划

洛阳市中心城区公园游园建设，要结合构建生态环境建设体系，加快公园绿地的建设步伐。计划实施“一心、二环、三带、多点”公园体系规划：

1.“一心”即洛河以南 22 平方公里隋唐洛阳城里坊保护区。隋唐洛阳城洛南里坊保护区面积约 22 平方公里，《洛阳市城市绿地系统规划(2013—2020)》将其规划为 3 万余亩的“大公园”。“十三五”时期，要借助国家大遗址保护的契机，先恢复隋唐洛阳城洛南里坊保护区城墙及外侧游园带，在古城路北侧与东环路西侧，形成景观绿化带。

2.“二环”即围绕中心城区的郊野公园环、金元古城游园环。

(1)郊野公园环：编制《洛阳市中心城区郊野公园环规划》。范围包括：西面为西南环高速两侧防护林带，北面为连霍高速两侧防护林带与邙山古墓群，东面为汉魏故城与东汉南兆域保护区，南面为万安山、龙门山，形成城市区外围的生态隔离带、郊野公园环。该项目有利于控制城市规模，划定城市开发边界。

(2)金元古城游园环：沿老城区金元古城建设游园环。

3.“三带”即洛浦公园、伊滨公园和涧河生态廊道。

(1)洛浦公园继续向东、向西延伸：洛浦公园要继续向东、向西延伸，东至偃师、西至宜阳，全长约47.2公里，完善其基础设施、提升文化品位，使其功能更加完备。

(2)伊滨公园扩建：结合伊河生态廊道建设，扩建伊滨公园大堤以外区域，完善基础设施，提升生态功能。

(3)涧河生态廊道工程：实施涧河生态廊道绿化项目，建设城市总体规划确定的涧河市区段结构性生态绿地，实施河道生态治理，提升涧河沿线绿化景观效果。

4.“多点”即提升龙门风景区等大型公园绿地，并新建东陡沟公园、西陡沟公园、金谷公园等中心城区规划的带状公园、小游园等。

(1)龙门风景区、周山森林公园、上清宫森林公园等大型公园绿地提升改造：要对龙门风景区、周山森林公园、上清宫森林公园等绿地的基础设施进行完善，提升其休闲服务功能。

(2)东陡沟公园、西陡沟公园、金谷公园等公园建设：要依据《洛阳市城市绿地系统规划(2013--2020)》，及早编制东陡沟公园、西陡沟公园、金谷公园等公园规划设计方案，对其功能定位、规划目标、用地指标、种植要求、配套服务实施等进行明确，适时开工建设。

(三)加快城中村新建区与旧改区游园建设

1. 对开发地块未开工建设的，由城市区政府和开发企业协商，先进行临时绿化，防止扬尘、减少PM2.5排放。

2. 对桥头、路口、商业街区等城市重要地段，要求开发企业按规划先行绿化，将挡板取消改为绿化隔离。

3. 对城市区未征用的边角地块，由各城市区负责绿化。

4. 市交通局、林业局及相关县(市、区)负责对××市高速出入口周边绿化提升。

5. 市城乡规划局、园林局会同各城市区编制《××市中心城区小型居民游憩绿地规划》，对其类型、功能、用地指标、种植要求、配套服务实施等进行控制；“十三五”期间，要结合旧城改造、城中村拆迁、保障房建设和新区建设，依法统筹建设，特别是要在安置区、新建居住区等依法依规建设小区游园，弥补解决公园、游园不均的矛盾。

五、保障措施

(一)组建机构，加强领导。为保证此项工作顺利实施，市政府成立公园游园绿地建设指挥部，市政府分管副市长任指挥长，市政府分管秘书长、市园林局局长任副指挥长，各城市区政府分管领导和市发改委、财政局、国土局、住建委、规划局、水务局、文物局、交通局、城市监管局、园林局分管领导为成员。指挥部负责协调解决工程建设中遇到的问题，指挥部下设办公室，办公室设在市园林局，市园林局局长兼任办公室主任。各城市区政府也要相应设立分指挥部，全面负责本辖区内公园、游园和绿地建设。

(二)统一思想，提高认识。公园、游园是城市绿地系统的组成部分，是供公众游览、观赏、休憩、开展科学文化及锻炼身体的重要场所，同时兼具健全生态、美化景观、防灾减灾等综合作用的城市基础设施，对改善生态环境和提高人民群众生活质量具有不可替代的作用。公园、游园、绿地建设既是市委、市政府确定的2016年为民兴办的实事，也是我市今后一个时期园林绿化建设方面的重大民生工程，关系到市民的切身利益。各城市区政府、各有关单位要统一思想，高度重视此项工作，将其纳入重要议事日程，切实保障资金投入，确保全面完成各自承担的工作任务。

（三）明确任务，压实责任。市园林局和各城市区政府为公园游园绿地建设第一责任单位，市园林局作为市级公园游园建设责任单位，要制定2020年前全市公园游园绿地建设总体安排和年度计划，对公园游园绿地建设工作负总责。各城市区作为本辖区内各项公园游园绿地建设责任单位，要制定本辖区具体建设计划，做好征迁供地工作，并对公园游园绿地建设工作负总责，对项目规划设计、资金保障、工程进度、建设质量等方面负总责。同时，各城市区要明确专人负责，制定工作方案，细化工作分工，履行工作职责，合理安排工期，精心组织实施，及时研究解决工程建设中出现的问题，确保工程建设顺利实施。市国土、建设、规划、园林等相关部门要切实加强技术指导和协调工作，特事特办，为工程建设提供优质服务。

（四）重点督查，落实奖惩。市政府督查室要将此项工程纳入今年重点督查和考核内容，市园林局会同市绩效办等单位加强对建设项目的督导，定期进行督查和情况通报，并落实奖惩。

（五）广泛宣传，营造氛围。市园林局和各城市区政府要会同新闻媒体，采取多种方式宣传公园游园绿地建设的重要意义，动员市民积极参与、大力支持，共同推动工程建设，营造良好的建设氛围。

××市园林局

2016年7月28日

【简析】例文用的是完全式标题，采用条文式结构。开篇点明制订计划的目的意义，迅速引入计划的正文部分。计划的主体一般要写清计划的“三要素”：目标任务（做什么）、措施（怎么做）、步骤（分几步完成）。内容的繁简可不同，“三要素”却应该齐全。正文没有写结语，直接结束。落款应写明制定计划的单位名称，标题中已经写明单位名称，这里可以省略不写。成文日期写计划通过或批准的日期。

（四）格式与要求

1. 计划的写作格式

计划只有大体的结构体式，一般由标题、正文与落款三部分组成。

计划的格式没有明文规定，常见的有条款式、表格式和兼备这两种格式的综合式。但无论哪一种，结构上都由标题、正文和落款三部分组成。

（1）标题

常见的标题由单位名称、适用时限、计划内容、计划种类四部分组成，如《××省林业厅二〇二一年森林防火工作安排》。在具体使用时，也可省略某些要素，如《××教育局教育管理体制改革计划》。未最后确定的计划，可在标题下或后面注明“讨论稿”或“草案”等字样。个人计划，姓名不必写在标题内，只有时限、内容、种类三个要素。

(2)正文

正文是计划的具体内容，一般包括四要素：制订计划的依据(即前言)，任务和目标(即达到什么目的)，措施和办法(即如何做)及具体步骤(即何时做完)，后两个要素在具体制订时一般是结合在一起完成。

①制订计划的依据：要对现状做出分析，写明本计划是在什么基础上制订；明确计划的目的意义，交代为什么制订本计划。

②任务和目标：这部分要明确做什么，也就是说，根据需要和可行性，提出本计划在一定期限内应完成的任务和达到的目标。

③措施、方法、步骤：提出任务和目标后，要明确需要做哪些工作，这些工作怎么做，分哪几个步骤完成；还要写明完成的期限和人员分工，以及确保实施的措施等内容，一般可分条列项写出。

正文的末尾还需写结语，包括检查办法、执行希望或必要的补充说明等内容。

(3)落款

落款即署名和日期。落款可以变通，如在标题中已出现制订计划的单位名称，可不用再署名。个人计划则必须署上姓名。日期写在署名的下一行。

2. 计划的写作要求

(1)计划的内容需具体明确，突出重点，条理清晰，既要符合党和国家的政策，更要切合实际。

(2)写计划的态度要严肃认真，切实把握计划主体的内在逻辑关系。

(3)计划和总结是一对相关的事务应用文。从某个角度说，计划可以作为总结的依据，因此必须写得具体、明确，以便实施和检查。

二、总结

(一)总结的概念

总结就是党政机关、企事业单位、社会团体或个人把某个时期内的工作、学习或某个活动开展的情况进行分析研究，从中归纳出经验或教训，以便更好地指导今后的实践所写的一种事务性应用文。总结又称回顾、小结、汇报等。

(二)总结的分类

根据不同的分类标准，可将总结分为许多不同的类型：

(1)按范围分：有班组总结、单位总结、行业总结、地区总结等。

(2)按性质分：有工作总结、教学总结、学习总结、科研总结、思想总结、项目总结等。

(3)按时间分：有月份总结、季度总结、半年总结、年度总结、一年以上的时期总结等。

(4)按内容分：有全面总结、专题总结等。

区分总结的种类，目的在于明确重心，把握界限，为构思写作提供方便。在实际运用中，上述分类不是绝对的，相互之间可以交叉。如《××大学 2021 年度工作总结》，按范围讲是单位总结，按时间讲是年度总结，按内容讲是全面总结。

（三）例文简析

大学生志愿者之家社团活动总结

2019—2020 学年第一学期的大学生志愿者之家社团活动已基本接近尾声。在团委老师、团联的支持和配合下，本学期的学生社团活动有计划、有组织地开展，并取得了圆满成功。

一、本年度我们主要开展了如下活动：

1. 9 月 23 日，大学生志愿者之家参加在新百广场举办的“相约某某灾区，学子共度中秋”大型公益捐赠活动，为灾区的学子们带去了温暖，传递了爱的火炬。

2. 10 月 25 日，××学院大学生志愿者之家的社员驱车前往延安红色教育基地，学习自力更生、艰苦朴素、实事求是、全心全意为人民服务的革命精神，使社员们得到了一次很好的政治教育，也促进了新社员之间的了解，增进了同学们之间的友情。

3. 11 月 30 日，参加慈善大学生志愿者之家周年庆典活动，来自不同学校的志愿者们齐聚河北经贸大学经济管理学院大礼堂。这次“慈善大学生志愿者之家”周年庆典大会，不仅总结了过去一年社团工作的成就与不足，同时也提供了各高校志愿者互相了解的机会，让志愿者们更加相亲相爱。

4. 12 月 4 日，参加由团联主办的“团体大联欢”活动，增进了各社团的沟通和了解，给社员们提供了一个展示自我才华的平台。

5. 12 月 13 日，与棋社联合参加由河北省慈善总会大学生志愿者主办的西南高校区棋类比赛，以棋会友，增进了校际间的联系。

二、经验体会

1. 事先做好培训。在举行这些活动时，我们都会对社员进行培训，让他们了解更多知识，提高他们的能力，这有效地保障活动的成功举办。

2. 充分发挥社员们的积极性。社员们在活动前努力做好各项前期准备工作，在活动中各尽其职，不叫苦，不叫累，始终把社团荣誉放在第一位，积极投入到社团活动中来，为社团活动能顺利有序地展开贡献出了自己的力量。

三、今后努力方向

在以后的社团活动中我们将继续秉承“一荣俱荣”的思想，发扬我们社团良好的作风，以传统活动为基础，在活动中不断创新，不断提高，不断完善，创造有自我特色、自我风格的新兴活动，打造我们的品牌活动，打造我们的品牌社团，打造我们的品牌学院。

社团的成长也是我们的成长，社团的兴荣也是我们的兴荣，我们在社团的建设中锻炼和培养着自己的能力。我们坚信，通过我们的不断努力，今后，社团的路将越走越宽广，社团的未来将更加美好。

××学院大学生志愿者之家

××××年×月×日

【简析】这是一份阶段性总结，标题包括进行总结的团体名称、总结内容、文种。正文开头是一个简短的导语，指明总结本学期的社团活动情况；接着按照时间顺序，回顾了社团活动的大致情况；随后总结活动经验；最后展望未来，树立了信心。总体来说，这份总结比较成功，条理清楚，简明扼要。缺点是工作经验和不足之处发掘得不深。

（四）格式与要求

1. 总结的格式

总结的结构一般包括标题、正文、落款三部分。

（1）标题

总结的标题形式不一，要根据总结的具体内容、目标和要求来拟定。总结的标题大致有以下三种：

①直接性标题：在标题中直接标明单位名称、时间、内容、文种名称，如《××市××学校2020年德育工作总结》；有的省略单位名称。

②间接性标题：在标题中不出现“总结”的文种名称，但在标题中已反映出总结的内容，如《我市干部思想作风建设的成效及其存在的问题》。

③综合性标题：采用双行式标题，正标题采用间接性标题的形式，高度概括总结主要内容；副标题采用直接性标题的形式，直接点明单位、时间、文种名称。

一般来说，综合性总结的标题采用公文式标题，由单位名称、时间期限、内容和文种四项组成；专题总结多使用新闻式标题，这种标题比较灵活，可根据总结内容来确定。

（2）正文

常用的总结有全面总结的五段式结构和专题总结的贯通式结构。

①五段式结构：把总结的内容根据人们的认识习惯来安排，先是概括主要内容，表明基本观点；接着陈述事实，采取的措施，取得的成绩，对取得的成绩分析研究，叙说过程，总结出经验；最后指出存在问题，提出改进的办法和今后努力的方向。这就是通常所说的“程式化”的写法，即按“情况—成绩—经验—问题—意见”五段顺序来写，所以又叫“五段式”。具体写法如下：

- 基本概况：包括什么单位，在什么时间，做了哪些工作，采取哪些措施，基本过程如何和工作成绩有哪些等。
- 取得的主要成绩：分项撮要进行总结。
- 经验、做法和体会：这是总结的主要内容，重在分析取得的成绩以及取得成绩的原因和做法，总结出带有规律性的经验。
- 存在问题和教训：还有哪些问题没有解决，没有解决的主要原因是什么，有哪些教训要吸取。问题和教训要写得具体，便于改进今后的工作。
- 今后努力的方向：主要包括对下一步工作的设想、安排意见等。这部分要写得切实可行，文字要简洁，避免空喊口号。

②贯通式结构：这种写法重在考虑时间和空间的逻辑顺序，紧扣主题，主线清晰，文字前后贯通，一气呵成。往往不分条目，也不用小标题，不分章节，适用于内容比较单一

的专题总结。

(3)落款：标题若没有标明单位，应在正文结束后写明单位，个人总结要写个人姓名，然后再写日期。日期写在署名的下一行。

2. 总结的写作要求

(1)实事求是，并深入分析材料，成绩与做法相结合。

(2)找出有规律的东西，详略得当，突出重点。

(3)语言要准确、朴实、简明、生动。首先，行文中要注意事实准，不走样；数字准，不笼统；论断准，无漏洞；文风正，不浮夸。其次，语言要简明扼要。

任务实施

写一篇本学期的实习总结或课程学习总结。

任务三　常用公文

学习任务

掌握几种常用公文的格式与写法。

问题导入

公文写作课是大学生的必修课，公文写作能力是大学生应重点培养和提高的能力。具有较高的公文写作能力，才能使大学生走上工作岗位时，不至于手足无措。假如你在职场工作，接到上级安排工作的通知，或者需要向上级汇报工作、提出请示等，应如何制发公文呢？

基础知识

一、通知

（一）通知的概念

通知是指用来批转下级机关的公文，转发上级机关和不相隶属机关的公文，传达要求下级机关办理和需要有关单位周知或者执行的事项、任免人员等。通知是一种使用相当广泛的公文文体，一般为下行文或平行文。

（二）通知的分类

根据用法的不同，通知大体可分为以下6种类型：

(1)转发性通知：适用于批转或转发文件，包括批转下级机关的公文、转发上级机关或不相隶属机关的公文，如《国务院批转国家体改办关于深化经济体制改革总体方案的通知》。

(2)发布性通知：适用于向所属下级机关发布有关行政法令和规章制度，要求下级机关遵照执行，如《关于印发〈关于深化科研事业单位人事制度改革的实施意见〉的通知》。

(3)部署性通知：适用于部署工作、传达要求下级机关办理和有关单位需要周知或者共同执行的事项，如《××市人民政府办公厅关于开展消防安全工作检查验收的通知》。

(4)任免性通知：主要用于任免下级机关领导人和需要下级机关知道的上级机关人事任免情况，如《××市人民政府关于××同志免职的通知》。

(5)事务性通知：用于处理日常工作中一些事务性的事项，如《××市人民政府办公厅关于加快调整城镇供水、防汛工作业务分工的通知》。

(6)会议通知：主要用于上级机关或有关部门通知会议的召开，以保证预定的会议能有准备地如期进行，如《××大学关于召开招生工作会议的通知》。

(三)例文简析

教育部办公厅关于组织开展

第七届全国学生"学宪法 讲宪法"活动的通知

各省、自治区、直辖市教育厅(教委)，新疆生产建设兵团教育局，部属各高等学校、部省合建各高等学校：

为深入学习贯彻习近平法治思想，推动青少年宪法学习宣传教育走深走实，根据中央依法治国办部署和教育系统"八五"普法规划，我部决定组织开展第七届全国学生"学宪法 讲宪法"系列活动。现将有关事宜通知如下。

一、活动时间

2022 年 5—12 月。

二、活动内容

(一)总体要求

2022 年"学宪法 讲宪法"活动，要以纪念现行宪法公布施行四十周年系列活动为主线，以深入学习宣传习近平法治思想为核心，与迎接党的二十大和学习宣传党的二十大精神相结合，着力提升针对性和实效性，增加活动的普及度和参与率，培养、增强学生的宪法意识和法治素养。

(二)学习重点

1. 结合我国宪法发展史深化宪法教育。着重宣传现行宪法施行四十年来党重视用宪法法律维护人民群众合法权益、保障社会公平正义、推动国家发展进步的法治故事和案例。注重结合历史、国情和行为养成教育，重点宣传中国共产党领导是中国特色社会主义最本质的特征、是中国特色社会主义制度的最大优势，引导青少年从小树立尊崇宪法的意识，进一步坚定不移听党话、跟党走的信念，厚植爱党爱国爱社会主义的情感。

2. 深入学习宣传习近平法治思想。深入推动习近平法治思想纳入国民教育体系，全面推进习近平法治思想进教材、进课程、进头脑。结合宪法学习宣传，以学生喜闻乐见的方式，宣传习近平法治思想的重大意义、丰富内涵、核心要义、精神实质、实践要求，进一步推动习近平法治思想贯彻落实到教育系统法治宣传教育的全过程和各方面。

3. 坚持与日常法治教育相结合。在宪法教育活动中增加民法典、教育法律法规、未成年人保护、劳动教育等方面的法律知识，引导学生铸牢中华民族共同体意识，树立和巩固国家安全、诚实守信、规则意识等，了解掌握自我保护、防灾减灾救灾以及防范学生欺凌、网络诈骗、人身侵害等相关法律知识和技能。

（三）主要活动

1. 争创“宪法卫士”活动。继续实施“宪法卫士”行动计划。教育部全国青少年普法网（以下简称普法网）将于2022年6月初上线第七届全国学生“学宪法 讲宪法”活动“宪法卫士”专栏，分学段为大中小学生免费提供各类宪法学习资源；对完成学习达到要求的学生授予“宪法卫士”标识。各地各校结合工作实际，组织学生参加“宪法卫士”行动计划。要将网上学习过程与中小学道德与法治课、思想政治理论课、综合实践活动课等课程教学，与晨读、班会队会、课外活动、暑期作业、志愿服务等活动统筹安排，通过集体组织或者学生自主学习等方式，动员学生参加活动，争创“宪法卫士”。各省（区、市）和新疆生产建设兵团学生参与率应不低于35%，推动形成青少年学生普遍学宪法的良好氛围。各高校要加强组织动员，进一步提升大学生参与宪法学习的主动性和积极性。

2. 宪法知识竞赛和演讲活动。各地要以纪念现行宪法公布施行四十周年为契机，组织和动员各级各类学校普遍开展宪法知识竞赛和演讲比赛等活动，争取让每位师生都以不同形式参与宪法学习相关活动。

3. 学讲宪法“网络风采展示”活动。普法网将于2022年6月中旬开设学讲宪法“网络风采展示”平台。学校可以按活动细则（详见普法网）要求，推荐本校宪法知识竞赛和演讲比赛中的优胜选手通过平台参加活动。普法网将采用人工智能与专家评判相结合等方式，对参与学生的表现进行评价，并汇集各地活动数据，为省级教育部门遴选选手提供参考。学生也可以在完成“宪法卫士”行动计划达到相应要求后，自主通过平台开设的“个人通道”参与展示。

4. “学宪法 讲宪法”各级比赛和总决赛。各地在校内比赛的基础上，要结合当地实际组织开展“学宪法 讲宪法”比赛活动，可以依托普法网开展网上遴选，有条件的可以组织各级线下比赛。省级教育部门负责组织省级遴选赛。2022年11月底，教育部普法办将组织开展学讲宪法活动全国总决赛。各地前期学习教育活动情况将作为总决赛的重要参考，具体要求见普法网公布的实施细则。10月28日前，各省（区、市）和新疆生产建设兵团遴选出小学组、初中组、高中组和高校组优秀学生各一人，参加全国总决赛。部属高校按所在地参与省（区、市）优秀学生遴选工作。

5. 国家宪法日“宪法晨读”活动。结合第九个国家宪法日暨教育系统宪法学习周活动，教育部将于2022年12月上旬组织开展教育系统“宪法晨读”活动。届时，教育部负责同志将在主会场领读宪法部分条款，并通过网络视频同步直播的方式组织全国师生共同参与诵读。

6. “我与宪法”微视频征集活动。根据全国普法办相关工作要求，将继续面向教育系统广大干部师生征集“我与宪法”微视频，深入宣传我国宪法的地位、作用和主要内容。具体要求将通过普法网适时通知。

三、工作要求

各地教育部门要深刻认识2022年宪法学习宣传教育的特殊重要意义，将此项工作作为教育系统深入学习贯彻习近平法治思想、迎接和学习贯彻党的二十大的一项重要政治任务，认真研究部署，健全工作机制，强化条件保障，推动宪法法治教育广覆盖见实效。

要加强统筹指导。科学拟定工作方案，合理安排学习时间和内容，将学讲宪法有关活动和中小学日常教学、课外活动、社会实践等有机融合。鼓励学校在青少年学生成人仪式、毕业仪式等活动中设置礼敬宪法环节，鼓励有条件的地方将法治实践教育作为中小学综合实践活动的重要内容，纳入中小学课后服务范围，推动学生每年接受不少于2课时的法治实践教育。各地各校要在普法等相关经费中安排专项资金，确保活动顺利开展。

要着力改革创新。深入探索适合青少年特点的学习内容和方式，不断增强宪法教育的针对性和实效性，力戒形式主义、官僚主义，防止增加基层教育部门、学校和师生、家长的负担。同时，加强沟通协调，与相关单位密切合作，推动形成多方协同推进青少年学生宪法教育的格局。及时宣传学讲宪法活动中的经验做法和先进典型，着力营造良好舆论环境。活动期间，普法网将开通新闻通道，各地各校可及时报送，全方位展示学习成果。

请各省级教育部门、部属各高等学校和部省合建各高等学校于2022年12月中旬向教育部普法办(政策法规司)报送本地本校的活动总结(工作亮点、典型案例或先进经验、困难和问题等)及2023年工作建议(纸质文本和电子版)。

教育部办公厅

2022年5月10日

【简析】这是一则指示性通知，正文分别从指导思想、活动内容和工作要求等几个方面入手，既具有全局的指导性，同时也有很强的可操作性。全文结构严谨，内容全面，语言明确，条理性强。

(四)格式与要求

1. 通知的写作格式

通知由标题、主送机关、正文、发文机关和日期四部分构成。

(1)标题：一般有以下三种形式：

①由发文机关、事由和文种组成，如《国务院关于今年下半年各级政府不再出台新的调价措施的通知》。

②由事由、文种组成，如《关于举办××××年城市运动会的通知》。

③单独以文种名称做标题。

(2)主送机关：在标题下一行顶格书写接收通知的机关名称，后面用冒号。主送机关不止一个时，各种机关名称之间用逗号，同种不同类机关之间用顿号，换行仍然顶格写。

(3)正文：一般由发布通知的缘由、通知的具体事项、执行的具体要求等组成。根据通知的具体分类不同，其内容要求也不同，如会议通知的正文中应该包含会议的召开时间、地点、主题和相关注意事项等。

(4)发文机关和日期：在正文的右下方写明制发通知的机关或部门，并且加盖发文机关公章，下一行写明制发通知的具体日期。

2. 通知的写作要求

(1)注意规范使用不同种类的通知。

(2)拟好通知的标题，特别是批转或转发通知的标题。

(3)条理清楚，内容严肃。

(4)行文要及时。

(5)措施、要求、安排要明确具体。

二、通报

(一)通报的概念

通报是国家机关、社会团体、企事业单位为表彰先进、批评错误、传达重要精神或沟通重要情况时所使用的应用文。通报用来互通情况、沟通信息、学习先进典型经验和吸取他人教训。

(二)通报的特点

通报具有典型性、真实性和引导性的特点。

(1)典型性

无论是表彰好人好事，还是批评坏人坏事，都有一定的影响力，具有一定的代表性，能够反映、揭示事物的本质规律，在一定范围内起着教育干部和群众的作用。

(2)真实性

通报的内容要真实确凿，不能弄虚作假。要用事实和数据说话，切忌空泛议论。

(3)引导性

无论是表彰先进通报，还是批评错误通报或者通报情况，通报有很强的指导作用和教育引导意义。

(三)通报的分类

根据内容不同，通报可以分为以下三类：

(1)表彰性通报：适用于表彰先进单位和个人，介绍先进经验或事迹，点明实质，提出希望、要求，号召大家向其学习。

(2)批评性通报：适用于批评、处分错误，以示警诫，要求被通报者和大家吸取教训。

(3)情况通报：适用于在一定范围内传达重要情况和动向，目的是互通情报，指导当前工作。

(四)通知与通报的区别

(1)通知使用广泛，形式灵活，内容多样；通报使用范围较窄，内容单一。

(2)通知以具体的任务、详细的规范化要求和有关规定来指导工作；通报则是通过好的和不好的典型事例、有关情况来传达意图，启发教育有关人员，或把有关的情况告知对方，使之了解。从行文目的来看，前者对受文单位的要求重在执行，而后者重在引导教育。

(3)通知约束力强；而通报只体现一种原则、一种思想或观点，主要是起引导和影响作用。

（五）例文简析

国家林业和草原局关于16起破坏草原资源案件的通报

各省、自治区、直辖市、新疆生产建设兵团林业和草原主管部门：

为切实强化草原资源保护管理，严厉打击违法违规行为，充分发挥案件警示教育作用，营造依法治草爱草护草的良好社会氛围，现将16起破坏草原资源案件通报如下：

一、新疆维吾尔自治区福海县邓某某开垦草原案

邓某某于2012年以来，多次在福海县喀拉玛盖镇迭恩村实施开垦草原行为。2019年6月，经福海县草原监理所立案调查，邓某某开垦草原50.62公顷(759.27亩)，其行为已涉嫌构成犯罪。2019年7月，福海县草原监理所将此案移送至福海县公安局。2020年11月，福海县人民法院以非法占用农用地罪判处邓某某有期徒刑一年零五个月，并处罚金80000元，并就本案责令附带民事公益诉讼被告邓某某修复因开垦被毁坏的草原50.62公顷(759.27亩)。

二、吉林省长岭县马某某开垦草原案

2018年2月，长岭县畜牧业管理局在执法巡查时发现，马某某在长岭县长岭镇大二号村实施开垦草原行为。经查，马某某于2012年5月至2017年开垦草原22.78公顷(341.73亩)，其行为已涉嫌构成犯罪。2018年8月，长岭县畜牧业管理局将此案移送至长岭县公安局。2019年7月，长岭县人民法院以非法占用农用地罪判处马某某有期徒刑二年零六个月，缓刑三年，并处罚金24000元，没收马某某非法所得12080元。

三、内蒙古自治区扎鲁特旗宋某某开垦草原案

2020年7月，扎鲁特旗乌力吉木仁苏木综合行政执法局检查时发现，宋某某在召日格村实施开垦草原行为，并立案调查。经查，宋某某开垦草原15.04公顷(225.67亩)，其行为已涉嫌构成犯罪。2020年7月，乌力吉木仁苏木综合行政执法局将此案移送至扎鲁特旗公安局。2020年12月，扎鲁特旗人民法院以非法占用农用地罪判处被告宋某某有期徒刑一年，缓刑二年，并处罚金19200元。

四、河北省沽源县抗某某开垦草原案

抗某某于2013年至2020年6月在沽源县白土窑乡四道营自然村实施开垦草原行为。2020年5月，经沽源县自然资源和规划局立案调查，抗某某开垦草原8.07公顷(121.10亩)，其行为已涉嫌构成犯罪。2020年6月，沽源县自然资源和规划局将此案移送至沽源县公安局。2020年10月22日，沽源县人民法院以非法占用农用地罪判处抗某某有期徒刑六个月，并处罚金5000元。

（以下内容略）

草原是我国重要的陆地生态系统，也是农牧民赖以生存的家园。保护草原，事关生态安全、食物安全和乡村振兴。各级林业和草原主管部门要认真践行习近平生态文明思想，牢固树立绿水青山就是金山银山理念，严格执行《草原法》等法律法规，切实保护好草原资源。要以通报的破坏草原资源案件为鉴，强化草原普法宣传，加大草原执法监督力度，常

态化开展草原执法监管巡查，完善执法监管措施和手段，始终保持打击破坏草原资源违法行为的高压态势，为巩固草原生态保护修复成果和建设美丽中国保驾护航。

特此通报。

国家林业和草原局

2022年4月12日

【简析】这是一份批评性通报，用的是“事由+文种”的两项式标题。正文第一段概括说明了事故发生的地点、时间、人物和事件经过，第二段提出了明确要求，杜绝此类事故的发生。全文语气郑重严肃，分析深入，体现出通报的严肃性、权威性，通报的意图鲜明、突出，说服力强。

（六）格式与要求

1. 通报的写作格式

通报主要由标题、主送机关、正文和落款四部分组成。

（1）标题

通报的标题有以下几种形式：

①由主送机关名称、事由和文种组成，如《国务院办公厅关于对少数地方和单位违反国家规定集资问题的通报》。

②由事由、文种组成，如《关于给不顾个人安危勇于救人的王××同志记功表彰的通报》。

③由主送机关、文种组成，如《中共××市纪委检查委员会通报》。

④单独以文种名称做标题。

（2）主送机关

通报的主送机关一般为直属下级机关，或需要了解该内容的不相隶属的单位。

（3）正文

通报的正文由主要事实、事实评析、决定和要求四部分组成。

①主要事实：概述事实发生的时间、地点、单位或个人、经过和结果，事实要有一定的代表性和典型性。文字表达要抓住主要内容，做到简明扼要、清楚明白、准确无误。

②事实评析：对通报的事实进行恰如其分地议论分析，指出事实的性质和产生的原因，阐明通报的意图。表彰先进，要指出先进事迹的精神实质、意义和影响；批评错误，要分析其性质、原因和危害性，批评性通报的主体包括错误事实、根源和教训、处理决定、希望和要求四方面内容。

③决定和要求：针对通报事实，做出表彰决定或对错误者的处分（处理）决定，并由此引申出应当吸取的经验或教训，有的放矢地提出希望与要求。文字表述要简略、概括，针对性强。

（4）落款

在末尾处右下角注明发文机关名称和成文日期，标题里标明发文机关名称，落款处也可省略发文机关名称。

2. 通报的写作要求

(1)材料要真实典型。

(2)评价要客观恰当。

(3)分析要深刻全面。

(4)语言要具有说服力。

三、报告

(一)报告的概念

报告是下级机关向上级机关汇报工作、反映情况、提出建议和答复询问的行政应用文。报告属于机关公文的上行文，不要求上级批复，行文较长，旨在详细报告情况。

(二)报告的特点

报告通常具有以下三个特点：

1. 内容的真实性

这一点主要表现在工作报告上。工作报告是对所做过工作的回顾和总结，应实事求是，不能弄虚作假。其他类型的报告也应以实践为依据。

2. 表述的概括性

报告以叙述和说明为主要表达方式，其叙述和说明具有概括性，因此，篇幅要求长短适中。

3. 选材的灵活性

报告撰写的内容掌握在发文机关手里，选材的自由度很大，应注意根据报告主旨恰当选择。

(三)报告的分类

根据不同的分类标准，报告有不同的种类。

(1)按其内容不同：可分为情况报告、工作报告、建议报告、答复报告和递送报告等。

(2)按其性质不同：可分为总结性报告和专题性报告。

(3)按其写作方法不同：可分为专题性报告和综合性报告。

(四)例文简析

××省商业厅关于××市百货大楼重大火灾事故的报告

商业部：

××××年×月×日上午9点40分，我省××市百货大楼发生重大火灾事故，市消防队出动15辆消防车，经过4个小时的扑救，火灾才被扑灭。这次火灾除消防队员和群众奋力抢救出部分商品外，百货大楼三层楼房的余下商品全部烧毁。时值开始营业不久，顾客不多，加之疏散及时，幸而未造成人员伤亡。但这次火灾已造成直接经济损失792万元。

经查明，此次火灾是因电焊工×××违章作业，在一楼电焊铁窗架时电火花溅到易燃货品上引起。另外，市商业局领导对上级领导机关和公安消防部门的安全防火指示执行不力，百货大楼安全制度不落实，许多安全隐患长期未得到解决；电焊加固铁窗，本应停止营业，却为了利润，一边营业一边作业，忽视了安全工作，这也是造成火灾的原因之一。

火灾发生后，省人民政府召开了紧急防火电话会议。严肃指出××市发生火灾的严重性，批评××市不重视安全工作的错误倾向。我厅×××副厅长带领有关人员赶到现场处理。市商业局领导在市委、市政府领导下，组织力量对财产进行清理。百货大楼职工在总结教训的基础上，在街道路口增设摊点，以缓和市场供应。公安机关对事故责任者×××已拘留审查。市委、市政府在分清责任的基础上，对有关人员视情节轻重，进行严肃处理：给予专管安全工作的百货大楼党委副书记、副总经理×××撤销党内外职务，开除党籍，开除公职处分并交司法部门依法处理；撤销百货大楼党委书记和商业局党组成员、市百货大楼总经理×××的职务。

这一次火灾事故是我省商业系统历史上最大的一次，损失严重，影响很坏，教训深刻。问题虽然发生在××市，但也暴露了我省商业安全工作上还存在不少问题，有的地区安全制度不落实，检查不认真，隐患整改不力，缺乏针对性的防火措施。我们平时深入了解不够，检查督促不严，因此，我们也有一定责任。为了吸取教训，防止类似事故发生，已根据我省实际，多次用电话、简报通知各地引起注意，并定于4月20日召开全省商业安全工作会议，制定下一步安全工作方案，切实把我省商业系统安全工作抓紧、抓好。

特此报告。

××省商业厅
××××年×月×日

【简析】这是一篇事故报告。正文第一段先概述了火灾发生的经过及造成的严重后果；第二段初步分析了造成火灾的原因；紧承上文；第三段交代了事故发生后所采取的应对措施；第四段又深入地分析管理层存在的问题以及今后要做的工作。全文条理清楚，语言流畅，有情况报告，也有问题分析，还有应对措施、解决办法，符合此类报告的写作要求。

（五）格式与要求

1. 报告的写作格式

报告主要由标题、主送机关、正文、发文机关和日期四部分组成。

（1）标题：报告的标题一般有以下两种形式：

①由发文机关、事由和文种组成，如《全国人大代表团出席“亚太议员论坛”成立大会情况的书面报告》。

②由事由和文种组成，如《政府工作报告》。

（2）主送机关：主送机关即报告的送达机关。报告的主送机关可以是一个，也可以是若干个。顶格写于文首，其后用冒号。

（3）正文：报告的正文一般由情况简介、主体和结语三部分组成。

①情况简介：主要交代报告的缘由，概括说明报告的目的、意义或根据，然后用“现将××情况报告如下”一语转入下文。

②主体：主体是报告的核心部分，用来说明报告事项。它一般包括两方面内容：一是工作情况及问题；二是进一步开展工作的意见。主体部分由于报告的情况不同，也有不同

的写作思路，如介绍或总结经验的报告，这部分就可以是现状、做法(经验)、不足等。

③结语：这部分应另起一段来写，根据报告种类的不同一般有不同的程式化用语。情况报告和工作报告的结语常用“特此报告”；建议报告常用“以上报告，如无不妥，请批转各地执行”；答复报告多用“专此报告”；递送报告则用“请审阅”“请收阅”等。

(4)发文机关和日期：在正文的右下方注明发文机关或主要负责人姓名，并加盖公章，其下方写明日期。如果是政府工作报告，则要写清楚报告人的具体职务和姓名。

2. 报告的写作要求

(1)必须真实反映客观事实，所列数据真实可靠，所述事件公允得当。

(2)突出重点，描述清楚，分析透彻。

(3)力求简明扼要，用语精练。

(4)不夹带请示事项。

四、请示

(一)请示的概念

请示是请求性上行文，是下级机关请求上级机关决断、指示、批准、支持并明确答复时使用的公文。下级机关对于本单位无法解决、无权决定或无力办理的事项，需要使用请示。

(二)请示的特点

1. 请示性和广泛性

所有请示都是对上级机关有所请求，无论是请求上级领导解决工作中存在的问题和困难，还是请领导解释政策、批准事项，都需要请示。

2. 回复性

请示是要求上级机关给予明确回复的公文。所以，受文的上级机关必须对下级机关请示的事项给以回复。

3. 先行性

请示的制发有很强的时间要求，即必须在事前行文。

4. 专向性

请示的行文方向明确而固定，即只能发往有隶属关系的上级机关，而不能向同级机关或不相隶属的机关主送。

(三)请示的分类

请示根据内容不同，分为四类：

1. 请求指示类

下级机关在工作中遇到困难、出现新情况或执行政策时尚有不太清楚明了的地方，请求上级机关给予处理该问题或情况的指示。

2. 请求批准类

下级机关就某项工作、某个问题自己无权决定和处理时，请求上级机关给予审定、核准、认可和批准。

3. 请求帮助类

下级机关应办的事项，在人力、物力、财力上本单位有困难，请求上级帮助解决。

4. 请求批转类

下级机关处理的重大事项，超出本机关职权范围，需要其他地区、部门、单位贯彻执行，所以提出意见，请求上级批转。

(四)请示与报告的区别

(1)请示用于对上级机关有所呈请，请求其下达指示，允许“自己”去做某一件事情；报告则用于汇报、反映情况、问题或提出建议、答复询问等，不能带有“呈请”事项。

(2)请示能强制对方复文；报告则不能，上级对报告可以复文，也可以不复文。

(3)请示必须是形成于事情发生之前；报告则可根据情况，既可以在事前，也可以在事后或事情进行当中形成。

(五)例文简析

关于调整规划用地的请示

××市人民政府：

我镇属××市区的南大门，近两年来，按照上级要求进一步推进集镇建设速度，镇区范围不断扩大。以××路为中心的金三角装饰、地板、油漆涂料、有色金属、废钢回收等市场已形成规模；以××路为中心的行政区已建成；以××路为中心的东区小学、新的农贸市场、安置房、商住房、高级住宅、紫金广场等已初具规模。

现根据我镇的建设和发展情况，拟将××路东侧、××路南侧、××路西侧、镇政府北侧一宗土地推向市场进行住宅建设，面积约400亩，计划分批次进入土地交易市场。根据××市城市总体规划，该地块为工业用地，因我镇已另有工业集中区，为此特请示将该地调整为住宅用地。

以上请示当否，请批示。

××××镇

××××年×月×日

【简析】这是一则请求批准的请示，缘由是将工业用地调整为住宅用地之事。正文分为两段：第一段说明在推进城镇化过程中，镇区范围不断扩大，中心行政区已初具规模，为下一段的调整规划用地打下了基础；第二段又简明扼要地交代了调整用地的缘由和具体建设规划，最后明确提出请示要求。全文结构严谨，叙事清楚，语气也较为得体。

(六)格式与要求

请示主要由标题、主送机关、正文、结尾、发文机关和日期五部分组成。

1. 标题

请示的标题一般有以下两种形式：

(1)由发文机关、事由和文种组成，如《××省教育厅关于派组赴美考察职业教育有关问题的请示》。

(2)由事由和文种组成，如《关于贯彻省民政厅暂缓收容遣送外省籍被收容人员紧急通知的请示》。

2. 主送机关

主送机关即接受请示的上级机关，一份请示只有一个主送机关。

3. 正文

正文包括请示的缘由和请示的事项。请示的要求必须具体，有充足的事实和理论根据，能够切实可行。

4. 结尾

一般以“当否，请批复”“以上如无不当，请批准”“以上请示如无不妥，请批准各地区、各部门研究执行”等语作结。

5. 发文机关和日期

在正文的右下方写明发文机关、加盖公章并注明成文日期。

项目实训

根据以下内容，以白鹤镇政府的名义起草该请示。

××县白鹤镇七里村位于××县东部，该村是××县重要的农业大村，人口众多，工业基础薄弱，全村经济发展比较滞后。该村出入口道路修建于2006年，原路面设计为沥青混凝土。由于当时资金有限，施工工艺较差，道路设计等级较低，目前道路路面已经破损严重，对全村群众出行带来严重不便，经济发展受到严重影响。为此，村民多次呼吁尽快对道路进行改建。经过勘察，拟建道路全长4.2公里，路基宽5.5米，路面采用水泥混凝土结构，估算总投资112万元。镇政府拟申请××县交通局给予资金支持。日期为2021年3月27日。

五、批复

（一）批复的概念

批复是上级机关答复下级机关请示事项的回复性行政应用文。下级机关遇到本单位无权、无力、无法解决的事项需要向上级机关请示时，上级机关就用“批复”这一文种答复请示事项，即批复是与请示相对应的一种公文，属于下行文，如《关于同意成立××林业职业学院的批复》《国务院关于办理注册商标附送证件问题的批复》。

（二）批复的特点

1. 权威性

批复代表着上级机关的权力和意志，对请示的单位有约束力，特别是那些关于重要事项或问题的答复，常常具有明显的法规作用。

2. 针对性

批复总是针对下级机关的请示事项进行答复，不能另找话题。

3. 鲜明性

批复主要用于批准或不批准、同意或不同意下级机关做什么或怎么做。批复中回答的问题要态度明确，旗帜鲜明。

4. 指示性

批复的目的是指导下级机关的工作，因此，批复在表明态度后，还需概括地说明方针、政策以及执行中的注意事项。

（三）批复的分类

批复根据内容、性质的不同可以分为以下两类：

1. 指示性批复

指示性批复主要是针对方针、政策性问题进行答复。这类批复，不只是对请示机关提出的请示事项的答复，而且批复的指示性内容在其管辖范围内，具有普遍的指导和规范作用。

2. 表态性批复

表态性批复是对请示事项表示同意或不同意的批复。

（四）例文简析

国务院关于同意在北京设立国家植物园的批复

北京市人民政府，自然资源部、住房和城乡建设部、中科院、国家林草局：

自然资源部、中科院、北京市人民政府《关于申请批复设立国家植物园的请示》收悉。现批复如下：

一、同意在北京设立国家植物园，由国家林草局、住房和城乡建设部、中科院、北京市人民政府合作共建。

二、国家植物园建设要以习近平新时代中国特色社会主义思想为指导，全面贯彻党的十九大和十九届历次全会精神，深入贯彻习近平生态文明思想，认真落实党中央、国务院决策部署，坚持人与自然和谐共生，尊重自然、保护第一、惠益分享；坚持以植物迁地保护为重点，体现国家代表性和社会公益性；坚持对植物类群系统收集、完整保存、高水平研究、可持续利用，统筹发挥多种功能作用；坚持将植物知识和园林文化融合展示，讲好中国植物故事，彰显中华文化和生物多样性魅力，强化自主创新，接轨国际标准，建设成中国特色、世界一流、万物和谐的国家植物园。

三、国家林草局、住房和城乡建设部要加强业务指导，会同中科院、北京市人民政府建立四方协调机制，密切协作配合，落实工作责任，统筹研究解决重大问题；抓紧组织编制国家植物园建设方案，突出植物迁地保护及科研功能，落实首都规划管控要求，合理控制建设规模，按程序报批后抓好组织实施。中科院和北京市人民政府共同成立理事会，形成共商、共建、共管、共享的管理模式，依托中科院植物研究所和北京市植物园现有相关资源，构建南、北两个园区统一规划、统一建设、统一挂牌、统一标准，可持续发展的新格局；完善多元化投入机制，加强重点功能区、馆藏设施、科研平台和配套基础设施建设，全面提升建设运行管理水平，稳妥有序推进国家植物园建设各项任务。

四、国务院各有关部门要按照职能分工，研究对国家植物园的支持举措，按照国家有关规定在规划编制、政策制定、资金投入、项目建设等方面给予指导和支持。国家林草局、住房和城乡建设部、中科院要进一步统筹规划、合理布局，稳步推进全国国家植物园体系建设。重大事项及时向国务院报告。

国务院

2021 年 12 月 28 日

【简析】这则批复格式规范，条理清楚。先说批复缘由——请示收悉，然后就请示中的相关问题表示具体明确的态度。既阐明了同意的理由，又有原则性的指导方针和要求，语气肯定，措辞严谨明确，答复全面。

（五）格式与要求

1. 批复的写作格式

批复一般由标题、主送机关、正文、发文机关和日期四部分组成。

(1) 标题：批复的标题一般有以下三种形式：

①由发文机关、事由和文种组成，如《广东省人民政府关于深圳市深汕特别合作区 2020 年度第六批次城镇建设用地的批复》。

②由发文机关、表态词、请示事项和文种组成，如《国务院关于同意全面深化服务贸易创新发展试点的批复》。

③由事由和文种组成，如《关于召开全省地方政协工作经验交流会问题的批复》。

(2) 主送机关：主送机关一般只有一个，是报送请示的下级机关。批复不能越级行文，当所请示的机关不能答复下级机关的问题而需要向更上一级机关转报“请示”时，更上一级机关所批复的主机关应是“转报机关”，而非原请示机关。

(3) 正文：批复的正文由批复引语、批复意见和批复要求三部分组成。

①批复引语：引语要求点出批复对象，一般称收到某文，或某文收悉。要写明是对于何时、何号、关于何事请示的答复，时间和文号可省略。

②批复意见：意见是针对请示中提出的问题所做的答复和指示，态度要明确，语气要适当。

③批复要求：要求是从上级机关的角度提出的一些补充性意见，或是表明希望、提出号召。如果同意，可写要求；不同意，亦可提供其他解决办法。

(4) 发文机关和日期

在正文右下方注明成文日期并加盖公章，成文日期用汉字，要标全年、月、日。

2. 批复的写作要求

(1) 批复要有针对性。要弄清请示的事项，答复全面。

(2) 批复意见应具体明确。

(3) 对于请示事项应及时批复，以免贻误工作。

(4) 批复篇幅要短小，一般无须做具体分析。

六、函

（一）函的概念

函，又称公函，是指不相隶属机关之间相互商洽工作、询问和答复问题，向有关主管部门请求批准和答复审批事项的公文。

（二）函的特点

函具有广泛性和灵活性两个特点：

1. 广泛性

函的适用范围广泛，可以用于平行机关和不相隶属机关之间联系商洽工作。

2. 灵活性

函适用于各类公务活动，一般不受级别高低的制约，行文方向灵活，内容繁简、事情大小均不受限制，便于使用。

（三）函的分类

函根据不同的分类标准，有不同的种类名称：

(1)按其性质不同：可以分为公文函和公务便函。

(2)按其行文方向不同：可以分为致函和复函。

(3)按其适用范围：可以分以下五类：

①答复函：用于针对对方来函所做的答复，上行、平行、下行均可使用。

②询问函：用于向有关单位查询、了解问题，上行、平行、下行均可使用。

③请求函：用于向有关职能主管部门请求帮助解决有关问题，上行、平行均可使用。

④告知函：用于向有关单位告知某些情况或事项，多为平行、下行文。

⑤商洽函：用于平级或不相隶属的机关事业单位之间商量洽谈有关事务。

（四）例文简析

关于2021年北京地区部分高校新建学生公寓住宿费标准等有关问题的复函

市教委：

你委《关于审定2021年北京地区高校新建学生公寓住宿费标准的函》（京教函〔2021〕371号）收悉。经研究，现就有关问题函复如下：

一、2021年高校新建学生公寓住宿费标准为：单元式学生公寓每生每学年不超过1200元，非单元式学生公寓每生每学年不超过900元。学生公寓名单见附件。

二、各有关学校需填报《北京地区学校学生住宿费标准审批表》，经你委审核后报送市价格主管部门，收费时需向学生开具财政部门统一印制的财政票据。收费收入管理按照财政部门有关规定执行。

三、学生公寓住宿费应当按学年收取，不得跨学年预收。

四、各学校应当按照《教育收费公示制度》的规定，做好收费公示工作。

五、本函自发文之日起执行。

专此函复。

北京市发展和改革委员会

北京市财政局

2021年8月21日

【简析】这是一则复函，该函在内容上分为三个层次：引述来文，先引标题，后引发文字号；然后对对方提出的问题进行答复，态度明确；最后用常见的习惯用语结束正文。其陈述说明直截了当、简明扼要、层次清晰、礼貌得体、重心突出。

(五)格式与要求

1. 函的写作格式

函通常由标题、主送机关、正文、发文机关和日期四部分组成。

(1)标题

函的标题一般有以下两种形式：

①由发文机关、事由和文种组成，如《北京市教育委员会关于审定2021年北京地区高校新建学生公寓住宿费标准的函》。

②由事由和文种组成，如《关于催促全国方便食品科技会议情况的函》。

(2)主送机关

主送机关指受函的机关名称。

(3)正文

函的正文由开头、主体和结尾三部分组成。

①开头：写明发函缘由，如果是回复函要说明来函收到并作出答复，如“你委《关于审定2021年北京地区高校新建学生公寓住宿费标准的函》(京教函〔2021〕371号)收悉。经研究，函复如下”。

②主体：这部分包括函所要商洽、询问、请示或答复事项的具体内容，要求意图明确。

③结尾：这部分通常另起一行，使用一些模式化语言作结，如“特此函告”“盼复”等。

(4)发文机关和日期

正文的右下方注明发函机关名称并加盖印章，另起一行写明发函日期。

2. 函的写作要求

(1)用语措辞得体、礼貌谦和。

(2)一份函件只能作为一件事项的办理文件，不能在一份函件中办理多件事。

(3)内容简短、目的明确。

◈ 任务实施

××市城建局收到××区城建局的函，询问建设单位为拆迁户建房的有关问题。经开会研究，形成两点意见：

1. 建设单位因新建工程拆迁场地房屋后需要为拆迁户新建房屋时．其投资和建筑面积必须按照设计文件规定的指标纳入基本建设计划。

2. 用建设单位支付的迁移补偿费重建房屋时是否按原规定再编制基建计划可由区计委根据具体情况决定。

根据上述材料请你代××市城建局拟一则公函。

任务四　合同

学习任务

1. 了解合同法，掌握起草合同应该注意的事项，养成遵纪守法、诚实守信的良好品质。

2. 掌握合同的格式写法，能够起草规范的合同文本。

问题导入

张明的女儿考上了离家比较远的重点高中。为了方便女儿的生活和学习，张明在学校附近找了一家出租屋，准备租赁三年。你能起草该租赁合同吗？

基础知识

一、合同的概念

合同是平等主体的自然人、法人和其他组织之间设立、变更、终止民事权利义务关系的协议。

《中华人民共和国民法典》列举了 19 种合同，分别是：买卖合同；供用电、水、气、热力合同；赠与合同；借款合同；保证合同；租赁合同；融资租赁合同；保理合同；承揽合同；建设工程合同；运输合同；技术合同；保管合同；仓储合同；委托合同；物业服务合同；行纪合同；中介合同；合伙合同。

二、合同的特征和作用

（一）合同的特征

(1)合同是一种民事法律行为。

(2)合同以产生、变更或终止民事权利义务关系为目的。

(3)合同是两个以上当事人意思表示相一致的协议，即合同是当事人协商一致的产物。

(4)合同是合同当事人在平等自愿基础上产生的民事法律行为。

（二）合同的作用

(1)有利于保护合同当事人的合法权益，维护社会经济秩序。

(2)有利于加强国家对企业的管理和监督。

(3)有利于企业加强经济核算和经济管理，提高经济效益。

(4)有利于专业化生产的发展协作和经济联合，促进经济技术交流合作。

（三）签订合同应遵守的原则

第一、平等原则；第二、自由原则；第三、公平原则；第四、诚实信用原则；第五、遵纪守法原则。

三、例文简析

水泥购销合同

合同编号：020018

立合同人：××省路桥建筑公司（简称甲方）　　　　签约时间：

××省水泥厂（简称乙方）　　　　签约地点：

经双方协定一致，签订水泥购销合同条款如下：

一、数量、计量单位、单价、金额

品名										
规格										
单位										
数量										
单价（元）										
金额（元）										
备注										
价金总额（大写）	仟	佰	拾	万	仟	佰	拾	元	角	分

二、质量标准：水泥标号执行国家规定标准。由乙方按批向甲方交送水泥出厂质量通知单。甲方凭单验质。

三、袋重合格率达到国家规范。

四、交货方式、地点和运杂费负担：甲方组织运输工具到乙方仓库提货，运费、上下车费等均由甲方自理，乙方凭合同和甲方收款人出具的证明发货。若遇便车，甲方可以代运，其代运费用概由甲方负担。乙方垫付的款项，随同水泥价款一并结算。

五、甲乙双方必须按如下期限提（供）货：

________年____月____日前提（供）____吨。其中：325#____吨，425#____。

________年____月____日前提（供）____吨。其中：325#____，425#____。

________年____月____日前提（供）____吨。其中：325#____，425#____。

________年____月____日前提（供）____吨。其中：325#____，425#____。

甲方逾期提货的，乙方有权处理该货，并不免甲方责任。

六、付款办法和期限：

1. 甲方在____年____月____日前付定金____元；

2. 采取先汇款后结算方式：甲方按购水泥总金额分期汇款。

________年____月____日前电汇____元；

________年____月____日前电汇____元；

________年____月____日前电汇____元；

________年____月____日前电汇____元。

3. 采取托收承付方式：按《中国人民币银行结算账户管理办法》第八条第一、二、三、

五、六、七、八项规定执行。乙方每月____日至____日凭实发水泥开具销售发票向甲方开户银行办理托收。

七、违约责任：

甲方责任：

1. 中途退货或违约拒收的，除偿付退(或拒收)货部分货款总值5%的违约金。逾期提货的，每天偿付逾期提货部分货款总值万分之四的违约金，并承担乙方实际支付的代管费用。

2. 逾期付款的，每天偿付逾期付款总额万分之四的违约金。

3. 承担《工矿产品购销合同条例》第36条第5、6项规定的责任。

乙方责任：

1. 不能交货的，偿付不能交货部分货款总值5%的违约金。逾期交货的，按逾期交货部分货款总值计算，每天偿付万分之四的违约金。

2. 所交水泥质量、规格不符合同规定，除自费负责处理外，还要赔偿实际经济损失。

3. 承担《工矿产品购销合同条例》第三十五条第七、八、九项规定的责任。

八、本合同一式____份。经法定代表人签章后生效。有效期从________年____月____日起至________年____月____日止。

甲　　方：	乙　　方：
地　　址：	地　　址：
代 表 人：	代 表 人：
经 办 人：	经 办 人：
开户银行：	开户银行：
账　　号：	账　　号：

××××年×月×日

【简析】本文标题写明了合同种类。正文的表格将标的物的名称、规格、单位、数量、金额一一标明，清晰明了。其他条款用文字说明，写法规范。全文采用表格式和条文式相结合的形式，结构完整，语言准确、平实。

四、合同的格式与写法

（一）合同的格式

合同的写作方式有表格式、条文式和表格条文综合式三种。表格式合同有较固定的范本。

合同内容包括：标题、首部、正文、尾部四部分。

(1)标题：一般由合同的内容或性质加文种组成，如“购销合同”“运输合同”等。写在合同首页上方正中位置。标题中涉及的标的名称与正文中的标的名称要始终保持一致。

(2)首部：通常包括：合同编号、称谓语及当事人名称、签约时间和签约地点等。

①合同编号：是合同文本制作方的合同序号，通常写在合同标题下右侧。合同编号非必有项。

②称谓语及当事人名称：称谓语在合同中是对各方当事人的称呼用语。不同种类的合同，对当事人有不同的称谓语。例如，买卖合同中的买方称为“买受人”，卖方称为“出卖人”；又如，建设工程合同中承担工程的一方叫“承包人”，出让建设工程的一方叫“发包人”。此外，还有“借方”和“贷方”、“甲方”和“乙方”、“承租方”和“出租方”、“供方”和“需方”等称谓语。称谓语后面用冒号领起当事人名称。

当事人是法人或非法人组织，应写其法定注册名称；是自然人，应写其正式名称。称谓语和当事人名称应上下分行写在标题下左侧。标的的需方在上，标的的供方在下。

③签约时间和签约地点：上下分行标写于合同编号下方，或当事人下方，或与当事人名称左右并列。签约时间是合同生效的时间标志，应具体到日，是必有项。签约地点不是必有项，但如果合同中约定在签约地点解决诉讼争议，则必须标明合同签约地点。签约时间和签约地点也可以放在合同尾部。

(3)正文：是合同的主体内容，是对当事人各方权利、义务的约定。通常包括缘由、主体和附则三部分内容。

①缘由：通常写明各方订立合同的目的、依据和签约过程。常见的写法是“为了……依据《中华人民共和国民法典》及有关政策规定，经双方(或多方)协商，签订本合同，以资共同恪守。具体条款如下：”

②主体：即合同的具体内容和条款。通常包括：标的及其数量和质量，价款或报酬，履约时间、地点和方式，违约责任等方面内容。其中标的与价酬是合同约定的核心内容，其他内容都是围绕核心内容具体约定。

③附则：一般包括合同的有效期、条款未尽事宜的处理办法、合同的份数和保存方式、合同的附件以及合同执行中发生意外情况的处理办法，包括自然灾害、非人为因素造成无法履约的情况。

(4)尾部：应分别写签约当事人单位全称、法定代表人签名，并加盖公章或合同专用章，以及各签约单位的详细地址、电话号码、邮政编码、开户银行和账号；有的合同还要写鉴证机关。

(二)合同的写作要求

1. 内容完备。不能遗漏内容，以免造成纠纷。
2. 格式规范。要严格按照合同格式要求起草合同。
3. 语言表述简明、严密、准确，不能产生歧义。
4. 字迹清楚，文面整洁。
5. 关键数字要大写，防止涂改。

任务实施

请根据下面提供的材料拟写一份格式规范的条文式合同。

清雅茶叶公司法人代表刘海明和碧莹茶场法人代表张华于2012年10月25日签订了一份茶叶购销合同，具体货物是碧莹特级绿茶，数量为500千克，每千克价格为170元。

2013 年 2 月 20 日之前由茶场直接运往公司，运费由茶场负责，检验合格后，公司于收货10 天以内通过银行托付货款。茶场必须用大塑料外包，纸袋内装，外用纸箱或麻包袋装。包装费仍由茶场负责。茶场地址为：××省××县城北区××路××号，开户银行是××县农业银行，银行账号：62222300××××××××，电话：1368223××××。茶叶公司地址为××省××市××路××号，开户银行为××市工商银行，账号 62223000××××××××，电话 1352256××××。合同签订后，如双方不履行，在正常情况下拒不交货或拒付款都须处以货款 20%的罚金；迟交货或迟付款，则每天罚万分之三的滞纳金；数量不足，按不足部分的货款计赔，仍按20%的比例赔偿。质量不合格，则重新论价。如遇特殊情况，则提前 20 天通知对方，并赔偿对方的损失费。

附录一 关于普通话水平测试

《中华人民共和国宪法》等法律法规规定国家推广全国通用的普通话，开展普通话水平测试工作，是依法行政的具体体现，是各级政府有关部门在推广和普及普通话工作中完善执法手段、加大执法力度的重要措施。

普通话水平测试是我国为加快共同语普及进程、提高全社会普通话水平而设置的一种语言测试制度。是推广普通话工作的重要抓手，是使推广普通话工作逐步走上科学化、规范化、制度化的重要举措。

普通话水平测试属于语言测试的范畴，又不同于一般意义的语言测试：普通话水平测试是由政府专门机构主持的一项测试。国家语言文字工作委员会普通话培训测试中心及地方(省、自治区、直辖市)普通话培训测试中心具体负责实施。非普通话培训测试实施机构组织的测试结果，一律不作为普通话水平的凭证。普通话水平测试是资格证书测试。有关行业对本行业从业人员提出了相应的普通话水平等级要求，《普通话水平等级证书》是从业人员普通话水平的凭证，在全国范围内通用。

普通话水平测试是一种口语测试，全部测试内容均以口头方式进行。普通话水平测试不是口才的评定，而是对应试人掌握和运用普通话所达到的规范程度和熟练程度的测查和评定。

一、考试方法

经报名核准，应试人应在规定的日期，凭本人的准考证和身份证，进入指定的考场，并按指定试卷上的内容进行测试。每个测试室有 2～3 位测试员负责对应试者的普通话水平进行判定。时间在 15 分钟左右。

首先抽签试卷，应试人有大约 10 分钟的准备时间。进入考场后首先报自己的单位和姓名，然后按照试卷内容(四项)从前至后进行测试：100 个单音节字词、50 个多音节词语、朗读文章、命题说话。

测试全程录音，在电脑上进行，测试全部完成后，应试人方可离开测试现场。成绩达标后，可得到相应的普通话水平等级证书。

二、普通话水平测试的等级和评分标准

国家语言文字工作委员会颁布的《普通话水平测试等级标准》是评定普通话水平等级的全国统一标准。测试机构根据应试人的测试成绩确定其普通话水平等级，由省、自治区、直辖市教育厅语言文字工作办公室颁发相应的普通话水平测试等级证书。

普通话水平等级分为三级六等，即一、二、三级(一级可称为标准的普通话，二级为比较标准的普通话，三级为一般水平的普通话)，每个级别再分出甲、乙两个等次；一级甲等为最高等次，三级乙等为最低等次。应试人的普通话水平根据在测试中所获得的分值确定。

普通话水平测试等级标准和分数说明

等级	得分	水平
一级甲等	97~100	标准的普通话
一级乙等	92~96.9	
二级甲等	87~91.9	比较标准的普通话
二级乙等	80~86.9	
三级甲等	70~79.9	一般水平的普通话
三级乙等	60~69.9	

(一)一级(标准的普通话)

一级甲等：朗读和自由交谈时，语音标准，语汇、语法正确无误，语调自然，表达流畅。测试总失分率在3%以内。

一级乙等：朗读和自由交谈时，语音标准，语汇、语法正确无误，语调自然，表达流畅。偶有字音、字调失误。测试总失分率在8%以内。

(二)二级(比较标准的普通话)

二级甲等：朗读和自由交谈时，声韵调发音基本标准，语调自然，表达流畅。少数难点音(平翘舌音、前后鼻尾音、边鼻音等)有时出现失误。语汇、语法极少有误。测试总失分率在13%以内。

二级乙等：朗读和自由交谈时，个别调值不准，声韵母发音有不到位现象。难点音较多(平翘舌音、前后鼻尾音、边鼻音、fu-hu、z-zh-j、送气不送气、i-ü不分、保留浊塞音、浊塞擦音、丢介音、复韵母单音化等)，失误较多。方言语调不明显，有使用方言词、方言语法的情况。测试总失分率在20%以内。

(三)三级(一般水平的普通话)

三级甲等：朗读和自由交谈时，声韵母发音失误较多，难点音超出常见范围，声调调值多不准。方言语调明显。语汇、语法有失误。测试总失分率在30%以内。

三级乙等：朗读和自由交谈时，声韵调发音失误多，方言特征突出。方言语调明显。语汇、语法失误较多。外地人听其谈话有听不懂的情况。测试总失分率在40%以内。

三、应试人普通话水平等级的确定

国家语言文字工作部门发布的《普通话水平测试等级标准》是确定应试人普通话水平等级的依据。测试机构根据应试人的测试成绩确定其普通话水平等级，由省、自治区、直辖市以上语言文字工作部门颁发相应的普通话水平测试等级证书。

(一)相关行业人员应分别达到以下普通话水平等级标准

1. 国家机关工作人员为三级甲等以上。

2. 教师为二级乙等以上(语文教师及幼儿园教师须达到二级甲等)。

3. 广播电台、电视台的播音员、节目主持人以及影视话剧演员为一级乙等以上。

4. 直接面向公众服务的工作人员的普通话水平达到三级甲等以上，其中广播员、解说员、话务员等特殊岗位人员的普通话水平达到二级乙等以上。

(二)普通话水平测试评分标准

试卷包括5个组成部分，满分为100分。

1. 读单音节字词(100个音节，不含轻声、儿化音节)，限时3.5分钟，共10分。

(1)目的：测查应试人声母、韵母、声调读音的标准程度。

(2)要求：

①100个音节选自《普通话水平测试用普通话词语表》。

②音节的排列要避免同一测试要素连续出现。

(3)评分：

语音错误，每个音节扣0.1分。

语音缺陷，每个音节扣0.05分。

超时1分钟以内，扣0.5分；超时1分钟以上(含1分钟)，扣1分。

2. 读多音节词语(100个音节)，限时2.5分钟，共20分。

(1)目的：测查应试人声母、韵母、声调和变调、轻声、儿化读音的标准程度。

(2)要求：

①词语选自《普通话水平测试用普通话词语表》。

②声母、韵母、声调出现的次数与读单音节字词的要求相同。

③上声与上声相连的词语不少于3个，上声与非上声相连的词语不少于4个，轻声不少于3个，儿化音节不少于4个(应为不同的儿化韵母)。

④词语的排列要避免同一测试要素连续出现。

(3)评分：

①语音错误，每个音节扣0.2分。

②语音缺陷，每个音节扣0.1分。

③超时1分钟以内，扣0.5分；超时1分钟以上(含1分钟)，扣1分。

3. 选择判断，限时3分钟，共10分。

(1)词语判断(10组)

①目的：测查应试人掌握普通话词语的规范程度。

②要求：根据《普通话水平测试用普通话与方言词语对照表》，列举10组普通话与方言意义相对应但说法不同的词语，由应试人判断并读出普通话的词语。

③评分：判断错误，每组扣0.25分。

(2)量词、名词搭配(10组)

①目的：测查应试人掌握普通话量词和名词搭配的规范程度。

②要求：根据《普通话水平测试用普通话与方言常见语法差异对照表》，列举10个名

词和若干量词，由应试人搭配并读出符合普通话规范的10组名、量短语。

③评分：搭配错误，每组扣0.5分。

(3)语序或表达形式判断(5组)

①目的：测查应试人掌握普通话语法的规范程度。

②要求：根据《普通话水平测试用普通话与方言常见语法差异对照表》，列举5组普通话和方言意义相对应，但语序或表达习惯不同的短语或短句，由应试人判断并读出符合普通话语法规范的表达形式。

③评分：判断错误，每组扣0.5分。

选择判断合计超时1分钟以内，扣0.5分；超时1分钟以上(含1分钟)，扣1分。答题时语音错误，每个错误音节扣0.1分；如判断错误已经扣分，不重复扣分。

4. 朗读短文(1篇，400个音节)，限时4分钟，共30分。

(1)目的：测查应试人使用普通话朗读书面作品的水平。在测查声母、韵母、声调读音标准程度的同时，重点测查连读音变、停连、语调以及流畅程度。

(2)要求：

①短文从《普通话水平测试用朗读作品》中选取。

②评分以朗读作品的前400个音节(不含标点符号和括注的音节)为限。

(3)评分：

①每错1个音节，扣0.1分；漏读或增读1个音节，扣0.1分。

②声母或韵母的系统性语音缺陷，视程度扣0.5分、1分。

③语调偏误，视程度扣0.5分、1分、2分。

④停连不当，视程度扣0.5分、1分、2分。

⑤朗读不流畅(包括回读)，视程度扣0.5分、1分、2分。

⑥超时扣1分。

5. 命题说话，限时3分钟，共30分。

(1)目的：测查应试人在无文字凭借的情况下说普通话的水平，重点测查语音标准程度、词汇语法规范程度和自然流畅程度。

(2)要求：

①说话话题从《普通话水平测试用话题》中选取，由应试人从给定的两个话题中选定一个话题，连续说一段话。

②应试人单向说话。如发现应试人有明显背稿、离题、说话难以继续等表现，主试人应及时提示或引导。

(3)评分：

①语音标准程度，共20分。分六档：

一档：语音标准，或极少有失误。扣0分、0.5分、1分。

二档：语音错误在10次以下，有方音但不明显。扣1.5分、2分。

三档：语音错误在10次以下，但方音比较明显；或语音错误在10~15次之间，有方音但不明显。扣3分、4分。

四档：语音错误在 10~15 次之间，方音比较明显。扣 5 分、6 分。

五档：语音错误超过 15 次，方音明显。扣 7 分、8 分、9 分。

六档：语音错误多，方音重。扣 10 分、11 分、12 分。

②词汇语法规范程度，共 5 分。分三档：

一档：词汇、语法规范。扣 0 分。

二档：词汇、语法偶有不规范的情况。扣 0.5 分、1 分。

三档：词汇、语法屡有不规范的情况。扣 2 分、3 分。

③自然流畅程度，共 5 分。分三档：

一档：语言自然流畅。扣 0 分。

二档：语言基本流畅，口语化较差，有背稿子的表现。扣 0.5 分、1 分。

三档：语言不连贯，语调生硬。扣 2 分、3 分。

说话不足 3 分钟，酌情扣分：缺时 1 分钟以内(含 1 分钟)，扣 1 分、2 分、3 分；缺时 1 分钟以上，扣 4 分、5 分、6 分；说话不满 30 秒(含 30 秒)，本测试项成绩计为 0 分。

(三)普通话水平测试等级划分

划分为三个级别，每个级别内划分两个等次。如下：

(1)97 分及其以上，为一级甲等；92 分及其以上但不足 97 分，为一级乙等；

(2)87 分及其以上但不足 92 分，为二级甲等；80 分及其以上但不足 87 分，为二级乙等；

(3)70 分及其以上但不足 80 分，为三级甲等；60 分及其以上但不足 70 分，为三级乙等。

各省、自治区、直辖市语言文字工作部门可以根据测试对象或本地区的实际情况，决定是否免测“选择判断”测试项。如免测此项，“命题说话”测试项的分值由 30 分调整为 40 分。评分档次不变，具体分值调整如下：

1. 语音标准程度的分值，由 20 分调整为 25 分。

一档：扣 0 分、1 分、2 分。

二档：扣 3 分、4 分。

三档：扣 5 分、6 分。

四档：扣 7 分、8 分。

五档：扣 9 分、10 分、11 分。

六档：扣 12 分、13 分、14 分。

2. 词汇语法规范程度的分值，由 5 分调整为 10 分。

一档：扣 0 分。

二档：扣 1 分、2 分。

三档：扣 3 分、4 分。

3. 自然流畅程度，仍为 5 分，各档分值不变。

附录二

普通话水平测大纲朗读文章（60篇）

• 作品 1 号

那是力争上游的一种树，笔直的干，笔直的枝。它的干呢，通常是丈把高，像是加以人工似的，一丈以内，绝无旁枝；它所有的丫枝呢，一律向上，而且紧紧靠拢，也像是加以人工似的，成为一束，绝无横斜逸出；它的宽大的叶子也是片片向上，几乎没有斜生的，更不用说倒垂了；它的皮，光滑而有银色的晕圈，微微泛出淡青色。这是虽在北方的风雪的压迫下却保持着倔强挺立的一种树！哪怕只有碗来粗细罢，它却努力向上发展，高到丈许，两丈，参天耸立，不折不挠，对抗着西北风。

这就是白杨树，西北极普通的一种树，然而决不是平凡的树！

它没有婆娑的姿态，没有屈曲盘旋的虬枝，也许你要说它不美丽，——如果美是专指“婆娑”或“横斜逸出”之类而言，那么白杨树算不得树中的好女子；但是它却是伟岸，正直，朴质，严肃，也不缺乏温和，更不用提它的坚强不屈与挺拔，它是树中的伟丈夫！当你在积雪初融的高原上走过，看见平坦的大地上傲然挺立这么一株或一排白杨树，难道你就只觉得树只是树，难道你就不想到它的朴质，严肃，坚强不屈，至少也象征了北方的农民；难道你竟一点也不联想到，在敌后的广大土地上，到处有坚强不屈，就像这白杨树一样傲然挺立的守卫他们家乡的哨兵！难道你又不更远一点想到这样枝枝叶叶靠紧团结，力求上进的白杨树，宛然象征了今天在华北平原纵横决荡用血写出新中国历史的那种精神和意志。

——节选自茅盾《白杨礼赞》

• 作品 2 号

两个同龄的年轻人同时受雇于一家店铺，并且拿同样的薪水。

可是一段时间后，叫阿诺德的那个小伙子青云直上，而那个叫布鲁诺的小伙子却仍在原地踏步。布鲁诺很不满意老板的不公正待遇。终于有一天他到老板那儿发牢骚了。老板一边耐心地听着他的抱怨，一边在心里盘算着怎样向他解释清楚他和阿诺德之间的差别。

“布鲁诺先生，”老板开口说话了，“您现在到集市上去一下，看看今天早上有什么卖的。”

布鲁诺从集市上回来向老板汇报说，今早集市上只有一个农民拉了一车土豆在卖。

“有多少？”老板问。

布鲁诺赶快戴上帽子又跑到集上，然后回来告诉老板一共四十袋土豆。

“价格是多少？“

布鲁诺又第三次跑到集上问来了价格。

“好吧，”老板对他说，“现在请您坐到这把椅子上一句话也不要说，看看阿诺德怎么说。”

阿诺德很快就从集市上回来了。向老板汇报说到现在为止只有一个农民在卖土豆，一共四十口袋，价格是多少多少；土豆质量很不错，他带回来一个让老板看看。这个农民一个钟头以后还会弄来几箱西红柿，据他看价格非常公道。昨天他们铺子的西红柿卖得很快，库存已经不多了。他想这么便宜的西红柿，老板肯定会要进一些的，所以他不仅带回了一个西红柿做样品，而且把那个农民也带来了，他现在正在外面等回话呢。

此时老板转向了布鲁诺，说：“现在您肯定知道为什么阿诺德的薪水比您高了吧！”

——节选自张健鹏、胡足青《故事时代》中《差别》

• 作品 3 号

我常常遗憾我家门前那块丑石。它黑黝黝地卧在那里，牛似的模样；谁也不知道是什么时候留在这里的，谁也不去理会它。只是麦收时节，门前摊了麦子，奶奶总是说：这块丑石，多占地面呀，抽空把它搬走吧。

它不像汉白玉那样的细腻，可以刻字雕花，也不像大青石那样的光滑，可以供来浣纱捶布；它静静地卧在那里，院边的槐荫没有庇覆它，花儿也不再在它身边生长。荒草便繁衍出来，枝蔓上下，慢慢地，它竟锈上了绿苔、黑斑。我们这些做孩子的，也讨厌起它来，曾合伙要搬走它，但力气又不足；虽时时咒骂它，嫌弃它，也无可奈何，只好任它留在那里了。

终有一日，村子里来了一个天文学家。他在我家门前路过，突然发现了这块石头，眼光立即就拉直了。他再没有离开，就住了下来；以后又来了好些人，都说这是一块陨石，从天上落下来已经有二三百年了，是一件了不起的东西。不久便来了车，小心翼翼地将它运走了。

这使我们都很惊奇！这又怪又丑的石头，原来是天上的呀！它补过天，在天上发过热，闪过光，我们的先祖或许仰望过它，它给了他们光明，向往，憧憬；而它落下来了，在污土里，荒草里，一躺就是几百年了！

我感到自己的无知，也感到了丑石的伟大；我甚至怨恨它这么多年竟会默默地忍受着这一切？而我又立即深深地感到它那种不屈于误解、寂寞的生存的伟大。

——节选自贾平凹《丑石》

• 作品 4 号

在达瑞八岁的时候，有一天他想去看电影。因为没有钱，他想是向爸妈要钱，还是自己挣钱。最后他选择了后者。他自己调制了一种汽水，向过路的行人出售。可那时正是寒冷的冬天，没有人买，只有两个人例外——他的爸爸和妈妈。

他偶然有一个和非常成功的商人谈话的机会。当他对商人讲述了自己的“破产史”后，商人给了他两个重要的建议：一是尝试为别人解决一个难题；二是把精力集中在你知道的、你会的和你拥有的东西上。

这两个建议很关键。因为对于一个八岁的孩子而言，他不会做的事情很多。于是他穿过大街小巷，不停地思考：人们会有什么难题，他又如何利用这个机会？

一天，吃早饭时父亲让达瑞去取报纸。美国的送报员总是把报纸从花园篱笆的一个特制的管子里塞进来。假如你想穿着睡衣舒舒服服地吃早饭和看报纸，就必须离开温暖的房间，冒着寒风，到花园去取。虽然路短，但十分麻烦。

当达瑞为父亲取报纸的时候，一个主意诞生了。当天他就按响邻居的门铃，对他们说，每个月只需付给他一美元，他就每天早上把报纸塞到他们的房门底下。大多数人都同意了，很快他有了七十多个顾客。一个月后，当他拿到自己赚的钱时，觉得自己简直是飞上了天。

很快他又有了新的机会，他让他的顾客每天把垃圾袋放在门前，然后由他早上运到垃圾桶里，每个月加一美元。之后他还想出了许多孩子赚钱的办法，并把它集结成书，书名为《儿童挣钱的二百五十个主意》。为此，达瑞十二岁时就成了畅销书作家，十五岁有了自己的谈话节目，十七岁就拥有了几百万美元。

——节选自[德]博多·费舍尔《达瑞的故事》，刘志明译

• 作品 5 号

这是入冬以来，胶东半岛上第一场雪。

雪纷纷扬扬，下得很大。开始还伴着一阵儿小雨，不久就只见大片大片的雪花，从彤云密布的天空中飘落下来。地面上一会儿就白了。冬天的山村，到了夜里就万籁俱寂，只听得雪花簌簌地不断往下落，树木的枯枝被雪压断了，偶尔咯吱一声响。

大雪整整下了一夜。今天早晨，天放晴了，太阳出来了。推开门一看，嗬！好大的雪啊！山川、河流、树木、房屋，全都罩上了一层厚厚的雪，万里江山，变成了粉妆玉砌的世界。落光了叶子的柳树上挂满了毛茸茸亮晶晶的银条儿；而那些冬夏常青的松树和柏树上，则挂满了蓬松松沉甸甸的雪球儿。一阵风吹来，树枝轻轻地摇晃，美丽的银条儿和雪球儿簌簌地落下来，玉屑似的雪末儿随风飘扬，映着清晨的阳光，显出一道道五光十色的彩虹。

大街上的积雪足有一尺多深，人踩上去，脚底下发出咯吱咯吱的响声。一群群孩子在雪地里堆雪人，掷雪球，那欢乐的叫喊声，把树枝上的雪都震落下来了。

俗话说，“瑞雪兆丰年”。这个话有充分的科学根据，并不是一句迷信的成语。寒冬大雪，可以冻死一部分越冬的害虫；融化了的水渗进土层深处，又能供应庄稼生长的需要。我相信这一场十分及时的大雪，一定会促进明年春季作物，尤其是小麦的丰收。有经验的老农把雪比做是“麦子的棉被”。冬天“棉被”盖得越厚，明春麦子就长得越好，所以又有这样一句谚语：“冬天麦盖三层被，来年枕着馒头睡。”

我想，这就是人们为什么把及时的大雪称为“瑞雪”的道理吧。

——节选自峻青《第一场雪》

• 作品 6 号

我常想读书人是世间幸福人，因为他除了拥有现实的世界之外，还拥有另一个更为浩

瀚也更为丰富的世界。现实的世界是人人都有的，而后一个世界却为读书人所独有。由此我想，那些失去或不能阅读的人是多么的不幸，他们的丧失是不可补偿的。世间有诸多的不平等，财富的不平等，权力的不平等，而阅读能力的拥有或丧失却体现为精神的不平等。

一个人的一生，只能经历自己拥有的那一份欣悦，那一份苦难，也许再加上他亲自闻知的那一些关于自身以外的经历和经验。然而，人们通过阅读，却能进入不同时空的诸多他人的世界。这样，具有阅读能力的人，无形间获得了超越有限生命的无限可能性。阅读不仅使他多识了草木虫鱼之名，而且可以上溯远古下及未来，饱览存在的与非存在的奇风异俗。

更为重要的是，读书加惠于人们的不仅是知识的增广，而且还在于精神的感化与陶冶。人们从读书学做人，从那些往哲先贤以及当代才俊的著述中学得他们的人格。人们从《论语》中学得智慧的思考，从《史记》中学得严肃的历史精神，从《正气歌》中学得人格的刚烈，从马克思学得人世的激情，从鲁迅学得批判精神，从托尔斯泰学得道德的执着。歌德的诗句刻写着睿智的人生，拜伦的诗句呼唤着奋斗的热情。一个读书人，一个有机会拥有超乎个人生命体验的幸运人。

——节选自谢冕《读书人是幸福的人》

• 作品 7 号

一天，爸爸下班回到家已经很晚了，他很累也有点儿烦，他发现五岁的儿子靠在门旁正等着他。

“爸，我可以问您一个问题吗？”

“什么问题？”“爸，您一小时可以赚多少钱？”“这与你无关，你为什么问这个问题？”父亲生气地说。

“我只是想知道，请告诉我，您一小时赚多少钱？”小孩儿哀求道。“假如你一定要知道的话，我一小时赚二十美金。”

“哦，”小孩儿低下了头，接着又说，“爸，可以借我十美金吗？”父亲发怒了：“如果你只是要借钱去买毫无意义的玩具的话，给我回到你的房间睡觉去。好好想想为什么你会那么自私。我每天辛苦工作，没时间和你玩儿小孩子的游戏。”

小孩儿默默地回到自己的房间关上门。

父亲坐下来还在生气。后来，他平静下来了。心想他可能对孩子太凶了——或许孩子真的很想买什么东西，再说他平时很少要过钱。

父亲走进孩子的房间：“你睡了吗？”“爸，还没有，我还醒着。”孩子回答。

“我刚才可能对你太凶了，”父亲说。“我不应该发那么大的火儿——这是你要的十美金。”“爸，谢谢您。”孩子高兴地从枕头下拿出一些被弄皱的钞票，慢慢地数着。

“为什么你已经有钱了还要？”父亲不解地问。

“因为原来不够，但现在凑够了。”孩子回答：“爸，我现在有二十美金了，我可以向您买一个小时的时间吗？明天请早一点儿回家——我想和您一起吃晚餐。”

——节选自唐继柳编译《二十美金的价值》

• 作品8号

我爱月夜，但我也爱星天。从前在家乡七八月的夜晚在庭院里纳凉的时候，我最爱看天上密密麻麻的繁星。望着星天，我就会忘记一切，仿佛回到了母亲的怀里似的。

三年前在南京我住的地方有一道后门，我打开后门，便看见一个静寂的夜。下面是一片菜园，上面是星群密布的蓝天。星光在我们的肉眼里虽然微小，然而它使我们觉得光明无处不在。那时候我正在读一些天文学的书，也认得一些星星，好像它们就是我的朋友，它们常常在和我谈话一样。

如今在海上，每晚和繁星相对，我把它们认得很熟了。我躺在舱面上，仰望天空。深蓝色的天空里悬着无数半明半昧的星。船在动，星也在动，它们是这样低，真是摇摇欲坠呢！渐渐地我的眼睛模糊了，我好像看见无数萤火虫在我的周围飞舞。海上的夜是柔和的，是静寂的，是梦幻的。我望着许多认识的星，我仿佛看见它们在对我眨眼，我仿佛听见它们在小声说话。这时我忘记了一切。在星的怀抱中我微笑着，我沉睡着。我觉得自己是一个小孩子，现在睡在母亲的怀里了。

有一夜，那个在哥伦波上船的英国人指给我看天上的巨人。他用手指着：那四颗明亮的星是头，下面的几颗是身子，这几颗是手，那几颗是腿和脚，还有三颗星算是腰带。经他这一番指点。我果然看清楚了那个天上的巨人。看，那个巨人还在跑呢！

——节选自巴金《繁星》

• 作品9号

假日到河滩上转转，看见许多孩子在放风筝。一根根长长的引线，一头系在天上，一头系在地上，孩子同风筝都在天与地之间悠荡，连心也被悠荡得恍恍惚惚了，好像又回到了童年。

儿时放的风筝，大多是自己的长辈或家人编扎的，几根削得很薄的篾，用细纱线扎成各种鸟兽的造型，糊上雪白的纸片，再用彩笔勾勒出面孔与翅膀的图案。通常扎得最多的是“老雕”“美人儿”“花蝴蝶”等。

我们家前院就有位叔叔，擅扎风筝，远近闻名。他扎得风筝不只体形好看，色彩艳丽，放飞得高远，还在风筝上绷一叶用蒲苇削成的膜片，经风一吹，发出“嗡嗡”的声响，仿佛是风筝的歌唱，在蓝天下播扬，给开阔的天地增添了无尽的韵味，给驰荡的童心带来几分疯狂。

我们那条胡同的左邻右舍的孩子们放的风筝几乎都是叔叔编扎的。他的风筝不卖钱，谁上门去要，就给谁，他乐意自己贴钱买材料。

后来，这位叔叔去了海外，放风筝也渐与孩子们远离了。不过年年叔叔给家乡写信，总不忘提起儿时的放风筝。香港回归之后，他在家信中说到，他这只被故乡放飞到海外的风筝，尽管飘荡游弋，经沐风雨，可那线头儿一直在故乡和亲人手中牵着，如今飘得太累了，也该要回归到家乡和亲人身边来了。

是的。我想，不光是叔叔，我们每个人都是风筝，在妈妈手中牵着，从小放到大，再从家乡放到祖国最需要的地方去啊！

——节选自李恒瑞《风筝畅想曲》

• 作品10号

爸不懂得怎样表达爱，使我们一家人融洽相处的是我妈。他只是每天上班下班，而妈则把我们做过的错事开列清单，然后由他来责骂我们。

有一次我偷了一块糖果，他要我把它送回去，告诉卖糖的说是我偷来的，说我愿意替他拆箱卸货作为赔偿。但妈妈却明白我只是个孩子。

我在运动场打秋千跌断了腿，在前往医院的途中一直抱着我的，是我妈。爸把汽车停在急诊室门口，他们叫他驶开，说那空位是留给紧急车辆停放的。爸听了便叫嚷道："你以为这是什么车？旅游车？"

在我生日会上，爸总是显得有些不大相称。他只是忙于吹气球，布置餐桌，做杂务。把插着蜡烛的蛋糕推过来让我吹的，是我妈。

我翻阅照相册时，人们总是问："你爸爸是什么样子的？"天晓得！他老是忙着替别人拍照。妈和我笑容可掬地一起拍的照片，多得不可胜数。

我记得妈有一次叫他教我骑自行车。我叫他别放手，但他却说是应该放手的时候了。我摔倒之后，妈跑过来扶我，爸却挥手要她走开。我当时生气极了，决心要给他点颜色看。于是我马上爬上自行车，而且自己骑给他看。他只是微笑。

我念大学时，所有的家信都是妈写的。他除了寄支票外，还寄过一封短柬给我，说因为我没有在草坪上踢足球了，所以他的草坪长得很美。

每次我打电话回家，他似乎都想跟我说话，但结果总是说："我叫你妈来接。"

我结婚时，掉眼泪的是我妈。他只是大声擤了一下鼻子，便走出房间。

我从小到大都听他说："你到哪里去？什么时候回家？汽车有没有汽油？不，不准去。"爸完全不知道怎样表达爱。除非……

会不会是他已经表达了而我却未能察觉？

——节选自[美]艾尔玛·邦贝克《父亲的爱》

• 作品11号

一个大问题一直盘踞在我脑袋里：

世界杯怎么会有如此巨大的吸引力？除去足球本身的魅力之外，还有什么超乎其上而更伟大的东西？

近来观看世界杯，忽然从中得到了答案：是由于一种无上崇高的精神情感——国家荣誉感！

地球上的人都会有国家的概念，但未必时时都有国家的感情。往往人到异国思念家乡，心怀故国，这国家概念就变得有血有肉，爱国之情来得非常具体。而现代社会，科技昌达，信息快捷，事事上网，世界真是太小太小，国家的界限似乎也不那么清晰了。再说足球正在快速世界化，平日里各国球员频繁转会，往来随意，致使越来越多的国家联赛都具有国际的因素。球员们不论国籍，只效力于自己的俱乐部，他们比赛时的激情中完全没有爱国主义的因子。

然而，到了世界杯大赛，天下大变。各国球员都回国效力，穿上与光荣的国旗同样色彩的服装。在每一场比赛前，还高唱国歌以宣誓对自己祖国的挚爱与忠诚。一种血缘情感开始在全身的血管里燃烧起来，而且立刻热血沸腾。

在历史时代，国家间经常发生对抗，好男儿戎装卫国。国家的荣誉往往需要以自己的生命去换取。但在和平时代，唯有这种国家之间大规模对抗性的大赛，才可以唤起那种遥远而神圣的情感，那就是：为祖国而战！

——节选自冯骥才《国家荣誉感》

• 作品 12 号

夕阳落山不久，西方的天空，还燃烧着一片橘红色的晚霞。大海，也被这霞光染成了红色，而且比天空的景色更要壮观。因为它是活动的，每当一排排波浪涌起的时候，那映照在浪峰上的霞光，又红又亮，简直就像一片片霍霍燃烧着的火焰，闪烁着，消失了。而后面的一排，又闪烁着，滚动着，涌了过来。

天空的霞光渐渐地淡下去了，深红的颜色变成了绯红，绯红又变为浅红。最后，当这一切红光都消失了的时候，那突然显得高而远了的天空，则呈现出一片肃穆的神色。最早出现的启明星，在这蓝色的天幕上闪烁起来了。它是那么大，那么亮，整个广漠的天幕上只有它在那里放射着令人注目的光辉，活象一盏悬挂在高空的明灯。

夜色加浓，苍空中的“明灯”越来越多了。而城市各处的真的灯火也次第亮了起来，尤其是围绕在海港周围山坡上的那一片灯光，从半空倒映在乌蓝的海面上，随着波浪，晃动着，闪烁着，像一串流动着的珍珠，和那一片片密布在苍穹里的星斗互相辉映，煞是好看。

在这幽美的夜色中，我踏着软绵绵的沙滩，沿着海边，慢慢地向前走去。海水，轻轻地抚摸着细软的沙滩，发出温柔的刷刷声。晚来的海风，清新而又凉爽。我的心里，有着说不出的兴奋和愉快。

夜风轻飘飘地吹拂着，空气中飘荡着一种大海和田禾相混合的香味，柔软的沙滩上还残留着白天太阳炙晒的余温。那些在各个工作岗位上劳动了一天的人们，三三两两地来到这软绵绵的沙滩上，他们浴着凉爽的海风，望着那缀满了星星的夜空，尽情地说笑，尽情地休憩。

——节选自峻青《海滨仲夏夜》

• 作品 13 号

生命在海洋里诞生绝不是偶然的，海洋的物理和化学性质，使它成为孕育原始生命的摇篮。

我们知道，水是生物的重要组成部分，许多动物组织的含水量在百分之八十以上，而一些海洋生物的含水量高达百分之九十五。水是新陈代谢的重要媒介，没有它，体内的一系列生理和生物化学反应就无法进行，生命也就停止。因此，在短时期内动物缺水要比缺少食物更加危险。水对今天的生命是如此重要，它对脆弱的原始生命，更是举足轻重了。

生命在海洋里诞生，就不会有缺水之忧。

水是一种良好的溶剂。海洋中含有许多生命所必需的无机盐，如氯化钠、氯化钾、碳酸盐、磷酸盐，还有溶解氧，原始生命可以毫不费力地从中吸取它所需要的元素。

水具有很高的热容量，加之海洋浩大，任凭夏季烈日曝晒，冬季寒风扫荡，它的温度变化却比较小。因此，巨大的海洋就像是天然的“温箱”。是孕育原始生命的温床。

阳光虽然为生命所必需，但是阳光中的紫外线却有扼杀原始生命的危险。水能有效地吸收紫外线，因而又为原始生命提供了天然的“屏障”。

这一切都是原始生命得以产生和发展的必要条件。

——节选自童裳亮《海洋与生命》

• 作品14号

读小学的时候，我的外祖母去世了。外祖母生前最疼爱我，我无法排除自己的忧伤，每天在学校的操场上一圈儿又一圈儿地跑着，跑得累倒在地上，扑在草坪上痛哭。

那哀痛的日子，断断续续地持续了很久，爸爸妈妈也不知道如何安慰我。他们知道与其骗我说外祖母睡着了，还不如对我说实话：外祖母永远不会回来了。

“什么是永远不会回来呢?”我问着。

“所有时间里的事物，都永远不会回来了。你的昨天过去，它就永远变成昨天，你不能再回到昨天。爸爸以前也和你一样小，现在也不能回到你这么小的童年了；有一天你会长大，你会像外祖母一样老；有一天你度过了你的时间，就永远不会回来了。”爸爸说。

爸爸等于给我一个谜语，这谜语比课本上的“日历挂在墙壁，一天撕去一页，使我心里着急”和“一寸光阴一寸金，寸金难买寸光阴”还让我感到可怕；也比作文本上的“光阴似箭，日月如梭”更让我觉得有一种说不出的滋味。

时间过得那么飞快，使我的小心眼里不只是着急，还有悲伤。有一天我放学回家，看到太阳快落山了，就下决心说：“我要比太阳更快地回家。”我狂奔回去，站在庭院前喘气的时候，看到太阳还露着半边脸，我高兴地跳跃起来，那一天我跑赢了太阳。以后我就时常做那样的游戏，有时和太阳赛跑，有时和西北风比快，有时一个暑假才能做完的作业，我十天就做完了；那时我三年级，常常把哥哥五年级的作业拿来做。

每一次比赛胜过时间，我就快乐得不知道怎么形容。

如果将来我有什么要教给我的孩子，我会告诉他：假若你一直和时间比赛，你就可以成功！

——节选自林清玄《和时间赛跑》

• 作品15号

三十年代初，胡适在北京大学任教授。讲课时他常常对白话文大加称赞，引起一些只喜欢文言文而不喜欢白话文的学生的不满。

一次，胡适正讲得得意的时候，一位姓魏的学生突然站了起来，生气地问：“胡先生，难道说白话文就毫无缺点吗?”胡适微笑着回答说：“没有。”那位学生更加激动了：“肯定有！白话文废话太多，打电报用字多，花钱多。”胡适的目光顿时变亮了。轻声地解释说：

“不一定吧！前几天有位朋友给我打来电报，请我去政府部门工作，我决定不去，就回电拒绝了。复电是用白话写的，看来也很省字。请同学们根据我这个意思，用文言文写一个回电，看看究竟是白话文省字，还是文言文省字？”胡教授刚说完，同学们立刻认真地写了起来。

十五分钟过去，胡适让同学举手，报告用字的数目，然后挑了一份用字最少的文言电报稿，电文是这样写的：

“才疏学浅，恐难胜任，不堪从命。”白话文的意思是：学问不深，恐怕很难担任这个工作，不能服从安排。

胡适说，这份写得确实不错，仅用了十二个字。但我的白话电报却只用了五个字：

“干不了，谢谢！”

胡适又解释说：“干不了”就有才疏学浅、恐难胜任的意思；“谢谢”既对朋友的介绍表示感谢，又有拒绝的意思。所以，废话多不多，并不看它是文言文还是白话文，只要注意选用字词，白话文是可以比文言文更省字的。

——节选自陈灼《实用汉语中级教程（上）》中《胡适的白话电报》

• 作品 16 号

很久以前，在一个漆黑的秋天的夜晚，我泛舟在西伯利亚一条阴森森的河上。船到一个转弯处，只见前面黑黢黢的山峰下面一星火光蓦地一闪。

火光又明又亮，好像就在眼前……

“好啦，谢天谢地！”我高兴地说，“马上就到过夜的地方啦！”

船夫扭头朝身后的火光望了一眼，又不以为然地划起桨来。

“远着呢！”

我不相信他的话，因为火光冲破朦胧的夜色，明明在那儿闪烁。不过船夫是对的，事实上，火光的确还远着呢。

这些黑夜的火光的特点是：驱散黑暗，闪闪发亮，近在眼前，令人神往。乍一看，再划几下就到了……其实却还远着呢！……

我们在漆黑如墨的河上又划了很久。一个个峡谷和悬崖，迎面驶来，又向后移去，仿佛消失在茫茫的远方，而火光却依然停在前头，闪闪发亮，令人神往——依然是这么近，又依然是那么远……

现在，无论是这条被悬崖峭壁的阴影笼罩的漆黑的河流，还是那一星明亮的火光，都经常浮现在我的脑际，在这以前和在这以后，曾有许多火光，似乎近在咫尺，不止使我一人心驰神往。可是生活之河却仍然在那阴森森的两岸之间流着，而火光也依旧非常遥远。因此，必须加劲划桨……

然而，火光啊……毕竟……毕竟就在前头！

——节选自［俄］柯罗连科《火光》，张铁夫译

• 作品 17 号

对于一个在北平住惯的人，像我，冬天要是不刮风，便觉得是奇迹；济南的冬天是没

有风声的。对于一个刚由伦敦回来的人，像我，冬天要能看得见日光，便觉得是怪事；济南的冬天是响晴的。自然，在热带的地方，日光永远是那么毒，响亮的天气，反有点叫人害怕。可是，在北方的冬天，而能有温晴的天气，济南真得算个宝地。

设若单单是有阳光，那也算不了出奇。请闭上眼睛想：一个老城，有山有水，全在天底下晒着阳光，暖和安适地睡着，只等春风来把它们唤醒，这是不是理想的境界？小山整把济南围了个圈儿，只有北边缺着点口儿。这一圈小山在冬天特别可爱，好像是把济南放在一个小摇篮里，它们安静不动地低声地说："你们放心吧，这儿准保暖和。"真的，济南的人们在冬天是面上含笑的。他们一看那些小山，心中便觉得有了着落，有了依靠。他们由天上看到山上，便不知不觉地想起："明天也许就是春天了吧？这样的温暖，今天夜里山草也许就绿起来了吧？"就是这点幻想不能一时实现，他们也并不着急，因为这样慈善的冬天，干什么还希望别的呢！

最妙的是下点小雪呀。看吧，山上的矮松越发的青黑，树尖上顶着一髻儿白花，好像日本看护妇。山尖全白了，给蓝天镶上一道银边。山坡上，有的地方雪厚点，有的地方草色还露着；这样，一道儿白，一道儿暗黄，给山们穿上一件带水纹的花衣；看着看着，这件花衣好像被风儿吹动，叫你希望看见一点更美的山的肌肤。等到快日落的时候，微黄的阳光斜射在山腰上，那点薄雪好像忽然害羞，微微露出点粉色。就是下小雪吧，济南是受不住大雪的，那些小山太秀气。

——节选自老舍《济南的冬天》

• 作品18号

纯朴的家乡村边有一条河，曲曲弯弯，河中架一弯石桥，弓样的小桥横跨两岸。

每天，不管是鸡鸣晓月，日丽中天，还是月华泻地，小桥都印下串串足迹，洒落串串汗珠。那是乡亲为了追求多棱的希望，兑现美好的遐想。弯弯小桥，不时荡过轻吟低唱，不时露出舒心的笑容。

因而，我稚小的心灵，曾将心声献给小桥：你是一弯银色的新月，给人间普照光辉；你是一把闪亮的镰刀，割刈着欢笑的花果；你是一根晃悠悠的扁担，挑起了彩色的明天！哦，小桥走进我的梦中。

我在飘泊他乡的岁月，心中总涌动着故乡的河水，梦中总看到弓样的小桥。当我访南疆探北国，眼帘闯进座座雄伟的长桥时，我的梦变得丰满了，增添了赤橙黄绿青蓝紫。

三十多年过去，我带着满头霜花回到故乡，第一紧要的便是去看望小桥。

啊！小桥呢？它躲起来了。河中一道长虹，浴着朝霞熠熠闪光。哦，雄浑的大桥敞开胸怀，汽车的呼啸、摩托的笛音、自行车的叮铃，合奏着进行交响乐；南来的钢筋、花布，北往的柑橙、家禽，绘出交流欢跃图……

啊！蜕变的桥，传递了家乡进步的消息，透露了家乡富裕的声音。时代的春风，美好的追求，我蓦地记起儿时唱给小桥的歌，哦，明艳艳的太阳照耀了，芳香甜蜜的花果捧来了，五彩斑斓的岁月拉开了！

我心中涌动的河水，激荡起甜美的浪花。我仰望一碧蓝天，心底轻声呼喊：家乡的桥啊，我梦中的桥！

——节选自郑莹《家乡的桥》

• 作品 19 号

三百多年前，建筑设计师莱伊恩受命设计了英国温泽市政府大厅。他运用工程力学的知识，依据自己多年的实践，巧妙地设计了只用一根柱子支撑的大厅天花板。一年以后，市政府权威人士进行工程验收时，却说只用一根柱子支撑天花板太危险，要求莱伊恩再多加几根柱子。

莱伊恩自信只要一根坚固的柱子足以保证大厅安全，他的“固执”惹恼了市政官员，险些被送上法庭。他非常苦恼，坚持自己原先的主张吧，市政官员肯定会另找人修改设计；不坚持吧，又有悖自己为人的准则，矛盾了很长一段时间，莱伊恩终于想出了一条妙计，他在大厅里增加了四根柱子，不过这些柱子并未与天花板接触，只不过是装装样子。

三百多年过去了，这个秘密始终没有被人发现。直到前两年，市政府准备修缮大厅的天花板，才发现莱伊恩当年的“弄虚作假”。消息传出后，世界各国的建筑专家和游客云集，当地政府对此也不加掩饰，在新世纪到来之际，特意将大厅作为一个旅游景点对外开放，旨在引导人们崇尚和相信科学。

作为一名建筑师，莱伊恩并不是最出色的。但作为一个人，他无疑非常伟大，这种伟大表现在他始终恪守着自己的原则，给高贵的心灵一个美丽的住所，哪怕是遭遇到最大的阻力，也要想办法抵达胜利。

——节选自游宇明《坚守你的高贵》

• 作品 20 号

自从传言有人在萨文河畔散步时无意发现了金子后，这里便常有来自四面八方的淘金者。他们都想成为富翁，于是寻遍了整个河床，还在河床上挖出很多大坑，希望借助它们找到更多的金子。的确，有一些人找到了，但另外一些人因为一无所得而只好扫兴归去。

也有不甘心落空的，便驻扎在这里，继续寻找。彼得·弗雷特就是其中一员。他在河床附近买了一块没人要的土地，一个人默默地工作。他为了找金子，已把所有的钱都押在这块土地上。他埋头苦干了几个月，直到土地全变成了坑坑洼洼，他失望了——他翻遍了整块土地，但连一丁点儿金子都没看见。

六个月后，他连买面包的钱都没有了。于是他准备离开这儿到别处去谋生。

就在他即将离去的前一个晚上，天下起了倾盆大雨，并且一下就是三天三夜。雨终于停了，彼得走出小木屋，发现眼前的土地看上去好像和以前不一样：坑坑洼洼已被大水冲刷平整，松软的土地上长出一层绿茸茸的小草。

“这里没找到金子，”彼得忽有所悟地说，“但这土地很肥沃，我可以用来种花，并且拿到镇上去卖给那些富人，他们一定会买些花装扮他们华丽的客厅。如果真是这样的话，那么我一定会赚许多钱。有朝一日我也会成为富人……”

于是他留了下来。彼得花了不少精力培育花苗，不久田地里长满了美丽娇艳的各色鲜花。

五年以后，彼得终于实现了他的梦想——成了一个富翁。“我是唯一的一个找到真金的人！”他时常不无骄傲地告诉别人，“别人在这儿找不到金子后便远远地离开，而我的‘金子’是在这块土地里，只有诚实的人用勤劳才能采集到。”

——节选自陶猛译《金子》

• 作品 21 号

我在加拿大学习期间遇到过两次募捐，那情景至今使我难以忘怀。

一天，我在渥太华的街上被两个男孩子拦住去路，他们十来岁，穿得整整齐齐，每人头上戴着个做工精巧、色彩鲜艳的纸帽，上面写着“为帮助患小儿麻痹的伙伴募捐”。其中的一个，不由分说就坐在小凳上给我擦起皮鞋来，另一个则彬彬有礼地发问：“小姐，您是哪国人？喜欢渥太华吗？”“小姐，在你们国家有没有小孩儿患小儿麻痹？谁给他们医疗费？”一连串的问题，使我这个有生以来头一次在众目睽睽之下让别人擦鞋的异乡人，从近乎狼狈的窘态中解脱出来。我们像朋友一样聊起天来……

几个月之后，也是在街上。一些十字路口处或车站坐着几位老人。他们满头银发，身穿各种老式军装，上面布满了大大小小形形色色的徽章、奖章，每人手捧一大束鲜花。有水仙、石竹、玫瑰及叫不出名字的，一色雪白。匆匆过往的行人纷纷止步，把钱投进这些老人身旁的白色木箱内，然后向他们微微鞠躬，从他们手中接过一朵花。我看了一会儿，有人投一两元，有人投几百元，还有人掏出支票填好后投进木箱。那些老军人毫不注意人们捐多少钱，一直不停地向人们低声道谢。同行的朋友告诉我，这是为纪念二次大战中参战的勇士，募捐救济残废军人和烈士遗孀，每年一次；认捐的人可谓踊跃，而且秩序井然，气氛庄严。有些地方，人们还耐心地排着队。我想，这是因为他们都知道：正是这些老人们的流血牺牲换来了包括他们信仰自由在内的许许多多。

我两次把那微不足道的一点钱捧给他们，只想对他们说声“谢谢”。

——节选自青白《捐诚》

• 作品 22 号

没有一片绿叶，没有一缕炊烟，没有一粒泥土，没有一丝花香，只有水的世界，云的海洋。

一阵台风袭过，一只孤单的小鸟无家可归，落到被卷到洋里的木板上，乘流而下，姗姗而来，近了，近了！……

忽然，小鸟张开翅膀，在人们头顶盘旋了几圈，“噗啦”一声落到了船上。许是累了？还是发现了“新大陆”？水手撵它它不走，抓它，它乖乖地落在掌心。可爱的小鸟和善良的水手结成了朋友。

瞧，它多美丽，娇巧的小嘴，啄理着绿色的羽毛，鸭子样的扁脚，呈现出春草的鹅黄。水手们把它带到舱里，给它“搭铺”，让它在船上安家落户，每天，把分到的一塑料桶淡水匀给它喝，把从祖国带来的鲜美的鱼肉分给它吃，天长日久，小鸟和水手的感情日趋笃厚。清晨，当第一束阳光射进舷窗时，它便敞开美丽的歌喉，唱啊唱，嘤嘤有韵，婉如春水淙淙。人类给它以生命，它毫不悭吝地把自己的艺术青春奉献给了哺育它的人。可能都是这样？艺术家们的青春只会献给尊敬他们的人。

小鸟给远航生活蒙上了一层浪漫色调，返航时，人们爱不释手，恋恋不舍地想把它带到异乡。可小鸟憔悴了，给水，不喝！喂肉，不吃！油亮的羽毛失去了光泽。是啊，我们有自己的祖国，小鸟也有它的归宿，人和动物都是一样啊，哪儿也不如故乡好！

慈爱的水手们决定放开它，让它回到大海的摇篮去，回到蓝色的故乡去。离别前，这个大自然的朋友与水手们留影纪念。它站在许多人的头上，肩上，掌上，胳膊上，与喂养过它的人们，一起融进那蓝色的画面……

——节选自王文杰《可爱的小鸟》

• 作品 23 号

纽约的冬天常有大风雪，扑面的雪花不但令人难以睁开眼睛，甚至呼吸都会吸入冰冷的雪花。有时前一天晚上还是一片晴朗，第二天拉开窗帘，却已经积雪盈尺，连门都推不开了。

遇到这样的情况，公司、商店常会停止上班，学校也通过广播，宣布停课。但令人不解的是，惟有公立小学，仍然开放。只见黄色的校车，艰难地在路边接孩子，老师则一大早就口中喷着热气，铲去车子前后的积雪，小心翼翼地开车去学校。

据统计，十年来纽约的公立小学只因为超级暴风雪停过七次课。这是多么令人惊讶的事。犯得着在大人都无须上班的时候让孩子去学校吗？小学的老师也太倒霉了吧？

于是，每逢大雪而小学不停课时，都有家长打电话去骂。妙的是，每个打电话的人，反应全一样——先是怒气冲冲地责问，然后满口道歉，最后笑容满面地挂上电话。原因是，学校告诉家长：

在纽约有许多百万富翁，但也有不少贫困的家庭。后者白天开不起暖气，供不起午餐，孩子的营养全靠学校里免费的中饭，甚至可以多拿些回家当晚餐。学校停课一天，穷孩子就受一天冻，挨一天饿，所以老师们宁愿自己苦一点儿，也不能停课。

或许有家长会说：何不让富裕的孩子在家里，让贫穷的孩子去学校享受暖气和营养午餐呢？

学校的答复是：我们不愿让那些穷苦的孩子感到他们是在接受救济，因为施舍的最高原则是保持受施者的尊严。

——节选自刘墉《课不能停》

• 作品 24 号

十年，在历史上不过是一瞬间。只要稍加注意，人们就会发现：在这一瞬间里，各种事物都悄悄经历了自己的千变万化。

这次重新访日，我处处感到亲切和熟悉，也在许多方面发觉了日本的变化。就拿奈良的一个角落来说吧，我重游了为之感受很深的唐招提寺，在寺内各处匆匆走了一遍，庭院依旧，但意想不到的还看到了一些新的东西。其中之一，就是近几年从中国移植来的“友谊之莲”。

在存放鉴真遗像的那个院子里，几株中国莲昂然挺立，翠绿的宽大荷叶正迎风而舞，显得十分愉快。开花的季节已过，荷花朵朵已变为莲蓬累累。莲子的颜色正在由青转紫，看来已经成熟了。

我禁不住想："因"已转化为"果"。

中国的莲花开在日本，日本的樱花开在中国，这不是偶然。我希望这样一种盛况延续不衰。可能有人不欣赏花，但决不会有人欣赏落在自己面前的炮弹。

在这些日子里，我看到了不少多年不见的老朋友，又结识了一些新朋友。大家喜欢涉及的话题之一，就是古长安和古奈良。那还用得着问吗，朋友们缅怀过去，正是瞩望未来。瞩目于未来的人们必将获得未来。

我不例外，也希望一个美好的未来。

为了中日人民之间的友谊，我将不浪费今后生命的每一瞬间。

——节选自严文井《莲花和樱花》

• 作品 25 号

梅雨潭闪闪的绿色招引着我们；我们开始追捉她那离合的神光了。揪着草，攀着乱石，小心探身下去，又鞠躬过了一个石穹门，便到了汪汪一碧的潭边了。

瀑布在襟袖之间；但是我的心中已没有瀑布。我的心随潭水的绿而摇荡。那醉人的绿呀！仿佛一张极大极大的荷叶铺着，满是奇异的绿呀。我想张开两臂抱住她；但这是怎样一个妄想呀。

站在水边，望到那面，居然觉着有些远了！这平铺着，厚积着的绿，着实可爱。她松松的皱缬着，像少妇拖着的裙幅；她滑滑的明亮着，像涂了明油一般，有鸡蛋清那样软，那样嫩，她又不杂些儿尘滓，宛然一块温润的碧玉，只清清的一色——但你却看不透她！

我曾见过北京什刹海拂地的绿杨，脱不了鹅黄的底子，似乎太淡了。我又曾见过杭州虎跑寺近旁高峻而深密的绿壁，丛叠着无穷的碧草与绿叶的，那又似乎太浓了。其余呢，西湖的波太明了，秦淮河的也太暗了。可爱的，我将什么来比拟你呢？我怎么比拟得出呢？大约潭是很深的，故能蕴蓄着这样奇异的绿；仿佛蔚蓝的天融了一块在里面似的，这才这般的鲜润呀。

那醉人的绿呀！我若能裁你以为带，我将赠给那轻盈的舞女；她必能临风飘举了。我若能挹你以为眼，我将赠给那善歌的盲妹；她必明眸善睐了。我舍不得你；我怎舍得你呢？我用手拍着你，抚摩着你，如同一个十二三岁的小姑娘。我又掬你入口，便是吻着她了。我送你一个名字，我从此叫你女儿绿，好么？

第二次到仙岩的时候，我不禁惊诧于梅雨潭的绿了。

——节选自朱自清《绿》

• 作品 26 号

我们家的后园有半亩空地，母亲说："让它荒着怪可惜的，你们那么爱吃花生，就开辟出来种花生吧。"我们姐弟几个都很高兴，买种，翻地，播种，浇水，没过几个月，居然收获了。

母亲说："今晚我们过一个收获节，请你们父亲也来尝尝我们的新花生，好不好？"我们都说好。母亲把花生做成了好几样食品，还吩咐就在后园的茅亭里过这个节。

晚上天色不太好，可是父亲也来了，实在很难得。

父亲说："你们爱吃花生么？"

我们争着答应："爱！"

"谁能把花生的好处说出来？"

姐姐说："花生的味美。"

哥哥说："花生可以榨油。"

我说："花生的价钱便宜，谁都可以买来吃，都喜欢吃。这就是它的好处。"

父亲说："花生的好处很多，有一样最可贵，它的果实埋在地里，不像桃子、石榴、苹果那样，把鲜红嫩绿的果实高高地挂在枝头上，使人一见就生爱慕之心。你们看它矮矮地长在地上，等到成熟了，也不能立刻分辨出来它有没有果实，必须挖出来才知道。"

我们都说是，母亲也点点头。

父亲接下去说："所以你们要像花生，它虽然不好看，可是很有用，不是外表好看而没有实用的东西。"

我说："那么，人要做有用的人，不要做只讲体面，而对别人没有好处的人了。"

父亲说："对。这是我对你们的希望。"

我们谈到夜深才散。花生做的食品都吃完了，父亲的话却深深地印在我的心上。

——节选自许地山《落花生》

• 作品 27 号

我打猎归来，沿着花园的林阴路走着，狗跑在我前面。

突然，狗放慢脚步，蹑足潜行，好像嗅到了前边有什么野物。

我顺着林阴路望去，看见一只嘴边还带着黄色，头上生着柔毛的小麻雀。风猛烈地吹打着林阴路上的白桦树，麻雀从巢里跌落下来，呆呆地伏在地上，孤立无援地张开两只羽毛还未丰满的小翅膀。

我的狗慢慢向它靠近，忽然，从附近一棵树上飞下一只黑胸脯的老麻雀，像一颗石子似的落到狗的眼前。老麻雀全身倒竖着羽毛，惊慌万状，发出绝望、凄惨的叫声，接着向露出牙齿、大张着的狗嘴扑去。

老麻雀是猛扑下来救护幼雀的。它用身体掩护着自己的幼儿……但它整个小小的身体因恐怖而战栗着！它小小的声音也变得粗暴嘶哑。它在牺牲自己！

在它看来，狗该是多么庞大的怪物啊！然而它还是不能站在自己高高的安全的树枝上……一种比它的理智更强烈的力量，使它从那儿扑下身来。

我的狗站住了，向后退了退……看来，它也感到了这种力量。

我赶紧唤住惊惶失措的狗，然后我怀着崇敬的心情，走开了。

是啊，请不要见笑。我崇敬那只小小的、英勇的鸟儿，我崇敬它那种爱的冲动和力量。

爱，我想，比死和死的恐惧更强大，只有依靠它，依靠这种爱，生命才能维持下去，发展下去。

——节选自[俄]屠格涅夫《麻雀》，巴金译

● 作品28号

那年我6岁。离我家仅一箭之遥的小山坡旁，有一个早已被废弃的采石场，双亲从来不准我去那儿，其实那儿风景十分迷人。

一个夏季的下午，我随着一群小伙伴偷偷上那儿去了。就在我们穿越了一条孤寂的小路后，他们却把我一个人留在原地，然后奔向"更危险的地带"了。

等他们走后，我惊慌失措地发现，再也找不到要回家的那条孤寂的小道了。像只无头的苍蝇，我到处乱钻，衣裤上挂满了芒刺。太阳已经落山，而此时此刻，家里一定开始吃晚餐了，双亲正盼着我回家……想着想着，我不由得背靠着一棵树，伤心地呜呜大哭起来……

突然，不远处传来了声声柳笛。我像找到了救星，急忙循声走去。一条小道边的树桩上坐着一位吹笛人，手里还正削着什么。走近细看，他不就是被大家称为"乡巴佬"的卡廷吗？

"你好，小家伙，"卡廷说，"看天气多美，你是出来散步的吧？"

我怯生生地点点头，答道："我要回家了。"

"请耐心等上几分钟，"卡廷说，"瞧，我正在削一支柳笛，差不多就要做好了，完工后就送给你吧！"

卡廷边削边不时把尚未成形的柳笛放在嘴里试吹一下。没过多久，一支柳笛便递到我手中。我俩在一阵阵清脆悦耳的笛音中，踏上了归途……

当时，我心中只充满感激，而今天，当我自己也成了祖父时，却突然领悟到他用心之良苦！那天当他听到我的哭声时，便判定我一定迷了路，但他并不想在孩子面前扮演"救星"的角色，于是吹响柳笛以便让我能发现他，并跟着他走出困境！就这样，卡廷先生以乡下人的纯朴，保护了一个小男孩强烈的自尊。

——节选自唐若水译《迷途笛音》

● 作品29号

在浩瀚无垠的沙漠里，有一片美丽的绿洲，绿洲里藏着一颗闪光的珍珠。这颗珍珠就是敦煌莫高窟。它坐落在我国甘肃省敦煌市三危山和鸣沙山的怀抱中。

鸣沙山东麓是平均高度为十七米的崖壁。在一千六百多米长的崖壁上，凿有大小洞窟七百余个，形成了规模宏伟的石窟群。其中四百九十二个洞窟中，共有彩色塑像两千一百余尊，各种壁画共四万五千多平方米。莫高窟是我国古代无数艺术匠师留给人类的珍贵文化遗产。

莫高窟的彩塑，每一尊都是一件精美的艺术品。最大的有九层楼那么高，最小的还不如一个手掌大。这些彩塑个性鲜明，神态各异。有慈眉善目的菩萨，有威风凛凛的天王，还有强壮勇猛的力士……

莫高窟壁画的内容丰富多彩，有的是描绘古代劳动人民打猎、捕鱼、耕田、收割的情

景，有的是描绘人们奏乐、舞蹈、演杂技的场面，还有的是描绘大自然的美丽风光。其中最引人注目的是飞天。壁画上的飞天，有的臂挎花篮，采摘鲜花；有的反弹琵琶，轻拨银弦；有的倒悬身子，自天而降；有的彩带飘拂，漫天遨游；有的舒展着双臂，翩翩起舞。看着这些精美动人的壁画，就像走进了灿烂辉煌的艺术殿堂。

莫高窟里还有一个面积不大的洞窟——藏经洞。洞里曾藏有我国古代的各种经卷、文书、帛画、刺绣、铜像等共六万多件。由于清朝政府腐败无能，大量珍贵的文物被外国强盗掠走。仅存的部分经卷，现在陈列于北京故宫等处。

莫高窟是举世闻名的艺术宝库。这里的每一尊彩塑、每一幅壁画、每一件文物，都是中国古代人民智慧的结晶。

——节选自小学《语文》第六册中《莫高窟》

• 作品 30 号

其实你在很久以前并不喜欢牡丹，因为它总被人作为富贵膜拜。后来你目睹了一次牡丹的落花，你相信所有的人都会为之感动：一阵清风徐来，妖艳鲜嫩的盛期牡丹忽然整朵整朵地坠落，铺撒一地绚丽的花瓣。那花瓣落地时依然鲜艳在地上，如同一只奉上祭坛的大鸟脱落的羽毛，低吟着壮烈的悲歌离去。

牡丹没有花谢花败之时，要么烁于枝头，要么归于泥土，它跨越萎顿和衰老，由青春而死亡，由美丽而消遁。它虽美却不吝惜生命，即使告别也要展示给人最后一次的惊心动魄。

所以在这阴冷的四月里，奇迹不会发生。任凭游人扫兴和诅咒，牡丹依然安之若素。它不苟且、不俯就、不妥协、不媚俗，甘愿自己冷落自己。它遵循自己的花期自己的规律，它有权利为自己选择每年一度的盛大节日。它为什么不拒绝寒冷?

天南海北的看花人，依然络绎不绝地涌入洛阳城。人们不会因牡丹的拒绝而拒绝它的美。如果它再被贬谪十次，也许它就会繁衍出十个洛阳牡丹城。

于是你在无言的遗憾中感悟到，富贵与高贵只是一字之差。同人一样，花儿也是有灵性的，更有品位之高低。品位这东西为气为魂为筋骨为神韵，只可意会。你叹服牡丹卓而不群之姿，方知品位是多么容易被世俗忽略或是漠视的美。

——节选自张抗抗《牡丹的拒绝》

• 作品 31 号

森林涵养水源，保持水土，防止水旱灾害的作用非常大。据专家测算，一片十万亩面积的森林，相当于一个两百万立方米的水库，这正如农谚所说的：“山上多栽树，等于修水库。雨多它能吞，雨少它能吐。”

说起森林的功劳，那还多得很。它除了为人类提供木材及许多生产、生活的原料之外，在维护生态环境方面也是功劳卓著，它用另一种“能吞能吐”的特殊功能孕育了人类。因为地球在形成之初，大气中的二氧化碳含量很高，氧气很少，气温也高，生物是难以生存的。大约在四亿年之前，陆地才产生了森林。森林慢慢将大气中的二氧化碳吸收，同时吐出新鲜氧气，调节气温：这才具备了人类生存的条件，地球上才最终有了人类。

森林，是地球生态系统的主体，是大自然的总调度室，是地球的绿色之肺。森林维护地球生态环境的这种“能吞能吐”的特殊功能是其他任何物体都不能取代的。然而，由于地球上的燃烧物增多，二氧化碳的排放量急剧增加，使得地球生态环境急剧恶化，主要表现为全球气候变暖，水分蒸发加快，改变了气流的循环，使气候变化加剧，从而引发热浪、飓风、暴雨、洪涝及干旱。

为了使地球的这个“能吞能吐”的绿色之肺恢复健壮，以改善生态环境，抑制全球变暖，减少水旱等自然灾害，我们应该大力造林、护林，使每一座荒山都绿起来。

——节选自《中考语文课外阅读试题精选》中《“能吞能吐”的森林》

• 作品32号

朋友即将远行。

暮春时节，又邀了几位朋友在家小聚，虽然都是极熟的朋友，却是终年难得一见，偶尔电话里相遇，也无非是几句寻常话。一锅小米稀饭，一碟大头菜，一盘自家酿制的泡菜，一只巷口买回的烤鸭，简简单单，不像请客，倒像家人团聚。

其实，友情也好，爱情也好，久而久之都会转化为亲情。

说也奇怪，和新朋友会谈文学、谈哲学、谈人生道理等等，和老朋友却只话家常，柴米油盐，细细碎碎，种种琐事。很多时候，心灵的契合已经不需要太多的言语来表达。

朋友新烫了个头，不敢回家见母亲，恐怕惊骇了老人家，却欢天喜地来见我们，老朋友颇能以一种趣味性的眼光欣赏这个改变。

年少的时候，我们差不多都在为别人而活，为苦口婆心的父母活，为循循善诱的师长活，为许多观念、许多传统的约束力而活。年岁逐增，渐渐挣脱外在的限制与束缚，开始懂得为自己活，照自己的方式做一些自己喜欢的事，不在乎别人的批评意见，不在乎别人的诋毁流言，只在乎那一分随心所欲的舒坦自然。偶尔，也能够纵容自己放浪一下，并且有一种恶作剧的窃喜。

就让生命顺其自然，水到渠成吧，犹如窗前的乌桕，自生自落之间，自有一分圆融丰满的喜悦。春雨轻轻落着，没有诗，没有酒，有的只是一分相知相属的自在自得。

夜色在笑语中渐渐沉落，朋友起身告辞，没有挽留，没有送别，甚至也没有问归期。

已经过了大喜大悲的岁月，已经过了伤感流泪的年华，知道了聚散原来是这样的自然和顺理成章，懂得这点，便懂得珍惜每一次相聚的温馨，离别便也欢喜。

——节选自杏林子《朋友和其他》

• 作品33号

我们在田野散步：我，我的母亲，我的妻子和儿子。

母亲本不愿出来的。她老了，身体不好，走远一点儿就觉得很累。我说，正因为如此，才应该多走走。母亲信服地点点头，便去拿外套。她现在很听我的话，就像我小时候很听她的话一样。

这南方初春的田野，大块小块的新绿随意地铺着，有的浓，有的淡，树上的嫩芽也密了，田里的冬水也咕咕地起着水泡。这一切都使人们想着一样东西——生命。

我和母亲走在前面，我的妻子和儿子走在后面。小家伙突然叫起来："前面是妈妈和儿子，后面也是妈妈和儿子。"我们都笑了。

后来发生了分歧，母亲要走大路，大路平顺；我的儿子要走小路，小路有意思。不过，一切都取决于我。我的母亲老了，她早已习惯听从她强壮的儿子；我的儿子还小，他还习惯听从他高大的父亲；妻子呢，在外面，她总是听我的。一霎时我感到了责任的重大。我想找一个两全的办法，找不出；我想拆散一家人，分成两路，各得其所，终不愿意。我决定委屈儿子，因为我伴同他的时日还长。我说："走大路。"

但是母亲摸摸孙儿的小脑瓜，变了主意："还是走小路吧。"她的眼随小路望去：那里有金色的菜花，两行整齐的桑树，尽头一口水波粼粼的鱼塘。"我走不过去的地方，你就背着我。"母亲对我说。

这样，我们在阳光下，向着那菜花、桑树和鱼塘走去。到了一处，我蹲下来，背起了母亲；妻子也蹲下来，背起了儿子。我和妻子都是慢慢地，稳稳地，走得很仔细，好像我背上的同她背上的加起来，就是整个世界。

——节选自莫怀戚《散步》

• 作品 34 号

地球上是否真的存在"无底洞"？按说地球是圆的，由地壳、地幔和地核三层组成，真正的"无底洞"是不应存在的，我们所看到的各种山洞、裂口、裂缝，甚至火山口也都只是地壳浅部的一种现象。然而中国一些古籍却多次提到海外有个深奥莫测的无底洞。事实上地球上确实有这样一个"无底洞"。

它位于希腊亚各斯古城的海滨。由于濒临大海，大涨潮时，汹涌的海水便会排山倒海般地涌入洞中，形成一股湍湍的急流。据测，每天流入洞内的海水量达三万多吨。奇怪的是，如此大量的海水灌入洞中，却从来没有把洞灌满。曾有人怀疑，这个"无底洞"会不会就像石灰岩地区的漏斗、竖井、落水洞一类的地形。然而从二十世纪三十年代以来，人们就做了多种努力企图寻找它的出口，却都是枉费心机。

为了揭开这个秘密，一九五八年美国地理学会派出一支考察队，他们把一种经久不变的带色染料溶解在海水中，观察染料是如何随着海水一起沉下去。接着又察看了附近海面以及岛上的各条河、湖，满怀希望地寻找这种带颜色的水，结果令人失望。难道是海水量太大把有色水稀释得太淡，以致无法发现？

至今谁也不知道为什么这里的海水会没完没了地"漏"下去，这个"无底洞"的出口又在哪里，每天大量的海水究竟都流到哪里去了？

——节选自［美］罗伯特·罗威尔《神秘的"无底洞"》

• 作品 35 号

我在俄国见到的景物再没有比托尔斯泰墓更宏伟、更感人的了。

完全按照托尔斯泰的愿望；他的坟墓成了世间最美的、给人印象最深刻的坟墓。它只是树林中的一个小小的长方形土丘，上面开满鲜花——没有十字架，没有墓碑，没有墓志铭，连托尔斯泰这个名字也没有。

这位比谁都感到受自己的声名所累的伟人，却像偶尔被发现的流浪汉，不为人知的士兵，不留名姓地被人埋葬了。谁都可以踏进他最后的安息地，围在四周稀疏的木栅栏是不关闭的——保护列夫·托尔斯泰得以安息的没有任何别的东西，惟有人们的敬意；而通常，人们却总是怀着好奇，去破坏伟人墓地的宁静。

这里，逼人的朴素禁锢住任何一种观赏的闲情，并且不容许你大声说话。风儿在俯临，在这座无名者之墓的树木之间飒飒响着，和暖的阳光在坟头嬉戏；冬天，白雪温柔地覆盖这片幽暗的圭土地。无论你在夏天或冬天经过这儿，你都想象不到，这个小小的、隆起的长方体里安放着一位当代最伟大的人物。

然而，恰恰是这座不留姓名的坟墓，比所有挖空心思用大理石和奢华装饰建造的坟墓更扣人心弦。在今天这个特殊的日子里，到他的安息地来的成百上千人中间，没有一个有勇气，哪怕仅仅从这幽暗的土丘上摘下一朵花留作纪念。人们重新感到，世界上再没有比托尔斯泰最后留下的、这座纪念碑式的朴素坟墓，更打动人心的了。

——节选自[奥]茨威格《世间最美的坟墓》，张仁厚译

• 作品 36 号

我国的建筑，从古代的宫殿到近代的一般住房，绝大部分是对称的，左边怎么样，右边怎么样。苏州园林可绝不讲究对称，好像故意避免似的。东边有了一个亭子或者一道回廊，西边决不会来一个同样的亭子或者一道同样的回廊。这是为什么？我想，用图画来比方，对称的建筑是图案画，不是美术画，而园林是美术画，美术画要求自然之趣，是不讲究对称的。

苏州园林里都有假山和池沼。

假山的堆叠，可以说是一项艺术而不仅是技术。或者是重峦叠嶂，或者是几座小山配合着竹子花木，全在乎设计者和匠师们生平多阅历，胸中有丘壑，才能使浏览者攀登的时候忘却苏州城市，只觉得身在山间。

至于池沼，大多引用活水。有些园林池沼宽敞，就把池沼作为全园的中心，其他景物配合着布置。水面假如成河道模样，往往安排桥梁。假如安排两座以上的桥梁，那就一座一个样，决不雷同。

池沼或河道的边沿很少砌齐整的石岸，总是高低屈曲任其自然。还在那儿布置几块玲珑的石头，或者种些花草。这也是为了取得从各个角度看都成一幅画的效果。池沼里养着金鱼或各色鲤鱼，夏秋季节荷花或睡莲开放，浏览者看“鱼戏莲叶”间，又是入画的一景。

——节选自叶圣陶《苏州园林》

• 作品 37 号

一位访美中国女作家，在纽约遇到一位卖花的老太太。老太太穿着破旧，身体虚弱，但脸上的神情却是那样祥和兴奋。女作家挑了一朵花说：“看起来，你很高兴。”老太太面带微笑地说：“是的，一切都这么美好，我为什么不高兴呢？”“对烦恼，你倒真能看得开。”女作家又说了一句。没料到，老太太的回答更令女作家大吃一惊：“耶稣在星期五被钉上十字架时，是全世界最糟糕的一天，可三天后就是复活节。所以，当我遇到不幸时，

就会等待三天，这样一切就恢复正常了。”

“等待三天”，多么富于哲理的话语，多么乐观的生活方式。它把烦恼和痛苦抛下，全力去收获快乐。

沈从文在“文革”期间，陷入了非人的境地。可他毫不在意，他在咸宁时给他的表侄、画家黄永玉写信说：“这里的荷花真好，你若来……”身陷苦难却仍为荷花的盛开欣喜赞叹不已，这是一种趋于澄明的境界，一种旷达洒脱的胸襟，一种面临磨难坦荡从容的气度。一种对生活童子般的热爱和对美好事物无限向往的生命情感。

由此可见，影响一个人快乐的，有时并不是困境及磨难，而是一个人的心态。如果把自己浸泡在积极、乐观、向上的心态中，快乐必然会占据你的每一天。

——节选自《态度创造快乐》

• 作品 38 号

泰山极顶看日出，历来被描绘成十分壮观的奇景。有人说：登泰山而看不到日出，就像一出大戏没有戏眼，味儿终究有点寡淡。

我去爬山那天，正赶上个难得的好天，万里长空，云彩丝儿都不见，素常，烟雾腾腾的山头，显得眉目分明。同伴们都欣喜地说：“明儿早晨准可以看见日出了。”我也是抱着这种想头，爬上山去。

一路从山脚往上爬，细看山景，我觉得挂在眼前的不是五岳独尊的泰山，却象一幅规模惊人的青绿山水画，从下面倒展开来。在画卷中最先露出的是山根底那座明朝建筑岱宗坊，慢慢地便现出王母池、斗母宫、经石峪。……山是一层比一层深，一叠比一叠奇，层层叠叠，不知还会有多深多奇。万山丛中，时而点染着极其工细的人物。王母池旁边吕祖殿里有不少尊明塑，塑着吕洞宾等一些人，姿态神情是那样有生气，你看了，不禁会脱口赞叹说：“活啦。”

画卷继续展开，绿荫森森的柏洞露面不太久，便来到对松山。两面奇峰对峙着，满山峰都是奇形怪状的老松，年纪怕都上千岁了，颜色竟那么浓，浓得好象要流下来似的。来到这儿你不妨权当一次画里的写意人物，坐在路旁的对松亭里，看看山色，听听流水和松涛。

一时间，我又觉得自己不仅是在看画卷，却又象是在零零乱乱翻着一卷历史稿本。

——节选自杨朔《泰山极顶》

• 作品 39 号

育才小学校长陶行知在校园看到学生王友用泥块砸自己班上的同学，陶行知当即喝止了他，并令他放学后到校长室去。无疑，陶行知是要好好教育这个“顽皮”的学生。那么他是如何教育的呢？

放学后，陶行知来到校长室，王友已经等在门口准备挨训了。可一见面，陶行知却掏出一块糖果送给王友，并说：“这是奖给你的，因为你按时来到这里，而我却迟到了。”王友惊疑地接过糖果。

随后，陶行知又掏出一块糖果放到他手里，说：“这第二块糖果也是奖给你的，因为当我不让你再打人时，你立即就住手了，这说明你很尊敬我，我应该奖你。”王友更惊疑了，他眼睛睁得大大的。

陶行知又掏出第三块糖果塞到王友手里，说：“我调查过了，你用泥块砸那些男生，是因为他们不守游戏规则，欺负女生；你砸他们，说明你很正直善良，且有批评不良行为的勇气，应该奖励你啊！”王友感动极了，他流着眼泪后悔地喊道：“陶……陶校长你打我两下吧！我砸的不是坏人，而是自己的同学啊……”

陶行知满意地笑了，他随即掏出第四块糖果递给王友，说：“为你正确地认识错误，我再奖给你一块糖果，只可惜我只有这一块糖果了。我的糖果没有了，我看我们的谈话也该结束了吧！”说完，就走出了校长室。

——节选自《教师博览 百期精华》中《陶行知的“四块糖果”》

• 作品40号

享受幸福是需要学习的，当它即将来临的时刻需要提醒。人可以自然而然地学会感官的享乐，人却无法天生地掌握幸福的韵律。灵魂的快意同器官的舒适像一对孪生兄弟，时而相傍相依，时而南辕北辙。

幸福是一种心灵的振颤。它像会倾听音乐的耳朵一样，需要不断地训练。

简而言之，幸福就是没有痛苦的时刻。它出现的频率并不像我们想象的那样少。人们常常只是在幸福的金马车已经驶过去很远时，才捡起地上的金鬃毛说，原来我见过它。

人们喜爱回味幸福的标本，却忽略它披着露水散发清香的时刻。那时候我们往往步履匆匆，瞻前顾后不知在忙着什么。

世上有预报台风的，有预报蝗虫的，有预报瘟疫的，有预报地震的。没有人预报幸福。其实幸福和世界万物一样，有它的征兆。

幸福常常是朦胧的，很有节制地向我们喷洒甘霖。你不要总希望轰轰烈烈的幸福，它多半只是悄悄地扑面而来。你也不要企图把水龙头拧得更大，那样，它会很快地流失。你需要静静地以平和之心，体验它的真谛。

幸福绝大多数是朴素的。它不会像信号弹似的，在很高的天际闪烁红色的光芒。它披着本色外衣，亲切温暖地包裹起我们。

幸福不喜欢喧嚣浮华，它常常在暗淡中降临。贫困中相濡以沫的一块糕饼，患难中心心相印的一个眼神，父亲一次粗糙的抚摸，女友一个温馨的字条……这都是千金难买的幸福啊。像一粒粒缀在旧绸子上的红宝石，在凄凉中愈发熠熠夺目。

——节选自毕淑敏《提醒幸福》

• 作品41号

在里约热内卢的一个贫民窟里，有一个男孩子，他非常喜欢足球，可是又买不起，于是就踢塑料盒，踢汽水瓶，踢从垃圾箱里拣来的椰子壳。他在胡同里踢，在能找到的任何一片空地上踢。

有一天，当他在一处干涸的水塘里猛踢一个猪膀胱时，被一位足球教练看见了。他发现这个男孩儿踢得很像那么回事，就主动提出要送给他一个足球。小男孩儿得到足球后踢得更卖劲了。不久，他就能准确地把球踢进远处随意摆放的一个水桶里。

圣诞节到了，孩子的妈妈说："我们没有钱买圣诞礼物送给我们的恩人，就让我们为他祈祷吧。"

小男孩儿跟随妈妈祈祷完毕，向妈妈要了一把铲子便跑了出去。他来到一座别墅前的花园里，开始挖坑。

就在他快要挖好坑的时候，从别墅里走出一个人来，问小孩儿在干什么，孩子抬起满是汗珠的脸蛋儿，说："教练，圣诞节到了，我没有礼物送给您，我愿给您的圣诞树挖一个树坑。"

教练把小男孩儿从树坑里拉上来，说，我今天得到了世界上最好的礼物。明天你就到我的训练场去吧。

三年后，这位十七岁的男孩儿在第六届足球锦标赛上独进二十一球，为巴西第一次捧回了金杯。一个原来不为世人所知的名字——贝利，随之传遍世界。

——节选自刘燕敏《天才的造就》

• 作品 42 号

记得我十三岁时，和母亲住在法国东南部的耐斯城。母亲没有丈夫，也没有亲戚，够清苦的，但她经常能拿出令人吃惊的东西，摆在我面前。她从来不吃肉，一再说自己是素食者。然而有一天，我发现母亲正仔细地用一小块碎面包擦那给我煎牛排用的油锅。我明白了她称自己为素食者的真正原因。

我十六岁时，母亲成了耐斯市美蒙旅馆的女经理。这时，她更忙碌了。一天，她瘫在椅子上，脸色苍白，嘴唇发灰。马上找来医生，做出诊断：她摄取了过多的胰岛素。直到这时我才知道母亲多年一直对我隐瞒的疾痛——糖尿病。

她的头歪向枕头一边，痛苦地用手抓挠胸口。床架上方，则挂着一枚我一九三二年赢得耐斯市少年乒乓球冠军的银质奖章。

啊，是对我的美好前途的憧憬支撑着她活下去，为了给她那荒唐的梦至少加一点真实的色彩，我只能继续努力，与时间竞争，直至一九三八年我被征入空军。巴黎很快失陷，我辗转调到英国皇家空军。刚到英国就接到了母亲的来信。这些信是由在瑞士的一个朋友秘密地转到伦敦，送到我手中的。

现在我要回家了，胸前佩带着醒目的绿黑两色的解放十字绶带，上面挂着五六枚我终身难忘的勋章，肩上还佩带着军官肩章。到达旅馆时，没有一个人跟我打招呼。原来，我母亲在三年半以前就已经离开人间了。

在她死前的几天中，她写了近二百五十封信，把这些信交给她在瑞士的朋友，请这个朋友定时寄给我。就这样，在母亲死后的三年半的时间里，我一直从她身上吸取着力量和勇气——这使我能够继续战斗到胜利那一天。

——节选自[法]罗曼·加里《我的母亲独一无二》

• 作品 43 号

生活对于任何人都非易事，我们必须有坚韧不拔的精神。最要紧的，还是我们自己要有信心。我们必须相信，我们对每一件事情都具有天赋的才能，并且，无论付出任何代价，都要把这件事完成，当事情结束的时候，你要能问心无愧地说："我已经尽我所能了。"

有一年的春天，我因病被迫在家里休息数周。我注视着我的女儿们所养的蚕正在结茧，这使我很感兴趣。望着这些蚕执著地、勤奋地工作，我感到我和它们非常相似。像它们一样，我总是耐心地把自己的努力集中在一个目标上。我之所以如此，或许是因为有某种力量在鞭策着我——正如蚕被鞭策着去结茧一般。

近五十年来，我致力于科学研究，而研究，就是对真理的探讨。我有许多美好快乐的记忆。少女时期我在巴黎大学，孤独地过着求学的岁月；在后来献身科学的整个时期，我丈夫和我专心致志，像在梦幻中一般，坐在简陋的书房里艰辛地研究，后来我们就在那里发现了镭。

我永远追求安静的工作和简单的家庭生活。为了实现这个理想，我竭力保持宁静的环境，以免受人事的干扰和盛名的拖累。

我深信，在科学方面我们有对事业而不是对财富的兴趣。我的惟一奢望是在一个自由国家中，以一个自由学者的身份从事研究工作。

我一直沉醉于世界的优美之中，我所热爱的科学也不断增加它崭新的远景。我认定科学本身就具有伟大的美。

——节选自[波兰]玛丽居里《我的信念》，剑捷译

• 作品44号

我为什么非要教书不可？是因为我喜欢当教师的时间安排表和生活节奏。七、八、九三个月给我提供了进行回顾、研究、写作的良机，并将三者有机融合，而善于回顾、研究和总结正是优秀教师素质中不可缺少的成分。

干这行给了我多种多样的"甘泉"去品尝，找优秀的书籍去研读，到"象牙塔"和实际世界里去发现。教学工作给我提供了继续学习的时间保证，以及多种途径、机遇和挑战。

然而，我爱这一行的真正原因，是爱我的学生。学生们在我的眼前成长变化。当教师意味着亲历"创造"过程的发生——恰似亲手赋予一团泥土以生命，没有什么比目睹它开始呼吸更激动人心的了。

权利我也有了：我有权利去启发诱导，去激发智慧的火花，去问费心思考的问题，去赞扬回答的尝试，去推荐书籍，去指点迷津。还有什么别的权利能与之相比呢？

而且，教书还给我金钱和权利之外的东西，那就是爱心。不仅有对学生的爱，对书籍的爱，对知识的爱，还有教师才能感受到的对"特别"学生的爱。这些学生，有如冥顽不灵的泥块，由于接受了老师的炽爱才勃发了生机。

所以，我爱教书，还因为，在那些勃发生机的"特别"学生身上，我有时发现自己和他们呼吸相通，忧乐与共。

——节选自[美]彼得·基·贝得勒《我为什么当教师》

• 作品45号

中国西部我们通常是指黄河与秦岭相连一线以西，包括西北和西南的十二个省、市、

自治区。这块广袤的土地面积为五百四十六万平方公里，占国土总面积的百分之五十七；人口二点八亿，占全国总人口的百分之二十三。

西部是华夏文明的源头。华夏祖先的脚步是顺着水边走的：长江上游出土过元谋人牙齿化石，距今约一百七十万年；黄河中游出土过蓝田人头盖骨，距今约七十万年。这两处古人类都比距今约五十万年的北京猿人资格更老。

西部地区是华夏文明的重要发源地。秦皇汉武以后，东西方文化在这里交汇融合，从而有了丝绸之路的驼铃声声，佛院深寺的暮鼓晨钟。敦煌莫高窟是世界文化史上的一个奇迹，它在继承汉晋艺术传统的基础上，形成了自己兼收并蓄的恢宏气度，展现出精美绝伦的艺术形式和博大精深的文化内涵。秦始皇兵马俑、西夏王陵、楼兰古国、布达拉宫、三星堆、大足石刻等历史文化遗产，同样为世人所瞩目，成为中华文化重要的象征。

西部地区又是少数民族及其文化的集萃地，几乎包括了我国所有的少数民族。在一些偏远的少数民族地区，仍保留了一些久远时代的艺术品种，成为珍贵的“活化石”，如纳西古乐、戏曲、剪纸、刺绣、岩画等民间艺术和宗教艺术。特色鲜明、丰富多彩，犹如一个巨大的民族民间文化艺术宝库。

我们要充分重视和利用这些得天独厚的资源优势，建立良好的民族民间文化生态环境，为西部大开发做出贡献。

——节选自《中考语文课外阅读试题精选》中《西部文化和西部开发》

• 作品 46 号

高兴，这是一种具体的被看得到摸得着的事物所唤起的情绪。它是心理的，更是生理的。它容易来也容易去，谁也不应该对它视而不见失之交臂，谁也不应该总是做那些使自己不高兴也使旁人不高兴的事。让我们说一件最容易做也最令人高兴的事吧，尊重你自己，也尊重别人，这是每一个人的权利，我还要说这是每一个人的义务。

快乐，它是一种富有概括性的生存状态、工作状态。它几乎是先验的，它来自生命本身的活力，来自宇宙、地球和人间的吸引，它是世界的丰富、绚丽、阔大、悠久的体现。快乐还是一种力量，是埋在地下的根脉。消灭一个人的快乐比挖掘掉一棵大树的根要难得多。

欢欣，这是一种青春的、诗意的情感。它来自面向着未来伸开双臂奔跑的冲力，它来自一种轻松而又神秘、朦胧而又隐秘的激动，它是激情即将到来的预兆，它又是大雨过后的比下雨还要美妙得多也久远得多的回味……

喜悦，它是一种带有形而上色彩的修养的境界。与其说它是一种情绪，不如说它是一种智慧、一种超拔、一种悲天悯人的宽容和理解，一种饱经沧桑的充实和自信，一种光明的理性，一种坚定的成熟，一种战胜了烦恼和庸俗的清明澄澈。它是一潭清水，它是一抹朝霞，它是无边的平原，它是沉默的地平线。多一点儿、再多一点儿喜悦吧，它是翅膀，也是归巢。它是一杯美酒，也是一朵永远开不败的莲花。

——节选自王蒙《喜悦》

• 作品 47 号

在湾仔，香港最热闹的地方，有一棵榕树，它是最贵的一棵树，不光在香港，在全世界，都是最贵的。

树，活的树，又不卖，何言其贵？只因它老，它粗，是香港百年沧桑的活见证，香港人不忍看着它被砍伐，或者被移走，便跟要占用这片山坡的建筑者谈条件：可以在这儿建大楼盖商厦，但一不准砍树，二不准挪树，必须把它原地精心养起来，成为香港闹市中的一景。太古大厦的建设者最后签了合同，占用这个大山坡建豪华商厦的先决条件是同意保留这棵老树。

树长在半山坡上，计划将树下面的成千上万方山石全部掏空取走，腾出地方来盖楼。把树架在大楼上面，仿佛它原本是长在楼顶上似的。建设者就地造了一个直径十八米、深十米的大花盆，先固定好这棵老树，再在大花盆底下盖楼，光这一项就花了两千三百八十九万港币，这也堪称是最昂贵的保护措施了。

太古大厦落成之后，人们可以乘滚动扶梯一次到位，来到太古大厦的顶层。出后门，那儿是一片自然景色。一棵大树出现在人们面前，树干有一米半粗，树冠直径足有二十多米，独木成林，非常壮观，形成一座以它为中心的小公园，取名叫“榕圃”。树前面插着铜牌，说明原由。此情此景，如不看铜牌的说明，绝对想不到巨树根底下还有一座宏伟的现代大楼。

——节选自舒乙《香港：最贵的一棵树》

• 作品 48 号

我们的船渐渐地逼近榕树了。我有机会看清它的真面目：是一棵大树，有数不清的丫枝，枝上又生根，有许多根一直垂到地上，伸进泥土里。一部分树枝垂到水面，从远处看，就像一棵大树斜躺在水面上一样。

现在正是枝繁叶茂的时节。这棵榕树好像在把它的全部生命力展示给我们看。那么多的绿叶，一簇堆在另一簇的上面，不留一点缝隙。翠绿的颜色明亮地在我们的眼前闪耀，似乎每一片树叶上都有一个新的生命在颤动，这美丽的南国的树！

船在树下泊了片刻，岸上很湿，我们没有上去。朋友说这里是“鸟的天堂”，有许多鸟在这棵树上做窝，农民不许人去捉它们。我仿佛听见几只鸟扑翅的声音，但是等到我的眼睛注意地看那里时，我却看不见一只鸟的影子。只有无数的树根立在地上，像许多根木桩。地是湿的，大概涨潮时河水常常冲上岸去。“鸟的天堂”里没有一只鸟，我这样想到。船开了，一个朋友拨着船，缓缓地流到河中间去。

第二天，我们划着船到一个朋友的家乡去，就是那个有山有塔的地方。从学校出发，我们又经过那“鸟的天堂”。

这一次是在早晨，阳光照在水面上，也照在树梢上。一切都显得非常光明。我们的船也在树下泊了片刻。

起初四周围非常清静。后来忽然起了一声鸟叫。我们把手一拍，便看见一只大鸟飞了起来，接着又看见第二只，第三只。我们继续拍掌，很快地这个树林就变得很热闹了。到处都是鸟声，到处都是鸟影。大的，小的，花的，黑的，有的站在枝上叫，有的飞起来，在扑翅膀。

——节选自巴金《鸟的天堂》

• 作品 49 号

有这样一个故事。

有人问：世界上什么东西的力气最大？回答纷纭的很，有的说“象”，有的说“狮”，有人开玩笑似的说：是“金刚”，金刚有多少力气，当然大家全不知道。

结果，这一切答案完全不对，世界上气力最大的，是植物的种子。一粒种子所可以显示出来的力，简直是超越一切。

人的头盖骨，结合得非常致密与坚固，生理学家和解剖学者用尽了一切的方法，要把它完整地分出来，都没有这种力气。后来忽然有人发明了一个方法，就是把一些植物的种子放在要剖析的头盖骨里，给它以温度与湿度，使它发芽，一发芽，这些种子便以可怕的力量，将一切机械力所不能分开的骨骼，完整地分开了。植物种子力量之大，如此如此。

这，也许特殊了一点儿，常人不容易理解，那么，你看见笋的成长吗？你看见过被压在瓦砾和石块下面的一颗小草的生长吗？他为着向往阳光，为着达成它的生之意志，不管上面的石块如何重，石与石之间如何狭，它必定要曲曲折折地，但是顽强不屈地透到地面上来，它的根往土壤钻，它的芽望地面挺，这是一种不可抗拒的力，阻止它的石块，结果也被它掀翻，一粒种子的力量之大，如此如此。

没有一个人将小草叫做“大力士”，但是它的力量之大，的确是世界无比。这种力，是一般人看不见的生命力。只要生命存在，这种力就要显现。上面的石块，丝毫不足以阻挡。因为它是一种“长期抗战”的力；有弹性，能屈能伸的力；有韧性，不达目的不止的力。

——节选自夏衍《野草》

• 作品 50 号

著名教育家班杰明曾经接到一个青年人的求教电话，并与那个向往成功、渴望指点的青年人约好了见面的时间和地点。

待那位青年人如约而至时，班杰明的房门敞开着，眼前的景象令青年人颇感意外——班杰明的房间里乱七八糟、狼藉一片。

没等青年人开口，班杰明就招呼道：你看我这房间，太不整洁了，请你在门外等候一分钟，我收拾一下，你再进来吧。一边说着，班杰明就轻轻关上了房门。

不到一分钟的时间，班杰明就又打开了房门并热情地把青年人让进客厅。这时，青年人的眼前展现出另一番景象——房间内的一切已变得井然有序，而且有两杯刚刚倒好的红酒，在淡淡的香水气息里还漾着微波。

可是，没等青年人把满腹的有关人生和事业的疑难问题向班杰明讲出来，班杰明就非常客气地说道：干杯。你可以走了。

青年人手持酒杯一下子愣住了，既尴尬又非常遗憾地说：可是，我……我还没向您请教呢……

这些……难道还不够吗？班杰明一边微笑着一边扫视着自己的房间，轻言细语地说，你进来又有一分钟了。

一分钟……一分钟……青年人若有所思地说，我懂了，您让我明白了一分钟的时间可以做许多事情，可以改变许多事情的深刻道理。

班杰明舒心地笑了。青年人把杯里的红酒一饮而尽，向班杰明连连道谢之后，开心地走了。

其实，只要把握好生命中的每一分钟，也就是把握了理想的人生。

——节选自纪广洋《一分钟》

• 作品51号

有个塌鼻子的小男孩儿，因为两岁时得过脑炎，智力受损，学习起来很吃力。打个比方，别人写作文能写二三百字，他却只能写三五行。但即便这样的作文，他同样能写得很动人。

那是一次作文课，题目是《愿望》。他极其认真的想了半天，然后极认真地写，那作文极短。只有三句话：我有两个愿望，第一个是，妈妈天天笑眯眯地看着我说："你真聪明。"第二个是，老师天天笑眯眯地看着我说："你一点也不笨。"

于是就是这篇作文，深深地打动了他的老师，那位妈妈式的老师不仅给了他最高分，在班上带感情地朗读了这篇作文，还一笔一画地批道：你很聪明，你的作文写得非常感人，请放心，妈妈肯定会格外喜欢你的，老师肯定会格外喜欢你的，大家肯定会格外喜欢你的。

捧着作文本，他笑了，蹦蹦跳跳地回家了，像只喜鹊。但他并没有把作文本拿给妈妈看，他是在等待，等待着一个美好的时刻。

那个时刻终于到了，是妈妈的生日——一个阳光灿烂的星期天。那天，他起得特别早，把作文本装在一个亲手做的美丽的大信封里，等着妈妈醒来。妈妈刚刚睁眼醒来，他就笑眯眯地走到妈妈跟前说："妈妈，今天是您的生日，我要送给您一件礼物。"

果然，看着这篇作文，妈妈甜甜地涌出了两行热泪，一把搂住小男孩儿，搂得很紧很紧。

是的，智力可以受损，但爱永远不会。

——节选自张玉庭《一个美丽的故事》

• 作品52号

小学的时候，有一次我们去海边远足，妈妈没有做便饭，给了我十块钱买午餐。好像走了很久，很久，终于到海边，大家坐下来便吃饭，荒凉的海边没有商店，我一个人跑到防风林外面去，级任老师要大家把吃剩的饭菜分给我一点儿。有两三个男生留下一点儿给我，还有一个女生，她的米饭拌了酱油，很香。我吃完的时候，她笑眯眯地看着我，短头发，脸圆圆的。

她的名字叫翁香玉。

每天放学的时候，她走的是经过我们家的一条小路，带着一位比她小的男孩儿，可能是弟弟。小路边是一条清澈见底的小溪，两旁竹阴覆盖，我总是远远地跟在她后面。夏日的午后特别炎热，走到半路她会停下来，拿手帕在溪水里浸湿，为小男孩儿擦脸。我也在后面停下来，把肮脏的手帕弄湿了擦脸，再一路远远跟着她回家。

后来我们家搬到镇上去了，过几年我也上了中学。有一天放学回家，在火车上，看见斜对面一位短头发、圆圆脸的女孩，一身素净的白衣黑裙。我想她一定不认识我了。火车很快到站了，我随着人群挤向门口，她也走近了，叫我的名字。这是她第一次和我说话。

她笑眯眯的，和我一起走过月台。以后就没有再见过她了。

这篇文章收在我出版的《少年心事》这本书里。

书出版后半年，有一天我忽然收到出版社转来的一封信，信封上是陌生的字迹，但清楚地写着我的本名。

信里面说她看到了这篇文章心里非常激动，没想到在离开家乡，漂泊异地这么久之后，会看见自己仍然在一个人的记忆里，她自己也深深记得这其中的每一幕，只是没想到越过遥远的时空，竟然另一个人也深深记得。

——节选自苦伶《永远的记忆》

• 作品 53 号

在繁华的巴黎大街的路旁，站着一个衣衫褴褛、头发斑白、双目失明的老人。他不像其他乞丐那样伸手向过路行人乞讨，而是在身旁立一块木牌，上面写着："我什么也看不见!"街上过往的行人很多，看了木牌上的字都无动于衷，有的还淡淡一笑，便姗姗而去了。

这天中午，法国著名诗人让·彼浩勒也经过这里。他看看木牌上的字，问盲老人："老人家，今天上午有人给你钱吗?"

盲老人叹息着回答："我，我什么也没有得到。"说着，脸上的神情非常悲伤。

让·彼浩勒听了，拿起笔悄悄地在那行字的前面添上了"春天到了，可是"几个字，就匆匆地离开了。

晚上，让·彼浩勒又经过这里，问那个盲老人下午的情况。盲老人笑着回答说："先生，不知为什么，下午给我钱的人多极了!"让·彼浩勒听了，摸着胡子满意地笑了。

"春天到了，可是我什么也看不见!"这富有诗意的语言，产生这么大的作用，就在于它有非常浓厚的感情色彩。是的，春天是美好的，那蓝天白云，那绿树红花，那莺歌燕舞，那流水人家，怎么不叫人陶醉呢?但这良辰美景，对于一个双目失明的人来说，只是一片漆黑。当人们想到这个盲老人，一生中竟连万紫千红的春天都不曾看到，怎能不对他产生同情之心呢?

——节选自小学《语文》第六册中《语言的魅力》

• 作品 54 号

有一次，苏东坡的朋友张鹗拿着一张宣纸来求他写一幅字，而且希望他写一点儿关于养生方面的内容。苏东坡思索了一会儿，点点头说："我得到了一个养生长寿古方，药只有四味，今天就赠给你吧。"于是，东坡的狼毫在纸上挥洒起来，上面写着："一曰无事以当贵，二曰早寝以当富，三曰安步以当车，四曰晚食以当肉。"

这哪里有药？张鹗一脸茫然地问。苏东坡笑着解释说，养生长寿的要诀，全在这四句里面。

所谓“无事以当贵”，是指人不要把功名利禄、荣辱过失考虑得太多，如能在情志上潇洒大度，随遇而安，无事以求，这比富贵更能使人终其天年。

“早寝以当富”，指吃好穿好、财货充足，并非就能使你长寿。对老年人来说，养成良好的起居习惯，尤其是早睡早起，比获得任何财富更加宝贵。

“安步以当车”，指人不要过于讲求安逸、肢体不劳，而应多以步行来替代骑马乘车，多运动才可以强健体魄，通畅气血。

“晚食以当肉”，意思是人应该用已饥方食、未饱先止代替对美味佳肴的贪吃无厌。他进一步解释，饿了以后才进食，虽然是粗茶淡饭，但其香甜可口会胜过山珍；如果饱了还要勉强吃，即使美味佳肴摆在眼前也难以下咽。

苏东坡的四味“长寿药”，实际上是强调了情志、睡眠、运动、饮食四个方面对养生长寿的重要性，这种养生观点即使在今天仍然值得借鉴。

——节选自蒲昭和《赠你四味长寿药》

• 作品55号

人活着，最要紧的是寻觅到那片代表着生命绿色和人类希望的丛林，然后选一高高的枝头站在那里观览人生，消化痛苦，孕育歌声，愉悦世界！

这可真是一种潇洒的人生态度，这可真是一种心境爽朗的情感风貌。

站在历史的枝头微笑，可以减免许多烦恼。在那里，你可以从众生相所包含的甜酸苦辣、百味人生中寻找你自己，你境遇中的那点痛苦，也许相比之下，再也难以占据一席之地，你会较容易地从不悦中获得解脱灵魂的力量，使之不致变得灰色。

人站得高些，不但能有幸早些领略到希望的曙光，还能有幸发现生命的立体的诗篇。每一个人的人生，都是这诗篇中的一个词、一个句子或者一个标点。你可能没有成为一个美丽的词，一个引人注目的句子，一个惊叹号，但你依然是这生命的立体诗篇中的一个音节、一个停顿、一个必不可少的组成部分。这足以使你放弃前嫌，萌生为人类孕育新的歌声的兴致，为世界带来更多的诗意。

最可怕的人生见解，是把多维的生存图景看成平面。因为那平面上刻下的大多是凝固了的历史——过去的遗迹；但活着的人们，活得却是充满着新生智慧的，由不断逝去的“现在”组成的未来。人生不能像某些鱼类躺着游，人生也不能像某些兽类爬着走，而应该站着向前行，这才是人类应有的生存姿态。

——节选自[美]本杰明拉什《站在历史的枝头微笑》

• 作品56号

中国的第一大岛、台湾省的主岛台湾，位于中国大陆架的东南方，地处东海和南海之间，隔着台湾海峡和大陆相望。天气晴朗的时候，站在福建沿海较高的地方，就可以隐隐约约地望见岛上的高山和云朵。

台湾岛形状狭长，从东到西，最宽处只有一百四十多公里；由南至北，最长的地方约有三百九十多公里。地形像一个纺织用的梭子。

台湾岛上的山脉纵贯南北，中间的中央山脉犹如全岛的脊梁。西部为海拔近四千米的玉山山脉，是中国东部的最高峰。全岛约有三分之一的地方是平地，其余为山地。岛内有缎带般的瀑布，蓝宝石似的湖泊，四季常青的森林和果园，十分优美。西南部的阿里山和日月潭，台北市郊的大屯山风景区，都是闻名世界的游览胜地。

台湾岛地处热带和温带之间，四面环海，雨水充足，气温受到海洋的调剂，冬暖夏凉，四季如春，这给水稻和果木生长提供了优越的条件。水稻、甘蔗、樟脑是台湾的“三宝”。

岛上还盛产鲜果和鱼虾。台湾岛还是一个闻名世界的“蝴蝶王国”。岛上的蝴蝶共有四百多个品种，其中有不少是世界稀有的珍贵品种。岛上还有不少鸟语花香的蝴蝶谷，岛上居民利用蝴蝶制作的标本的艺术品，远销许多国家。

——节选自《中国的宝岛——台湾》

• 作品 57 号

对于中国的牛，我有着一种特别的尊敬感情。

留给我印象最深的，要算一回在田垄上的“相遇”。

一群朋友郊游，我领头在狭窄的阡陌上走，怎料迎面来了几头耕牛，狭道容不下人和牛，终有一方要让路。它们还没有走近，我们已经预料斗不过畜牲，恐怕难免踩到稻田泥水里，弄得鞋袜又泥又湿了。正在踟蹰的时候，带头的一只牛，在离我们不远的地方停下来，抬起头看看，稍迟疑一下，就自动走下田去，一队耕牛，全跟着它走离阡陌，从我们身边经过。

我们都呆了，回过头来，看着深褐色的牛队，在路的尽头消失，忽然觉得自己受了很大恩惠。

中国的牛，永远沉默地为人类做着沉重的工作。在大地上，在晨光或烈日下，它拖着沉重的犁，低头一步又一步，拖出了身后一列又一列松土，好让人们下种。等到满地金黄或农闲时候，它可能还得担当搬运负重的工作，或终日绕着石磨，朝同一方向，走不计程的路。

在它沉默的劳动中，人便得到应得的收成。

那时候，也许，它可以松一肩重担，站在树下，吃几口嫩草。偶尔摇摇尾巴，摆摆耳朵，赶走飞附身上的苍蝇，已经算是它最闲适的生活了。

中国的牛，没有成群奔跑的习惯，永远沉沉实实的。默默地工作，平心静气，这就是中国的牛。

——节选自小思《中国的牛》

• 作品 58 号

不管我的梦想能否成为事实，说出来总是好玩儿的：

春天，我将要住在杭州。二十年前，旧历的二月初，在西湖我看见了嫩柳与菜花，碧浪与翠竹。由我看到的那点春光，已经可以断定，杭州的春天必定会教人整天生活在诗与图画之中。所以，春天我的家应当是在杭州。

夏天，我想青城山应当算作最理想的地方。在那里，我虽然只住过十天，可是它的幽静已拴住了我的心灵。在我所看见过的山水中，只有这里没有使我失望。到处都是绿，目之所及，那片淡而光润的绿色都在轻轻地颤动，仿佛要流入空中与心中去似的。这个绿色会像音乐，涤清了心中的万虑。

秋天一定要住北平。天堂是什么样子，我不知道，但是从我的生活经验去判断，北平之秋便是天堂。论天气，不冷不热。论吃的，苹果、梨、柿子、枣儿、葡萄，每样都有若干种。论花草，菊花种类之多，花式之奇，可以甲天下。西山有红叶可见，北海可以划船——虽然荷花已残，荷叶可还有一片清香。衣食住行，在北平的秋天，是没有一项不使人满意的。

冬天，我还没有打好主意，成都或者相当的合适，虽然并不怎样和缓，可是为了水仙，素心腊梅，各色的茶花，仿佛就受一点儿寒冷，也颇值得去了。昆明的花也多，而且天气比成都好，可是旧书铺与精美而便宜的小吃远不及成都那么多。好吧，就暂这么规定：冬天不住成都便住昆明吧。

在抗战中，我没能发国难财。我想，抗战胜利以后，我必能阔起来。那时候，假若飞机减价，一二百元就能买一架的话，我就自备一架，择黄道吉日慢慢地飞行。

——节选自老舍《住的梦》

• 作品 59 号

我不由地停住了脚步。

从未见过开得这样盛的藤萝，只见一片辉煌的淡紫色，像一条瀑布，从空中垂下，不见其发端，也不见其终极，只是深深浅浅的紫，仿佛在流动，在欢笑，在不停地生长。紫色的大条幅上，泛着点点银光，就像迸溅的水花。仔细看时，才知道那是每一朵紫花中的最浅淡的部分，在和阳光互相挑逗。

这里除了光彩，还有淡淡的芳香。香气似乎也是浅紫色的，梦幻一般轻轻地笼罩着我。忽然记起十多年前，家门外也曾有过一大株紫藤萝，它依傍一株枯槐爬得很高，但花朵从来都稀落，东一穗西一串伶仃地挂在树梢，好像在察颜观色，试探什么。后来索性连那稀零的花串也没有了。园中别的紫藤花架也都拆掉，改种了果树。那时的说法是，花和生活腐化有什么必然关系。我曾遗憾地想：这里再看不见藤萝花了。

过了这么多年，藤萝又开花了，而且开得这样盛，这样密，紫色的瀑布遮住了粗壮的盘虬卧龙般的枝干，不断地流着，流着，流向人的心底。

花和人都会遇到各种各样的不幸，但是生命的长河是无止境的。我抚摸了一下那小小的紫色的花舱，那里满装了生命的酒酿，它张了帆，在这闪光的花的河流上航行。它是万花中的一朵，也正是由每一个一朵，组成了万花灿烂的流动的瀑布。

在这浅紫色的光辉和浅紫色的芳香中，我不觉加快了脚步。

——节选自宗璞《紫藤萝瀑布》

• 作品 60 号

在一次名人访问中，被问及上个世纪最重要的发明是什么时，有人说是电脑，有人说是汽车，等等。但新加坡的一位知名人士却说是冷气机。他解释，如果没有冷气，热带地区如东南亚国家，就不可能有很高的生产力，就不可能达到今天的生活水准。他的回答实事求是，有理有据。

看了有关报道，我突发奇想：为什么没有记者问："20世纪最糟糕的发明是什么？"其实二〇〇二年十月中旬，英国的一家报纸就评出了"人类最糟糕的发明"。获此"殊荣"的，就是人们每天大量使用的塑料袋。

诞生于上个世纪三十年代的塑料袋，其家族包括用塑料制成的快餐饭盒、包装纸、餐用杯盘、饮料瓶、酸奶杯、雪糕杯等等。这些废弃物形成的垃圾，数量多、体积大、重量轻、不降解，给治理工作带来很多技术难题和社会问题。

比如，散落在田间、路边及草丛中的塑料餐盒，一旦被牲畜吞食，就会危及健康甚至导致死亡。填埋废弃塑料袋、塑料餐盒的土地，不能生长庄稼和树木，造成土地板结。而焚烧处理这些塑胶垃圾，则会释放出多种化学有毒气体，其中一种称为二噁英的化合物，毒性极大。

此外，在生产塑料袋、塑料餐盒的过程中使用的氟里昂，对人体免疫系统和生态环境造成的破坏也极为严重。

——节选自林光如《最糟糕的发明》

附录三 普通话测试大纲说话题目（30个）

1. 我的愿望(或理想)
2. 我的学习生活
3. 我尊敬的人
4. 我喜爱的动物(或植物)
5. 童年的记忆
6. 我喜爱的职业
7. 难忘的旅行
8. 我的朋友
9. 我喜爱的文学(或其他艺术形式)
10. 谈谈卫生与健康
11. 我的业余生活
12. 我喜爱的季节(或天气)
13. 学习普通话的体会
14. 谈谈服饰
15. 我的假日生活
16. 我的成长之路
17. 谈谈科技发展与社会生活
18. 我知道的风俗
19. 我和体育
20. 家乡(或熟悉的地方)
21. 谈谈美食
22. 我喜欢的节日
23. 我所在的集体(学校、机关、公司等)
24. 谈谈社会公德或职业道德
25. 谈谈个人修养
26. 我喜欢的明星(或其他知名人士)
27. 我喜爱的书刊
28. 谈谈对环境保护的认识
29. 我向往的地方
30. 购物(消费)的感受

附录四

普通话水平测试样卷

普通话水平测试样卷一

一、读 100 个单音节字词

脑	卧	洒	捐	许	失	板	丛	寡	赦
闸	爽	叼	下	寝	闭	瞥	末	邻	粗
字	讲	熊	驻	苍	环	枪	澳	厅	二
团	踹	舔	遵	逃	追	锁	汤	裴	状
究	婶	掐	某	君	贼	垦	白	眯	映
征	戏	颌	孙	硫	肿	拳	悔	您	反
冰	奎	禹	谬	果	言	氯	拐	傍	恩
测	逢	略	死	方	也	氨	仍	艘	绕
攻	瞭	阻	蹭	陈	破	淡	衣	巡	花
年	汝	瘸	汪	持	恐	酶	窘	完	对

二、读多音节词语 50 个

冲刷	日子	穷人	英雄	广播	夏季
没词儿	佛像	色彩	成年	遵守	大伙儿
稳妥	琐碎	红军	困难	公民	湍流
领土	漂白粉	少女	外国	富翁	新娘
盎然	纯粹	口袋	恰好	痰盂儿	差别
专政	恶劣	壶盖儿	内脏	荒谬	而且
眷恋	群体	支援	品德	窟窿	挂帅
确定	研究生	战略	赔偿	小丑	天经地义

三、朗读文章(略)

四、命题说话(任选一个题目说 3 分钟)

1. 我的业余生活。
2. 我熟悉的地方。

普通话水平测试样卷二

一、读单音节字词（100 个音节），限时 3.5 分钟，共 10 分

麻	缺	杨	致	捷	谬	尊	凑	刚	炖
临	窘	滑	力	琼	拨	蜷	撞	否	酿
貂	聂	塔	撤	伤	嘴	牢	北	枫	垦
镰	御	稿	四	钧	鼓	掠	甩	呈	准
菊	摊	刑	舀	群	拴	此	让	才	棒
随	鼎	尼	险	抛	残	究	盘	孟	皮
俯	跟	膜	肾	宾	点	烘	阔	挖	火
虫	内	揉	暖	迟	耳	冤	晓	特	芯
舌	恩	并	矮	瓮	瞎	快	枉	桌	悔
松	灶	村	哑	换	冬	辱	扑	仄	前

二、读多音节词语（100 个音节），限时 2.5 分钟，共 20 分

障碍	角色	盗贼	思考	灵敏	然而
妇女	小孩儿	难怪	当事人	哪里	辖区
贫穷	乌黑	群体	日记	工商业	摧毁
开创	电话	未曾	在这儿	警犬	东欧
名字	所有	部分	压迫	篡夺	寻求
传统	干涉	别针儿	保温	漂亮	天空
佛像	书卷	涡流	口罩儿	铁匠	症状
谋略	搜刮	麻醉	畅快	英雄	一帆风顺

三、朗读文章（略）

四、命题说话（任选一个题目说 3 分钟）

1. 谈谈科技发展与社会生活。
2. 我知道的风俗。

普通话水平测试样卷三

一、读单音节字词（100 个音节），限时 3.5 分钟，共 10 分

名	品	孙	沸	诸	褐	船	翁	槐	旋
材	森	霞	蜕	女	存	耳	嘹	颇	六
鹃	恬	抠	陈	香	袄	吃	蝶	偏	叶
桑	岳	摔	泳	憋	其	返	椿	奈	菌

瞄	久	活	钦	谭	苇	辙	锹	绕	假
惕	驱	鼻	锥	跨	江	耘	凶	寓	拧
滑	葬	砂	漠	荣	愣	死	酪	蠕	血
冯	唾	埂	驳	爽	佩	肯	冻	疤	攒
档	篮	美	寨	青	缓	沃	藻	擦	症
守	沟	视	锚	闯	瓷	惯	碘	您	空

二、读多音节词语(100 个音节)，限时 2.5 分钟，共 20 分

雅趣	素养	光辉	灭亡	乳母	悬念
防止	奇怪	女儿	瓦匠	衰弱	草包
饲料	接待	参军	夏令	瓜分	服务员
里程	拨款	干活	培训	用心	凶狂
旦角儿	春天	护士	迫切	地球	争论
难受	最后	拔尖儿	矮小	明白	热流
责备	团长	农学	平稳	赠送	口哨儿
公元	头发	传说	莫非	无线电	若无其事

三、朗读文章(略)

四、命题说话(任选一个题目说 3 分钟)

1. 我的愿望(或理想)。
2. 难忘的旅行。

普通话水平测试样卷四

一、读单音节字词(100 个音节)，限时 3.5 分钟，共 10 分

痕	汹	锯	燎	璧	眉	撬	押	愧	阿
词	眶	绵	碉	砍	捉	时	瑞	抵	冲
乃	围	导	湃	嘶	疚	禾	僧	确	强
嗽	雪	庸	逞	玻	损	鹿	喧	酱	华
岳	盘	沫	摔	铁	囊	您	管	破	蛇
润	天	铡	猜	法	啼	周	胧	妆	瓦
胞	而	翁	酗	鸳	访	架	抖	筷	菌
斜	泞	熔	逛	抒	弛	悯	暂	逻	切
籽	暮	侄	胳	岭	钞	丙	茵	怎	拗
旁	座	匪	堂	村	坏	女	伸	裙	场

二、读多音节词语(100 个音节)，限时 2.5 分钟，共 20 分

开卷	预测	回头	后退	认真	脖子

血液	山脉	中耳	搜寻	收成	挖掘
磁铁	作为	加速	考察	蛐蛐儿	胆小鬼
公园	球场	被窝儿	参军	信用	帮凶
理智	软和	闹事	桥梁	分配	率领
拈阄儿	姐夫	冷眼	状况	隔壁	争论
拼命	虐待	留传	刀把儿	调换	责怪
鲜花	末日	思忖	相反	维生素	一帆风顺

三、朗读文章(略)

四、命题说话(任选一个题目说3分钟)

1. 我的业余生活。
2. 我知道的风俗。

普通话水平测试样卷五

一、读单音节字词(100个音节),限时3.5分钟,共10分

港	遮	榴	推	循	貳	蝗	册	娘	袜
孙	美	蚯	矫	胚	涤	胸	猎	椿	把
翁	暖	规	品	胳	韩	遣	饶	椭	丁
嘉	辕	怎	缺	您	宽	运	滓	用	剥
旭	東	跨	表	逢	死	贩	存	若	大
嗤	敏	锯	环	嗽	娱	碍	全	外	盛
灸	绒	蟀	霞	墨	藤	灭	搔	怀	盖
廷	枢	畴	整	雏	诺	漓	肢	肪	腊
颠	裤	欧	版	栽	十	涕	孔	薛	会
泼	苗	仗	轻	此	鸯	总	酪	闯	什

二、读多音节词语(100个音节),限时2.5分钟,共20分

领带	录取	课文	空缺	家庭	普通话
遵守	残年	胎儿	农村	瓦工	制品
西北	格子	气压	画报	悬挂	成就
干活儿	上旬	雇佣	凶悍	金鱼儿	人才
少爷	会场	生词	针鼻儿	侵略	折腾
抢险	迟到	芥末	对面	轮船	装运
蒜瓣儿	漂流	司法	弱点	平原	赔款
飞快	容纳	破坏	能量	艺术家	风驰电掣

三、朗读文章(略)

四、命题说话（任选一个题目说 3 分钟）

1. 我向往的地方。
2. 谈谈美食。

参考文献

虞上朔，2011. 普通话口语交际[M]. 上海：上海交通大学出版社.
姚方，2016. 汽车营销服务礼仪[M]. 西安：西北工业大学出版社.
袁行霈，2011. 中国古代文学史[M]. 北京：高等教育出版社.
朱东润，2002. 中国历代文学作品选[M]. 上海：上海古籍出版社.
杨志刚，2016. 国民节日讲义[M]. 上海：华东师范大学出版社.
秦永州，2001. 中国社会风俗史[M]. 济南：山东人民出版社.
韩养民，2002. 中国古代节日风俗[M]. 西安：陕西人民出版社.
李浩，2010. 传统节日与百姓生活[M]. 青岛：青岛出版社.
胡元斌，2015. 中秋节与赏月文化读本[M]. 伊犁：伊犁人民出版社.
钟华，2014. 音乐鉴赏[M]. 北京：北京邮电大学出版社.
朱栋霖，2011. 中国现代文学史[M]. 北京：北京大学出版社.
朱栋霖，2011. 中国现代文学经典 1917—2010(精编版)[M]. 北京：北京大学出版社.
陈思和，2008. 中国当代文学史教程[M]. 上海：复旦大学出版社.
钱理群，1998. 中国现代文学三十年[M]. 北京：北京大学出版社.
欧增益，2017. 大学语文[M]. 北京：中国商业出版社.
张殷，2009. 中外戏剧简史[M]. 武汉：武汉大学出版社.
温宝麟，2009. 简明中国戏曲史[M]. 兰州：甘肃人民出版社.
欧阳启名，2015. 中国古典戏曲鉴赏[M]. 北京：文化艺术出版社.
朱恒夫，2018. 中国戏曲剧种研究[M]. 北京：人民文学出版社.